U0756305

湖北省档案馆 编

汉冶萍公司档案汇编（二）

荆楚文库

荆楚文库编纂出版委员会

华中科技大学出版社

本册目录

商办时期（一）（1908—1915）

商办时期(一)

(1908—1915)

一、综合

（一）合并厂矿　筹建公司

汉冶萍公司组织章程

光绪三十三年十月初一日（1907.11.6）

现因汉阳铁厂（以下称汉厂）、大冶铁矿（以下称冶矿）、萍乡煤矿（以下称萍矿），拟即奏咨归并成一公司，定名为"汉冶萍煤铁有限股份公司"（以下称公司），由现在总理及老股创办人与新股发起人公议办法条款如下：

1. 公司应由老股创办人与新股发起人，合招二千万元，每股五十元，合成四十万股。

2. 汉厂（冶矿在内）、萍矿老股，库平银二百万两，照折银元，换给新股票。

3. 老股库平银二百万两，照折银元后，由老股创办人，招收银元足成五百万元之数。

4. 老股创办人，如不能招收银元足成五百万元，其所短之数，可由新股发起人担任招足。

5. 新股一千五百万元，由新股发起人担任招足。

6. 汉冶厂矿，已给息股库平银二十九万五千余两；萍矿已给息股库平银五十万两；由公司换给原有印板公债票，分期五年给清，系照北洋成案，公债票订明常年息八厘。

7. 从前官办用银五百余万两，仍照光绪二十二年湖广张督部堂奏案接续办理。

8. 汉冶萍三处及各埠所置产业,俟股东会董事局成立,均归公司管理。

9. 汉冶萍三处以前所订营业及存欠各项合同、契据,俟股东会董事局成立,均归公司核明接管。

10. 现在公司改照商律有限公司章程办理,前此督办名目即行奏明销去,援照各省铁路改为总理。

11. 股东会未成以前,由老股创办人、新股发起人公举权理董事九人,查帐二人,此权理董事专办注册查帐招股筹办,俟股东会成,另举总理。

12. 公司不论老股、新股,长年官息八厘,统于次年三月给发。

13. 除官息外,所有盈余,先提公积十分之一,余作若干成分派,俟股东会议决。

14. 目前汉冶萍厂矿一切事权,及银钱帐目,仍由现在总理主持。俟股东会成立,将现在总理经手债欠全行担任后,即由股东公举总理。

15. 此次公议条款,照缮二份,由现在总理及创办人、新股发起人签字后,以一份存现在总理处,以一份存权理董事处。

光绪三十三年十月初一日,老股全体代表、现在总理盛宣怀;新股发起人:苏德镰、周命之、金鼎、王子坊、汤寿潜、金邦平、蒋汝藻、郑孝胥、沈铭青、刘恒、李维格、胡焕、史致容、蒋鸿林、汪希、万昭度、宋炜臣、叶东川、朱文学。

盛宣怀奏折
光绪三十四年二月十一日(1908.3.13)

奏为商办汉冶萍煤铁厂矿渐著成效,亟宜扩充股本合并公司,以期推广而垂久远事。

窃维湖北汉阳铁厂,前因官费难筹,经前督臣张之洞于光绪二十二年五月遵奉谕旨招商承办,奏明饬将湖北铁厂归盛宣怀招集商股经理,并胪列商办章程,恭呈御览,并经户部复奏:招商承办即为商局,派用商董司事一切事宜应由盛宣怀督率商人妥为经理等语。光绪二十二年六月十二日钦奉朱批:依议。钦此。

臣谬膺艰巨,劝集商股,当时煤矿未成,化铁甚少,外状颠危,人情观望;尚赖轮电两局各华商及通商银行、纺织公司各华商,力顾大局,陆续凑入股份银二百万两,以立根本。臣不自量力,一身肩任,初谓筹款数百万即足办理,实不知需本之巨,有如今日深入重地者。盖东亚创局素未经见,而由煤炼焦,由焦炼铁,由铁炼钢,机炉名目繁多,工夫层累曲折,如盲觅针,茫无头绪,及至事已入手,欲罢不能,惟有躬冒奇险,精思锐进,艰危困苦,绝不瞻顾,期于必成。于是重息借贷,百计腾挪,开辟萍乡煤矿,以济冶铁之需;添造新式机炉,以精炼钢之法;铁路、轮船、码头、栈驳,处处钩连,无一可缺。借贷利息,愈久愈增。查自光绪二十二年五月奉饬招商接办起,截于三十三年八月为止,铁厂已用商本银一千二十万余两,煤矿、轮驳已用商本银七百四十余万两。其中老商股票由二百万两加股共成五百万元,合银三百五十余万两,商息填给股票银七十九万五千两,公债票银五十万两,预支矿价、铁价、轨价,约合银三百余万两,其余外债、商欠将及一千万两,抵押居多,息重期促,转辗换票,时有尾大不掉之虞。亟须招集实股,填还借本,而厂矿员董估计扩充工程,尚须续添资本数百万,方能尽力猛进,广收外利。盱衡全局,昼夜焦劳,所有从前危迫情形,历年以来,亦已屡渎圣聪矣。尚幸耐忍坚持,督饬煤矿总办张赞宸、林志熙,铁厂总办李维格,铁矿总办王锡绶等,并力经营,后路则并饬杨学沂、卢洪昶、王勋、顾润章、金忠瓒各员董筹款接济。矿司、工司亦无不奋勉用命,已将萍煤大槽开通,炼焦足可合用,汉厂炼钢炉改良,其质纯净,足与英、德第一等纯钢媲美。兹值各省兴筑铁路,经邮传部通行各省一律购用所需钢铁,年盛一年,以免巨资外溢,实已确有把握。

臣去秋由汉而萍,验收汉阳新钢厂,履勘萍乡大煤槽,风声所播,商情踊跃,沪汉等处华商拟议加集巨股,大举合办。先是臣已函商前督臣张之洞力筹保守之策,拟将汉冶萍煤铁合成一大公司,新旧股份招足银元二千万元,一面拨还华洋借款,一面扩充炼铁。复与督臣赵尔巽面商办法,均以商办已见实效,自应循照成案,以期保全中国厂矿,挽回中国权利。然揆度商情,非将厂矿合并,不能放手扩充,尤非悉照张之洞原奏招商承办各章程,钦遵商律合股公司各办法,赴部注册,不足以坚通国商民之信。查该厂矿奉旨商办之日,在商部未立之前,以股份犹未充足,注册一事,因循至今。此次所拟厂矿并筹,优待老商,联合新股,使海内外有志之士,晓然于股份公司。创始之初,虽属共担其险;收效之后,尚能同享其成。由此推行,华商或能激于大信,乐于谋始,并仿照各国,广设各种制造商厂,养民善政,强国要图,莫先于此。

伏读上年谕旨,注重农工商矿,不惜爵赏以劝来者。此项钢铁厂、煤铁矿尤为实业中第一实业,所用资本何止千万,所用人工何止数千名,今已告成,实为国计民生无穷之利赖,尤非张之洞开办铁政之远见宏规不及此。查原奏内称:福建船政及津、沪制造局开办经费各数百万两,皆无收回之日。铁厂改归商办,用过官本五百数十万两,概由商局承认,陆续分年抽还,即按厂中每出生铁一吨抽银一两,即将官本数百万抽足还清以后,仍行永远按吨照抽,以为该商局报效之款。议定俟获佳煤矿,加炉后,每年出铁约十余万吨,即每年可缴官款约十余万两,岁月虽宽,涓滴有著等语。并经户部复奏:应令该督责成盛宣怀,督率商人,加工精制,必使所出钢铁与外洋无异,庶销路畅,而利权可保。自归商办以后,每年出铁若干,归还官本若干,亦应分年造具收支清册报部,等因。钦奉朱批:依议。钦此。当经取具各商董承认甘结咨部,并照案陆续预缴银一百万两。从前煤焦不继,生铁炉尚未改良,时作时辍,出铁无多。现在两炉,每日出铁二百吨,不致停辍,今冬第二炉告成,每日共可出铁五百吨,来年第四炉告成,每日共可出铁八百吨,届时每年即可缴还银二十四五万两。总之,商本愈足,炼铁愈多,缴还官本愈速,实可操券,以符原奏。

向来外洋大厂,亦必几经磨折困苦而后成,是在上下一心,再接再厉,始终坚忍以持之,示信于商,藏富于民,内塞漏卮,外杜觊觎,则现拟合并扩充办法似无疑义。惟兹事繁重,言易行难,新商虽有发起之机,所议全行清还债欠,须加股额一千五百万元之巨,恐亦非旦夕所能招足,必须奏准注册后方能妥筹办理。自应遵照钦颁商律,即由股份公司创办人具呈注册,以期按款循序而进。兹饬创办总董郎中李维格等九人，查明原案，遵律具呈，由臣咨明农工商部，照例注册。仍俟续招股份齐全，股东会成立后，老商、新商另举董事，再行咨部立案。除抄录原奏各件咨部注册外，谨将铁厂煤矿全图二本恭呈御览。所有遵照商办铁厂煤铁矿原案，现筹合并扩充办理情形，谨会同湖广督臣赵尔巽合词恭折具陈。

　　谨奏

光绪三十四年二月十一日

　　奉旨：著责成盛宣怀加招华股，认真经理，以广成效。余依议。

　　再，制铁关系军政、路政，与寻常开矿商业，轻重缓急不同。日本制铁厂立有长官，欧美钢铁大厂商本商办，而其厂主皆能与国家直接言事，所以重铁政而俾自强也。臣自光绪二十二年，经督臣张之洞奏准，钦遵谕旨，督商经理，曾刊有督办湖北铁厂事务关防，行用有年。现在煤矿告成，添集商股，合并公司，众股商援照各省商办铁路总理名称，拟请销去"督办"字样，仍推臣为总理。臣虽衰病，亟求脱卸，免贻丛脞。惟因负荷官本数百万，商资千数百万之重，成效甫睹，大局未定，何敢希图安逸，遽行推诿，以重愆尤。仍当率同新旧商董，厘定章程，切实经理。一俟实在股份如数收齐，经手债欠全行清楚，将如何扩充持久办法布置完备，不致半途蹉跌，即当推让贤能。将来总理一席，自应遵照张之洞原奏，有股众商推举，湖广总督奏派。但改督办名目，仍重总理责成，目前各省商智初开，易生波折，如粤汉商路，不患股份不至，而患事权不一，意见纷歧，致稽收效。该厂矿倘亦因此不能进步，尤属可惜。臣与前督臣张之洞，现任督臣赵尔巽，悉心会商，嗣后该厂矿总理，应由股商公举二三员，仍由湖广总督查明向来办事有效、名实兼孚，可期胜任者，择定一员，咨明农商部，奏请钦派。至督办现经众股商请改为总理，自应将原用督办湖北铁厂关防缴销。惟该厂矿所制钢铁，实为军政、路政要需，事关重大，拟请饬部另铸铜质总理汉冶萍煤铁厂矿公司事务关防，颁发开用，以便奏咨，而垂久远。臣等为保全成局起见，是否有当，谨附片陈明，伏乞圣鉴训示。

　　谨奏

光绪三十四年二月十一日

奉旨:依议。钦此。

　再,汉冶萍厂矿事务繁重,用人为第一要端。臣十余年来所分任尤为得力者,铁厂则有候选郎中李维格,煤矿则有湖北候补道张赞宸,驻沪总公司则有候选道杨学沂之三人,皆沈毅精卓,各擅其长。去年张赞宸积劳殂谢,士论惜之。嗣后三处厂矿合为一局,按照近来商务办法,总理之外,必须协理,或一员或二员,尚在未定。将来股份齐集,应由股商会投筒公举,目下似应选派,以资臂助。查郎中李维格,本属老商创办总董,现充铁厂总办。新钢厂布置井井,皆该郎中一人之力。此次沪汉新商就议合股,虽成否未定,而李维格实为商情所推重,以之充当汉冶萍厂矿公司协理,必能胜任。臣面商张之洞、赵尔巽,意见相同。除咨明农工商部察核外,理合附片陈明,伏乞圣鉴。

　谨奏

光绪三十四年二月十一日

　奉旨:依议。钦此。

盛宣怀咨农工商部文

光绪三十四年二月二十日(1908.3.22)

为咨送事。

　案查本大臣于光绪二十二年五月准湖广督部堂张奏明招商承办汉阳铁厂、大冶铁矿,又于光绪二十四年会同奏明招商开办萍乡煤矿,钦奉谕旨,允准办理在案,其时尚在贵部未立之前;并以煤铁成效未著,股份难以续招,迄未呈请注册。现在萍乡大煤槽开通,汉阳新钢厂成就,据老股众商:先由老股库平银二百万两加股,足成银元五百万元,声称俟奏准注册后,应请先行咨部注册,其添招新股之一千五百万元,俟如数招足,再行接续咨请加注,以符定章,而免延搁等语。

　本大臣于本年二月十一日具奏商办汉冶萍煤铁厂矿扩充股本合并公司案内,已据情将应遵商律由股份公司创办人具呈注册,仍俟续招股份齐全,老商新商另举董事,再行咨部立案各缘由详细陈明。

钦奉谕旨：着责成盛宣怀加招华股，认真经理，以广成效，余依议。钦此。除钦遵咨行外，谨按钦定商律第一节"公司创办呈报法"第十条载明："股份公司系七人或七人以上创办集资营业者"，第十一条载明："股份公司创办人订立创办合同所应载明者条内，须注明创办人及查察人姓名、住址"。详绎律意，注重全在创办之人，自应遵照办理。兹查汉冶萍煤铁厂矿公司创办人即系本大臣及在事之各总董：候选郎中李维格，候选道杨学沂，河南候补道林志熙，湖北候补道王锡绶，候选道张赞墀、卢洪昶、王勋，安徽候补直隶州知州顾润章，分省试用知县金忠瓒等。兹饬查明原案，遵律具呈咨送，并经本大臣复核，呈内所叙各条，悉与公司注册章程相符，除将遵章呈缴注册费三百元，合库平银二百十六两备具文批呈解外，相应咨送贵部，谨请查核，准予注册给照。望切施行，须至咨者。

计咨送公司注册公呈一件。又批解库平银二百十六两。

［附件］ 公司呈农工商部注册局文

具呈湖北省汉阳府汉阳县地方汉阳铁厂，湖北省武昌府大冶县地方大冶铁矿，江西省袁州府萍乡县地方萍乡煤矿合办汉冶萍煤铁厂矿有限股份公司，为呈请注册事。

窃公司照章程内载所应声明各款呈请注册，伏乞农工商部注册局查核施行，须至呈者。

计开

名号　汉冶萍煤铁厂矿有限股份公司

贸易　原奏内称铁厂并采矿、炼铁、开煤三大端，系开采铁矿、煤矿及化铁炼钢所需各矿质如锰、镁、矽、铅等类，烧炼焦炭、火砖、细棉土；化铁炼钢，制造钢铁各项机器；轮驳、短铁路为转运煤焦钢铁之用。

有无限　有限公司

设立年月日　光绪二十二年五月奏准招商承办汉阳铁厂、大冶铁矿及马鞍山煤矿，光绪二十四年三月奏准招商开办萍乡煤矿。

营业年月日　并无限期。

总分厂矿设立地方　炼铁、炼钢总厂设在汉阳县之江边大别山下。采铁、运铁矿局设在大冶县属之江边以及各铁山下。开煤、炼焦、炼砖矿局设在萍乡县属之安源,以及各煤山下均有自造之短铁路及挂线路,轮船及驳船分头转运。其总公司设在汉口、上海两处;其码头、栈房设在汉口、武昌、大冶、萍乡、株州、昭山、长沙、岳州以及上海、镇江、江宁、芜湖、九江等处,均有分销所。

股份总银数　老股银元五百万元现已收足;新股银元一千五百万元尚未开招,共拟招足二千万元,并俟招足后再行续咨注册。

每股银数　每股银元五十元。

每股已交银数　汉冶铁厂铁矿原收股份库平银一百万两,奏明老商必须永远格外优待,办有成效余利多派,嗣后推广加股,必先尽老商承认,以示鼓励等因。奉旨:依议。钦此。刊明股票,本年公议将汉冶萍煤铁矿厂合并成一公司,即以老商每股库平银一百两合作银元一百五十元作为三股计,以库平银二百万两合成银元三百万元,并遵原奏先尽老商承认,加股银元二百万元,共成五百万元,作为一万股。其余一千五百万元,无论新商老商均可承招,内以若干股为优先股。余利如何分派,俟老商新商会议后再行核定。

创办人及查察人姓名住址　光绪二年勘得大冶铁矿,光绪二十二年奏准招商承办湖北铁厂,光绪二十四年勘得萍乡煤矿,奏准招商开办之创办人盛宣怀,江苏武进县人,太子少保尚书衔,本任邮传部右侍郎。

创办铁厂董事郑官应等八人,其后病故告退,时有更易。

创办煤矿董事张赞宸等十一人,其后病故告退,时有更易。

公司创办人、现充厂矿办事总董九人:李维格、杨学沂、林志熙、王锡绶、张赞墀、卢洪昶、王勋、顾润章、金忠讚;查察二人:邱瑞麟、沈喆孙。均住上海、汉口、大冶、萍乡等处。

老商新商会议之后,拟由老股创办人、新股发起人公举权理董事九人,查帐二人,办理续招新股等事。

老商新商股份招齐之后,拟由股东会另举董事或九人或十一人,均俟届时举定,再行呈报。

合同　本公司系凭原奏折件及招股章程并无创办合同。

规条章程　本公司规条大端从前遵照原奏章程办理,现在合并推广,俟会议章程再行呈报。

布告　本公司合并公司详细办法俟注册后随时布告。

计呈送奏折三扣。股票收条式抄折一扣。

光绪三十四年　月　日

汉冶萍煤铁厂矿有限公司

农工商部咨文

光绪三十四年二月(1908.3)①

为咨行事。

光绪三十四年二月二十日接准咨称:本大臣于本年二月十一日具奏商办汉冶萍煤铁厂矿扩充股本合并公司案内,已据情将应遵商律由股份公司创办人具呈注册,仍俟续招股份齐全,老商新商另举董事,再行咨部立案各缘由,详细陈明在案,兹饬查明原案,遵律具呈缴费,并经本大臣复核相符,咨送查核施行。计送公呈,又批解库平二百十六两前来。

查汉阳、大冶、萍乡煤铁厂矿办理多年,此次合并设立公司,系经奏准在案,所送呈式、公费核与定章相符,自应饬局注册,一面备文咨行保护,相应填注执照收单,咨行贵大臣查收,并饬将各厂成案章程抄送到部备案。至各厂附设铁路,一切事宜,应另案咨明邮传部办理可也。须至咨者。

农工商部执照

光绪三十四年二月二十四日(1908.3.26)

农工商部公司注册局为给发执照事。

---

①　此时间系根据内容判定。

　　光绪二十九年十二月初五日,本部具奏商律公司一门一折,同日奉旨:依议。钦此。又光绪三十年五月初二日,本部具奏公司注册章程一折,同日奉旨:依议。钦此。先后钦遵刊刻颁行在案。

　　查律载,现已设立与嗣后设立之公司、局、厂、行号、铺店等,均可向商部注册,以享一体保护之利益等语。兹据湖北省武昌府大冶县、湖北省汉阳府汉阳县、江西省袁州府萍乡县等处地方,汉冶萍煤铁厂矿股份公司呈请注册前来,核与奏定公司注册章程所列各款项均属相符,应即准其注册。为此特给执照,以资信守。须至执照者。

右给汉冶萍煤铁厂矿股份公司收执

光绪三十四年二月二十四日

第三类第五十七号注册

第二百三十号执照

给照官　郎中　胡祥和　赵从蕃

收费回条

农工商部公司注册局

收汉冶萍煤铁厂矿有限股份公司注册公费洋银三百圆。

右付汉冶萍煤铁厂矿有限股份公司收执

注册局收费员　文　张

光绪三十四年二月二十四日　注字第七十七号

(二)招集股金

盛宣怀奏折

光绪三十四年三月十四日(1908.4.14)

奏为创办公司关系自强大计,拟请援照各国酌筹的款,以充公股而开风气事。

窃维环球大邦，无不以农工商立国，吾华效法伊始，尚未能事事征实，尽见推行。伏查大学士张之洞创开湖北铁厂，经臣将商办渐著成效，亟宜合并公司扩充股份各节据实详陈，二月十一日钦奉谕旨：着责成盛宣怀加招华股，认真经理，以广成效。余依议。钦此。并蒙慈训周详，以藏富于民为宗旨。跪聆之下，钦佩莫名。臣自愿仔肩，责无旁贷，遵当督饬所司，精益求精，力筹进步，决不敢浅尝辄止，贻笑外人。

臣闻东西洋各国成一关系国计之大公司，其国家及大小臣工皆可入股，应得各项利益无论官商士庶均归一律，并无等差。此非与民分利也，盖公家既投股本，则全国商民自晓然于提倡，维持之力，愈推愈广。鼓舞信从，故能各项实业发达至于此极。中国则风气初开，屡蒙谕旨，振兴实业，不啻三令五申，凡东西洋所以提倡之法，自可择其易行者则而效之。汉冶萍厂矿关系军政路政，尤非寻常商务可比，现经奏准集股二千万元，以资推广，如能援照各国酌入公股若干，华商闻之必更踊跃。从此上下相维，益形巩固。

臣查该厂矿原存公款计有三项：一系从前臣承办京汉铁路时奏准部拨一千三百万两，与所借比款并办，旋即发出九百余万而止，经臣设法在赔款内索回比、法巨款应用，俾已领九百余万款内得剩存银九十一万六千五百三十两二钱七分八厘七毫，因汉厂初造轨价甚增赔累，即留为汉厂预支轨价，免其计息，结束之日奏明，以后凡官办之路，应付轨价逐批带扣官款二成在案。一系萍乡开煤矿时奏明附入铁路公司股份银十五万两，又附入尾款规银三千八百九十七两，系将官款暂存零星四息尽款拨付，并非动拨正项，亦经咨明商部有案。一系萍乡入股后铁路公司应派得息股银九万两以上。共计库平银一百十六万两，核作银元一百七十四万元。合无吁恳天恩，俯念汉冶萍公司实关自强大计，准将前项存款尽数充作公股，与商股一例掣填股票，每年三月初一日呈缴官利八厘，将来应分余利若干，届时亦均由该公司按期呈缴。如蒙俞允，此项股票以及每年利息应交何项衙门验收，恭候命下，遵照办理。所有微臣拟请援照各国酌筹的款拨入汉冶萍厂矿公司充作公股以开风气缘由,是否有当,谨恭折具陈。

光绪三十四年三月十四日

奉旨:着照所请,股票及利息均交农工商部。

商办汉冶萍煤铁厂矿有限公司推广加股详细章程

光绪三十四年三月(1908.4)①

第一章　宗旨

第一节　谨遵钦颁商律定名为汉冶萍煤铁厂矿有限公司,呈部注册。奏给关防,永资信守。

附说　鄂督张部堂原奏大冶铁矿本为盛宣怀所勘得,汉阳铁厂于光绪二十二年奏准由盛宣怀招商承办,萍乡煤矿于光绪二十四年奏准商办。现在奏明合并汉冶萍为一大公司,以资推广而垂久远。

第二节　本公司遵照原奏以采矿、炼铁、开煤三大端,为中国制造永杜漏卮之根基,所办营业如左:

甲　开采铁矿、煤矿及化炼钢铁炉内所需各矿质,如锰、镁、矽、铝等类。

乙　烧炼焦炭、火砖、细棉土。

丙　化铁炼钢。

丁　制造轨料、各项机器。

戊　凡营运煤焦钢铁一切之事,如购地、筑码头、建栈房、设轮船、造支路等事。

附说　大冶之铁、萍乡之煤,皆绵亘数十里之远,曾奏明萍乡县境援照开平不准另立煤矿公司,土窿采出之煤应尽厂局照时价收买,不准先令他商争售,庶济厂用而杜流弊。大冶、兴国亦经大府厉禁他人开采,盖别矿纯乎营业,而此项采矿炼铁虽属商办,仍关国际,故请国家保护之力尤宜加厚。

----

①　原件未署时间,此系根据内容判定。

第三节　本公司除以上营业之外，不得兼办别事，致紊定章。如有连类而及实见有利无害之事，亦须开股东特别会议以决可否。

第四节　本公司于汉口、上海设总公司，其余各处如须添设办事处，随时议定。

第五节　从前官办铁厂用银五百六十万两，除已缴过银一百万两，现在奏咨仍照光绪二十二年湖广张督部堂奏案接续办理。

附说　原奏福建船政及津沪制造局开办经费各数百万两皆无收回之日，铁厂改归商办，用过官款但期铁路开办即可按日计吨，常川提缴。议定所出生铁每吨提银一两，按年核计共出生铁若干，共应提银若干，汇数呈缴，将官本抽足还清，以后仍行永远按吨照抽，以为该商报效之款等语。奉旨：依议。钦此。自应遵照接续办理。

第二章　股本

第六节　凡附本公司股份者，无论官商士庶，当守本公司呈部核定之章程。

第七节　凡附本公司股份者，无论官商士庶，均认为股东一律看待，其应得各项利益亦无等差。

第八节　本公司专集华股自办，不收外国人股份。

第九节　本公司合老股新股共招股份银元二千万元，分作四十万股，每股银元五十元。

第十节　本公司最先创始股本银元三百万元为头等优先股。

附说　汉阳、大冶铁厂、铁矿原收股份库平银一百万两，萍乡煤矿原收股份库平银一百万两，奏明老商创办艰难，必须永远格外优待，额息不欠，余利加派，嗣后推广加股必先尽老商承认，以示鼓励等因。奉旨：依议。钦此。刊明股票，上年七月公议将汉冶萍煤铁厂矿合并一公司并统改银元股票，以昭划一。此项库平银二百万两，计合成银元三百万元，一律换给头等优先股票。

第十一节　本公司加收推广股本银元七百万元为二等优先股。

附说　原奏推广加股先尽老商承认。上年七月公议先尽老商承认二百万元,已于本年二月二十日注册之前如数收足,并已填给优先股收据。此系创始之后推广加股,应作为二等优先股并推广加至七百万元为额,一律填给二等优先股票。

第十二节　本公司额定股本二千万元,除头等、二等优先股合共一千万元外,续收股本银元一千万元,是为普通股。

附说　此项普通股,已有农工商部公股一百六十四万元,老商息股银七十九万五千余两,合成银圆一百十九万二千余元,余俟二等优先足额即接续加招,以足普通股一千万元之数。

第十三节　本公司不论优先、普通,长年官息八厘,均于次年三月给发。

第十四节　除官息及各项开支外,结算尚有赢余,是为红利,作三十成开派:以二成提作公积;四成提作办事出力人酬劳;一成五为最先创始头等优先股三百万元之报酬;一成五为推广加股二等优先股七百万元之报酬;其余二十一成不论优先、普通,按股均派。

第十五节　头、二等优先股报酬自有红利之年起,派至第十五年为限,限满以后即将特别报酬取消,所有红利照二十四成按股均派。

第十六节　普通股年息红利与头二等优先股同,惟头二等优先股所得十五年之报酬,普通股不得一体分享。

附说　如将来公司推广于额定股二千万元以外再行续招新股,则此次所集普通股届时亦应照优待之例,在红利内公议另提若干成作为报酬。

第十七节　凡向汉口总公司、上海总公司附股者,一经缴银即可填给股票息单。各省、各埠本公司先印有收据,分托妥人经理,以便就近附股。当付收据随时知照汉口总公司分填股票息单寄经理处次第换给。

第十八节　本公司股票面页载股东姓名、籍贯、号数、股数、圆数及年、月、日,加本公司图记,再由总、协理签名盖印为凭。

第十九节　凡买本公司股票者,每股五十元须一次缴足。

第二十节　本公司一俟开会议妥,即先选举权理董事分任查帐,招股所收股银由总协理及权理董事酌举汉沪就近附股多数之股东至少三人,公同经理，以重股本。

第二十一节　股票遇有抵押因而纠葛者，本公司惟票载及册载姓名之人是认，受抵押者亦惟票载姓名之人是问。

第二十二节　凡有转买股票之人，来本公司报明姓名、籍贯，请注册过户换给新股票者，其所执旧股票上必须有让出人署名签字，本公司方可照换股票。

第二十三节　凡遗失股票息单，应由遗失人将号数先登上海、汉口各报，须三份以上详细声明，满三个月，邀同妥保向本公司声请，方准换给。

第二十四节　股票息单遗失、转买、分开、合并或更名号，须换给股票息单者，应由该股东按缴本公司所定相当之费。

第三章　股东会

第二十五节　本公司股东会分定期会与临时会两种。

第二十六节　本公司股东会或在上海或在汉口，均可由董事局预期酌定。

第二十七节　股东定期大会一年一次。在每年三月发给利息之前，由办事员将前一年盈亏及收支帐略报告交董事局总协理宣布。其帐略先由查账人核对无讹，签名为据。

第二十八节　临时会须由总协理及董事或查帐人认为本公司紧要事件，或由本公司已集股分之二以上之股东说明事由请求开会，总协理及董事即预备招集，不得逾一个月。

第二十九节　凡在定期会之月内不再开临时会。

第三十节　股东会之会期、会场并所议事件，距会期二十日前，凡整股在一百股以上者皆用函告，其余不及函布，登报通知。会议时不得旁涉他事。

第三十一节　股东会开会时，由股东临时举议长一人。议决后即销除议长之名。

第三十二节　股东会有集股本四分之一以上并股东人数十分之一以上到会者，均议决事件。

第三十三节　到会之股东如不满前节两项之定数,其会议事件不得为决议,惟本公司可将会议之意告知各股东,限一月之内再集第二次股东会。至第二次开会时,不论到会股东及股本之多寡,得议决之。

第三十四节　凡一股以上之股东,到会时均有发议及选举他股东为董事、查帐人之权。

第三十五节　本公司以五十股为一议决权,余准五十之数递加,惟一人至多不得过二十五议决权。

第三十六节　有议决权之股东因有事故不能到会,可发表意见先期函知本公司,其应有之议决权数与到会同。

第三十七节　有不满五十股之股东,得联合其股数至满五十即有一议决权,可委托有议决权之他股东,其委托书亦须会议前一日缴本公司。

第三十八节　有议决权之股东而并受他股东之委托合计亦不得逾二十五议决权。

第三十九节　股东会以议决权过半数者为议决,如可否同数,议长决之。然议长自己之议决权如故。

第四十节　股东会有未能议决事件,议长得延长会期,以三日为限。

第四十一节　会议之事由均记载于股东会议事录,由议长及董事二人签名盖印存本公司。

第四章　名誉员

第四十二节　名誉员无定数,由总协理函请,得复函允者,均奉为名誉员。

第四十三节　名誉员不支薪水,但于本公司著有真实助力,本公司自应酬劳申谢。

第四十四节　名誉员如到厂矿公司皆从优接待。

第四十五节　名誉员虽无股份,遇有本公司得失利钝,可随时函知董事会,以备考核。

第五章　董事　查帐人

第四十六节　本公司原有汉厂董事八人、萍矿董事十一人,登明老股票上,时隔年久,除病故、辞退外,时有更易。现在权理董事未经举定,特由总理领衔,与现在办事员董李维格、杨学沂、林志熙、卢洪昶、王锡绶、王勋、张赞埙、顾润章、金忠讚九人列名,遵例公司具呈咨部注册。

第四十七节　注册之后,应公举权理董事九人、查帐二人,先将老公司帐目会查清楚签字,即行会议续招新股。

第四十八节　本公司续招新股悉由权理董事妥筹办理。

第四十九节　续招新股一千五百万元全行足数,即由新旧股东公举董事十一人、查帐二人。

第五十节　沪汉之外各省埠股份较多之处,应可由股东就地公举分董一二人,于总公司会议之时,亦可到会议事,其座位在总公司董事十一人之次。

第五十一节　董事限有本公司股份五百股以上,查帐人亦限一百股以上,均于股东中选举之。

第五十二节　董事须常川到本公司与总协理会议随时应办事件。

第五十三节　董事有为本公司职员者,其董事之任务即应解除。

第五十四节　查帐人之任务系监查本公司股份、银钱及厂矿出货、售货、材料、工程各项月结年结各表各册是否符合。

第五十五节　查帐人必得查明帐据符合方能签名,否则揭告股东会议决办理。

第五十六节　董事、查帐人之薪水,股东会议决之。

第五十七节　董事、查帐人不能兼任,查帐人并不得兼本公司之职员。

第五十八节　董事任期限二年,查帐人任期限一年,任满仍可续举。

第五十九节　董事任满续举时,用抽签法预留前任董事四人。

第六十节　董事、查帐人阙员时,股东临时会补举之。补举者续补原阙者之任期。

第六十一节　董事阙员未逾四人,查帐止阙一人,可缓至下届定期会补举。

第六十二节　董事、查帐人如有失去第五十一节之资格及倒产犯法等事故即退任。

第六章　总协理

第六十三节　本公司现在奏明:督办改为总理并添派两协理,不另派董事长。

第六十四节　总协理会同董事议决事务。

第六十五节　总协理之任期由股东会议决,呈部查照。

第七章　办事员

第六十六节　汉口总公司管理银钱正副二人,上海总公司管理银钱一人,应由董事局在于股份极大之内公举录用。一年为一任,任满仍可续举。

第六十七节　汉口总公司管理文牍档册正副二人,上海总公司管理文牍档册一人,应由总协理公举。

第六十八节　汉口总公司管理商务正副二人,上海总公司管理商务一人,应由董事局公举,专管购办厂矿应用一切物料,销售钢铁煤焦。凡各埠批发、分销处用人行事均归调度。

第六十九节　汉阳铁厂总办一人,大冶铁矿总办一人,萍乡煤矿总办一人,商务员汉、萍各一人,应由董事局公举。所有厂矿以内用人行事,总办得有全权。此项文凭一年一换。

第七十节　以上商务、总办,驻厂驻矿,总办薪水公费由董事局议定。所有该处管理银钱一人、稽核一人由董事局选派,余归总办派用,仍报明董事局。

第七十一节　以上如有重大事件总办不欲担承,以及权柄文凭以外之事,随时报告董事局会议。报告到后,至多不得逾十日必须议决,事急者随到随决。

第七十二节　以上各总办,均有重大责成,宜资熟手,如有不能称职,查明实在,不拘任限即由董事局会议另行择人更替。

第七十三节　总办而兼董事局员者,遇有董事局议事可到会与议,以备顾问;惟无议决权。

第八章　预算

第七十四节　大冶孕铁之富,数百年采取不竭,就浮面之铁测算,年采一百万吨,足供一百年;尚有武昌、九江铁矿可资辅助。萍乡煤山之煤,年采一百万吨,足供五百年。

第七十五节 大冶铁质一百分内含铁六七十分之多,现在自用之外,日本制铁所每年订购十万吨以资搭用,而汉厂所炼生铁已销通日本及美洲矣。萍乡煤质含灰在十一分之内,毫无磺质,正合炼铁之用。汉厂初用开平、日本焦煤,需用两吨方能炼成生铁一吨;现用萍焦,只一吨有零便可炼成生跌一吨,现在自用之外,日本制铁所亦来订购。

第七十六节 汉阳铁厂现有化铁炉两座,明年可成新化铁炉一座,后年再成一座;现有马丁炉三座并已添造二座,尚应添足十座。萍乡煤矿现有大小洗煤机两座、炼焦炉四座,计共一百九十四格;并又添造大洗煤机一座、炼焦炉一座,计六十格。

第七十七节 预算汉阳铁厂三十四年份每日出生铁二百五十吨(现日出二百吨,俟清灰炉成,可出二百五十吨),三百日计共出生铁七万五千吨,其中以六万吨炼钢(每日出二百吨只算八折),约可售马丁钢四万八千吨,约以一万五千吨售生铁。

第七十八节 预算萍乡煤矿三十四年份每日出生煤一千五百吨(本可出三千吨,因昭山铁路未成,轮船难运),三百日计共出生煤四十五万吨,其中以三十万吨炼焦炭,约可售焦炭十五万吨(每日出五百吨,约五折成焦),约以十五万吨售块煤。

第七十九节 预算汉阳铁厂三十五年份每日出生铁五百吨(第三大炉已成,连前三座),三百日计共出生铁十五万吨(每吨成本约十五两),其中以十二万吨炼钢,约可售马丁钢九万六千吨(拟加马丁钢炉二座,连前五座),约以三万吨售生铁。

第八十节 预算萍乡煤矿三十五年份每日出生煤三千吨(其时昭山铁路已通,可以尽运),三百日计共出生煤九十万吨,其中约以六十万吨炼焦炭,可售焦炭三十万吨(其时第三化铁大炉需焦加倍,日本亦可销通),约以三十万吨售块煤。

第八十一节 新添股本先以归还必不可缓之债欠,并以扩充必不可少之工程,全在董事局通筹预算于一年之内筹备完善。

第九章 会计

第八十二节 本公司帐目自光绪二十二年四月接办之日起,截至光绪三十三年十二月止。每月有月总分存汉厂、萍矿,每年终有总结存于总公司,以备股东查看。三十四年以后,每年终一总结,凡属股东,均各印送一份。所有汉冶萍三处及各埠所置产业、所订营业及存欠各项合同契据均存总公司,悉归查帐人查核,董事局经管。

第八十三节 本公司收支帐目光绪三十三年八月底止,汉阳铁厂(大冶铁矿在内)共用商本银一千二十万余两,萍乡煤矿(轮船、驳船在内)共用商本银七百四十七万余两。其自九月初一起,十二月底止,俟结清后再行布告。

第八十四节 本公司该款除老商股本及预支矿价、预支轨价之外,均属债欠,应俟招足股份由董事局议定归还各欠,赎回各项产业契据,悉归董事局存执。

第八十五节 汉冶厂矿老股截至三十三年止,已给息股库平银二十九万五千余两,萍矿已给息股库平银五十万两,均发有股票、息折,各自分执。现在新商议拟改给公债票,老商议欲全数发还现银,自应仍照原给息股一律换给普通股票,以昭平允。

第八十六节 汉厂、冶矿、萍矿以及转运轮驳共有帐自四宗,按月按年各结帐表,送总公司汇算盈亏,所入之款除去商本额息及各项支销册有赢余即为红利,作三十成开派,载第二章第十四节。

第十章 附则

第八十七节 以上各节其中应办事件,本公司须分别另订详章。

第八十八节 此系暂定章程,以后遇有更改,必须股东会议决,一面呈部查核。

盛宣怀:为推广加股详细章程征求意见书

光绪三十四年三月(1908.4)

窃维汉冶萍煤铁厂矿宣怀等承办十余年,备尝艰苦,幸告厥成。现因归并扩充,会同湖广督部堂奏明照例注册,二月十一日钦奉谕旨:着责成盛宣怀加招华股,认真经理,以广成效,余依议。钦此。宣怀既责无旁贷,自应遵旨以加招华股为己任。去年十月,沪汉名誉员有集招巨款之议,而本年二月李一琴部郎接有沪电,谓已全体解散,夫以十数年辛苦经营之成局,事虽艰巨,宣怀等不能不坚忍保持到底,而百千万之巨资本,难期于旦夕,自当循序渐进,择要扩充,特是无规矩不能成方圆,无步骤不能造极诣。本公司同志遵照历次奏案,钦颁商律并参考中外商例,拟就商办暂定章程八十八条,祗候有股诸君公同议决,即为办事规模,俟再次第修改。自来立法虽善必须行法有人,宣怀等驽钝浅见,何敢自诩识途,惟念时局艰难,厂矿得有今日之不易,万不能轻心忽略,袖手坐视,败已成之事绩,阻将来之事业。海内达官巨商、通人志士,谂知西国富强之所由来,必与宣怀等具有同心,群策群力,互相维持,以成就一完全商办公司。惟集思乃能广益,用布大端请俯赐裁正,亲署冰衔书阅掷还本公司,一俟开会议妥,即当刷印章程,选举权理董事,先行查帐,再行招股,不论老商新商大股小股,零整不拘,贵于实在,聚公共之财力,开煤铁之利源,中国幸甚。倘承指教,无任祈祷。

光绪三十四年三月盛宣怀等谨识

盛宣怀致邮传部函

光绪三十四年七月二十日(1908.8.16)

仲怿、玉苍、雨辰仁兄大人阁下:

前奉大咨,以电报商股系敝处一手招集,创办多年,属即查照在沪与公正最大股东酌中核拟发还股价数目,克日见覆,以便具奏,并准函开:股商或以所执股票已获二十余年利息,一旦收回别营他业,恐难如此稳厚,现在汉冶萍煤铁厂矿已奉谕旨注册,实为完全之商办公司,众商尽可收回票价转购汉冶萍股票,一转移间受益颇多。仰见硕画周详,所以为股商谋者实已无微不至。弟深维两局情形,似尚不难就范,故敢一力担当。孰料到沪之前,报纸先已播传,均谓收赎之议倡自鄙人,群言诋毁。继又坚持票值以为标准,声明本部财政艰难,不能步武东西洋优待办法。从前以为旧股皆弟所招致,当有感情,现在接晤诸商,新股居多,即属旧股,亦必声称重价所购。其初次会议,因原奏不言价值,愈增希望。及至六月初四奉部示加价十元作为优待,乃不争票价而争利息矣。弟明知部议断不能再加,只因迫于物议,不得不再为商人请命,此苦衷也。逮电奏发后,股商乃始甘心,争无可争。所谓三鼓而竭,初二后缴股甚为踊跃,初六七忽又淹滞,并有人赴局取利不取本,局员竭力推宕,终非长策。弟因将前奉公函有勒令电商改入汉冶萍股份之说,作一长函,布告股商,语甚痛澈,遂有到门问询者。十日之内,远近赴局缴股已有一万数千股之多。其中有到汉冶萍公司以其洋元附入厂矿者,亦属不少。大约限期之内,大宗可望交齐。其或穷陬僻壤海客鳌妇,难保一无落后,决无关乎大局。盖此种举动若于七月初一以前断不能提,因各股商皆谓收赎专票值勿庸估价,以及先由香港股少之处入手,皆出于鄙人,故格格不入。且将谓勒令收赎系为汉冶萍招股而起也。及至据情电奏,做到最后一着,方能剀切言之。故初三日一传批旨而即散会,初九日再布长函而皆缴股。非弟之用力前后有不同,实商人之思想有不期然而然者矣。惟代商乞恩,操纵之机出于仓猝,不及咨商而遽奏,此中不得已之情形,其能告无罪乎。除咨复外,肃此。敬请

台安

附呈抄函一件

[附件] 盛宣怀致电报大股东书

前阅邮传部公电,近据钟道等电禀,有收赎电报影响商业等语。查欧日各国电报皆为国有,故本部不得已权为收赎。至完全商业性质如招商局、煤铁厂矿等,即各国之邮传会社、矿业公司,皆非官办,绝不至影响及此。仰即宣布以释群疑等因,具见部意专为国际收赎电报,断不旁及他事。敝处又接本部公函,以汉冶萍已为完全商办性质之公司,预算将来利益,比较电报殆有过之。众商得此机会,尽可收回票价,转购汉冶萍股票,一转移间受益实多等语。在日本收买商家铁路,即劝商移本以充东三省营业。部意亦为吾商设法,而鄙人未敢以为言者,因股商珍重电股,初若必求仍准附

股,并请照商律举董事而后已,嗣见部示虽准附股,而商所要求董事会仍未复允,窃恐电利纵使优渥,既归收赎,何能强求。况电报自开办以来,并未遵律注册,亦未实行董事会、股东会,以至如此。

今蒙部示声明汉冶萍已为完全商办性质公司,奏为注册,销除"官督商办"字样。现已拟定八十八条,公举总协理,遵照商律,实行董事会、股东会,以后办事均可各尽股东之责任,诚如本部宣布,足释群疑。至于预算利益过于电报,除将总工程司、总矿司所筹预算约略登记,该厂矿所出钢铁煤焦,欧美皆称巨擘,得天独厚,仍在人为。回念从前创办轮电两局,皆以一股化成两股,公积产业倍蓰原本,故得分利加厚,票价腾涨。今电股归官,虽国家限于财力,未能如外洋之优厚,而酌中比照票值,除新买股票外,亦过得去。今钢铁亦可为吾华专利之公司,殚我数年精力,未必不能造乎高深。现在股份并未续招,而已收新旧各股银元八百余万元,公议优先股以一千万元为止。前昨两日有人陆续来买汉冶萍二千余股。据云,系收回电报每股一百八十元,加洋二十元来买。厂矿四股计票本二百元,即可稳收官利十六元,与本年电股利已相埒,加以余利并优先红利,合并何止二十元。票价亦可盼望如轮电必有一股作两股之日,且属注册实行商办公司,非同昔年官督商办之局,可得股东会议选举董事查帐之权,似胜于勉强附股于电政多矣。其言如此,乃命总公司收支员金菊蕃逐一收款掣发优先股收条而去。似此看来,尚蒙诸绅商念及鄙人劳苦一生,创办实业,历有效果,期望弥深,不胜愧对。即如敝戚属所执电股九百份,亦皆移入厂矿,绝不愿作附股之举也。既承厚爱,敢布腹心。

盛宣怀致陈璧[①]函

光绪三十四年七月(1908.8)

玉苍仁兄尚书大人阁下:

张令回奉惠函,并承电示一二。收赎闻已过八成,尚有旬日可期结束,

_____

① 陈璧(1851—1928):字玉苍,福建闽侯(今福州)人。时任邮传部尚书兼参预政务大臣。

此皆我公卓识毅力坚定不摇有以致之。弟曾谓天下事但求了结即是止谤之法。此次赎股稍有为难,因弟在汉厂稽留匝月,上海先多谣诼,局中固斤斤计较票值,局外且谓不应有此一举,甚或谓官办后海疆启衅,线必难通,此亦口头语也。至于票价实难在去年利息□□内□□三十三年七月初一后,买票者亏失本项二十元,又息十六元。其先买者上届已收息二十元,不过亏失今届之息,恐其在老股无所亏损,故争较者皆新商也。其或谓敝处戚友脱售在前者不止一人,亦无庸讳。总之弟办理不能顺手,致烦苌画,幸告厥成,先难后易,已属万幸。至轮船招商局本属商办性质,虽为本部管辖之一端,将来只当扩充航路,保持商业,似无官收之理。汉冶萍已经注册商办,各省路局应用轨料,尚蒙提倡而卵翼之。□□暂借给官用,毋庸收赎,但华商提议辄皆引以为忧。公此次结束电案,可否即将所复钟道等电谕各该公司可无影响之意,奏请纶音特布,使海内外咸知电报收赎实系不得已之举动,庶予题前题后均有益处,非弟一人之私臆也。公具只眼,谅以为然。敬请

台安

盛宣怀致熊希龄①函

光绪三十四年七月二十五日(1908.8.21)

秉三仁兄世大人阁下:

　　前承惠教,即趋答,以值赴宁,甚歉。顷奉十二日手书,敬悉一一。湘款集款已达二百万,现拟仿蜀路议行租捐。每年常款当出二百万金。此最直捷了当。路成则土货必畅出,利在民生。今取之于民者岁若干,他日还之于民者必不止此数。弟春暮过汴,与赞帅议洛潼接轨,力劝租捐,但不可如蜀省迟钝耳。洙昭八月竣工,闻之不胜怅慰。在汉冶萍但求此路之速成,决无官造商造之歧视。部中亦因湘议改枝为干,故有另造洙昭枝线之奏,今闻湘局仍宗粤汉原议,以洙昭为干线,且可克期告成,则理足神完,部

① 熊希龄(1870—1937):字秉三,湖南凤凰人。时任江苏农工商局总办兼充苏属咨议局筹办处会办。

臣疆臣似不难合疏办理也。厂矿所出钢铁，外人艳羡不已，销路亦可愈推愈广。所宜人力以通者，洙昭节轨大别一洞耳。股份已得八百数十万，拟补足一千万，即开股东大会选举董事，附章奏牍章程十份，乞于贵友中量为分致。湘中入股甚少，两头毗连，甚愿其多也。是在我公提倡而辅翼之耳。朱世兄必当留意。手复。敬请

台安

世愚弟盛顿首

盛宣怀致陈夔龙①函
光绪三十四年七月二十九日（1908.8.25）

筱石仁兄尚书再览：

汉冶萍厂矿案牍章程附呈两套，祈存览。此项钢铁出产宏富，烹炼精纯，销路广阔，只须得人经理，造就必在轮电之上。现付官息八厘，转瞬新化铁炉告成，余利红利必然优厚，预算谅不致虚。所集商股已逾八百万，优先股所存无多，弟濒行时曾与我公有约，谨以奉闻。如尊处及亲友中有愿入此股者，祈将堂名记号早日示知，不为外人道也。手此。再请

台安

弟宣又顿首

盛宣怀致袁励准②函
光绪三十四年八月初六日（1908.9.1）

珏生仁兄世大人阁下：

顷奉七月十二日手书，敬悉。未知何以前后两函并所寄字画两次，仍未收到（夏令来禀云，已交到），殊甚系念。南田翁字册两本极真，惜霉迹太深，竟无洗刷之法，亦难付石印。毛诗一部可谓市骏骨矣。除函致袁宝三

---

① 陈夔龙（1857—1948）：字筱石，贵州贵筑（今贵阳）人。时任直隶总督。
② 袁励准（1876—1935）：字珏生，江苏武进（今常州）人。时任京师高等实业学堂总办（校长）。

兄代付外，祈台驾便中赴袁处凭信取付为荷。汉冶萍股票已交商务印书馆刷印，一俟印好，即将所发收条照原名原号寄京办事处凭条换给，来年三月即可付利，届时正金当可坚信中国股票全以利息为进退，汉冶萍从前十年不付息，故虽发旺仍难免观望，然已收到八百余万元，并未认真开招也。弟赴日本就医，已蒙俞允，两月返沪即可开会矣。附上刊章两本，乞存览。悦古田黄印章三方，如一百五十元请代买觅便寄下，再贵不必买。其余书画得暇再寄。恭邸处不去甚佩。自北京寄信东京，五日可到，望勤寄函示至盼。手请

台安

弟顿

盛宣怀致左孝同①函

光绪三十四年八月初六日（1908.9.1）

再，承面嘱洙昭路事，在苏已详电北京南皮闽县两处，原稿呈览。此事大约谅可合龙，但望我公于贵同乡诸君通函时，切劝早日开工，如期行车，为湘路先声，将来招股较易，岂仅运煤之利益乎。至汉冶萍厂矿章程，附呈二本，乞存览。如要入股（可交苏州和丰钱庄掣取收据，随后到沪换股票，可将堂斋出名），须趁此时。优先止有千万元之额，现已集八百数十万，只剩一百余万元。大约弟日本回来即可开会矣。珂乡距厂矿较近，年年取利较易也。素抱知己，用敢附陈。敬请

台安

弟宣又顿

---

① 左孝同（1857—1924）：字子廙，湖南湘阴人。左宗棠之子。曾任江苏提法使，兼署布政使。

盛宣怀致绍英①函

光绪三十四年八月初六日(1908.9.1)

再,汉冶萍钢厂年内定出钢轨五万吨之多,现又加造新钢炉两座,不患销路不畅。故拟优先股添足一千万元为度,已得八百余万,归时可望额满。兹特附上章程两本,乞察阅,如有人愿入此股,可请就近交明通商银行驻京总办袁宝三代收,即可掣发收据。自收到之日起,按八厘付息,其余利红利尚在其外,凡我至契不敢不告也。再颂

勋祺

兄宣又顿

盛宣怀致宗舜年②函

光绪三十四年八月初七日(1908.9.2)

再,汉冶萍拟招足千万,归来即可开会,现已集有八百余万。秣陵地大物博,如有相好愿入此股,尚可得优先,请即汇交大小儿,伊处已留公司收据,可随到随填也。附上新章程十本,祈察入。府主前请代呈一部,计二本。

弟又顿首

李维格在汉口商会演说词

光绪三十四年十月初一日(1908.10.25)

汉阳铁厂,为东亚空前之伟业。然溯其创业之艰危,局中人痛定思痛,虽今日效果已见,而犹谈虎色变也。南皮张相国,一代伟人,于十六年前即经营此厂;盖横睨中原,知非铁路不足以致富强,非自造轨不足以塞漏卮。于是锐意精思,创设此厂,向英国定购机炉,为筑道之开道骅骝。其时公尚督粤,故初议在粤省布置,旋因移节两湖,乃于鄂省左近择地建厂,久之定

---

① 绍英(1861—1925):字越千,满洲镶黄旗人。时任工部尚书。
② 宗舜年(1865—1933):字子戴,江苏上元(今南京)人。历官嘉兴、衢州知府,杭嘉湖道,时入端方幕。

厂基于汉阳，以其襟江带河，武汉对峙，商务荟萃，交通利便也，其时在十七八年。毗陵盛宫保，壮年便喜研究矿务，光绪二年曾率同英国矿师，在长江上、下游查察矿产，即勘得大冶铁山，峰岚回环，极目皆铁。然时机未到，徒然藏富于地而已。后适张相国设厂汉阳，天缘凑合，宝藏遂兴，良非偶然也。迨英厂机器抵汉，以后经营缔造，至光绪念一年，始具规模，开炉鼓铸。然铁石则佳矣，尚需合于化铁之上品煤焦为燃料，方能冶炼如法。而湖北全省中欲求可炼焦炭之煤，竟渺不可得，于是不能不远购欧洲之炭，而心力交瘁矣。

至光绪二十二年，乃变官办为商办，毗陵宫保一肩任之，其气概不下南皮相国也。接办后即以觅探佳煤为第一要义，旋得江西萍乡煤矿，派德矿师马克斯、赖伦前往查验勘测，其煤适合冶炼之用，且绵延不断，脉旺而远，为环球不可多得之矿。于是派卢君鸿沧、张君韶甄，先后驰往开办，披荆斩棘，凿破天荒。张君韶甄，困厄于其中者几及十年，卒至积劳不起，以身殉矿。今日现于地面，则厂屋连云，深入山腹，则煤巷如市，电车、汽车之纷驰，轮船、驳船之挽运，其如火如荼之观，外人之到此者，盖无不惊叹也。

唯是宫保虽躬冒奇险，精思锐进，卒以西法炼铁，事非素习，无以得其窍要，计穷力竭，欲罢不能，于是用维格之言，派员出详考查，以决进退。宫保即以责诸维格，辞不获命，于光绪三十年启程，由美而欧，周谘博访，计八阅月回华；出洋时携带大冶铁石、萍乡煤焦及汉厂所炼之焦铁，进退行止，全视此原料之化验为断。伦敦有钢铁会，为名人所荟萃，到英即踵访专家，于会中得史戴德者，为一国之望，遂以所携原料交与化验。据其报告，大冶铁石及萍乡焦炭，并皆佳妙；铁石含铁品相伯仲。英国克利夫伦铁石含铁，仅百之二十余至三十分；德国密乃忒石同是；而各国争购之西班牙毕尔宝铁石，亦仅百之五十分，故大冶之铁实世界之巨擘也。据验汉厂造轨之钢，炼不合法，而零星钢件则为精品。盖炼钢有酸法、碱法之别，酸法不能去铁之磷，独碱法能之。钢中最忌有磷，大冶之铁石含磷适多，而旧时炼钢系用贝色麻酸法，背道而驰，宜其凿枘，沪宁铁路公司化验贝轨，亦谓其磷多炭少，不肯购用。而马丁碱法所制之鱼尾版等零件，称为上品，盖厂中本有一马丁碱法小炉也。乃决从史戴德之议，废弃贝色麻酸法，遂改马丁碱法之炉，以去磷质。此十余年未解之难题，一朝涣然冰释者也。特是维格虽谙外国语言及文字，于钢铁厂及机器亦略窥门径，而究非专家。此次出洋，遍观英、美、德各厂，购办各种最新最良机炉，得同伴英人顾问工师彭脱之力居多，该工师于此道曾三折肱。在洋考察既有把握，于是绘图贴说，广招英、美、德专门名厂投标，并与同行之萍矿总矿师赖伦及新雇之工师等，一再讨论，剔破疑团，然后分别订定，归国后激励同人，勇往从事，胼手胝足，四年苦功，于去冬十月告成出钢。外人之观厂者，惊为意外之事，报纸纷传。此厂矿开办及后来出洋考查、归国布置之大概情形也。

惟机器良矣，炼钢有成效矣，销路何如？夫中国铁路正当发轫之始，即铁路材料一宗，非汉阳铁厂大加扩充，势已不能肆应；而上海、香港以及南洋各岛等处船坞、机器厂所用造船等料件，为数尤巨，现均仰给于欧美。而重洋远隔，购运费时，动须数月，方能应用，故均预储材料以备缓急，大船坞储料往往至数十万金之多，搁本搁息，所耗甚大。且存料之尺寸，非必用时所需之尺寸，剪裁之余，难免靡费。若汉厂一律能造，则一电购订，不及匝月，即可应用；尺寸大小，亦可照临时所需者拉造，其为便宜何如？故该船坞等无不乐用我钢，若能肆应扩充，东方钢铁之利能出我掌握乎？日本不惜数千万巨款经营制铁所，盖预料过此以往，钢铁之用，亦犹蔬粟水火，不可一日缺也。苟我国以全力助举湖北之铁政，不但东方销路入我掌握，并可远销于美国西滨太平洋各省。盖美之煤铁矿厂，均在东省，东西远隔万余里，铁路运货，每吨需美金十余元，而英国恃美之滨太平洋各省粮食，运粮而往，带铁而回，每吨只需运费美金三元左右，虽进口税重，尚较自东徂西之车运为贱矣。美国松木为中东各国进口大宗，运木船只缺乏回载，现已运输我之生铁，每吨运脚亦不过美金三元而已。美之铁厂尽在东省，与欧洲仅隔一海，水运价贱于陆，故舍己之西省转以欧洲为溢货之市场。其所售之价，辄视本国为贱，盖贱售得价犹胜于搁本搁息也。苟汉厂钢铁货舳舻相继，由太平洋源源接运，则美国之西省必乐购不遑矣。

汉厂前途既有荼锦之希望，萍乡煤焦之销路，其利亦不可预量也。溯当时创开萍矿，历尽险阻艰难，始有今日蓬勃之气象。盖该矿之大煤槽，在初开之安源西北曰紫家冲，山势嵚奇，无运道可通，故就东南平坦运道可通之安源地方煤脉外现之处，发轫开凿，直达紫家冲大槽。而山腹之内，石隔中阻，非洞穿不能达。钻打炸裂，百凿千锤，费数年之苦工血汗，始于前年直达大槽。其孕藏之富，如入煤海矣。目前每日出煤一千五百吨，明年可增至三千吨。再阅三五年，汉厂发达，蒸蒸日上，则萍煤随之而盛。所炼焦炭，固深合化铁之用；而生煤经英、德兵舰试用，亦谓东方之无上上品，一俟通道疏通，汉口将为东方一大煤市，如日本之门司。目前所难者，湘江之浅滩耳。查萍潭铁路，计长一百九十四里，自萍潭直达湘潭之洙洲水滨。洙洲原为粤汉干路接线之点，萍潭筑至洙洲者，为接干线也。洙洲下游，浅滩甚多，天寒水涸，轮驳不能畅行，且因款绌，亦无力多造轮驳，故大半仍用轮船驳载。而民船极其纡缓，风利帆张，尚可克日而到；或遇风逆，往往中途耽延。船户粮竭，则私窃煤炭售于沿途居民，而拌以浊水污泥，搪塞吨数。所以萍煤到鄂，优劣不齐，其劣者皆泥水所糅杂者也。为今之计，必改筑洙洲之轨道，斜折以抵昭山，计程四十里，昭山以下虽尚有浅滩，而已避其九十里曲折最难之水道，轮驳即可设法通行。运道一畅，尽用自有之轮驳装载，则无糅杂之弊，汉口各公司江轮固皆乐用萍煤，而外洋海舶之来汉者，亦免纡道往日本门司等处装煤回国，汉口不将为东亚一大煤市乎！至粤汉铁路成后，全恃萍煤，更无论矣。此汉厂萍矿销路之大概情形也。

西报论汉冶萍事，谓中国煤铁将角胜于世界市场，并谓此种黄祸较之强兵压境，尤为可虑。呜呼，外人黄祸之说，不自今日始；当吾国创立海军时，即有此危言。曩则海军失败，今则商务失败，外人方谓吾中国妙手空空，无一足与抗敌，可洞开吾门户，以贯注彼溢出之货物。不意汉冶萍突然耸起，震惊其癌瘵。夫中国之弱，在于门户之解严。何以言之？盖列强最虑漏卮，涓滴不以让人，如美、俄、德、法等之地大物博者，无不高抬进口税以堵外来之货，值百抽百者有之，即其紧闭门户之上策。吾国海禁初开时，商约失算，进口税一项，任彼抑制，只能值百抽五，无自主之权，迄今不能修改。无疑乎，列强商品，五光十色，拥载而来，以炫耀于我商市，使吾之金钱日益外耗。日本废旧约而抬税额,即所以固其锁钥也。我既无锁钥,洞开门户,束手以待危矣哉。五都之市,百货云屯,睨视之值钱者,洋货也。我则室如悬罄,朽败杂陈,不值外人一顾。欲与之角雌雄,将持何物以争耶?中国积弊在于生利者少,分利者多。一家之中,生利者仅一人,而兄弟亲朋徒手环而仰食。勤者一二,惰者什百;销用之人,倍蓰于生产之人而不止,中国于是乎始穷。由穷而之富,其道无他,人人皆有生利之心,勿使利源外溢而已矣。今日汉冶萍三大业,即中国挽回利权,抵制洋货之根本也。外人视线,眈眈环视,大有寝不安席之态。若我国人对待如此创造艰难、侥幸成功之伟业,亦以平淡视之,漠然不动于中,则我国事真无可为矣。呜呼!亦知图富牟强,万牛回首,拯中原于涂炭,登亿兆于康庄,胥赖此一方面乎!卧薪尝胆,已有前人鼓掌磨拳;望之来者,凡我国人,尚具眷顾大局,集腋成裘,千钧之系一发,勿任九仞之山一篑。请君助力,翻东半球阒茸之旧局,作西半球灿烂之奇观,群策群力,齐向煤钢世界展动地惊天之事业。此则维格所朝夕祷祝者也。

盛宣怀致奎俊[①]函

光绪三十四年十二月初一日(1908.12.23)

敬再启者:

春暮濒行,承面谈汉冶萍股份,愿入银元一万五千元,当将乐记三百股收条计十张面交收执。是日因荣庆客多,订明款另续寄,翌日匆匆南旋,未及领取。兹查该公司优先股一千万已经收集,股票均已印刷齐全,特将乐记应执股票十张寄交骡马市大街宝兴隆金店内汉冶萍厂矿驻京办事处袁宝三收存,即请尊处付给七二银元一万五千元,弟已函令袁宝三于收股之日填明票据,立即呈上,所有弟在京时预先面交之收条,并乞代为涂销,并给袁宝三寄沪为祷。附呈该公司案牍章程,敬祈察阅。弟此次赴日东考察厂矿,该国实以煤铁为富强根本,然其地质不及萍冶之佳,而人才胜于我,

---

① 奎俊(1843—1916):字乐峰,满洲正白旗人。时任内务府大臣。

资本亦多于我。惟冀各省铁路齐兴,煤铁销路愈推愈广,则厚利必在轮、电之上,素蒙挚爱,决无虚言。如钧意不以为然,亦乞示复,仅将收条掷还,有人顶替也。手叩

台绥

小弟谨再启

盛宣怀致袁励准函

光绪三十四年十二月(1908.12)

珏生仁兄世大人阁下:

八月初六日一缄,度邀惠览。三月有余未奉赐答,两次所寄书画□无收到之信,不胜系念。弟东游就医,旧恙稍愈,假满返沪,仍畏风寒,惟有慎起居节饮食以冀逐渐奏功,知关远注,用敢附陈。南斋豹直事稍简否。前承尊处附入双玉堂股份,现在优先股票已备齐,寄存宝兴隆金店内汉冶萍厂矿办事董袁宝三处,即祈尊处将收条送交更换股票为要。附上奏牍章程两份,希察阅。该厂矿只待来年新炉告成,即可发达,将来丰利可期,必在轮电之上也。但恐过好之时难保不为国有。目前查帐估价已逾加倍。将来如果官欲卖此产业,亦必照东西洋官归商业优待办法,其时股商得值不止倍蓰也。董事会议宜另招零星股份以结商民团体,故现已收足一千万之外,不妨广收小股,虽一二股不嫌其琐碎也。质之高明,当以为然。所寄字画如已出售,望示知,以便续寄。敬请

台安

盛宣怀致溥伦①函

光绪三十四年十二月初四日(1908.12.26)

谨再肃者:

前在京时,承附入汉冶萍优先股十万元,曾将收条面呈钧右。现在该

---

①　溥伦(1874—1927):字彝庵,满洲镶红旗人。时与孙家鼐同任资政院总裁。

公司章程均已刊定,股票刷印齐全,除押款三万元已由通商银行将股收条换去外,其余七万元股票息单计一千四百股,业经汇总寄存宝兴隆金店汉冶萍驻京办事员袁宝三处,敬乞钧处检出收条,派人持往该处更换票单存执,以便来年三月内凭单取利,是所企祷。宣怀此次赴日本就医,顺道考察该国制铁所,系属官办,专供陆军部之用。规模虽大,所出钢铁,不过与我相埒,现亦添炉开拓,已费官本六千万之巨。我厂连煤铁两矿只用过银二千余万,天生料质,远胜东瀛。明年第三炉告成,须做一小结束,可期渐有余利。如能续筹巨款,自可再事扩充。中国地大物博而实业程度太低,当此国困民穷,舍实业何以裕国用,何以养民生。所冀宏谟广远,庶使天下有所率从。宣怀衰朽余年,只能将此钢铁厂矿尽力经营,以副期望于万一耳。肃此,再叩福安,伏祈

崇鉴

谨又叩

盛宣怀致陈夔龙函

光绪三十四年十二月初十日(1909.1.1)

筱石仁兄大公祖大人:

昨复寸缄,度邀台览。汉冶近隶帡幪,诸蒙兼顾,公谊私情,铭诸肺腑。弟此次东游,该国民穷饷绌,全赖厂矿实业,经营不遗余力。与彼当国伊藤、松方、桂太郎等面谈,东方大局,钢铁实为富强第一关系。日本制造渐拓,每年钢铁进口价款溢出欧洲四五千万之巨,其艳羡吾国矿产之盛,发于言表。故欲保守权利,以有易无,尤非推广冶炼不可。弟旋沪,适值南北钱荒,招股未便下手,据全司禀报尚未满九百万元。拟收足一千万即行截数,照律开会。来年预算,新添大化铁炉一座、炼钢炉两座、汉阳码头一处、汉口码头栈房　处、岳州易家湾码头各　处,即可作　小结束,俟有余利再行扩充。

弟咳病稍痊,仍畏风寒,开春放暖,当来汉上小住,藉亲教益。兹附呈松寿堂股份票单一百股,敬祈查收,如有可劝集之处,尚乞鼎言于有意无意

中大为招徕。莲帅、午帅均有集来巨款,大府登高一呼,究异恒径,况汉厂冶矿均在目前,其发达气象较易查考。前经咨送章程,系属官样文章,转行司局,无济于事。闻午帅见有力官绅,盛称钢铁之大利,李维格办事可靠,故稍感动,渐有所集。我公关爱尤切,故敢奉恳。然此事须有水到渠成之效,非可以势力致也。鄙见总以股多债少为本旨,想我公远见必以为然。嫡堂侄春颐在鄂多年,由丞守递升道员,历充军械茶厘局差无误,旋在汉厂代办数年,其时商股不来,萍煤难用,独力支撑,更难于今日,乙巳丁忧回籍,即举李郎中以代。兹服阕回首,尚未奉差委,来沪述谂钧座推爱优容,颇不以俗人相待,今仍令回鄂,可否仰恳加意提携。此子心地忠实,办事肯任劳怨,其长处能有知人之明,短处不能委曲调停耳。如蒙任以局差,可保其胜任,他日教诲而煦育之,尤所感祷。手布。敬请

台安

盛宣怀致吴重熹[①]函

光绪三十四年十二月十五日(1909.1.6)

敬再启者:

昨在何芝老×次晤令孙世兄,询悉起居安吉,至深慰系。孙世兄英才荦荦,将来克绳祖武,可以预卜,曷任健羡。汉冶萍优先股票已刊印齐备,尊处收条例应更换,以便明年三月凭单取利。除电致外,即祈查照。能趁孙世兄在南持以取易更妙。弟此次赴东,确见日本制铁厂已用款六千万,而程度不过与我相埒。其所产铁质皆不如我。惟彼国中制造各厂林立,自己钢铁决不敷用,每年购买欧洲钢铁岁数千万,其甚赞汉钢精美,愿购我钢货,惜吾炉座太少,仅敷各省钢轨之用,尚待集款添炉,则出货愈多,取盈愈厚。弟当拼此精神,宏兹实业。股份因大众皆要优先,故开创老股三百万之外,公议添足七百万,既已收得九百余万,尚剩三十余万以待当道。年底为止,开春即行截止矣。尊处或司道相好中如有愿得优先股者,务祈速示。

----

① 吴重熹(1838—1918):字仲怡,山东海丰(今无棣)人。时任河南巡抚。

朝局变迁如是之速,可胜浩叹。汴中诸事闻甚熨贴,洛潼铁路商股如何,能速成否,念甚。敬请

台安

治小弟又顿首

盛宣怀致沈瑜庆①函

光绪三十四年十二月十五日(1909.1.6)

别久思深,想彼此有同情也。朝局变迁如此之速,时谕惜之,吾独为项城福。报载各公使颇不满意。此后措施新政,全仗南皮,我公宏谟凤抱,必有以匡济之矣。士夫有贞干者不愿闻某去后庙政有不若也。弟衰病余年,日以读书教子为消遣,所喜汉冶萍钢铁渐入佳境,轮船、电报、铁路之外,惟此足以报答朝廷。昨睹日东国困民穷悉赖实业以资国用,三十年前惟合肥师相与文肃公许我助我,不料败于项城之手。商务之毁弃,人皆视为敝屣,谁之过欤。窃愿藉汉冶萍钢铁以挽回实业,集千万裘以成团体,附上节略数纸,拟为公留数十股,示我同志而已(年内截数,仅空三十万之额,以待知交,每股洋五十元,数不在多,在乎名誉而已)。祈酌复。手布。敬请

台安

世小弟再启

盛宣怀致陈邦瑞②函

光绪三十四年十二月(1909.1)

敬再启者:

汉冶萍厂矿股票息单已寄至骡马市大街通商银行办事处,交袁宝三收存,所有尊处股份,请即派妥人持收据前往更换,明年三月底即可在宝三处取利。昨汉厂总办李一琴部郎、萍矿总办林虎侯观察来沪,已命将来年预算卄单复核。所添造之化铁炼钢新炉数月后即可告成,出货愈多则利息愈

---

① 沈瑜庆(1858—1918):字志雨,福建侯官(今福州)人。时任贵州巡抚。
② 陈邦瑞(1851—1925):字瑶圃,浙江慈溪人。时任度支部右侍郎。

厚,如粤汉、川汉借款成议,一气开工,不患无销路。此次东游,目睹该国厂矿林立,均用本国工师,按其国用民财、实亦困乏,全赖商务畅旺,堪以立国。吾华仅此一钢铁厂,所幸天生美质,取用不竭。一俟明春开股东大会,即有全体帐目报告。大约将来余利总在轮船、电报之上。此后弊绝风清,当不致再有搅乱之人。近日股份颇见踊跃,所存优股三十余万,当不难于截数也。手布。再请

台安

盛宣怀致恽毓鼎①函

光绪三十四年十二月二十日(1909.1.11)

澄斋仁兄大人阁下:

别后曾布一缄,计邀惠察。近维致履绥和,以颂以慰。弟东游问医,体气较好。亦因旅客他邦,扫除俗事,大□卫生之道以身心无事为第一,胜于人参多矣。归来又复忙乱异常,问其所忙何事,则又别无可指。朝局变迁,古今一辙,长安罕通音问,竟不知所以然。汉冶萍股票息单已悉数寄存袁宝三兄处,即祈尊处便中持收条前往更换。明年三月秒即可到彼处凭单取息,以免寄沪周折。倘粤汉、川汉两干路并举,又可多一销路。总之,此局发达将来必在轮电局之上也。岁事将阑,尚忆去年在京时光景,徒增感慨。手此。敬请

台安

盛宣怀致吴郁生②函

光绪三十四年十二月二十日(1909.1.11)

敬再启者:

汉冶萍股票息单,已专差悉数送交骡马市大街通商银行办事处袁宝三

---

① 恽毓鼎(1862—1917):字薇孙,直隶大兴(今北京)人。时任侍读学士、国史馆总纂。

② 吴郁生(1854—1940):字蔚若,江苏吴县(今苏州)人。时任邮传部尚书。

收存,即请尊处派妥人持收条前往换票,来年三月杪,即可持息单赴该处取利,免得托人到沪汉转折。此次股票之迟延,初因电政收股,商界不无影响,继因弟赴日东以致耽搁,尚乞鉴谅。昨汉萍两总办来见,明年新炉告竣,出货较多,粤汉、川汉两干路同时并举,又增销路,将来发达,当在轮电之上。日来附股者较前踊跃,千万即可截数。开春股东大会,必先知照尊处,如有续至小股尚可代收,即交袁宝三先制收条可也。附上章程,祈查阅。敬请

台安

姻小弟宣怀又顿

盛宣怀致陆润庠①函

光绪三十四年十二月二十日(1909.1.11)

敬再启者:

汉冶萍厂矿稍受电政影响。侄东游时仅集八百余万,国丧以来,南中市面□受惊□,银号钱庄纷纷倒闭,更可恍然于大实业可靠矣。归来不多日,又集一百余万。准拟开春正月底二月初开股东大会,实行商办。天若不再生搅局之人,中国商务当有兴旺之日。否则上下俱困,中间不从,工商着想如何得了。汉冶萍公司股票息单均已寄至通商银行公司办事处袁宝三收存,即请尊处派妥人持股单前往更换可也。敬请

台安

盛宣怀致吴重熹函

宣统元年二月初二日(1909.2.21)

再,孙世兄来晤,英姿卓荦,他日必为国家之栋,欣羡奚似。铁道实为裕民第一端,洛阳既已集股四十万,似可就此发越,一面筹款,一面丌工。天下事若必待款足而后行,则无事可办矣。汉冶萍十年以来,纯是扶墙抹

---

① 陆润庠(1841—1915):字凤石,江苏元和(今苏州)人。时任吏部尚书。

壁，得步进步，现在居然集成真实商股一千万以作基础。此外拟专集小股自 千元至一百五十元者，愈小愈好，恨不得十八省百姓个个有股分。所以欲收小股者，结吾民之团体，方足以防外人之觊觎，亦以见一二人创获之大利，公诸千万人，亦足以御众人之口实，不致利欲薰蒸，为权贵所攘夺，庶几在弟总理任内树不动之基。承公转托，海帆观察亦为弟平日所钦佩，循是以谋，须在小数着力积土壤为山耳。乞公致意，海帆兄明事理者，当必许可也。桑梓遗书，已属小珊续为收刻。汴梁好酱油妥便祈赐少许。镜老函来，路事亦颇难办。春日方长，渴思旧雨。敬请

台安

弟宣又顿首

汉冶萍煤铁厂矿有限公司招股章程

宣统元年（1909）①

窃维天下事，创始则难，现成则易。查汉阳铁厂，张中堂创办于前，盛宫保接办于后，几及二十年矣。中间官商交困，历尽艰险，至今日而始卓著成效。其所以见效迟至今日之故，一由于初无佳煤矿，二由于事非素习，创始磨折，三由于销路不广。今日萍乡煤矿已成，汉阳铁厂改良（光绪三十年，派人偕同工程师，携带煤铁原料出洋，遍历英、美、德各国名厂，访求专门名家，悉心考验，始得窍妙；于是购机选匠，弃旧更新，胼胝四年，始有今日），各省铁路纷纷开办，需用煤铁年盛一年，实有水到渠成、千载一时之气象。惟如此大事业，关系民生大计，必须公诸天下，方能永垂久远。各国公司，皆本此意。是以本公司于成效昭著之日，呈请农工商部注册，发给执照，成立为真实商办股份有限公司，愿与国人共享其成，而共保之。所有董事、查帐人，均由新旧股东公举；由查帐人将厂矿公同澈查，列表报告。夫今日汉冶萍，实系价逾数万万之美产，局外人不知底蕴，或疑言大而夸，然日后我言必验。今以千辛万苦已成局面，和盘托出，与国人共享之者，无

---

① 原件未署日期，此系根据内容判定。

他，欲共保之而已。想明达君子，必能鉴此愚诚，倘蒙投袂而起，众擎共举，则造塔合尖，功德圆满矣。谨启。

厂矿之历史

汉阳铁厂：

光绪十七年　升任湖广督部堂张开办。

光绪二十二年　盛宫保招商接办。

光绪三十四年　合汉阳铁厂、大冶铁矿、萍乡煤矿，遵照商律股份有限公司之例，呈准农工商部注册，发给执照。

大冶铁矿：

光绪二年　盛宫保勘得。

萍乡煤矿：

光绪二十四年　盛宫保开办。

矿产之测算

总矿师德人赖伦氏测算报告，大冶浮面之铁石，如每年采取一百万吨，可供一百年之用。若并大冶浮面以下之铁石，及萍乡等处属于本公司之铁山计算，足可供数百年之用。又报告萍乡之煤，如每年采用一百万吨，可供五百年之用。此系赖伦总矿师实测报告，并非臆度之数。

铁石及煤焦之质地

大冶之铁石，含铁一百分之六十分外、七十分内。查英、德之铁石，约含一百分之三十分；西班牙之铁石，约含一百分之四五十分；美国、瑞典、俄罗斯之佳者，约含一百分之六十余分。

萍乡之生煤，含灰一百分之十一分以内，毫无硫磺。萍乡之焦炭，经英国化学名家史戴氏考验，与英国最上等之德浪墨焦炭相等。

钢铁之质地

生铁　不独上海翻砂厂全用汉阳生铁，已无外铁进口，且日本及美国太平洋一带亦喜用汉阳生铁，每年出口至日本者为数尤巨，均有税关出口簿可查。

马丁钢　创办艰难，故旧时所炼贝色麻钢未尽如法。自光绪三十年派员出洋考查,始得窍要。现新钢厂所出之钢,外国工程师试验,无一不赞美称扬,叹为精品,均有凭据可查。

煤铁矿厂之估价

汉厂　基地房屋、机器炉座各项,估价银一千二百二十七万两;又扬子机器制造公司股份银五万两。

冶矿　铁矿、基地、轮车、机器、房屋各项,估价银一千一百三十万两,武昌铁矿,兴国、衡州锰矿皆不在内。

萍矿　煤矿基地井窿、洗煤机、炼焦炉、制造厂、房屋各项,估价银一千五百五十万两,小花石煤矿、上洙岭铁矿、白茅锰矿,皆不在内。

汉冶萍所属码头、栈房、拖轮、驳船,估价银一百七十万两。

大共估价银四千八十七万两,皆有工程师吕柏、总矿师赖伦洋文估单为据;所存活本各物料,均在其外。戊申年结帐,约计所值之数,实倍于所用之数。

钢铁煤焦之销路

汉厂　中国海陆军将来需铁必多,目前以钢轨为大宗,各省铁路推广,纷纷定轨,尚有美国太平洋一带及南洋各岛,函电来询者。惜目前炉座太少,供应本国之需尚不能敷,势难出口外销。宣统元年下半年起,除供应本国所需外,拟酌量运销外洋,俾知钢质之美,以便再行扩充时,外洋市面亦在手中。钢轨以外,尚有造船、造桥、钢板、角钢等材料,各处亦纷纷来定,均须待至来年方能肆应。尚有生铁,除销本国外,以日本销路为大宗,美国亦已销动,均有税关出口簿可查。

萍矿　煤焦以汉厂自用为大宗。此外日本亦喜用焦煤,销路日广。外国兵商各轮船及厂栈,及京汉铁路之用过萍矿块煤者,无不交口称赞,只要运得出,不怕无销路。

上年出货之吨数

汉厂　戊申年共出生铁六万六千吨。因初试马丁钢炉,仅出钢胚二万二千六百余吨,余售生铁。

冶矿　戊申年共出铁石二十五万吨。

萍矿　戊申年共出生煤四十万吨,因上年焦炭积存过多,仅出焦炭九万二千余吨,余售生煤。

现筹小结束之规模

汉厂　大小化铁炉三座,每日约出生铁四百五六十吨,每年以十一个月计,约出生铁十四五万吨。大小炼钢炉六座,每日约出钢二百五六十吨,每年以十一个月计,约出钢七万吨。

冶矿　每年约出生铁〈砂石〉五十万吨。

萍矿　每日出煤二千吨,每年可出生煤六十万吨。大小洗煤机两座,每日可洗煤三千四百吨。目前炼钢〔焦〕炉二百五十四格,每年可炼焦十八万吨,扩充后每年可炼焦三十万吨。其余可提块煤销售。炼焦所得旁生物料,按西国炼焦一吨,除工料外,可得旁生物料余银五钱;并有煤油,正合制造煤砖之用。煤砖系最高等之燃料,合于火车兵轮之用,现有煤砖机器,每年可出煤砖五万吨,按售价每吨可余银一两。火砖厂可制造各种熬火料出售,如焦炭炉砖、热风砖、烘钢炉砖;制造此项熬火料,火泥取之不尽,足以供用。

预筹大结束之推广

汉厂第四号大化铁炉基址已造,俟销路有把握,一年半即可完工。共有大小四炉,每日便可出铁千吨。只须酌加钢炉,或贝色麻或马丁,届时再定,所有钢货机器,本可预备出钢货千吨之数。如出口生铁繁盛,拟在大冶另造化铁炉数座,专炼生铁,以供国内外生铁之用。俾汉阳四炉专供炼钢,可以就近制造钢货。至其时萍煤每日三千吨,只能专炼焦炭,以供化铁之用;必须扩充,每日另出生煤数千吨,以供各处汽炉之用。其发达何可限量。

招股之原因

光绪二十二年接办以来,人情难于谋始,故招股仅有二百万两,不得不多方设法腾挪,独立支撑,虽欲借足他山而莫之能应也。现在局面已成,厚利即在目前,自应厚集全国之财力,公诸天下,举贤任能,以垂久远。故遵商律赴都注册领照,为真实股份有限公司,其董事、查帐人均由股东选举,绵延罔替。

股份之数目

股份以银元二千万元为度,每股银元五十元,内以一千万元为优先股,以一千万元为普通股。

利息之分派

本公司收到股银之日起算,优先、普通一律发给官利八厘,余利分作三十成照派:

公积酬劳得六成。

老股优先七百万元得一成半,十五年为止。

新股优先七百万元得一成半,十五年为止。

优先、普通均匀得二十一成。

公司之奏案及章程

本公司之奏案及详细章程均已刊印成本,请向本公司索取可也。

各国之出铁数目

美国每年约出生铁三千万吨,英、德每年各出一千万吨,其余比、法、俄等国各出数百万吨,一厂之资本其大者至数万万。今汉冶萍结至戊申年底止,连正本活本仅用二千三百余万两。现在小结束,每年仅出生铁十余万吨,萌芽甫达,急起直追,是在国人。好在大冶等处之铁山、萍乡之煤矿,取用不竭,足以偿我雄视五大洲之志愿也。

汉冶萍煤铁厂矿有限公司启

盛宣怀致韩庆云[①]函

宣统元年三月十六日(1909.5.5)

古农仁弟大人阁下:

昨承大教,感慰奚如。《心经》、《三字经》两序,容拜读后交妙参刊印,并当助以刊印之费也。人之所以异于禽兽也,几希心而已矣。我欲仁,斯

---

① 韩庆云(生卒年不详):字古农。张之洞幕僚。曾任江苏徐州道员。

仁至矣,心之谓也。孔孟得十六字之心传,运心于实处则为事功,运心于虚处则为性道。三教本属一源,其源之所在,未知何处着手耳。汉冶萍为东方杰出之一事,震动欧亚,鄙人将老于此矣。至契如公,不可不知其原委。奉上优先二股,晒存以贻吾侄辈,将来不止十倍其值也。手此。敬请

台安

如兄盛

盛宣怀致陆润庠函

宣统元年六月初三日(1909.7.19)

再,汉冶萍开会以来,已悉遵公司章程办理,可期万妥万当。股分已收一千一百余万,只待湘省洙昭四十里铁路接成,便可广运萍煤,拓造钢料,发达即在指顾间也。李一琴所印图说二本,祈钧阅,当可知其梗概也。再请

台安

世兄均此问候。

侄又叩

盛宣怀致杨士琦①函

宣统元年六月初十日(1909.7.26)

再,附上汉冶萍图说二本,乞存览。此局但望洙昭四十里枝路速成(借款一成即可接办),煤焦多运,则钢铁可多出,来年发达必在轮电之上多多矣(股价加三倍不甚远)。属在骈辖,何无意耶。手密,再布,顺颂

勋祺

余属展述。

弟又叩

---

① 杨士琦(1862—1918):字杏城,安徽泗州(今江苏盱眙)人。时在上海任帮办电政大臣兼轮船招商局总理。

(三) 股东大会、董事会议事及董事更替

盛宣怀致宗舜年函

宣统元年三月初十日(1909.4.29)

子戴仁兄大人阁下：

别后三奉手书，祇悉一一。刘、张公电，托人由政务处抄来，大约是南皮之稿，力主七钱二分。此间奏中则据变法折内摘叙，幸荷指示详明。折片清单刷印甫毕，寄呈台览。陶帅宗旨不甚合，故不敢呈改。汉冶萍商股已招一千零十四万元，三月杪发利，既已注册，不得不按照商律开股东会选举董事。执事精于会计，似可在选举之列。惟照章必须有自己股份五百股以上者方能合格。除尊处经招各股附上广告入场券外，兹特将外埠商股五万七千元计一千一百四十股花名字号抄单附上，届期即请台驾来沪，并请就近邀数人到会，以便投筒。此间揆臣经手，各股皆可心领神会也。附呈陶帅一函，亦因此事，即希转呈，陶记股份自亦可归阁下代表。俞令亲亦祈尊处代为转致。如台从廿六日抵沪，可先一晤，尤为盼祷。丁梅轩准令赴宁考试，总在开会之后矣。手复。敬请

勋安

头等优先股：

一六七〈号〉	风华公司	六十股
一六八〈号〉	绥　纪	六十股
一六九〈号〉	玉　记	六十股
一七○〈号〉	□　记	六十股
一七一〈号〉	章　记	六十股
一七二〈号〉	桂　记	六十股
一七三〈号〉	兰　记	六十股
一七四〈号〉	梅　记	六十股

一七五〈号〉	陈　记	六十股
一七六〈号〉	永　记	六十股
一七七〈号〉	远　记	三十股
一七八〈号〉	常　记	三十股
一七九〈号〉	双　记	三十股
一八〇〈号〉	庆　记	三十股
一八一〈号〉	富　记	三十股
一八二〈号〉	全　记	三十股

六七号起八四号止吉林记二十股共十八票,每票二十股,共三百六十股。

总共一千一百四十股。

盛宣怀致熊希龄函

宣统元年三月十三日(1909.5.2)

秉三仁兄世大人阁下:

顷奉手答,敬聆一一。贫儿院地基执照承允由局制发,甚为感泐。此事总求公手内办妥,以便弟即回苏,会商官绅,一面拟章程呈准,一面赶紧开工。大约华洋房兼造,由渐而来,至少五百人为额,并拟将弟自己所积汉冶萍优先股捐助数万为倡始。膳食费公查有一款与此名义相符,乞示知。趁子翼、方伯任内较可商榷,此即公之留惠吴中也。汉冶萍已集股千余万,定于本月二十七日开股东大会,未知公惠然肯来见教一切否。蒋星翁已允充董事,使我江南不致落寞,甚以为幸,然必须事前一晤方妥。星翁寓何处,弟不妨便衣先往,祈速示知,因总董必须由股东公举,二十七开会即须实行,期甚促矣。手此。敬请

台安

世愚弟盛顿首

李维格在第一届股东大会上的报告

宣统元年三月二十七日(1909.5.16)

今日第一期股东会,维格在厂言厂,本应将汉阳铁厂创始以迄于今之办理情形报告股东,惟事历十余年,中间种种之变迁,断非半日功夫所能罄尽。一言以蔽之,曰历尽艰险。诸君愿闻其详乎? 请改日约会,维格当缕晰言之,今日只能扼要奉告也。

铁厂之能办与否,视生铁之成本,犹糕饼视米价之贵贱也。维格于光绪三十一年三月二十一日接办厂务,兹查得自二十八年起出铁用炭数目如左:

二十八年共炼生铁一万五千八百吨零五百记罗,共用焦炭二万四千三百零六吨二百十记罗,计炼铁一吨通扯用炭一吨五百四十记罗。

二十九年共炼生铁三万八千八百七十三吨一百八十记罗,共用焦炭六万四千二百九十八吨一百八十记罗,计炼铁一吨通扯用炭一吨六百五十记罗。

三十年共炼生铁三万八千七百七十吨零五百七十记罗,共有焦炭六万七千七百二十七吨七百记罗,计炼铁一吨通扯用炭一吨七百五十记罗。

三十一年共炼生铁三万二千三百十四吨三百五十记罗,共用焦炭五万零八百八十九吨七百九十记罗,计炼铁一吨通扯用炭一吨五百七十记罗。

三十二年共炼生铁五万零六百二十二吨一百七十五记罗,共用焦炭七万三千五百零八吨六百七十计罗,计炼铁一吨通扯用炭一吨四百五十记罗。

三十三年共炼生铁六万二千一百四十八吨二百五十记罗,共用焦炭七万四千五百十四吨二百五十记罗,计炼铁一吨通扯用炭一吨二百记罗。

三十四年共炼生铁六万六千四百零九吨七百七十五记罗,共用焦炭七万六千四百五十吨零二十记罗,计炼铁一吨通扯用炭一吨一百五十记罗。

宣统元年正月共炼生铁五千五百四十八吨六百四十记罗,共用焦炭六千一百八十五吨零三十记罗,计炼铁一吨通扯用炭一吨一百二十记罗。

二月共炼生铁六千六百七十七吨四百二十记罗，共用焦炭七千零二十三吨四百二十记罗，计炼铁一吨通扯用炭一吨零五十记罗。

闰二月共炼生铁六千二百五十三吨三百五十记罗，共用焦炭六千五百十吨二百五十记罗，计炼铁一吨通扯用炭一吨零四十记罗。

此历年以来出铁用炭之程度也。维格自外洋考察回国后，终想办到炼铁一吨用炭亦一吨，今以前月出铁用炭而论，幸已如愿，且厂中收炭时，扣除炭中所含潮湿，则炉中用炭时亦应扣除，实则尚不到一吨。再所出之铁，翻砂热铁十居其九，故用炭多，一俟大钢炉五座完备，第三号大铁炉开炼，则所出之炼钢冷铁用炭，尚可减少，每吨生铁成本必可大减。将来第四号大铁炉造成，以四炉溢出煤气化生电力，自用之余，出售于人，则生铁成本更轻，其利不可胜言矣。

钢厂弃旧更新，于三十三年冬始规模初具。兹将出钢之数开列于后：

三十三年出钢八千五百三十八吨五百记罗。

三十四年出钢二万二千六百二十五吨九百六十记罗。

宣统元年正、二、闰三月出钢七千八百二十七吨二百记罗。

维格于三十年出洋，三十一年三月接办厂务，新钢厂机器炉座于三十一、二、三年陆续运到。三十三年冬虽已规模粗具，而新机新炉初用生涩，均须一一试验摸索；不特此也，洋厂工匠，童而习之，宜其游刃有余矣，而遇有新机新炉，亦往往穷年累月，始能谙练。我厂工匠，来自乡间，以外洋奇巧之机器授之，欲其操纵自如，亦云难矣。一年以来，幸机炉之性均已摸熟，华匠天生颖悟，已入彀中。去年只有钢炉三座，现第四座五月间可以告竣，第五座年内亦可蒇事，旧有小钢炉一座，另迁他处。目前每日约可出钢一百七十五吨至二百吨；五月第四炉成，约二百五十吨至二百七十五吨；第五炉成，约三百二十五吨至三百五十吨。而第三号生铁大炉，其机器于三十二、四年陆续运到，现已十成八九，约九、十月开炼。是则年内全工告成后，共有大钢炉五座、小钢炉一座、生铁大炉一座、生铁小炉二座，于此作一小结束，以待时会之来再行扩充，此所拟铁厂目前结束之办法也。查照此结束，约尚需银八十万两，另有清折备查。惟工程之事不无出入，即外洋所谓预算表者,亦不过得其大数耳。

钢铁质地,欧美行家均称为精品,生铁行销已远至美国、日本及南洋各岛,而上海翻砂厂已惟汉阳生铁是用。至于钢质,现有广九、津浦铁路工程师在厂验收钢轨等货,该工程司验钢已有三十年之阅历。据云:汉厂之钢,无能出其右者。今携来钢样,曾经该工程师验过,请诸君一品评之。美国大钢厂总办毛根君,去年曾来我厂试验,归而报告,刊登《钢铁世界报》中,啧啧称道,叹为精品。此汉阳铁厂钢铁质地之情形也。

生铁销数可望年增一年,兹将历年所销数目开列于后:

三十一年销一万七千八百七十九吨。

三十二年销四万五千零零七吨。

三十三年销三万二千六百十七吨。

三十四年销四万三千八百二十九吨。

查美国为出铁最多之国,兹将近三年所出生铁数目开列于后:

一千九百零五年共出生铁二十二兆九十九万二千三百八十吨。

一千九百零六年共出生铁二十五兆三十万零七千一百九十一吨。

一千九百零七年共出生铁二十五兆七十八万一千三百六十一吨。

美国出铁如此之多,进口税又极重,而欧洲各国生铁尚源源运入,近且汉阳生铁亦争竞而往,可见铁之为用广矣。

钢轨销数亦必年增。兹将已运未运之数开列于后:

三十三年运出二千二百二十四吨。

三十四年运出一万四千九百四十二吨。

业已订定尚未运出者共五万八千九百四十三吨。

查美国幅员三兆六十一万六千四百八十四舆图方里,人民八十七兆九十七万一千口。一千九百零六年止,共有铁路二十二万四千三百六十三英里,除桥梁、车辆、车站等等不计外,约需钢轨四十兆吨。中国幅员四兆二十七万七千一百七十舆图方里,人民四百兆口,将来铁路自须多于美国。然即以钢轨四十兆吨而论,汉阳铁厂若年造十万吨,须四百年方能造齐,其他需用之钢铁无论矣。欧美各国办一钢铁厂,动辄数千万、数万万,即日本若松铁厂,亦已用六千余万金元,而出货并不多过于我,我则捉襟见肘,东扯西拉,而厂矿得有今日者,实出意料之外也。

王锡绶[①]在第一届股东大会上的报告

宣统元年三月二十七日(1909.5.16)

汉冶萍煤铁厂矿经盛宫保奏准决议商办,奉旨责成加招华股,认真办理,以广成效,计成立总工司已一年矣。今日为第一期股东大会,所有厂矿情形,已由总、协理详细报告。锡绶承乏冶矿,谨撮举大概为诸君复陈之。

大冶遍山皆铁,县治因是得名。十余年前,南皮张相国创办汉阳铁厂,就大冶铺轨置机、开采供应。其时运出矿数,每年三万余吨,火车日运一、二次,或间日一运,但供厂用而已。自盛宫保接办后,逐年扩充,汉厂已用到二十余万吨,兼售日本,每年共采运至三十万吨,火车每日开至十次,比较从前,已增十倍。今年汉厂三号新化铁炉成,须增至四十余万吨,此后本国铁厂、海军、轨路制造日多,增置钢炉、生铁炉,需矿日广,每年可采取一百万吨。据洋总矿司报告,冶矿浮面约有铁一百兆吨,地面以下约有五百兆吨之多。东西游历洋员络绎往来,登山阅看,莫不啧啧称羡。拣取矿样,如获至宝。并据美洲专门矿学家面告,各国铁矿虽多,如大冶之全山皆铁,取之无尽者,只有美洲一处可以相匹。然美矿必须穿深至数十百丈以下,始能取铁,工艰费巨,犹未若冶矿即在浮面,俯拾皆是,工省而利厚也。是则冶矿出产如此之宏,汉厂造就成效可观,亟宜力图扩充。西人称嘉南奇为钢铁大王,安见我国前途不再有钢铁大王继起乎!天生美利,助我富强,不禁额手称庆,为我圣清贺!更为我股东诸君幸也。

林志熙在第一届股东大会上的报告

宣统元年三月二十七日(1909.5.16)

今日为汉冶萍总公司股东大会,所有汉冶各事,已由总、协理详细报

① 王锡绶(生卒年不详):时任大冶铁矿总办。

告,即萍矿一切情形,大致亦已具盛宫保报告中,无庸赘陈。然志熙承乏萍矿,身亲其事,见闻较为亲切,谨就盛宫保所未及者,再撮举一二,以为诸君告。

夫实业之要端,不外出货销货二者而已。今欲知出货之情形,不能不查考工程之内容。查萍乡煤田,由安源而小坑、而紫家冲、而黄家源、而龙家冲、而高坑,愈进则脉愈厚,质愈净。惜山峦重迭,机矿出煤,必用车运,势不能翻山越岭以通轨道,只得由安源山腹开挖隧道,以取直径。惟是由安源至小坑,一路全系石壁,施工不易,自程工以迄收效,绵历八、九年之时间,支费数百万之款项,凿通石巷二千七百余法尺,直井一百七十余法尺,为出煤总路,架以铁梁,甃以砖瓮,悬电灯,通电车,设升高机以利上下,置打风机以通空气,支巷斜坡旁周四达,接长计算,百里而遥,无不支以巨木,承以厚板,以为每日可出煤三千吨之预备。窿外复有大小洗煤机两座,每日可洗生煤三千数百吨;炼焦炉五座,每月可炼焦炭一万五千吨(以后可扩充至三万吨);煤砖机一座,每年可造煤砖五万吨;制造厂一所,以备造开矿各种汽机锅炉并修理各机之用;火砖厂可烧炼焦炉、烘钢炉、高伯炉各种之火砖;其余如医院、学堂、米仓、料库,应有尽有。此萍矿出货之情形也。

既知出货之情形,亟宜更求销货之市场。查萍煤初以煤路尚浅,煤质未净,销路亦未大畅。近日开通小坑大槽,以后愈出愈精,外销之数,日见加增。调查海关贸易册,西历一千九百零六年,汉口进口东洋煤十二万吨,零七年缩至八万吨,零八年竟缩至三万五千余吨。观东洋煤数跌落如此之骤,彼绌则此盈,足见萍煤增长之速。然此仅就汉口本有之销场言之也。查往来长江商轮,向来在上海必将上下水需用之煤,一次装足,故到汉后无须再购。现因萍煤质佳价谦,较沪购合算,商人锱铢必计,必改途易辙,向在上海上水时预装下水之煤,今则反于下水时并备上水之煤矣。又京汉铁路火车,向用开平、临城等处之煤,今则自河以南,全数改用萍煤矣。是萍煤不但全占汉市商场,并可侵夺沪市、开平、日本等处销路。查贸易册一千九百零八年,汉镇各项商轮进口共有一千九百二十八艘,以每艘需用烧煤一百六十吨计之,即此一宗,已可年销三十万吨,再加以京汉铁路之十万吨,汉口各机厂之十余万吨,铁厂锅炉应用之煤数万吨,又炼焦炭之煤三十余万吨,预计销数必达百万以外,而将来粤汉铁路需用之煤,以及东洋、旧金山欲购之焦,尚未计及,是日后每日必出五千余吨,方足供市场之取求。此萍矿销货之情形也。

出货如此之旺,销货如此之畅,诸君知之,当亦甚慰。而不知萍矿更有一大特色,尤为诸君所宜注意者,萍煤以小坑、紫家冲、黄家源、龙家冲、高坑等处为最佳,周围约九十余里,包含五百兆吨煤田,自庚子年归并土井时,各井商具禀立案,以后不再开挖土井。萍矿范围之大,西人谓欧美各矿所不能及,此则尤为萍矿之特色,志熙更不能不郑重以为诸君告也。

抑志熙更有进者,萍矿今日情形,工程粗备,销畅日旺,譬诸五谷,已由力作以达成熟时期,丰收实可操券,此堪为诸君贺。惟是工程虽已粗备,而不能不力求其完备;销路既已日旺,尤不能不计及其更旺。今日尚须添置扩充,如提料之焦炉,如运煤之轮驳,断宜及时筹备,以免失时之虑。是则佃人云霓之望,幸诸君更有以教之也。

公司第一届股东大会选举查帐董事、权理董事票选数目清单

宣统元年三月二十七日(1909.5.16)

查帐董事:

顾晴川　五千八百八十一权

施禄生　五千五百二十三权

以上当选。

施省之　四千九百零五权

徐冠南　一千二百四十权

何范之　一千零六十五权

李云书　四百零一权

焦乐山　三百八十五权

盛揆臣　三百六十权

顾咏铨　二百九十一权

任毓华　二百七十权

张月阶　二百四十权

何伯梁　一百四十三权

宗子戴　一百三十六权

方叔记　一百二十九权

虞洽卿　一百二十八权

祝兰舫　一百二十权

朱幼鸿　一百十九权

杨信之　一百十四权

严月波　一百十三权

谢义记　一百十权

朱葆珊　一百零五权

庄得之　九十五权

王驾六　七十七权

严子均　七十五权

王子展　七十权

钦钰如　六十一权

苏宝生　四十八权

沈仲礼　四十七权

邵子愉　四十二权

叶揆初　二十三权

庞莱臣　二十权

王绳伯　十九权

郑陶斋　十五权

吴锦堂　十权

权理董事：

王子展　五千零六十五权

顾咏铨　三千一百五十一权

宗子戴　二千二百二十七权

张月阶　二千零二十三权

何伯梁　一千七百八十五权

罗焕章　一千七百七十权

严子均　一千六百八十一权

聂云台　一千六百五十六权

李云书　一千二百五十权

以上当选。

朱葆珊　一千一百五十七权

庞莱臣　三百十一权

王绳伯　一百五十二权

任毓华　一百四十七权

顾晴川　一百三十九权

盛揆臣　一百权

施省之　八十六权

焦乐山　五十二权

苏宝生　四十九权

朱志尧　四十七权

周舜卿　三十九权

沈仲礼　三十九权

叶揆初　二十八权

吴锦堂　十九权

林孝记　十九权

陈辉庭　十五权

何芍田　十权

金仍珠　十权

盛宣怀致端方①函

宣统元年四月初五日(1909.5.23)

陶斋尚书阁下:

耿吾来,奉手谕,敬悉。汉冶萍第一次股东大会,到者将及五百人,选举董事九员、查帐二员。演说单张谨呈台览。钢铁为世界必需,吾华制造未兴,铁路其大宗耳。尤幸美、日来购生铁,岁需多数。近日奥大利亦来议购,因奥素用英铁,不及中奥回空水脚之贱耳。以此看来,竟是出口土货,以黑铁换黄金,岂仅公司之幸,抑亦国家之福也。我公闻之得毋掀髯一笑否。承赐保险箱、吉金录、啸亭杂录,拜登,感谢。公收藏金石美富,为本朝所未有,尚忆数年前彼此失志公诸天下后世,以解造物之忌,诚达论也,幸勿错过。手复。敬请

台安

治小弟盛宣怀顿首

公司第二届股东常会报告

宣统二年十一月十七日(1910.12.18)

一、是日股东到会共二百五十二人。

一、办事员陈述开会缘起:

照章程股东会应在发息之前,本公司与普通公司情形略有不同,铁厂在汉阳,铁山在大冶,煤矿在萍乡,三处收支存该帐目汇总于上海总公司,不能凭总帐即请董事核查,须请亲赴三处按照年总月结分户流水及一切中西文单据逐项查对,此所以第二届股东会直至今日始开之原由也。至上年出货、销路、工程,此三项无一不较前年进步,具载帐略。董事会成立以后,凡公司内一切大政亦无一不请董事局会议而后行。本日协理李一琴先生代表总理盛宫保报告一切,并有陈请公议事件,请全体股东指示方针。公

---

① 端方(1861—1911):字午桥,号陶斋,满洲正白旗人。时任直隶总督。

司幸甚。

一、协理李一琴先生代表盛总理陈请议决等件并报告工程：

今日为本公司第二届股东常会，总理奉职在京不克临会，故嘱维格来沪代表。查本届帐据已由诸君公举之查帐人查对相符签字，并由总公司刊布帐略以供众览，总理复综其大概弁言于首，无俟赘述。惟帐略简括而事极纷繁，扩充改良则工程浩大，冶炼营运则头绪万千，恐诸君不能前后贯串，一一了然于心，如有质疑问难之处，当一一奉答也。今日应请诸君议决之事：一公举之事；一其议决之事，即厂矿轮驳应否另立公司？本公司逐年扩充则转运轮驳亦加多，往来汉冶拖轮大小七号，成本银二十六万五千二百五十两；钢驳七号，木驳六号，成本银十九万四千八百五十两；汉冶轮驳共值银四十六万零一百两（厂用小轮三号不在内）；往来萍汉拖轮十五号，成本银四十八万九千五百两，钢驳二十四号、木驳一百五十六号，成本银八十九万四千五百两，萍汉轮驳共值银一百三十八万四千两。往来汉冶萍三处轮驳总共成本银一百八十四万四千一百两，惟以上轮驳有现正赶造而尚未下水者。此后厂矿扩充方兴未艾，则轮驳亦必随之而增，现均由厂矿办事员兼管。往年船少事简，尚可勉为应付，而兼管终不如专责之善；而今则运务日繁，情形迥异，急宜别树一帜自为公司，厂矿论吨付价，各计盈亏，俾相磨相磋因竞争而出精神，不但于运务有裨益，而精核亦必过之。且轮驳公司有利则人亦附股，此后添置船只可免本公司再行筹款，此于营运上立论本公司轮驳应别树一帜自为公司之理由也。然尚有一大关键请为诸君口述之，此本公司轮驳应否另立公司请诸君议决者也。

今日应请诸君公举之事，一即续举查帐人。查本公司章程第四十九节公举查帐二人，又五十一节查帐人限一百股以上股东中选举之，又五十八节查帐人任期限一年，任满仍可续举。去年第一届股东会由诸君公举顾晴川、施禄生二君现已一年期满，应否续举或另举，请公决。惟查帐人任期似应改为二年，庶能于第二年股东常会时公举次年之查帐人，本届系从权由董事公议联任，然究于章程不符。查帐人任其应否改为二年，亦请公决。

至于今年工程之进步，营业之发达，有可为诸君告慰者，汉厂新化铁炉于三月廿六日开炼，按月生铁出数以四月为至少，共出五千二百五十三吨零，以九月为最多，共出七千四百三十一吨零。其九月一月通扯每吨成本银□两□钱□分，视旧炉所出已每吨减轻□两。然转运生料利用炉中溢出煤气现正节节进取，俟一切实行，第四大炉告成，其生铁成本之低减，我敢谓必使外洋以铁起家之国闻而辟易。而今日各国报章哄传领事驰告亦良有以也。出钢以二月最多，共出马丁钢五千五百九十三吨零；以七月为最少，因有改良工程趁伏暑暂停以便改作，故只出八百五十吨零。然十个月通扯钢本已减至□两□钱□分，视去年钢本已减少□两，若以二月一月计之，则每吨钢本只有□两□钱□分耳。现第六号大钢炉已成，明年钢本之减必有可观。而炼焦新炉拟改设汉阳，除提料外，仿照德国最新之法，以炼焦溢出煤气炼钢，所省甚巨。现已函致德国专门名家研究此事，并拟自造炼钢炉砖等等，盖进行亦有未已也。至于大件钢货，如钢轨、钢板条等件，则以七月出货最少，因拉钢厂装配新机，只出钢板一百二十六吨零；十月出货最多，共出四千五百二十一吨，每吨成本已减至□两□钱□分□厘，比去年每吨减轻□两□钱□分。小钢货以二月出货最多，共出六百十七吨零，每吨成本□两□钱□分□厘；以十月为最少，因改制铁屋，添装剪钢板机器，以致碍于工作，故十月只出小钢货二百十九吨，每吨成本□两□钱□分□厘。十个月通扯每吨成本□两□钱，比去年每吨减轻□两□钱。而明年钢货成本则又将视今年为轻减。总之，一年有一年之进步，此本公司所以有无穷之希望也（以上成本下空格未填数目，因于营业有关系，故未填数而当面报告）。

至于营业则去年一年共销钢轨三万一千二百二十吨，生铁四万四千四百八十四吨半；今年十个月共销钢轨二万八千七百六十二吨，九个月（因十月份外埠报册未到）共销生铁五万四千五百十三吨半；又订定巨数生铁长年合同二处，均以金价计算，合诸目前汇价，此二合同值银三千三百数十万两，而此后尚有加无已也。萍矿煤焦销路亦日增月盛，其汉口及汉口以上之销数有增至二倍余者。兹将比较表开列于后：

销数比较表	光绪三十四年四季	宣统元年三季	宣统二年三季	比上年盈绌	比前年盈绌
铁厂用焦	七万零零七十五吨	七万五千五百八十吨	十二万二千零零九吨	盈百分之六十一	盈一倍又百分之三十
铁厂用煤	四万七千九百八十吨	六万二千四百五十五吨	七万一千九百十三吨	盈百分之十五	盈一倍
铁厂煤焦价	九十八万一千五百五十两	一百零九万五千六百四十两	一百六十三万七千三百九十六两	盈百分之四十九	盈一倍又百分之二十二
汉岳长株销焦	九千五百四十三吨	一万零零零五吨	一万六千一百零八吨	盈百分之六十一	盈一倍又百分之二十五
汉岳长株销煤	六万九千七百四十六吨	十一万七千二百四十一吨	十五万八千二百九十二吨	盈百分之三十五	盈二倍又百分之三
汉岳长株焦煤价	四十八万九千二百四十七两	七十二万八千八百七十五两	一百零一万六千一百五十四两	盈百分之三十九	盈一倍又百分之七十七
沪镇宁芜销焦	九千五百五十吨	四千一百三十六吨	四千零三十四吨	绌百分之二	绌百分之七十八
沪镇宁芜销煤	二万五千四百四十吨	一万三千六百零二吨	一万零八百四十一吨	绌百分之二十五	绌百分之七十六
沪镇宁芜焦煤价	二十五万三千两	十一万零六百两	九万三千零十两	绌百分之十九	绌一倍又百分之四

　　其沪镇宁芜之销数骤绌者，其大原因有二：以言焦炭则铜元停铸，以言生煤则日本与丌平竞争也。此后萍矿范围必在汉口及汉口以上之地段，全粤汉铁路与萍株铁路联轨后则更无论矣。长株铁路告成在即，此亦一可喜事，盖目前长沙以上之运道，每遇冬令水涸必须转辗驳运，既糜运费又损煤质，路至长沙则十分困难已去七八矣。现本公司最急之事，第一系扩充工

程之办法,既已订定巨数生铁合同,限有交货年期,自应一一赶办。惟如何筹此巨款尚待从长计议。

维格来沪与会后即须北上商榷,俟有头绪再行报告诸君共相图维。旋请公决数事:

甲、轮驳应否另立公司,投议决票:

主另立者壹佰伍拾肆票。

主轮驳归招商局办者肆拾捌票。

公议以多数另立公司为准。

乙、查帐人应否另举。

公议另举。投选举票:

冯晓卿　壹佰零柒票

邵子愉　柒拾柒票

以上当选。

顾晴川　陆票

施禄生　叁票

顾咏铨　贰票

周舜卿　贰票

虞洽记　壹票

黎笏臣　壹票

郑陶记　壹票

何范之　壹票

丙、查帐董事应否改一年为二年。

议决:查帐人以二年为期者,柒拾票,多数赞成。

一、领袖董事王子展先生报告董事会成立后历次会议情形。

一、查帐董事报告本届查帐情形:

本届查帐于八月二十四日到萍乡,九月初一日到汉阳,初三日到大冶,检查宣统元年汉厂萍矿总分各帐。先查结总,再查月清,又查流水,一线贯下,收支该存均属符合。复查收款一项内,销货售价均已分别详载;支款一项内,支领款目单据注明;该存项内,各户分总汇合相符;添加成本一项内,购置各项推广工程分别查阅;以上均经清查,一律相符。至大冶之帐,全归汉厂收支,是以无庸另查。

报告至此已五句钟,宣布散会。

公司临时股东大会议案

民国元年三月二十二日(1912.3.22)

中华民国元年三月二十二号临时股东大会报告。

是日到会者四百四十人。

首由董事代表王子展先生布告:今日开会,请各股东公决汉冶萍与日本合办合同一事。查公司向章不准揽入洋股,且全国舆论极端反对,我等董事及股东会曾两次专电力争,援草约第十条,请即取销。日商以第十条载明须开股东会公决,此今日所以邀请各位股东来此议决。投票反对合办者,请书"反对"两字,赞成合办者,请书"赞成"两字,投入筒内,当场公同开视,照股数权数核算多少决定。

次由湖南代表熊秉三先生演说:湖南公司各股将近百万,与汉冶萍公司有重要之关系。某等现由谭都督电举为湖南股东代表,对于汉冶萍公司拟与日本合办之草合同极端反对,有不能已于言者。查汉冶萍公司关系全国军政实业及我湘、鄂、赣三省土地财产,各报所载各团体各个人意见书,言之綦详,诸君想已闻之熟矣。某等请再陈其合办之害,约有四端:

一曰丧权。凡股东之于公司,有议决改革及查帐之权,所以防办事员之舞弊也。中国股东向来习惯放弃权责,股票到手,视同田业,只求官息之得失,不问成效之有无,即如本公司去年续借日款六百万元及此次擅订合办之约,是类重大事件,盛氏独断独行,股东尚无一知者,遑言其他。日人权利思想最为发达,利之所在,丝毫不让。苟公司若与合办,将来相形见绌,中国股东遇事不问,所有一切公议之权,必均操于日人之手,可无疑矣。试观开平公司自中英合办后,中国股东曾一过问否?此股东之丧权也。又,办事员之于股东,应负完全之责任,必须权自我操,方足以收经理敏捷之效。今若照该草合同第五条，总理华人一名，协理日人一名，办事董事华日各一名，彼此权利相等，事事必多掣肘；关于簿记书式则彼密而我疏；关于工程学识，则彼精而我粗，程度不等，优胜劣败，将来经理全权，必皆协理之命是从，所谓经理者，不过存一空名耳。曾闻奉天中日合办之鸭绿江采木公司，中国理事胡某求于公牍簿记盖一图章而不可得；又本溪湖中日合办之煤矿公司，凡属矿坑技师均系日人，中国虽亦派有矿学毕业之技师，实无指挥工匠之权。现在中国银行监督吴君鼎昌曾为该公司华总办，注重换回主权，即与日人龃龉，诸君可访问也。夫汉冶萍公司管理机器、工程，固不能不求之东西各国之优美技师；然由我雇用，苟有精明总理，尚可设法操纵，为我所役；若合办则立于同等之地位，智力稍逊，即为人用，安能用人？观于草合同第五条，仅言总协理及办事、查帐等员额，而不言及技师、工匠之限制者，如奉天中英合办金矿公司，内有一条声明，开矿工人须用华人之类。将来公司中之上中等技师、工匠，必皆更易日人，华工永为奴隶，优胜劣败之例，所必至也。又，第六条，总会计用日人一名，华总会计则注明"以后添用"四字。诸君试思，财政权既先操于外人之手，后来者其能居上耶？此办事员之丧权也。

二曰糜费。公司获利在于去冗员而节冗费，今草合同第五、六条，办事职员华日各一，是较从前用人经费加一倍矣。奉天中日合办之采木公司，中日理事各一名，每年薪水各一万元，其余用人，亦均相等。本溪湖合办煤矿公司会计一项，中日人员各半，约达数十人，其糜费为何如也。

三曰失利。照上条所言，糜费既多，则公司获利自少。而草合同第三条，公司股东盈亏共认，不定官利，并将旧章各股东应得之官息而去之。试思我国资本家力量薄弱，均恃官息以为生计，一旦失其俯仰，将必低价押售，股票跌落。所谓华股只售于中国之人者，其人非他，即盛氏也。彼趁低价收买，而遂其托拉斯之欲望。倘公司任意浪费，获利日微，必又以所收买股票，概押于日本股东之手，公司将无复为中国有矣。

四曰酿祸。汉冶萍厂矿隶属于三省管辖之下，彼处土人性质强悍，稍有谣传，即起暴动。在满清时代均藉官力弹压，如去年湖北大冶县、兴国州等处人民对于汉冶萍公司矿厂之暴动，均由鄂督派兵防范，才免无事，其证明也。今者合办议起，全国人心异常公愤，三省尤为激烈。昨见报载传单，有宁可轰毁之宣言，万一险遭不测，非仅我辈股东损失无着，若因此而起中日之恶感，甚非国家及个人之福也。

有此四害，诸君亦可恍然于合办之万不可行矣。夫两国同盟，必其势力相等而后始免流弊，公司合办何独不然？今以我国人民之技能智识，与日本相比较，华洋合股之事，目前实非其时。惟某等所最不可解者，汉冶萍公司向日本第一次借款三百万元及第二次借款六百万元，均系预购生铁价值合同，按年以所出之铁值扣还本息，与原纯借款，以厂矿抵押者绝然不同。观于宣统三年四月初三日盛氏与日人续拟未成之一千二百万元预购生铁借款，今日即可见汉冶萍公司魄力，虽再倍借款，亦无妨也。乃盛氏所为，不主前议押借，而主合办，此非别有用意，夫谁信之！

况日本以前借款，仅只向铁厂，而与萍煤渺不相涉，苟使盛氏当临时政府之需款时能为设法，以萍煤抵借，未尝不可，奈何遽以今合办之说饵也。今以该公司第二次与日本订立预借生铁价值六百万元之合同推算，按年扣付生铁之款，如第一条自宣统三年三月初二日起至民国三年止，每年愿售生铁一万五千吨；民国四年加至愿售生铁八万吨；又自民国五年到十四年每年愿售生铁十万吨。合计十九年约购生铁一百一十四万吨，每吨定价日本金洋二十六元，合共洋两千九百六十四万元。试以六百万元扣算，自宣统三年借入起至民国十四年还清止，六厘行息，前四年每年还息三十六万元，后一年还本息五十万元，再后十年每年还本息五十万元，合计十五年共还本息银七百四十四万元，以可购生铁一百一十四万吨价值两抵，除还清借款本息外，日本制铁所尚应照付公司铁价洋两千二百二十万元。诸君试观此出入之数，日本借款六百万元仅抵铁值四分之一，夫何再加借款之有窒碍也？然即此以推，足见汉冶萍公司大利之所在，又乌可冒昧合办，拱手以让人耶！此我全国人民万众一心，反对合办之所由来也。湖南等三省历史地理关系密切，尤有剥肤之痛，故敢侃晰详陈，为爱国诸君子告。

次由黄云鹏先生演讲：今日为本公司股东大会，研究与日人合办问题，此问题有何重要？一为中国之生命关系，一为我辈之财产存亡。故此当投票解决时，愿诸君勿视为普通开会之投票，草率以将也。此问题发生一月有余，言论界、政治团体及有关系之各个人无不众口一词，极力反对。盖公司虽为股东所有，而间接利害实影响于全国，无怪乎一闻合办之议，即全国舆论沸腾，南京孙总统亦知合办不无流弊，前咨参议院主持取销。惟既核准，未便自行翻议，幸赖草合同内载明：须经股东多数议决方为有效，尚留一线生机，故此关系之重大问题，即解决于今日之数分钟。熊秉三先生方才所演说，对于合办吾辈种种之不利，实为精确透辟之论，然吾辈为国民一分子，对于国家方面亦不可不计及。国家方面之最重要者，简言之，一曰经济。何则？经济之于国家，犹血液之于人体，非此不能生存，未有经济不自主而国尚能独立者也。汉阳之铁，大冶之矿，萍乡之炭，天然凑合而成此公司，实为东亚之第一物产，自能经理发达，不特抵制各国输入，更足应外国之供给也。日本之垂涎已久，奈何不思保存，反拱手而断送之，以自绝其生命。二曰武器。现代国家处武装平和时代，非武力自卫，不适生存，又非武器能独立，亦不适生存。武器之重者曰铁船与枪炮。日本所办枝光制铁所，政府损失不下四千万，然每年尚设法维持者，正欲谋武器之独立也。今若合办，则举此委权于人，万一不幸，国交破裂，拘束于战时国际法，既不能外购，又不能自制，束手待毙，何以为国？故就经济及武器两方考究，绝对不能与日人合办。至于合办后，股东种种不之利，熊秉三先生已言之綦详，勿待赘述。且不为无利，目前尚恐有不测之害。各政团于汉冶萍合资公揭宣布最激之办法有四，今日若赞成合办，则将以对付盛杏荪者，即对付我辈，股东生命财产均属危险；我辈经营公司本为求利求福，何苦对于无利而有害之举亦茫昧赞成？且我辈为中华国民，亦应具有爱国之热忱，一般议论对于此事之趋向，诸公想已知之。今日若能全体反对，取销合办，不留一票赞成之污点，庶可告无罪于天下。不然汉冶萍股东之名词，恐不为同胞所齿。愿诸公其详审之。

次由葛伯诚先生登台云：炼焦一项，每年须吃亏六十万。以稿长时晚，不及演说，由葛先生自行登报宣布。

次各股东投票。

次各股东监视开筒,全体反对,共计四百四十票,遂散会。

公司股东常会议案

民国元年四月十三日(1912.4.13)

中华民国元年四月十三号下午一时,汉冶萍厂矿公司开股东常会。到会者三百八十人。

首由董事王子展先生报告本公司辛亥年营业远不如庚戌年情形,及重新组织办事机关,不用总协理名目,另举董事,公选总、副经理,并统筹全局进行办法。报告录后。

汉冶萍煤铁厂矿有限公司董事报告

据办事员报告,本公司辛亥年营业不如庚戌年远矣。初则各省铁路因风潮停筑,钢轨销场不畅;继则武汉起义,汉厂、萍矿不能工作。结至八月底为止,共售:

生铁　七万七千七百五十六吨,价洋例银一百九十万零九千八百五十一两六钱三分。

轨件　二万三千四百九十一吨九百三十三记罗,价洋例银一百二十四万六千一百八十三两六钱九分。

钢板等　一千三百七十四吨九百三十八记罗五,价洋例银八万九千六百八十八两二钱二分。

煤焦　价洋例银二百五十七万五千二百十六两。

共收银五百八十二万零九百三十九两五钱四分。

冶矿结至年底为止共售:

矿石　价洋例银二十　万二千六百七十九两四钱　分。

总共收银六百零三万四千六百十八两九钱五分。

查庚戌年,进款收银七百八十一万余两。两年比较,辛亥所差多矣。尤可惜者,因各省铁路纷纷开筑,本公司筹借巨款添炉添机,出货正可加旺,而经此顿挫,损失甚大,就一国大数而言,如前清之秕政变乱自在意中。今民国基础已定,凡我商业失之东隅者,有收之桑榆之望,而就本公司去年以来营业言之,则关系实非浅鲜也。

目前最要者,改良本公司之组织,统筹全局之金融,方能进行。本公司事体重大,众擎则易举,独力则难支。现接总协理函电辞职,董事等照本公司章程亦已期满,应再另举,公司此后之进行办法,应俟新董事筹画。惟董事等虽已期满退职,而在公司办事有年,略举所知奉告股东,以备研究。据董事等愚见,本公司现应重新组织办事机关,公举董事九人,公共担负本公司完全责任,不再用总协理名目,由董事公共选派总、副经理,归董事节制;总、副经理以外应如何分科,及应用科长科员几人,由总、副经理保举,由新成立董事核定公派,节制于总、副经理,均在总公司办事,藉收统一之效。至于厂矿拟各派坐办一员,由科长会同总、副经理保举,由董事核定公派,归科长节制。此拟改良组织之大概办法也。

董事机关定后,第一要事即为统筹全局之金融,以便进行。本公司结至去年八月底止,约该银三千三百万两(现正调齐各处帐目,赶办辛亥年该存收支帐略),内除股份银一千三百十六万元,约合银九百三十余万两,预支生铁、钢轨等价约银一千万两,可以货物陆续相抵外,约该内外欠款一千四百万两(三千三百万两为该,厂矿机器、炉座、轮驳以及各项产业为存,以存抵该,有盈无绌),类皆重息之债,宜早筹借轻利之款归还,以轻公司负担。此外,尚须另筹巨款,就交通便利之区,添设新厂,以顾销路。查汉厂目前炼铁炉大小三座,炼钢炉六座,每年可炼生铁十三四万吨,内除炼钢六七万吨外,所余生铁不过六七万吨,不敷销数尚巨。照目前销路,约需炼铁三十万吨,方能勉应主顾。且必出货多而后成本轻,获利方厚。此所以必须另筹巨款、添设新厂之理由也。本公司原定先招股份银二千万元,现拟招足股本三千万元,为还债添厂之需。不足之数,拟请政府设法维持。此统筹金融之大概办法也。

查美国有铁路二十四万余英里,除车辆、桥梁、车站、叉轨等不计外,只以钢轨及轨之附属品而论,每一英里需用:每码八十五磅轨(现欧美干路用每码一百磅者居多）一百三十三吨五七，鱼尾版九吨三五，枕钉二吨五三，螺钉〇吨七八，共一百四十六吨二三。二十四万英里需用钢三千五百余万吨。汉厂年出钢货不及十万吨，约需四五百年方能造此二十四万英里之钢轨。况中国及新疆、满、蒙、藏之幅员大逾美国数倍耶，况钢轨以外之车辆、桥梁等等尚不在内耶。即以钢轨三千五百万吨计，连附属品通扯计算，每吨约价银五十五两，三千五百万吨需银一千九百二十五兆两。中国不能自造，则须购诸外国，以四百兆人计，每人损失银四两八钱一分零。此仅钢轨一项之漏卮，其他无论矣。美、英、德大厂之资本自数千万以至数万万，一国之中大小数十厂，自非中国一蹴可及。然汉冶萍有煤有铁，百年取用不竭，若国人以全力共举之，与美、英、德大厂争雄于世界，其利国利民为何如耶？本公司有志未逮，质诸股东，定必赞成。惟目前厂矿尚待修理，湘鄂运道亦尚多阻难，除大冶外，一时不能出货，而急债四逼，修复需款，此则本公司所最为踌躇者也。

次，请各股东投票。

次，王子展先生陈说公司股额原定三千万元，查现在股份只有一千三百余万元，须添招新股凑足三千万元，方能修复旧厂，早日出货，并筹备营业进行。又宣布上年官利，由董事会议定发至上年停工之前一日为止（上年八月十八日为止），须俟筹到款项再行定期补给。

次，沈叔逵先生演说：不能招股后再补给官利，盖以其以新股款补发官利，乃是挖肉补疮，不如将补给官利一节取消。

次，张子庄先生演说：不给官利，招股必不能踊跃，公司既无款可发，不如将停工以前应发之官利填给股票作抵。全体赞成。

次，由各股东公举周金箴先生监视开筒举定：

　　董事九位

　　赵竹君先生　一万四千九百二十八权

　　盛杏荪先生　一万七千八百六十五权

　　杨杏城先生　一万五千一百五十七权

　　聂云台先生　一万三千六百四十七权

王子展先生　三千九百五十九权

沈仲礼先生　三千四百六十四权

何伯梁先生　二千二百十一权

朱葆三先生　一千九百五十一权

袁伯揆先生　一千五百四十权

　　查帐董事两位

朱子尧先生　三万六千二百三十四权

杨翼之先生　三万零六百九十六权

次,摇铃散会。

　　董事次多数

陈理卿先生　一千四百五十权

李伯行先生　一千一百十八权

唐蔚芝先生　九百七十八权

叶揆初先生　四百二十权

施子英先生　二百八十二权

王驾六先生　二百七十三权

熊秉三先生　一百四十八权

何竹轩先生　七十二权

何仲吕先生　五十八权

周金箴先生　二十一权

张知笙先生　二十权

林竹邻先生　二权

顾咏熙先生　一权

顾敦甫先生　一权

何惺士先生　一权

　　查帐董事次多数

陈润夫先生　四千六百五十四权

何范之先生　四千一百十六权

施省之先生　　四千一百零七权

公司董事会致盛宣怀电

民国元年四月二十八日(1912.4.28)

神户盛:股东选举,公在董事之列,现须与政府暨各都督具名通电,公未回,董团不完全,公议请次多数陈理卿暂代,俟公回即取消。董事会。

盛宣怀致公司董事会电

民国元年四月二十九日(1912.4.29)

董事会:电悉。即请陈理卿兄代理。宣。

公司董事会致陈廷绪①函

民国元年四月二十九日(1912.4.29)

理卿先生阁下:

敬启者,四月十四〔三〕号,汉冶萍股东会选举大会,盛杏荪先生在被选董事之列,侨寓东瀛至今缺席,董团实未完全,每遇议事及与各处具名通电,缺点尤多。同人公议以先生是日票举系一千四百五十权,应请常川到会,既副股东委托之殷,并符会董九人之数。杏翁复电极表同情,当于下次常会柬邀。先此函达,敬祈关念公益,不吝移玉,是为至祷。敬请
台祺

汉冶萍煤铁厂矿有限公司董事　赵　沈　杨　何　王　袁　聂　朱顿首

---

①　陈廷绪(生卒年不详):字理卿。时任公司董事兼厂矿总稽查。

何声灏①致杨学沂②函

民国元年六月二十日(1912.6.20)

绶卿仁兄大人阁下：

伪冗未克趋候为歉。弟刻因琐事须赴皖江，一时未能来沪，按本公司章程，董事两月不到会，即须另举，特此辞职，乞转达董事会诸君为感，专函奉恳。敬请

台安

弟灏肃

公司董事会致唐文治③函

民国元年六月二十二日(1912.6.22)

蔚芝先生大鉴：

四月十三号，汉冶萍股东会投票选举后，组织新董事会，按期会议，切实进行，叠载报端，亮荷澂照。昨日董事何伯梁先生来函，因事赴皖，非数月不能回沪，照章函会辞职等因。同人公议：以是日会场票权，李伯行先生与阁下均居多数。伯翁现不在沪，势难邀请列席，谨公函敦请先生莅会议事，既副股东委托之殷，并符会董九人之数。除下期常会另再柬邀外，先此函达。敬颂

台祺

汉冶萍煤铁厂矿有限公司董事

王存善　杨士琦　赵凤昌　聂其杰　陈廷绪

朱佩珍　沈敦和　袁思亮顿首

---

① 何声灏(1864—1941)：字伯梁，安徽望江人。时任公司董事。

② 杨学沂(1858—1932)：字绶卿，江苏吴江(今苏州)人。时任公司秘书长、轮船招商局董事。

③ 唐文治(1865—1954)：字颖侯，号蔚芝，江苏太仓人。时任上海高等实业学堂(上海交通大学前身)监督(校长)。

唐文治致李维格函

民国元年六月二十七日(1912.6.27)

一琴先生阁下：

接奉惠缄并董事会诸君公函一件，敬悉种切。查汉冶萍股份系敝校基本金，弟前为学堂代表，参与股东之列。现在校务拟请教育部派员接收，正在收束一切，预备交代，自未便再行与闻。尚希鉴谅，并乞转致董事会诸君为感。复请

台安

愚弟唐文治顿首

公司董事会致李经方①函

民国元年七月一日(1912.7.1)

伯行先生阁下：

四月十三号，汉冶萍股东会选举董事，先生一千一百十八权，在多数之列。新董事会成立，董事何伯梁先生因事回皖，函会辞职，其时执事闻未在沪，公议邀请唐蔚芝先生到会。蔚翁复函，汉冶萍股票为实业学堂之基本金，现已请部派员接管，即日收束，未便预闻董事会事。适闻先生已莅沪上，谨公函奉请到会议事，以足董事九人之数，并副股东委托之殷。除下次常会另束奉邀外，先此函达。敬颂

台祺

汉冶萍煤铁厂矿有限公司董事会

王 杨 赵 聂 陈 朱 沈 袁顿首

---

① 李经方(1855—1934)：字伯行，安徽合肥人。李鸿章之养子。时任公司董事会副会长。

公司董事会常会议案

民国元年八月一日(1912.8.1)

中华民国元年八月一号董事常会提前议事。到会者:聂云台、王子展、沈仲礼、朱葆三、袁伯揆,陈理卿、李伯行;查帐人朱志尧。

八月十二号特别股东会公决事件,本会对于公司有两大问题:一收归国有,一继续维持,作为甲乙两说。临场请股东投票公决。此两说排印单张,于领入场券时先期分送。

甲说

公司因军兴以后所受亏损如此之巨,各处秩序未复,法律无效,以后进行如此之难,商力已竭,万难支拄。因思国家统一后必须广开铁路,需用钢轨必须仰给本厂,现在商力既然不支,惟有要求政府收为国有,以国家权力指挥开工,一切扞格自可化除。本公司自改为商办以来,觅得萍矿,经营成就每年已有余利,而各处添置之产业,汉厂扩充之工程,较之张之洞移交时规模增大何止倍蓰?今由股东让与,仍举而还之国家,庶未竟之功不致付之流水。如多数赞成,应请股东公举代表入都,要求政府磋商如何归还股本,如何担任债款,拟定办法,再行宣布。请股东决议。

乙说

公司困难情形以金融为第一义,若不能减轻利息切实维持,即使开工有期,交涉得手,公司已立于危险地位。据董事等愚见,钢铁实业关系国本,必须于万分困难之中上下协力,勉图补救。因拟维持办法分列于下:

一、股款照各国公司通例停止官利,俟营业获利照数摊分。

二、外国银行借款延长还期。

三、庄号欠款设法减轻利息,分别清还。

四、要求政府停止铁捐,进口机器材料免税,出口钢铁煤焦免税。

五、要求政府将前清邮传部及大清、交通两银行之借款停止利息,延长还本期限,俟商家欠款还清再行分年摊还。

六、要求政府切实保护开工开运。

七、要求政府特别补助。

八、要求政府以后国家所办铁路需用各项材料,必须先尽公司承办。

以上八条如果有股诸公以此说为然,我全体股东必须固结团体,积极进行,务求达到目的,以维持中国第一实业。

右董事意见书分甲乙两说:甲说主张收归国有,乙说主张继续维持。究竟现在情形应主张甲说抑应主张乙说,请各股东投票公决,以多数为准。兹将议决票如何书写,拟定简单字句如后,以免纷歧。主张何说,祈即照填:

一、主张甲说者,请于票内填“主张甲说”四字。

一、主张乙说者,请于票内填“主张乙说”四字。

如股东于甲、乙两说之外另有主张,请于开会期前投函本公司,以便编定丙、丁等说,会场宣布,一体投票公决。

公司特别股东大会议案
民国元年八月十二日(1912.8.12)

中华民国元年八月十二日下午二时,汉冶萍公司借青年会开特别股东大会,收入场券五百七十二张,共计十六万三千九百零三股。会长赵竹君先生因病不克莅会,临时议长王子展先生登台报告,董事会具有意见书,系甲乙二说,请股东公决,并云有股东方叔记意见书,主张先从乙说办起,如办不到退而再照甲说办理,所称停息须定年限,与董事会所拟办法微有不同。盖董事等之意,借债付息譬如挖肉补疮,名为按届领息,实则所借之债仍系股东担负,不如俟实有盈余之年尽数分配较为实在。另有股东王循理君意见书,主张向各省招集公股一说,现在各省财力极绌,恐难办到。临场又有股东面递一信,议长对众宣读,末署傅应熊、孙思诚、程光祖等一百八十人。又报告萍矿来电云:赣督致周泽南君电,已派实业次长携巨款赴萍,接济萍矿,并派二君监督云云。此为本日临时发生之事,最关紧要,务请股东公决。董事沈仲礼先生遂亦登台申说,请股东格外注意。当有股东汪幼庵君起询江西、湖北事同一律,董事会与鄂省交涉后有无后文?议长答:不但与鄂省据理力争,且大总统、国务院均有呈文,且得大总统批文曰:汉冶萍煤铁厂矿系股份公司,成案俱在,既属股东财产,自应按法保护,饬工商部迅速咨行湖北都督、民政长查明办理。至工商部附有公股并行文证明汉冶萍实系纯粹商办。至鄂督来电则称军民分治,此事已转交民政长办理。此皆交涉之后文也。汪言:鄂省此举甚为无理,既已委之民政长,而一再文咨干涉,倘财产实已没收便已无从解决,又何来今日乙说之办法。议长云:没收尚未实行,不过无良善抵拒之法。汪言:必须提起诉讼。议长言:法律未行,诉讼深恐无效。今日甲、乙二说内有要求政府各事,即含有抵拒性质。至此,股东傅筱庵君起言:吾辈全体股东只望董事诸公设法竭力保全,请先书票投筒,检视主张甲、乙两说之多少,以定各股东之心理。投筒毕,议长请公举股东及工商、农林工部、湖南公股各代表监视开筒检票:

甲说八万六千九百八十五权;

乙说五千一百七十九权。

议长报告:甲说现占多数,自应照办,惟万一将来办不到,可否即照乙说办理?以免再开股东会之繁。至此次向政府陈请,现拟公请董事袁伯揆、查帐员杨翼之、经理叶揆初三先生进京办理。股东施子英君起言:议长顷间所言甲说万一办不到,即照乙说办理云云,窃恐甲说办不到则乙说更办不到,历指乙说之停息减息各条未必可以照办,宁俟甲说不行时再开股东会讨论为是。众赞成。摇铃散会。

[附件一] 股东方叔记意见书

昨读公司报告困难情形及董事会代筹二策,俱各见董事维持之苦心,因有征集意见之说,用敢贡其一得,伏希公鉴。

(一)据甲乙二说,甲为消极主义,乙为积极主义。就办事而论,断无废积极而用消极之理;而就现在社会生计言之,恐消极者多而积极者少,一经议决,无可挽回。鄙见当先从积极着手,积极不能行,再退而为消极,庶人事稍尽而股本亦不至无着。盖汉冶萍之事业关系于股东之股本者固巨,关系于国家及鄂省地方者尤巨。拟请各董事代表全体要求鄂中大吏及中央政府，以能否实力扶持公司为断。能扶持则股东等牺牲官利亦所甘心，不能则惟有请其收为国有，俾股东等可置身事外。否则进行既毫无把握，而股票永难见利，抵售阻滞，势必减折以入外人之手，届时再责股东以卖矿卖国，恐已晚矣。此鄙见主张甲乙二策应同时进行而不应分决者也。

（二）就乙说之八条，自第二条以下，权均操于他人，非旦夕可以达到者，谅办事者必能统筹全局以图进行。惟第一条免利一层，则权在股东，而取决于今日者不能不一筹度之。在公司既困难至此，而尚须借重息之债以付官利，诚属非计，况今日少一分官利即异日多一分红利，而所省债息股东隐受其惠者不少。此不独外国公司向有其例，即通州之垦牧公司亦迟至十余年始能发息，人无异言。惟此例于开办时行之则名正言顺，今公司办已多年，股票之押借抵欠者交涉已多，一旦改革，势必牵动全局，且股东入股例同存款，既须积极进行，势非尽此股款所能集事。添招股本有先后时日之不同，若无官利，则先缴后缴同一权利，孰不观望从缓？鄙见拟照苏路公司及崇明大生纱厂之例，停息数年，俟公司营业进步再行发息，则股东有储蓄之益，公司免重债之累，而股票亦不至一无价值。此鄙人主张乙说进行而欲稍变其例者也。

以上两端折之大众意谓何如？抑鄙人尤有进者，邀求政府固当实行，而先有所邀求于各董事及办事人者，公司困难固属实情，而从前盛氏时代积弊之深，人言籍籍。今则政体已改，董事及办理者大半易人，趁此大加改革，一廓清盛氏之积弊，俾股东血本不至无着，此则股东等九叩首于诸董事及办事人之前者也。

［附件二］　股东王循理意见书

公司合汉冶萍煤铁厂矿为一，规模宏人，资产雄厚，司役众多，经费浩繁，需本之巨，与他项单独公司不同，本非千数百万元股本所能集事。在昔创办，志在必成，只期得步进步，未计日后为难。迨至不敷周转，不得不取给借贷，不知内外债项期活息重，暗中损失似少实多，目前种种危迫情状，皆坐未能招足股本之弊(经济艰窘之时,挖炼费用可视销路通塞,随时伸缩,就销货售价支配挖炼用费,不难使之适合,惟借款之付息,到期之还本,此项支应最为困难)。况营业性质专权,子母借款浮于股本,纵使勉敷月利,终属为人作嫁,已非股东保守利权之道,卒之尾大不掉,终必失败。亟宜招集实股填补借款,以期实力进行吸收外利。约计公司资产价值在四千万元以上,此次添招股数即以合之现有股款,适符公司资产成本之额为限。惟是公司各部分营业,既未规复,信用由是不足,所在地议会辄即提议没收,商富莫不寒心,是皆招股障碍。现应将汉冶萍所有地皮、房屋、机器、料件等一切资产除去折旧,按照现在情形核实估价,刷印报告书,和盘托出,以昭示于人,俾共晓然于公司资产真情,深信股本实未及额,并用以呈送各省都督,拨提公款入股及递寄各省商会,广劝富商附股。际此交通时代,路轮机械莫不恃铁而成,铁政兴废关系及于国之强弱。共和告成,各省官商爱国热度如日之升,当无不共维中华实业,乐赞厥成。但此举原为积极进行主义,积储愈多即资本愈充,亦获利愈厚,无论新股旧股,应暂行停支官利五年,以厚其本原,俟第六年起每付足本年官利之外,带补一年官利,以补足暂停之五年官利为限。其有两股以上之股东,愿取股票以抵官利者,即于第六年份每按两股填给一股,作为前停五年官利一次偿清(现定实股既系核计资产价额招足,五年之中一致进行,资产加增多于原额,又可按照产业招股,并按公例应先尽原有股东,以保利权)。鄙见如此。是否有当?尚祈公决。

[附件三] 股东傅应熊等意见书

众股东公鉴:顷读方叔记先生意见书,从前盛氏时代积弊之深,人言籍籍,今则政体已改,董事及办理者大半易人,趁此大加改革,一廓清盛氏之积弊,俾股东血本不致无着等语。查盛氏经办时,已发三届利息,凡我股东将本求利,不论盛氏之好坏,只问利息之有无。现在大加改革,百事维新,忽议官利停止,以各股东汗血资本置于毫无价值之地,无不疾首痛心。至于盛氏之积弊,方叔记先生如确有证据,则李一琴诸先生均系原经手,尽可彻查。或与盛氏蓄有私怨，信口雌黄，此等意见书真一钱不值也。

傅应熊、孙思诚、程光祖等一百八十人同启

周晋镳^①等致董事会函

民国元年十二月十日（1912.12.10）

董事会诸公台鉴：

敬启者，本年八月十二号，股东大会公举袁伯揆、杨翼之、叶揆初三君代表赴京，呈请国有。现在杨、叶二代表已先后回沪，而袁代表已就工商部秘书之职，一时决不能言旋，则贵董事会有缺席之憾。查董事为议事机关，必须完全召集，伯揆先生既在京供职，董事一席未便久悬，应请贵董事会按照定章，以本届选举董事权数次多之股东照章补任。仍祈公酌示复为荷。
敬请
台安

股东　颜荣昌　李时琅　张桂联　周晋镳　傅宗耀

陈家鉴　应沛芬　许正发　陈茂荪全启

公司董事会致袁思亮^②电

民国元年十二月十四日（1912.12.14）

北京蒙古实业公司袁伯揆先生鉴：汉厂开炉，筹议商业进行，董会议案繁多，深盼大驾速回列席与议。何日可回？祈复示。汉冶萍董事会。盐。

袁思亮致公司董事会电

民国元年十二月十六日（1912.12.16）

四川路汉冶萍公司董事会公鉴：电悉。缺席已久，例当辞职。前因叶代表以国有与否未决，代表义务未终，嘱暂缓卸责，故未敢请。现既需人列

---

① 周晋镳（1847—1927）：字金箴，浙江慈溪人。时任公司董事。
② 袁思亮（1879—1939）：字伯夔，湖南湘潭人。时任北洋政府国务院秘书、印铸局局长。

席,应请照章以次多数充补。谨复。亮。删。

公司董事会致施则敬①函

民国元年十二月二十三日(1912.12.23)

子英先生大鉴:

　　本年股东大会公推董事袁伯揆先生赴京,呈请收归国有,伯翁改就工商部秘书,董会缺席。股东周金箴诸君函请照章以次多数补任等语到会,袁伯翁亦来电辞职。查大会选举,唐蔚芝先生九百七十八权,叶揆初先生四百二十权,阁下二百八十二权。蔚翁前曾备函奉请,接复因系代表邮传部实业学堂公股,学事将次结束,不允莅会。揆翁现任经理,照章不兼议董。本会公议:具函奉请阁下到会议事,藉符议董九人之数,而副股东委托之殷。除俟下届常会柬邀外,先此函达。敬颂
台祺

汉冶萍煤铁厂矿有限公司董事会

李经方　朱佩珍　王存善　杨士琦　赵凤昌

聂其杰　沈敦和　陈廷绪公启

公司董事会致袁思亮函

民国元年十二月二十三日(1912.12.23)

伯揆先生大鉴:

　　先接股东周金箴诸君函开云云等语。当以董会尚未接尊处来函,因先电请阁下回沪出席,嗣接复电,缺席已久,例当辞职,前因代表义务未终,故暂缓请,现既需人列席,应请照章以次多数充补等因。查大会次多数为唐蔚芝、叶揆初、施子英三先生,蔚翁前曾备函奉请,接复不允莅会,揆翁现任

---

　　①　施则敬(1855—1924):字临之,号子英,江苏吴江(今苏州)人。时任中国红十字会董事。

经理,照章不兼议董,谨遵来电已函请施子英先生补任矣。谨达。并颂

日祺

汉冶萍煤铁厂矿有限公司董事会

李经方　朱佩珍　王存善　杨士琦　赵凤昌

聂其杰　沈敦和　陈廷绪公启

公司董事会致周晋镳等函

民国元年十二月二十三日(1912.12.23)

金箴先生、诸位股东台鉴:

接奉公函,以董事袁伯揆先生已就工商部秘书,董会缺席,请照章以次多数补任等因。当以董会尚未接袁伯翁来函,因先电请早日回沪出席与议。嗣接复电,缺席已久,例当辞职。前因叶代表以国有与否未决,代表义务未终,嘱暂缓卸责,故未敢请,现既需人列席,应请照章以次多数充补等语。查大会次多数为唐蔚芝、叶揆初、施子英三先生,蔚翁前曾备函奉请,接复不允莅会;揆翁现任经理,照章不兼议董。除函请施子英先生到会补任外,谨复。顺颂

日祺

汉冶萍煤铁厂矿有限公司董事会　赵凤昌等公启

公司董事会议案

民国二年二月十八日(1913.2.18)

中华民国二年二月十八日星期二,董事会议。到会者:聂云台、沈仲礼、朱葆三、陈理卿、施子英;查帐朱志尧诸君。

经理报告:接会长赵竹君先生函开:连日春寒,贱恙益剧,几不能起坐。据医家云,药剂难求速效,必须长年静养方可渐愈。窃思董会事重,岂可久于缺席?兹特奉恳转达董会诸公,应将弟名取销,照章另补,实为公便。并附抄杨杏城先生复电云:士琦留示,董事应取销,请照章挨补等语。

公议:竹君先生自长会事,深资筹划,应由董事全体具函挽留。如一时病未全愈,不能列席,下次会议公推一人充临时会长。杏城先生既留京辞职,亦俟下会照章挨补。

王存善①等致赵凤昌②函
民国二年二月十九日(1913.2.19)

竹君先生大鉴:

昨由一琴、揆初两先生出示手教,悉尊体违和,至为系念。敝会自成立以来,得我公提挈其间,对于公司进行事宜,悉资硕画,敬佩良深。今虽小极偶撄,即可喜占勿药,务祈勉乎从望,抑此退思。谨代全体股东敬为维萦,公益所在,当荷鉴俞。专泐。祗颂

痊安

王 聂 沈 李 朱 陈 施谨启

公司董事会议案
民国二年二月二十一日(1913.2.21)

中华民国二年二月二十一日星期五,董事会议。到会者:沈仲礼(兼代表王子展)、朱葆三、陈理卿、李伯行、施子英;查帐朱志尧诸君。

经理报告:星期二会议以赵竹君先生辞职,议决由董事全体具函挽留,讵将去函原封退回,是辞职之意甚决。应请公举公长,以维会事。

公议:投票选举。计六票,举王子展先生者五票,多数公推,即函请莅会就任会长,主持一切。至所缺两席,即查照上年四月股东会选定候补当选人王驾六、周金箴两先生挨补,亦即分别函请到会接任,以足九人之数。

---

① 王存善(1849—1916):字子展,浙江杭州人。时任公司董事,后任董事会长。
② 赵凤昌(1856—1938):字竹君,江苏武进(今常州)人。曾任公司董事会会长。

公司董事会致王存善函

民国二年二月二十一日(1913.2.21)

子展先生大鉴:

会长赵竹君先生因病函请退职,兹经本会公同票选,多数公举先生为正式会长,用特函达,务祈即日驾临,主持一切,不胜大愿。专泐。祇颂
春祉

汉冶萍煤铁厂矿有限公司董事会

李 朱 聂 沈 陈 施公启

公司董事会致周晋镳函

民国二年二月二十一日(1913.2.21)

金篯先生大鉴:

径启者,敝会董事赵竹君、杨杏城两先生先后辞职,理应照章挨补。查上年四月股东大会票举候补当选人,除王驾六先生已由敝会函请接任外,其在前熊秉三、何竹轩、何仲吕三先生,均不在沪,自应请先生接任董事,以足九人之数。除俟开会再行柬邀外,特先函订,务祈鉴允为盼。专订。
祇颂
春祉

汉冶萍煤铁厂矿有限公司董事会

李 朱 王 聂 沈 陈 施公启

公司董事会致王立鳌①函

民国二年二月二十一日(1913.2.21)

驾六先生大鉴:

径启者,敝会董事赵竹君先生、杨杏城先生先后辞职,理应照章挨补。查上年四月股东会票举候补当选人,先生二百七十三权,应请接任董事。

---

① 王立鳌(生卒年不详):字驾六,浙江慈溪人。时为苏州著名实业家。

除俟开会再行束邀外,特先函订,务祈鉴允为盼。专订。祗颂
春祉

汉冶萍煤铁厂矿有限公司董事会

李 朱 王 聂 沈 陈 施公启

王存善致公司董事会函

民国二年二月二十二日(1913.2.22)

敬复者,顷接公函,祗悉一是。存善任董事四年余,于公司无丝毫之补益,早思辞退,只以公司大局未定,未敢专为己计,致负股东之付托。承诸公盛意,举为会长,益增愧悚,但临时会长或尚可从诸公之后,勉效庸愚,"正式"二字万不敢当。谨此声明,并谢厚爱。敬请
公安

王存善谨启

王驾六致公司董事会函

民国二年二月二十三日(1913.2.23)

汉冶萍公司董事会诸先生大鉴:

顷奉尊函,藉悉上年四月股东会票举候补当选,弟有二百七十三权,应接任董事云云,深为疑讶。贵公司弟并无股份,从未预会,想另有其人。务乞查明,另举贤能,弟实不敢当。承拳注殷殷,特此布复。并请
筹安

名正肃

公司董事会通电

民国二年二月二十四日(1913.2.24)

北京国务院、工商部、交通部,武昌黎副总统,南昌李都督,长沙谭都督,南京程都督、应省长钧鉴:敝公司董事会长赵凤昌,因病辞职,经会董票举董事王存善接任。谨闻。汉冶萍公司董事会叩。敬。

公司董事会致张武铺①函

民国二年二月二十四日(1913.2.24)

知笙先生大鉴：

径启者，敝会赵竹君、杨杏城两先生先后辞职，理应照章挨补。查上年四月股东会票举候补当选人，除周金箴先生已由敝会函请接任外，先生有二十权，应请接任董事，以足九人之数。先此函订，俟下期开会，即行柬邀，务祈鉴允为盼。专泐。祗颂

台安

汉冶萍煤铁厂矿有限公司董事会

李　朱　聂　王　沈　陈　施　周公启

公司股东特别大会议案

民国二年三月二十九日(1913.3.29)

中华民国二年三月二十九日下午二时，假青年会开股东特别大会。到会者一千零九十六人。

主席王子展先生报告：今日开股东特别大会，因有一通融维持厂矿之法，就商取决其法。工商部、湖南省本均有公股；今拟将公司前欠交通部款商作股份，湖北、江西亦设法令其作为股东，有选举董事之权。财政部前补助之公债票，如能由工商部商改作股，尤为有益。如是内而三部外而三省，均为公司之股东，各派一人为董事，合原有之董事，筹画进行，地方问题大致解决。再借一大宗外债，实地整顿，以图恢复。是否可行？请股东公决。

股东汪幼安君登台发言：去年股东会，多数主张国有，举定代表赴京请愿，如何情形未据只字报告，今忽来变相国有之议，股东不能承认。仍应照去年所定办法，国有不成，即主张完全商办。全场一致赞成。

股东孙铁舟君登台演说：汉冶萍公司既经股东全体赞成商办，必须有

---

① 张武铺(1863—?)：字知笙，江苏吴县(今苏州)人。时任公司董事。

与公司痛痒相关且〈富〉经验而有信用者主持其间,方有转机。以鄙人平心而论,仍应举盛宣怀君复任总理。盛与鄙人并不相识,中日合办一节,最为人所訾议,然现觅得中日草合同底稿,始知盛于合同中将"已"字改作"俟"字,后来即恃此一"俟"字,草合同可以废去。由是以观盛之对公司实属有功,举他出来,责成切实办理,可望收效桑榆。语颇激烈动听。

股东章佩乙君起言:汉冶萍公司困难已极,百端待理,总经理张季直君始终不到公司,有负委托。现既提出另举总理,敝股东表示同意。

请主席宣付表决时,湖南公股代表周可均君登台发言,谓各位股东举盛宣怀为总理,我绝对不赞成。如举盛为总理,所有煤焦运道,不得再由湖南经过。言至此,股东大哗,秩序几乱,孙、章两君起立阻止。主席王子展君宣告:股东孙、汪、章三君所陈意见,取消国有,主张完全商办及另举总理,诸位赞成者请起立表决。股东全体起立。又宣布投票选举法分两种:赞成者,请书"赞成举盛"四字;反对者,请书"反对举盛"四字。股东纷纷投毕,主席宣言,由股东公举四人监视开票,当公推徐冠南、姚慕莲、汪幼安、傅小安四君为监视开瓯点票员。此时湖北代表丁立中、时象晋两君起立,托主席代告汉冶萍厂矿关系极大,此次奉湖北军民两府委任与会,有一言奉告于各股东之前,湖北全体意见对于汉冶萍主张,无不全力维持保护云云。会场一致欢呼鼓掌答谢。孙铁舟、汪幼安两君又起立,质问董事会办理林虎侯一案,经主席一一详对,并要求下次开常会时,公举股东六人到公司查帐并查察一切,及本年应开常会至迟不得逾一月即从本日起算等语。维时票已检完,计:

赞成举盛者得八万一千一百八十一权;反对举盛者得一万三千一百四十八权。

宣布之后,湖南代表周君忽称:本代表所投之票系反对举盛者,何以此票不见。股东某君诘以贵代表所投之票若干权?周答云:五千二百三十七权。某君云:今反对票有一万三千余权,何以知内无五千二百余权之票,大有可疑。当由主席请湖北代表丁、时两君复检,而周君不待检毕,即怫然而去。及复检毕,该票仍然无着。主席以赞成票已过十成之七,即使其余票权全属反对,亦应无效。遂具公函邀盛君到公司就任总理,并一面拟电呈工商部、湘都督,声明本日会场情形,以免误会。时已五下余钟,摇铃散会。

公司董事会致盛宣怀函

民国二年三月二十九日(1913.3.29)

杏荪先生大鉴:

　　本日特别大会,股东提议,以厂矿日即危险,非有大资本大经验实业专家主持一切,不能挽回垂败之业,要求先生复任总理。投票公决,赞成者八万一千一百八十一权,反对者一万三千一百四十八权,多数取决,少数无效。佥谓非先生复出任事,不能振起有功。董事代表股东,今股东意向一致,理合肃函敦劝,务求先生追念创始之艰,力任扶危之责。指日枉驾,督率进行,公司幸甚,同人幸甚。除电达院、部暨鄂、湘、赣三都督外,专肃。

敬请

台安

　　　　　　　汉冶萍煤铁厂矿有限公司董事会　王存善等公启

盛宣怀致公司董事会函

民国二年三月二十九日(1913.3.29)

子展会长暨列位董事先生公鉴:

　　本日汉冶萍特别大会,适患旧恙,不能入场,仅遣小儿持券与会。顷据面述议事条目内,有股东多位要求鄙人复任总理,并谓如不承认,将以强迫从事云云。闻悉之下,惭汗交并。此事确由鄙人创办,历十有七年之艰辛,集千三百万之商本,睹斯成迹,讵忍恝然。无如病体衰年,精力锐减,论时局则更难于昔,论经济则更窘于前,总理之说何敢贸任。在会诸君子愤激之词,或以弟为识途老马,至此反置身事外,因是大不理于众口。不知上年票举董事,鄙人曾被举入选,其时养病东瀛,不能即回,接会公电,已邀请次多数暂代。迨弟回国,始终未奉贵会函邀,遂亦安心放弃。此诸股东责备之所由来也。

伏念商办公司,以议事、办事为两大机关,犹之共和政体,以立法、行政为两大机关,权限不相侵越。设以已举之董事兼任总理,不仅病躯断断不胜,且以议事人侵及办事之权,亦恐于法定不甚符合,是以弟于复任一议,绝对不能承认。惟经理报告,备言丁此世变,如满盘散沙,抟结无术,维格等心力已竭,对此危笃实无回天之力等语,并经两经理来寓面劝到会,同扶危局。鄂省军民两府代表丁、时两君面述大意,以汉冶萍事关全国实业,力劝主持。窃念此局创始于鄙人,若竟坐视不出,不特无以对股东,亦无以对同人。虽有心怀叵测,嫉忌鄙人问事,难于作弊营私,百般造谣煽惑。试想公司如此艰危,干预有何好处?天下事,当权其轻重缓急,何敢畏金壬之谗言,重违诸君子之雅意?若贵会函邀列入议董,必当力疾与议,追随诸君子之后,决不再辞。恐股东不谅,来此牵率,谨以鄙意先行奉告,祈公议见复,并望致意股东为荷。敬颂

均祉

盛宣怀谨启

盛宣怀致公司董事会函

民国二年三月三十日(1913.3.30)

汉冶萍公司董事会诸君公鉴:

昨日股东特别大会,经多数股东推举鄙人复任总理,情形当经小儿回寓禀知,即刻专函奉达一切,谅邀公鉴。前函甫发,接展贵会公函,以本日投票公决,赞成者八万一千一百八十一权,反对者一万三千一百四十八权,股东意向一致,属即指日督率进行等语。捧诵之余,莫名惭悚。在股东属望既殷,而诸君敦劝尤挚。且公司危险至此,弟系创始招股之人,责令复任总理,主持一切,原属无义可辞。惟老病如斯,断难再膺重任,除已于前函详布外,尚希共鉴愚忱,婉向各股东代达苦衷,并非意存推诿。如必不得已,或仍如前函所陈于董会中列席参议,共图挽救之策,以塞股东之望,是在诸公之善为权衡矣。专泐奉复。敬颂

公祺

盛宣怀谨复

公司董事会议案

民国二年三月三十一日(1913.3.31)

中华民国二年三月三十一日星期一董事会。到会者:王子展、沈仲礼、朱葆三、李伯行、施子英、周金箴、张知笙;查帐朱志尧诸君。

盛杏荪先生经二十九日股东大会多数举定总理,即由本会公函敦请就任。现接先后两函略谓:商办公司,以议事、办事为两大机关,上年票举董事,宣怀曾被举入选,其时养病东瀛,曾接公电邀请次多数暂代。现以已举董事兼任总理,不仅病体不胜,且以议事人侵及办事之权,亦于法定不甚符合,是以复任总理一议,绝对不能承认。惟据经理报告,公司危笃,而鄂省军民两府代表丁、时两君面述大意,亦以汉冶萍事关全国实业,力劝主持。若竟坐视不出,不特无以对股东,亦无以对同人。倘贵会函邀列入议董,必当力疾与议,追随诸君之后,决不再辞等语。公议:盛君复任总理系多数选举,自应力请勉为其难,以扶危局,兹来函一再执谦,辞意坚决。盛君本系股东公举之董事,既愿担任会务,虽议事、办事权限不同,而扶持公司之责任则一,即揆诸股东推戴之忱,亦不相刺谬。本会极表欢迎,并一致投票举为本会会长,即日备函具请到会接任,主持一切,并具电通报国务院、工商部、鄂湘赣苏各都督、省长。至各股东未能一一布告,拟具公启登报声明。函电录后。

[附件一] 公司董事会致盛宣怀函

杏荪先生大鉴:

昨肃公函,后适奉手教,知前缄尚未得达,顷又奉赐书,谨聆一是。尊意以议事、办事截分两大机关,上年选举票权,先生本列议董第二,大驾东旋,敝会迄未备函奉请,无任惶歉。全体股东仰望之殷,又不敢背先生权限分明之意,只可将尊函遍示股东,使知不允复任总理,仍允主持会务,定倾扶危,端赖鼎力。当即投票公举先生为会长,同人等无任欢迎忻慰之至。除俟会期备柬奉请于一月内议开常会并续电院部暨鄂湘赣三都督外,肃

复。敬请

勋安

汉冶萍煤铁厂矿有限公司董事会

周晋镳　李经方　沈敦和　王存善　朱佩珍　施则敬　张武镛公叩

[附件二]　公司董事会通电

北京国务院、工商部,武昌黎副总统、夏民政长,长沙谭都督,南昌李都督,南京程都督、应民政长钧鉴:前日汉冶萍公司股东大会,当众议决举盛宣怀为总理,旋接盛函坚辞总理,并言本系股东公举之董事,尚可勉就,一再来函不就总理。当由董事公议,请盛到会为董事,众皆赞成,并即按照票举权数投票,公举盛为会长。理合电陈,伏乞鉴察。汉冶萍公司董事:王存善、沈敦和、朱佩珍、李经方、施则敬、周晋镳、张武镛公叩。卅一。

公司董事会常会议案

民国二年四月五日(1913.4.5)

民国二年四月五日星期六常会到会者:盛杏荪、王子展、沈仲礼、朱葆三、李伯行、周金箴(兼代表施子英)、张知笙;查帐朱志尧诸君。

本日会长盛杏荪先生到会,就所提议七事议决条列于后:

一、此次就任会长,实因公司危迫,勉循诸位及从股东之请,力疾视事,惟衰年病躯,恐难按期到会,拟公举一副会长,以为不克到会时替代之预备,请公决。公议:会长高年,且素有喘疾,不能按期到会,自系实情。惟按之会章并无副长之规定,似不必有此手续,致涉更张。拟请以后会长遇有不能到会之时,函请本会董事一人为临时主席,庶事实上无碍进行,而于会章亦合。并议会期除有要事临时订期开会外,其常会向定星期六,是日本会董事多兼有别会议董,每每顾此失彼,不如将本会常会改为星期四。众赞成。

一、公司经理本属两人,现叶经理揆初先生辞职,遗席应否选人补任,亦请公决。公议:叶经理辞职,此席即可裁去,暂由一琴先生一人经理,以一事权。经一琴先生陈述，前本驻汉专办改良汉厂扩充销路，至萍矿及汉口运销一部分，大冶矿山一部分，均另有总办各经其事，从未预闻。并陈十年来，历事艰苦，精力日减，现在诸事萃集一人，每日簿书填委，交际周旋，实有日不暇给之势。且公司之精神命脉俱在厂矿，必须有人周流察视，力求进行，驻沪经理亟须另派妥员分任。公议：现时仍请一琴先生独任其难，稍缓再行提议。

一、萍矿李镜澄君上年风潮剧烈时，被该矿同人公举为临时矿长，究非正式委任，而名称亦与汉厂、冶矿独异，不合法定规则，应如何办理，请公决。公议：现在公司根本问题尚未解决，似宜暂仍旧贯，以免纷更。

一、据经理面称：公司金融枯竭，势将不支，必须先从筹款着手，方能及于其他各项。公议：只有商之正金，将政府前以公司名义借用之二百五十万元抵借济急，公请一琴先生向前途切商。

一、湖北代表时、丁两君来函所列三权办法，大致谓公司事权、财权、地权，于鄂俱有关系，此项问题实难解决，拟订期约两代表至寓磋商，请公举数人，协同与议。经公举沈仲礼、周金箴、李一琴、杨绥卿四先生参议其事。

一、林虎侯弊混一案，前次股东大会闻股东啧有烦言，并有要求举人查帐之事，此案关系林之个人犹小，关系公司用人之前途实大，本已电由工商部派员督同商会清查，曲直无难共见。但股东既有查帐要求，此次常会时即请股东公举商界之最有名誉、精于钩稽两人，赴商会监查，以释众疑，而示大公。众赞成。

一、每届公司收支帐略照章应由查帐董事分赴厂矿调查核对签字，方能刊印。今辛亥年用帐，自是年八月军兴后，机关停顿，曹部几空，至上年五月始在沪组总事务所，催集各处帐册分项汇编，坐是迟缓。若再由查帐员分赴调查，则常会时万不及刊报，如仅凭帐略核算，仍无实际。拟即付刊，将所以迟延及未经审查之故，略述简端于常会分布。然是年之帐，究未审查，俟林案查帐事毕，再议办法。至壬子年用帐，则应早日预备，应查明各处帐册，有未到者即由董事会具函派人守提。众赞成。

经理报告：汉厂添置四号炉座附设之炼焦炉提料机各项预算表及与扬

子公司订造轮驳合同,均与四号化铁炉有连带之关系,须请会中通过,以便预为布置等语。公议:须待讨论,从缓再议。

陈廷绪致公司董事会函

民国二年四月二十二日(1913.4.22)

汉冶萍董事会公鉴:

廷绪滥厕董会将及一载,碌碌无所建白,抱愧兹深,因另有他事羁身,不克到会,用特专函辞职,即希贵会允准,另行推举为荷。手此。敬颂

台绥

陈廷绪拜启

公司股东常会议案

民国二年五月二十日(1913.5.20)

中华民国二年五月二十日,汉冶萍公司假上海中国青年会开股东常会。到会股东九百十七人,计二十一万五千八百二十六股,合十二万七千八百三十五权。

董事会长盛杏荪先生主席报告:今日常会,董事应该将公司办事情形,先行布告与我股东听,我因肺病,而且以前之事不甚了然,仍托王子展先生一一报告。但念现在公司十分危险,断无中立之势,若不上紧改良,设法进行,力除糜费,终难济事,尤要在调和意见。我今到会五十天,晓得军兴以后,全赖工商部一力维持,湖南、湖北都督多能尽心保护。近见上年谭都督与各省电报咨文,竭力排解,并由湖南派兵驻矿,借款两次,使萍矿危险得以化除,全是湖南之力,我股东皆当十分感激。即如昨日,尚接到谭都督来电、龙先生来信,极顾大局,尤足令人佩服。还望以后工商部及三省格外维持,方能进行无阻。我今老病,心有余而力不足,全赖同事和衷共济,勿负股东。又望各股东肯负责任,将董事想不到之处一一告我,以便斟酌办理。庶几不虚此大会。

会长暂退,由董事王子展先生报告:辛壬之交,公司经残破之余,百计

支撑,幸免倾覆,详见帐略序言,兹免再赘。今将本日应提议各事报告股东。

一、壬子股息。查壬子承兵燹之后,炉座毁伤,营业顿挫,直到是年阳历十一月始将第一、第二两炉修复,次第开炼。今拟自十一月二十九日开炉日起算扣至年底,每股息合一元四角六分七厘,与辛年所发息股每股二元五角三分三厘凑成每股四元,填给股票。另有刊件说明理由,请公决。

孙铁舟君起言:公司经济现已万分困难,以息作股,想众股东当无不赞成。

主席宣告:请起立表决。全场一致起立。

一、换新股票。查上年董事会因各股东所执股票年代变更,总协理取销,另印新票应即定期登报换给。请公决。众赞成。

一、筹借款项。查厂矿进行非款不可,现定办法,汉厂全行炼钢,大冶另设铁炉,筹借轻息大宗款项,圆活金融机关。另有刊件详细说明。请公决。

孙铁舟君起言:此事重大,宜用投票法表决。

主席答以时间短促,议件甚多,请仍用起立法表决。

汪幼安君起言:此时系借款问题,可用起立法表决。惟将来借款订立条件时,须预开大会,逐条审查,再用票表决。

主席宣告:借款问题用起立法表决。全场一致起立。

一、修改章程。查公司章程,现经改革,多不适用,亟应修改,所有理由另有刊件。请公决。

孙铁舟、汪幼安诸君起言:章程极应修改,惟须先由股东审查,方作定本修改条件,或登报征求意见,或开会公同讨论,由董会酌定。众赞成。

一、举临时查帐员。查辛亥帐略,虽经刊布,帐实未查,壬子帐略,亦亟应查编,且有林案关涉,拟举公正而熟悉帐情者二人,会同辛、壬两届旧查帐员,将辛、壬两年帐目澈查,以期核实,详列刊件。此项临时查帐员应否由股东公举,抑由董会公推,请公决。

众股东起言:请由董事公推,报告大众取决。主席推谢纶辉、朱五楼两君,众鼓掌赞成。

一、壬子届查帐员朱志尧、杨翼之两君任满,照章应票举两人充本届查帐员,众赞成。

王子展先生报告:一年以来,对于公司毫无裨益,今当常会,应当众辞职。众股东以公司正值困难之时,万难引退,再四慰留。王子展先生答以既承众股东殷殷劝勉,惟事棘责重,遇有不到之处,还望股东监察,以为董会之后盾,如能赞成,方可不辞等语。

股东沈叔逵君起言:董事既欲股东监察,公司之营业必须逐月报告,或则按季知照股东云云。次由汪幼安君起言:既欲股东监察,必须组织一联合研究会,实行监察,近观《时报》所载,熊希龄谓汉冶萍公司内有虚股滥用等语。

会长就席演说:今日公司报告已完,方才有一位股东起言须设立股东联合研究会,已经众人赞成。又有一位股东起言,董事如何办事,须令股东知道。鄙见股东常会、特别会,一年不过两三次,故此股东与董事难免隔阂,今股东既设联合会,正可监督进行;"研究"二字更有道理,即如《时报》所登,有人疑我所招股份多虚,用款不实。鄙人从前所招股份,除湘省数十万之外,皆系我一手招来,收银掣票皆有专司。厂矿用款悉归经理,可请查帐员特别再查,其中如有虚股,尽可充公;用款不实,亦可追问,不特林案应查也。众鼓掌。

孙铁舟君上台发言,谓前次大会,鄙人提议举盛杏荪为总理,致被舆论攻击,诬陷得贿等情,今各股东均在此,请调查有无其事。且盛虽举为总理,盛并未承认,然我等股东仍当认为总理,惟断不可被政府利用云云。经施子英先生演说,盛杏荪先生无论承认总理与否,现任公司议董,名称虽异,其维持之责则一,终须盛公一人负完全责任等语。众鼓掌。

主席请投票选举癸丑查帐员。投毕,经股东请工商部代表王槐清君、湖南代表周可均君、吴镜仪君、股东朱五楼君,临视开筒检票。

最多数:

孙慎钦君　三万七千六百五十四权

陶兰泉君　三万五千五百六十一权

当选为本届查帐员。

次多数：

朱志尧君　二万一千零五十二权

谢纶辉君　七千九百三十六权

傅筱庵君　三千零八十九权

顾咏铨君　二千四百六十一权

汪幼安君　一千五百四十九权

朱五楼君　一千零四十四权

施禄生君　五百四十二权

周舜卿君　六十九权

周可均君　十四权

杨翰西君　五权

孙铁舟君上台宣言：今日来会，见有股东印刷品内有庄得之君一件，大至谓上海公司办事总机关，可由股东指与一人包办，每年可省四万余金云云。鄙人甚不谓然。公司以数千万之资本事业，断无一人可肩此重任，若轻举妄动，一旦坏事，我股东等向谁诉苦？再一件系湖南代表吴君所发，大致以上次会场阻扰周君发言一事，竟谓公司对于湘省情意屡多不洽等语。查上次特别会，提议举盛为总理，周君开口便说若举盛某，将来萍煤休从湘过一语。发言失当，以致股东哗然，致未能竟其词，良深抱歉。今特声明，当时反对者系反对周君之言，并非反对湘省，况谭都督保护公司不遗余力，我股东愚不至此，岂有不知感激而反以怨报德乎？

周可均君亦登台声说：鄙人素性戆直，不作违心之论。盛某为湘人所不喜，恐举出不为湘人所赞成，正拟申说理由，即遭哗阻，且上次大会事前本无选举问题，忽临时发生，代表是以反对云云。

傅筱庵君谓：上次之冲突实出于彼此误会，现既双方解释，嫌疑尽泯。惟有请贵代表以大局为重，勿稍芥蒂，并求转请谭都督，此后对于公司仍曲予优容，力为保护，是全体股东所馨香祷祝者也。众鼓掌。

秦仲云君谓:股东联合会既由汪幼安君发起,鄙人拟再举傅筱庵君同任其事,以便组织。众赞成。

会长就席宣言:今常会将毕,承各股东切实要求,鄙人担负责任,鄙人虽老,不敢推诿。须知汉冶萍不特非一人之事,且不仅一公司之关系,确系中华全国实业之关系,岂能听其败坏?惟董事会为股东代表,必须股东著意进行,董事方能下手,更要望工商部及湘鄂赣三省相助,都要晓得汉冶萍关系中华大局方好。众鼓掌。

时已五下余钟,宣告散会。

[附件一]　董事会公启

查本公司辛亥年官利,前由董事会议定发至是年八月十八停工之前一日为止,曾经股东大会通过,并有股东张子庄先生演说,不给官利,招股必不能踊跃,公司无款可发,不如将停工以前应发之官利,填给股票作抵。全体赞成。载在元年四月十三日议案。自辛亥八月十八日停工后直至壬子年阳历十一月二十九日,始将第一炉修复开炼,十一月一日始将第二炉修复开炼,其间兵乱损失,炉座毁伤,设法收回,筹款修理为难情形,谅为我股东所洞鉴。而一年坐食,营运久停,事事亏耗,详诸帐略,是壬子一年本无官利可发。如欲借款付利,不特挖肉补疮,且恐债主藉口,殊多窒碍。董事会一再会商,未经开炉之前,本无利息可发,即自阳历十一月二十九号开炉日起算扣至年底,为数亦甚几微,拟酌量填发息股,每股一元四角六分七厘,俾得并连上届所发息股每股二元五角三分三厘,凑成每股息洋四元,以便各将息条更换股票,免致零星息单凑不成数,转有搁置。窃愿本公司亦能如从前轮、电两局之息股,后来与正股同得两倍之利益,庶不负股东之期望尔。

[附件二]　董事会报告

汉厂炉座,本系翻砂铁与炼钢铁相间并出,一供销铁之用,一供制轨之需。现在川汉、粤汉分道开工,订用汉轨早有合同;尚有海兰干路东西延长四千余里，其轨件亦可议由汉厂承揽；各省铁路亦正接踵而起，并可仿照美国新式钢枕，由厂自造，以塞枕木漏卮；需钢日益加巨，所有一号、二号、三号化铁炉及赶工添造之第四炉，尽其所出，全行炼钢，方足以应各路之求。理由有四：售钢利益较铁为厚；轨件起运交通便利；炼钢炉、造轨机一切齐备，有连鸡并栖之势，无炉灶另起之烦；铁汁未凝即入钢炉，节省煤汽、人工，轻减钢货成本。

汉炉尽以炼钢，既如上说矣。而日本年销生铁十万吨之合同暨中外各口岸用惯汉铁之销场，货款以数百万计，不可无以应之。规复前议，就大冶产铁之山，添造新式大化铁炉四座，每炉日出铁二百五十吨，从少估算，一年以三百日计，每年约可炼生铁三十万吨，尽以供中外生铁之求。如是则长江下游另起新厂之说即毋庸举行。理由有三：矿石近取，无轮驳转运之费；萍乡炼焦运冶，较运汉只多走半日路程，并带运矿石回汉；萍矿成本已巨，必汉冶炼焦尽向萍购，庶杜外焦之漏卮。

照此计划，汉厂第四炉应备之费，添化铁炉以补钢炉不足之费，暨长江、襄河两处起重机之费，大冶四炉分两次定造，一切设厂购机暨置备附属机具之费，萍乡因供应汉冶两处燃料，增添挖煤炼焦之费，添造运船、添定火车头暨推广码头、栈房之费，此次李经理亲赴厂矿督催工程，曾属其督同工师，分别核实预算，刊奉公览。

总之，非亟筹大宗借款，不能集事，此可预言者也。商战时代，非进即退。中国铁业，只一无二。本公司年来之所以不能得利者，诚为时局未靖，亦缘费本太巨，出货太少，致经济益复困难，欲图出险，不得不放手为之。综计股本之外，除预支购铁购轨各款，只须认息交货，不必筹还现银外，其余概系重息押借。普减利息之策，上年既格于公议而不行，只有整借轻息之巨款，分还短押重息之急债。即每年省出息款一宗，数已不菲，并可就此巨款，为股东添造炉座，增进产业。出货既多，售价日旺，每年支应工费暨摊还借款本息外，其余悉系股东所获之利。通盘筹算，计无逾此。倘蒙公议赞成，董事即凭股东公意，设法进行，仍俟筹措有成，另再详细报告。

[附件三]　董事会报告公司章程修改理由

一、总、协理名称已取消,执行立法、议事机关并监督办事进行,应查照商律及商法调查案,统由全体董事担负责任。

二、股本总额改二千万元为三千万元。

三、查帐员仍改为一年一举,任满续举,仍可被选。

四、办事员名称已取消,总事务所经理及厂务长、矿务长、商务长、会计长、秘书长及汉冶萍三处坐办,统由董会选聘委任,其余事务所各科员,由各所长举荐,报告董事会核准。

五、原章预算应列入按年常会报告,不能刊入章程。

六、原章会计一门,应由会计长专设统计一科,造具表册审[由]查帐员审查。

七、前董事会因年代变更,股额变更,总协理取消,另印股票早已齐备,应即登报换给,庶与新订章程相符。

[附件四]　董事会报告

上次股东会议,林案请由股东公举六人查帐等语。今因林案已归商会公查,据商会查明大概,尚须调取萍矿及运销局各流水帐目到沪,方能核对详备。现据会计所长查明,辛亥年有帐而尚未经查帐员查过,壬子年萍乡帐目至今未来,已请陈理卿前往提取,皆应由股东会选举之员查明,方能刊布,不仅为林案关系也。惟辛亥查帐员顾晴川先生病不能出,邵子愉先生系招商局收支员,壬子查帐员杨翼之先生,选举众议员,朱志尧先生系求新厂经理,即欲仍请邵、朱二君补查,亦恐不能前赴厂矿。本会再四斟酌,拟请股东常会就上次另举六人查林帐之意,酌中选举公正精明、熟悉帐情二人,会同旧查帐员邵子愉、朱志尧两先生,专查辛、壬两年帐目以及林案关系之帐,自无不尽在其中矣。此二人应即由常会投票公举。

公司董事会致孙德全①、陶湘②函

民国二年五月二十一日(1913.5.21)

慎卿、兰泉仁兄先生大鉴:

径启者,敝公司上届查帐员朱志尧、杨翼之两君,查照定章,业经任满,所有癸丑年查帐董事,五月二十日股东常会,经公同投票选举,先生得票三万七千六百五十四权、三万五千五百六十一权为最多数当选,业经当场揭示,应函请就任。除星期五董事常会柬邀外,兹特备函奉请,即希查照为荷。祗颂

台安

汉冶萍公司董事会谨启

周晋镳、施则敬致李维格函

民国二年十一月五日(1913.11.5)③

一琴先生阁下:

敬启者,汉冶萍公司董事常会每星期一次,殊嫌太繁,会长体气不甚康适,往往未能出席,转致有名无实。鄙意不如一月两次,定期旧历初八、二十三为常会日(若遇星期则攒上一天),如有特别会议事件,可由会长临时邀请至会长公馆集议。惟公司中会计、商务各科诸君,稍多往返,此外似别无窒碍。务祈商诸公司诸君,如谓可行,则请征求各董事意见,倘亦相同,即可定为章程也。专此奉商。敬颂

台安

弟周晋镳　施则敬同启

---

① 孙德全(1875—?):字慎卿,浙江鄞县(今宁波)人。时仕公司外部总稽核和查账员。

② 陶湘(1871—1940):字兰泉,江苏武进(今常州)人。时任公司董事,上海三新纱厂总办。

③ 原件未署年份,此系根据内容判定。

顷李经理交下:周、施先生公函,商改常会会期事,遵送公阅。惟明日开会知单,在未奉此函之先发出,明日是否开会,并候示遵(旁批:可不开会)。

秘书处谨签

十一月六日

(各董事阅签如下)

珍,阅。敬,阅。伯出,代阅。善阅,赞成。

镛,赞成。和,阅,并表同意。

公司董事会常会议案

民国二年十二月五日(1913.12.5)

兼代经理函:(事由)前请添造拖轮一艘、钢驳六只,为第四炉运料之用,业经提议通过,俟借款成议再行订造。兹借款告成,应请查照前议实行。

公议:添造轮驳前经通过,借款成立,自应实行。惟前仅与扬子公司订定,似此重大事件,应请商务长于沪上各船厂,令其开价,以资比较后,再知照扬子开工修造,以昭慎重。

盛宣怀致公司董事会函

民国三年一月二十九日(1914.1.29)

汉冶萍公司董事会诸公鉴:

贱恙咳呛,近日又复加甚,中西医生力劝,不宜再用心思,且节交立春,尤贵息心静摄。惟公司公事动关紧要,精神不能贯注,恐有贻误。兹特请假十天,所有一应事件,诸祈偏劳,曷胜感泐。附还公事一束。专布。敬颂

台祉

统惟公照。

盛宣怀谨启

盛宣怀致公司董事会函

民国三年二月十二日(1914.2.12)

汉冶萍公司董事会诸公鉴:

前请假期十日,昨已假满,贱恙虽见小愈,医生切嘱静养,万不宜多说话、多用心思。兹再请假十日,所有一切公事,统祈偏劳,是为感荷。专此。敬颂

公祉

盛宣怀谨启

盛宣怀致公司董事会函

民国三年二月二十三日(1914.2.23)

汉冶萍公司董事会诸公鉴:

贱恙入春后虽稍起色,而偶用心思,即便发作,昨日又复咯血,中西医生力劝必须静养。假期已满,万难到会,兹再请假十天,一切公事仍请偏劳是荷。专布。祗颂

台祉

统希公鉴。

盛宣怀谨启

盛宣怀致王存善函

民国三年二月二十四日(1914.2.24)

子展先生台鉴:

敬启者,弟前因旧恙剧发,不能理事,两次请假在案。二十二日勉强见客,二十三四忽又咯血,德医诊视,力戒不能用心,不能言语,否则难以挽回。除已公函续假,仍请阁下照常代理外,本公司现值开会在即,日本顾问将次到沪,会长一职事务烦重,台端才长心细,必能斟酌尽善,无误事机。此次开会以国务院所商官商合办、将政府存款改作股份,为惟一之目的,公

司原奏,弟本请官股,提倡此一百七十余万元之所由来也。现照原奏加股一千万,而商力不足,先加官股,实为题中应有之义。一则以后公司全赖政府维持,一则公司筹款难以再借外债,非政府辅助巨款,无以为继。前拟致联合会报告书,并须抄送会计顾问,务请阁下速告绥卿、子如两兄,再行妥酌,以便缮发。开会条款亦望偏劳,即与绥卿等速为拟定,并须面商小庵等预备一切。钢铁为中国富强所关系,而此番商权进行,尤为此事成败之关键。闻大总统看得甚重,商部必可主持,我辈惟有坚忍目前,为中华留此一大实业。我公关怀大局,谅能担荷一切也。专此奉布。敬请

台安

董事诸公均览。

盛宣怀谨启

公司股东大会议案

民国三年三月七日(1914.3.7)

中华民国三年三月七日下午一时,在上海青年会开股东大会。到会者一千二百五十三人,计二十一万四千零九十九股。董事王子展君报告,董事会长因病未能到会,委托鄙人代表主席。本日开会宗旨,即是官商合办问题亟待解决,其详情已刊具报告书,兹不再赘。究应合办与否,请诸君逐细研究,投票表决。

股东投票将毕,王子展君复就席宣言:鄙人尚有一事报告,外界为本公司借款一节颇为怀疑,盖不悉公司之困难,致多局外之责备。公司自国有不成后,内则厂矿经费无着,外则各债环逼,向日往来银行、钱号,丝毫不肯通融,并且追索旧欠,不允付息转期,势将破产,危险万分。董事会不得已,始秉承上年股东常会通过之案,赓续辛亥四月借款合同,借日金九百万元,为扩充厂矿,增益出货之需,实系履行旧约,并非另借新债。其六百万元一款,系借轻息还重息,借长期还短期,于公司债额并无出入也。本公司系属商办,今以商产商押,商借商还,并无不合,且系以生铁、矿石抵还,无须付现。而售价则系按照时价,双方协商,并非预定价格,致受亏损,纯系营业

行为,与别项借款性质不同。至订用工程、会计顾问一节,俾债主详知此一千五百万元用途,不致涉于滥费,其职务权限均另订规程。总之,不借债即破产,与其坐待破产,不如借款整顿。请问股东借款乎?破产乎?为维持实业计,借款固胜于破产也。众鼓掌。

王君复谓:请君如以鄙言为然,请用起立法表决。全场一致起立。

投票毕,公推盛筱珊、谢韬甫、李征五、邵子愉四君开匦检票,并请农商部代表吴君在章、湘省代表刘君树芬监视检票,计赞成官商合办者得十一万六千七百十权,反对者仅一百十权,多数取决。即拟电致国务院、农商部,当场宣布电稿。散会。

[附件] 汉冶萍股东联合会报告全体股东书

本会接董事会函称:接国务院歌电开,汉冶萍公司为吾国绝大事业,所关至重,该公司既无力扩充,政府为维持实业起见,自难膜[漠]视。惟官商合办一节,于全体股东均有密切关系,应由该公司即开股东大会议决,正式公文呈请,再行核办等因。本董事会公议,定于三月七日即旧历二月十一日,在青年会开股东大会,并登报通告,请股东届时全体与议。此事关系至巨,贵会为本公司股东多数联合,辅助进行,特将合办宗旨、集会缘由,具函详达,祈于大会日发抒伟论等语。本会即经邀集评议员到会,详查事实,公同研究。

查汉冶萍公司所出钢铁,取精用宏,利源极大,十数年辛苦经营,不特为实业之巨擘,且亦为国家富强所关,亟应合力维持,勿使中堕。此人人所共知。无如产品制货、运道跨连三省,局势散漫,人众事繁,整理已自不易;军兴以来,营业顿挫,亏损极巨;外界侵凌诛求,无已进行,一切阻滞,脉络未能贯通;所负债务日见增重,全恃出货、运售为拨本付息之计。乃两年来,招集人工,修复炉座,补购损失材料,寥寥货款不敷出款十分之二。且轨价、铁价均被债主扣去,情形万难久支。前董事会是以有请求国有之议,迨去夏股东常会,国有否认。董事会遂议续借外债,即赓续辛亥四月借款之约,以其未付之款,作为添造大冶、汉阳两处炉座之用,并将重息短期之借款归并，改借轻息长期之款。当经股东议决，列入议案。实因公司根本问题，非谋出货增多、债息轻减，断不足以自拔也。至开会以后，内则厂矿日用无着，外则各债昼夜追逼，破产即在。目前向日往来之银行，丝毫不肯通融，意在逼我破产，尤属危险万分。股东利息久已无着，不能再助资本，所盼政府扶持，而交通部之轨价竟扣去不付；财政部借押正金之公债票，又不肯认利，所欠公司之日本借款二百五十万元，亦推延不偿。事机急迫，刻不容迟，本联合会为全体股东代表，目睹情形，万难坐视。此项借款合同系商借商还，且所借之款，系预支货价，以货抵还，实是定货合同，纯系营业性质，本会研究甚详，所以继续原议表决之理由也。

现查经理等预算大冶添造生铁炉二座，每日出铁五百吨，专售生铁；汉阳生铁炉四座，每日出铁七百五十吨，专造钢料；萍乡每日出煤三千五百吨，专造焦炭，以供六炉之用。照此计算，以六炉之所入，阅十五年便可将预借之日本铁价一起还清。所不足者，目前只有添炉之款，尚无行运活本，实犯商家大忌。如按照原议，招足新股三千万元，以资接济。无如时势困难，何从涉手？且查煤铁采运，畅行无阻，钢铁制炼，一尘不惊，全赖地方安宁，政府保护，区区商力断难与之抵御。故虽为完全商办之公司，仍有不能不乞助于政府之势，此董事会所以不得已而有请加官股之一策也。上年杨翼之先生晋京，董事会深维钢铁关系军国要需，非如他项营业，为商力所能独任，是以发起请加官股与商股合办之议，恳为代商中央。其办法以公司积欠前清邮传部、四川铁路局预支轨价及交通银行、大清银行并湖北、湖南官钱局、裕宁官钱局等款暨元年冬工商部补助公债票，内除革命时损失呈请政府就中赔补外，所有公中存款，全数填股。益以农商部原有官股一百七十万元一律作为官股。倘政府以官股数目必与商股相埒，则不足之数仍由官筹，并请由官筹备活本一千万两，以辅商力之不足。官商平权，成为官商合办之公司。政府与公司休戚相关，自可实力保护，种种困难问题悉可解决，而官商合力，维持进行，实为长治久安之计。翼之先生身任矿务总局，以公司安危关系甚大，允为据情商达。董事会遂于二月二日以冬电呈部请愿，此国务院歌电之所由来也。院电既云维持实业自难漠视，其扶助公司之意,深切著明,实为中华实业可期兴旺之萌芽,而必决议于全体股东者,实以我全体股东为本公司之主体也。本会为全体股东所联合,责任至重,于公司缓急情形随时考察,颇得其详。果能照董事会与杨翼之先生所商官商合办各节,切实进行,则公司困难立可解决,省界意见立可消除,既可坚外债之信用,即可期内容之发达。且本会更有进者,钢铁为世界各国富强基础,我股东同为国民,于国家富强大计,实有相维相系之情。官商合办,势力益雄,地利人和,得由涣而萃之象,盘根错节,正由剥而复之机,其有大造于公司者,即有大造于国家也。谨详颠末,伏希在场全体股东公同决议,敦促董事会即日正式呈请,早定大计,毋误事机,是为切要。专此公布。即祈大鉴。

汉冶萍股东联合会谨启

盛宣怀致公司董事会函

民国三年四月三日(1914.4.3)

汉冶萍董事会诸公鉴:

日来贱恙渐见起色,正拟稍迟即当到会,昨晚忽又咯血,西医力戒说话,不得已续假十天。惟公司公事甚繁,动关紧要,不能迟搁,兹仍请王子展先生代表,除函致外,即希公鉴。并颂

台祉

盛宣怀谨启

公司董事会致股东联合会函

民国三年四月十日(1914.4.10)

汉冶萍股东联合会诸君公鉴:

径启者,本公司董事原定九人,去年四月聂云台先生辞职,现已一年,因备选乏人,以致久旷。惟董事会为司法机关,现值整顿进行,实未便再任缺席。所遗董事一缺,查有内总稽核杨绶卿先生,为本公司创始得力人员,若以之充补此缺,可资熟手,与公司例一百七十四条亦合。敝会意见相同,

惟董事补缺,本应股东选举,现距常会尚远,而官商合办要举,部员将到,亟待会议。用特奉商贵联合会,如果赞成,即祈示复为盼。敬请

台安

汉冶萍公司董事会公启

公司股东联合会致董事会函

民国三年四月二十二日(1914.4.22)

敬复者:

昨奉惠书,祗悉。公司董事缺席,拟推举杨绥卿先生充补,以资熟手。承贵董事会征求意见,当于敝会常会时提议,金谓绥卿先生为公司创始得力人员,充补董事极为合格,全体赞成。相应奉复,即希查照为荷。祗请

台安

汉冶萍股东联合会启(印)

公司董事会致杨学沂函

民国三年四月二十三日(1914.4.23)

绥卿先生台鉴:

径启者,本公司董事原定九人。上年四月,聂云台先生辞职,现已一年,因备选乏人,以致久旷。惟董事会为立法机关,现值整顿进行,实未便再任缺席。公议:先生为本公司创始得力人员,以之充补董事,可资熟手,与现行公司例一百七十四条亦合。复函征股东联合会意见,兹准复称:常会提议,全体赞成。用特备函,奉请就任。除俟下次会期,再行柬邀外,专此布达。顺颂

台绥

董事会启

沈敦和①致公司董事会函

民国三年十二月二十八日(1914.12.28)

汉冶萍董事会均鉴:

　　敬启者,昨据青岛租界内数十村难民公函内称:自日人占据该埠后,伊等以战事既平,纷纷回岛,不但储蓄罄尽,房屋悉成焦土,间有存者,亦复门窗全无,难庇风雨,劫后余生,饥寒交迫。讵料日本军队尤复惨无人道,白昼则禁止出外乞食,黑夜则挨户奸淫,老妇幼童,均不能免。欲脱离此陷井而伏处其权力之下,行动不能自由,加以火车不售三等车票,尤为苛虐,为此函恳救援,俾出水火而登席,宁为中华之犬,不愿为青岛侨民等语。当即电请吕会长就近设法救济,旋奉电复,以所办系水灾赈济,青岛兵灾不能兼顾。弟按青岛居民同为吾华赤子,今罹此欲生不能、欲死不得之苦,万不忍于坐视,因将红会存款悉数提拨一万元,又制棉衣五千件,亲自带赴灾区散放,并拟与青岛日人磋商,将该埠难民救归华界。惟以地大灾重,棉力无多,必不得已只有入京请赈,准于阳历本月二十九号启行赴宁,再搭津浦车前往,约计往来需三星期,所有本公司会议各事,已函请朱葆三君为弟代表,为此专函奉达,即请查照为荷。此请
台安

弟沈敦和谨启

公司股东大会议案

民国四年五月二十七日(1915.5.27)

　　中华民国四年五月二十七日,假上海青年会地方开股东大会。到会者一千二百二十四人,统计十四万四千五百六十九权。

　　土于展君登台报告:董事会会长盛杏荪先生,因病未能到会,嘱由鄙人代表主席。本日开会应行报告各事,详载刊件分布,诸君谅已阅悉,无俟赘

---

① 沈敦和(1866—1920):字仲礼,浙江鄞县(今宁波)人。时任中国红十字会会长。

陈。惟公司董事及查帐人,均已任满,应请投票另选,以符定章。

主席又谓:本会接有股东心田记、王佑记、崔记、史图记、煦春廷、芸香馆意见书。谓本公司股东联合会于民国二年股东大会议决成立,监察董事会一切办事,于我股东实有莫大裨益,所订章程亦极完备。股东等意见,该会为我股东代表机关,极为注重,自应照常办理,以资进行。其会长一席,拟仍举傅筱庵君担任,应请当场表决等语。兹特提出报告,诸君以为何如?众鼓掌赞成。

股东投票选举董事及查帐人。

投毕,由股东公推柳玉堂、赵子玉、徐冠南、盛小山四君监视开匦检票。

当选董事九位

孙慕韩先生　三万九千二百五十八权

盛杏荪先生　二万九千三百三十八权

王子展先生　一万一千四百五十五权

李伯行先生　一万零三百八十一权

周金箴先生　九千二百九十四权

沈仲礼先生　七千六百八十八权

张知笙先生　七千零六十一权

林薇阁先生　六千八百四十三权

杨绶卿先生　六千六百四十九权

董事次多数

王颂坚先生　四千七百七十四权

傅筱庵先生　二千二百十权

陶兰泉先生　一千三百三十四权

盛泮臣先生　一千二百七十权

顾咏铨先生　一千一百九十五权

施紫卿先生　一千零零六权

郑陶斋先生　八百六十权

孙慎钦先生　八百零一权

朱葆三先生　五百六十九权

王星北先生　二百八十四权

王一亭先生　二百四十九权

吴锦堂先生　九十权

宋梓守先生　三十五权

唐凤墀先生　二权

　　当选查帐人两位

谢纶辉先生　四万九千九百三十六权

吴锦堂先生　三万五千一百三十八权

　　查帐次多数

邵子愉先生　二万五千七百十权

张仲炤先生　一万五千二百七十五权

顾咏铨先生　三千一百零八权

王采臣先生　二千五百四十六权

孙慎钦先生　一千八百七十四权

何梅阁先生　一千二百零三权

吴少珊先生　一千零十七权

当场宣布散会。

［附件一］　盛会长报告书

一、每届帐略，从前本由厂矿分项编结，汇由总公司复核，故按届刊印，从不愆期。辛亥改革后，在沪组立总事务所，设会计一所，改收支为独立，分致各机关抄寄流水帐目，由会计所结总。其时正值兵燹之后，厂矿帐目纠纷，抄寄不齐。主其事者又未能督率趱办，以致漫无结束，辛亥、壬子积压两届未办。迨于仲庚君接手，始将辛亥、壬子、癸丑三届，分年编造，而甲寅一届，正在着手办理，因奉财部调派要差，辞职而去。是以本年开会，只能将癸丑第六届帐略分布诸君查阅。甲寅第七届尚须展缓数月，方能告成也。

二、查二年五月二十日股东常会提议,筹借轻息大宗款项,以备扩充厂矿及清还重息急债一案,业经公同议决,即于是年赓续前约,商借日金一千五百万元,以六百万元还到期重息之债,以九百万元在冶矿添设大炉两座。复将合同条件,送经股东联合会审查同意后,于十二月二日签字。嗣因外界对于借款颇滋疑议,三年三月七日开股东大会时,复将公司危险情形及不得不借款救济,为增益出货之需各理由当场报告,复经全体赞成。遂次第筹备进行之法,先委托李一琴君赴大冶,审度建炉地点,勘定袁家湖地方,背山面江,深合设厂之用。地点既定,即于上年九月,遴委汉厂坐办兼工程司吴健偕同工程顾问赴英美各厂,订购机炉料件,先从考查入手,再行投标开价,电会核定。一面函嘱冶矿坐办徐介甫,按照勘定地点圈购地亩。该处人民居为奇货,索价过昂,久而未决。至本年始委托孙慎钦君赍详赴鄂,陈请湖北军巡两署,派员会购,议定每亩给价钱九十四千文。现正从事丈量、绘图造册,经此手续,即可成交。

三、公司于三年三月七日以官商合办问题开会,经多数赞成,陈请政府后,即奉派曾肃政使、王参事来沪调查,开列条件,嘱具答复。曾由本会具复简答详答两种,已刊载调查历史,请君当已阅悉,兹不再赘。曾、王两委员回京后,未奉解决。嗣于本年政府派江海关监督施君,就近复查。现正在调查中,尚未竣事。

四、公司股息,自改革而还,辛、壬、癸三届均因无力付息,议填息股。自二年十二月借款成立后,会计所编定十五年预算表,计所借之款大半以之添置生利之机炉,所出之货大半售价抵付借款利息,并带还本项本息。清还以后,凡筹付外债之款,概系添入成本之款,连同已有产业,浮于股本数倍,届时若照宣怀所创之轮船、电报局公积股办法,尚不止一股作两股之用,其为宝贵曷可限量。且此预算表所列盈余,概作七折计算。编计竣事后,并请本公司所聘会计顾问阅过,表内所计利率之确有把握,有股诸君尽可安心保存,勿稍疑虑。是以上年股息,议仍循照辛、壬、癸三届办理。

五、公司定章董事任期限二年,查帐人任期限一年;第二届股东会议决,查帐人任期改为两年。本董事会自民国元年四月由股东常会选任以来,早经任满,即查帐人自二年常会选举就职,亦届两年。宣怀尤衰病侵寻,不能治事,应请诸君投票,另选董事及查帐人接任,以符定章。

六、汉冶萍牵入日本条件,政府先后磋议情形,具载报纸,诸君谅已洞悉。照所载报章,日本国与汉冶萍公司之关系,极为密接云云,自系为预购矿石、生铁各项定货而言。本公司但求工筑进行,出货丰富,每年照额售足,便尽合同之义务,设有他项来商,届时自应另请公议。

综论。本公司为供应全国路轨,并精制钢料,备制械制舰之用,造端宏大,关系重要,非寻常工厂经商贸利者比。辛亥以前,第四炉告成,预算出入本可相抵,自经两次革命,内外损失以数百万计,受祸亦较他商为酷。叠次呈请政府速定方针,或收归国有,或官商合办,时会所迫,迄无圆满之结果。现在担负中外各债,如此其巨,所恃分区采炼,作为经常费用者,只此货价之收入,内中大宗货款抵付债息,并有先经订明现银定造之铁路轨件,交货后不能拨还货价,甚至各军舰所用煤价亦悬欠未还。壬子年股东大会议定,招足股本三千万元,至今无起而应者。财政之艰,不可终日。倘无以上各项困难,则以之济益机炉,出数更广,以之酌还急债,负担较轻,岂非绰有余裕?

政府深知汉冶萍为特准商办之公司,中国前途影响至巨,故一再派员调查,冀研悉公司经济之内容,为补助维护之计。回顾厂矿处处与地方交涉,如购地设广、派员采锰、萍乡矿界,无一不赖当地长官之维持,而催收各项大宗货款暨此后按年定用路轨,尤非政府实力主持,不足以资救急。惟愿后此主持董会者,遇事悉与政府协商,凡事胥求政府辅助,不第公司济屯出险,为中国留此钢铁制造之基础,即千万股东亦胥于此托命焉。谨附鄙论,以质诸君。

再,本公司所出生铁,计算中外销路,已无从前官办时搁货待售之病,另费巨本推广,新钢厂制炼马丁精钢,月计六七千吨,所值至巨。日前官营局厂需钢甚多,概购外货,不仅欧战未了,稽运误工,即就价值论,亦较汉钢为贵,每年漏卮不少,应请后此董会诸君竭力吁恳政府概用汉厂钢料,作定价值,按月交货,收回货价,藉补预算不敷之用。想政府爱护素股,必能俯如所请也。附贡刍荛，以备采择。

世界以钢铁立国，其效至近日而益明。中国各行省孕铁虽富，以机炉发明冶金学者，只此汉冶萍公司。经千锤百炼，千辛万苦，仅乃有此。商力衰竭，非济之以国家之劲力，立见蹉跌，此宣怀所大惧也。维持之法，目前只求辅以财政，速其进行，收效之后，奚止保商，实甚保国。此政府之所应切实注意者也。日债九百万元之支配，专指大冶添设新铁炉两座。欲供应新旧六炉之燃料，必就萍矿另开高坑新井，估费一百数十万两，应求财政部将南京政府所欠公司本利二百五十万余元，如数拨还，俾可全工完竣，分途并举。目前月计不敷之款，求交通部预支货价，先定一数，以安其心。其绥靖地方，保护矿权，则求农商部暨当道各长官任之。宣怀老病危殆，来日无几，憔预料此十五年后，中华民国必成一庄严巩固之制造工厂，惟政府实图利之。

[附件二]　盛会长辞职函

敬启者：

前承股东多数诘责，谓鄙人于汉冶萍创办之人，不应置身事外，黾勉从事，冀共挽救，顾其时喘病虽剧，尚不如是之甚也。入会以后，载阅寒暑，大端虽略有措施，内部迄未尽整理，心羸力绌，歉疚万分。迩来肺病日深，起床日少，艰危之局，势难以孱躯支拄其间。谨奉书辞谢。务祈各股东另举声望卓越经验宏富者接办会务，以匡不逮，幸勿再举鄙人，感祷无极。专此。敬颂
公益

盛宣怀敬启

公司董事会致交通部、农商部电

民国四年五月二十八日(1915.5.28)

北京分送交通部、农商部钧鉴：感日股东大会，到一千二百二十四人，计十四万四千五百六十九股权，当场票举孙宝琦、盛宣怀、王存善、李经方、周晋镳、沈敦和、张武镛、林熊徵、杨学沂为董事，谢纶辉、吴锦堂为查帐人。

谨闻。汉冶萍董事会。俭。

公司董事会致孙宝琦[1]电

民国四年五月二十八日(1915.5.28)

北京铁狮子胡同孙慕韩先生:感日股东大会,到一千二百二十四人,计十四万四千五百六十九股权,票举董事。公得票三万九千二百五十八权,权数最多,当选首列,即恳就任,领袖进行,至深翘企。汉冶萍董事会。俭。

孙宝琦致公司董事会电

民国四年五月二十九日(1915.5.29)

汉冶萍公司董事会诸君公鉴:俭电悉。谬承推举,殊深惭悚,大惧才力难胜,无以副众股东之望。琦甫回京,公私羁绊,一时未克南来,且须与政府计划进行方针,方能就任。目前公司事,仍请盛会长主持核办,请转致公司各机关在事人员照旧任事,以免阻滞,是为至要。琦。艳。

孙宝琦咨盛宣怀文

民国四年六月四日(1915.6.4)

审计院为咨行事。

接准董事会俭电内开:感日股东大会,到一千二百二十四人,计十四万四千五百六十九股权,票举董事。公得三万九千二百五十八权,权数最多,当选首列,恳即就任,领袖进行,至深翘企等因。查会长责任至重,深惧才力难胜,无以副众股东之望,惟既承推举,未便固辞,自应即日就任,除电复外,相应咨请查照可也。此咨

汉冶萍公司董事会会长盛

审计院院长　孙宝琦

中华民国四年六月四日[2]

---

① 孙宝琦(1867—1931):字慕韩,浙江钱塘(今杭州)人。时任审计院长。

② 原件注:民国四年六月十日由汉厂转到。

公司董事会临时会议议案

民国四年六月二十四日(1915.6.24)

中华民国四年六月二十四日董事临时会议。到会者:王子展(兼代表盛会长)、李伯行、周金箴、沈仲礼、张知笙、林薇阁、杨绥卿;查帐谢纶辉、杜炳卿(吴锦堂代表人)诸君。

公议新董事自经股东大会选举,业经到会议事,应照章公推会长,以便主持会务。遂由到会董事用记名法正式投票。计:孙慕韩先生得十票,公推为正会长;盛杏荪先生得九票,公推为副会长。当即电陈政事堂、农商部,并电致孙会长查照。

公司董事会致政事堂、农商部电

民国四年六月二十四日(1915.6.24)

北京分送政事堂、农商部钧鉴:本日董事开会,正式票举正、副会长,孙宝琦得十票,应举为正会长;盛宣怀得九票,应举为副会长。谨闻。汉冶萍董事会叩。敬。

公司董事会致孙宝琦电

民国四年六月二十四日(1915.6.24)

北京铁狮子胡同孙院长:本日董事开会,正式票举正、副会长,我公得十票,应举为正会长;盛补公得九票,应举为副会长。谨闻。汉冶萍董事会。敬。

盛宣怀致公司董事会函

民国四年七月四日(1915.7.4)

董事会诸位先生公鉴:

敬启者,本公司事务殷烦,责任重大,近来上须仰承政府,下须交涉中外,棘手之事日形丛促,迥非他公司商权自主者可比。鄙人老病侵寻,愈见衰迈,全赖诸公主持襄赞,得免陨越。此次子展先生经孙会长电请,赴京筹商一切,幸得政府俯念商艰,于无可设法之中,为委曲维持之计,皆由于展公洞烛事机,措词切实,所以邀政府之默许者,即所以救公司之艰危也。凡我国人,谅均感佩。第公司一切重大事务,必须有资深望重之人,常川到局,与各所长遇事商榷,随时整理,可方免废弛而收功效。鄙人既未能力疾从事,倘再蹉跎,更无振兴之望,思维再四,是以前经函请展公为本公司办事董事,按日亲到公司主持一切,应送办公经费前函未及,自应由会计所每月致送经费银二百两,以资办公。展公与鄙人交非恒泛,与公司尤有患难相共之谊,当必力任巨艰,许尽微忱也。专泐。敬请

公安

盛宣怀启

公司股东联合会致董事会函

民国四年七月二十四日(1915.7.24)

董事会诸公均鉴:

敬启者,向来贵公司对于各洋行往来各件,由会长签字为凭。本年股东会公推正、副会长,同负责任,以后应由两会长会同签字,倘正、副会长有一位不在上海,即由一个签字,或正或副均可作凭。即祈贵董事会议决,函致各洋行查照,是所至祷。专此。敬请

公安

汉冶萍股东联合会 傅宗耀等同启

公司董事会致孙宝琦、盛宣怀函

民国四年七月二十五日(1915.7.25)

孙、盛会长大鉴:

昨接股东联合会主任傅宗耀君函开:(云云全叙)等语。存善等以本年董会聚议,业已投票公推慕韩先生为正会长,杏荪先生为副会长。嗣后关于洋行往来各件,自应敦请二公公同签字,藉昭郑重。设因孙会长因督率

工程、巡视厂矿,或赴京与政府协商事件,未能常川驻沪,存善等拟援招商局成例,请盛会长偏劳签字,免致停待,各董意见相同。谨泐函奉致,务祈查照办理,并由经理函致洋行接洽为荷。敬颂

夏安

王　李　周　林　沈　张　杨同启

盛宣怀致公司董事会函

民国四年十一月一日(1915.11.1)

敬启者:

周金箴先生现已简任沪海道尹,所有本公司董事一席,与其另易生手,似不如仍留兼办。昨与面商,现在杨杏城先生及弟从前服官时,均属兼办。金翁熟悉商务,虽入政界,决无偏待实业之理。特此函商,如荷诸公同意,即请通过函达金翁查照可也。敬颂

公祉

盛宣怀谨启

公司董事会致周晋镳函

民国四年十一月二日(1915.11.2)

金箴先生大鉴:

昨接补公会长来函,以先生熟悉商情,应仍留为本公司董事等因。当由本会会议,一致赞成。为此公请先生留任本会董事,以资集议。专函奉达,即祈察照为荷。祗颂

台安

汉冶萍公司董事会启

（四）辛亥起义　员司散避

李维格致盛宣怀函

宣统三年十月初二日（1911.11.22）

止公座右：

　　格二十九到沪，萍矿初因道路梗阻，不能送款，嗣于十八日接虎侯来函，谓已由长沙商通鄂省护送。格即在汉凑洋四万元交三井与彼中接洽，即日派轮送洙，并函致虎侯，此后需款均直接与三井汉行通信，由湘鄂接洽护送冶矿。格过冶时与西泽接洽，今年水大多运矿石两万吨，现钱交易，以应冶用。格俟此间各事所绪稍清，即行来连。附呈日记一册，约略尽之矣。格叩。

　　厂中尚无损伤，惟为炮火中心点，此后则难知矣。

［附件一］　李维格日记

辛亥年八月二十日至九月三日（1911.10.11—10.24）

　　二十日，晴。早，补公来函，鄂省有乱事，应否即回云云。当约虎侯同至补公宅，一询其详，见鄂督电奏稿，谓"革党本约起事，幸早侦悉，得以不动声色，捕获党魁正法"等语。阅毕，以为事已过去，即与虎侯同回寓所，商酌厂事。迨十一钟，补公处又来电话嘱速往晤，知事必有变，仍偕虎侯同往，补公出示英文电报，骇悉武昌城失守，鄂督出避。不旋踵之间，即有此变，殊出意料之外。闻施省之有专车回汉，即与虎侯同觅省之，约定同行回寓，料理一切，当晚十钟开车。

　　二十一日，晴。车过邯郸，发补公电，请电鄂派荆、襄水师泊厂，北兵到后，再派二三百名驻厂保护。而午后省之接铁路南局电，云汉阳两厂已失，嘱在离汉远处下车，一夜反侧不成寐。

　　二十二日，晴。早，到刘家庙，知大智门尚可下车，故车仍前进到汉，始知铁厂尚未侵及,所谓两厂已失者,兵工、钢药两厂耳。当即到厂,悉兵工厂被据后,即架炮于大别山。昨有官军兵轮驶至山前,出炮轰击之。我厂同人出避,厂即停工。目前最要者,发给匠工之工食非现银元、现铜钱不可。无论市已停止往来,无款可挪,纵使有款,银元、钢钱亦无处可兑,即外国银行亦只有锭银,而无银元,此实棘手之事。阁臣云,出事后即已电沪,嘱陈止澜速运银元、铜钱各四万济急,日内应可到汉,只好姑俟之。一面设法办米,一面暂发匠工每名每日钱一百五十文,以举炊火,且顾目前。余即检束厂矿地契、山契送至汉口,觅妥便带沪。

二十三日,晴。汉口商会约余与英租界代表商酌,有无不使汉镇为战地之策,英代表允与英领事商,然恐无济。至铁路局、扬子公司及萍局接洽一切,奔波竟日,惫甚,终夜反侧不安。

二十四日,晴。早,至三井晤丹羽,商酌我厂与该行往来事。正议论间,忽该行有人来云,电报局停止收发电报,丹羽与余闻之而惊。盖外国官商视信息灵通最为重要,电报停止,则外人难留,势必相率弃去,而财产与贸易之损失,则索赔偿耳。然租界一动则大乱,即至焚杀抢夺,将不可收拾,即驰至省之处商酌办法,速请部允,将电局移至租界,专事收发外人电报,以免租界摇动,庶商民尚有存顿之处。

二十五日,晴。上海银元、铜钱未到,而匠工之工食已推诿数日,无可再延,若一哄闹,则事将更难措手。昨至德商捷成洋行,无意之间闻其有大批银元到汉,设法与之商借十万元,素无往来,空手挪移,竟得允诺,其情可感。此款到手,乃得以发给匠工及萍、汉两处轮驳工食。迨冶局同时领款,亦需银元,赖以一一应付无缺,否则危矣。阁臣得止澜函,上海谣传同人逃散,故银元、铜钱并未装运,若无捷成一款机缘凑合,何堪设想耶。晚,到厂会商遣散工匠办法,议而未断。

萍、汉轮驳彼借此夺,不由分说,且严词诘责,腹背受敌,其实均强硬取去,我何能自主?但轮驳已于去年抵押俄、法银行,如有损失,又将何如?适该银行来函询及,一再思之,只有改悬俄、法旗帜之一法,即晚签定。焦灼一日,已将半夜,正欲稍事静摄,而汉口潘毓初电话,谓接彼中公文,严责萍局接济官军兵舰之用煤,而实则煤船泊于租界左近,备交洋行商船之用,为兵舰小轮自行拖去。毓初问我办法,答以时已半夜,只好明早到汉口面商矣。

厂中洋员、洋匠于二十一日到汉口,今日全班赴沪,暂为安顿,再定办法。

二十六日,晴。萍来煤焦麇集襄河鲇鱼套,久不起卸,客船船户又将鼓噪。余昨日本已与礼和谈过,销售煤焦暂委该行经理,因该行有武昌江岸空地甚广,可以堆存,租价极廉,按月计算,只出地租银二百五十两,不似汉口栈房,须按吨计算。而即以堆存之煤焦,由该行转向银行押银以十万两为度,萍矿得稍资周转,又免抢夺诘责之虞。当即与该行订定,一面知照萍矿,减出、减运,全停势所不能也。

冶局来函责我不派船往,视彼性命不值钱,不知船被夺留。昨日换旗后始能行使,已有二艘赴冶矣。晚,回厂商定工团办法,责成匠目曾崧领团巡察看守,事平允酬银一万元,而令同人均至汉口租界暂避,盖事已日逼而来,势难相安矣。

二十七日,晴。早七钟闻炮声隆隆,有子弹飞至汉口寓中,约一时许炮止,午后复轰至傍晚始止,闻无胜败。礼和经售煤焦合同签字。

二十八日,晴。刘家庙车站失守,官军退驻滠口,该路南局本与刘家庙车站电线相接,直达北京,盖该站为南段总机关也。此站失守,南北信息隔绝矣。

二十九日,晴。汉口商会来函,举余为汉口红十字会会长,明日午前在商会集议。红十字会系慈善中立之事,似难固却。

三十日,晴。午前至商会,议红十字会进行事。武、汉两处正会长系英教会马医生。议毕,马医生以武昌红十字会午后议事坚邀余往。余以此事纯为中立慈善性质,且系教会医生主持,不妨同往。傍晚,始回汉口,而已有人觅余密谈,谓彼中欲拘禁余身。询其故,则谓因余与彼公时有密电往来,并疑我接济张彪。末一说,想即二十五日所记萍煤之事,亦未可知,或别有用意,则索解不得矣。

九月初一日,晴。布置同人离汉,各事托捷成洋行发无线电与补公,勿再来电,以免祸害。函致兴国、武昌、常宁各局,暂时停工。

初二日,晴。与三井丹羽议定铁厂及萍汉轮驳暂委该行代理,事平交还。溯自变起以来,铁厂事事处于嫌疑之际,而呼吁无门,束手无策,辗转筹思,只有暂离汉口,以避嫌疑,而委局外中立之外人暂代经理之一法。惟我事事借用外人,在我为万不得已。除此别无办法,而在彼则将谓我以外力挟制,必更触其怒,是暂避真为无可奈何也。

初三日,早晴旋雨。权假公司董事名义函致同人,告以厂已暂委三井代理,除工团外,请各作归计,暂时分手,俟事平开工邀约。函稿附后。

[附件二] 李维格告汉冶萍公司同人书

宣统三年九月初三日(1911.10.24)

同人均鉴:

启者,昨接总公司董事会来函云:自鄂省局面一变,厂矿机关,市面金融均已停摆,股东债主惊惶失措,纷纷追问办法,而尤以外债为最关紧要。董事会相隔遥远,信息阻滞,目前厂矿究属如何情形,无从悬揣,必得阁下亲自前来报告股东,听候各股东公定办法。务请见信速行,免致悬望。至于铁厂一切事务,必须有人暂代经理,惟华商纷纷迁避,自顾不暇,其不迁避者,只有洋商,只得暂托洋行照料,而洋行中则以三井为宜。盖该行与厂交易最久,定购厂货最多,预借货款亦最巨,熟悉厂中情形,委托暂代经理,较能接洽。请即查照办理,交代该行后速速启行,勿迟为要。厂中员司、工匠能散者暂行遣散,必须酌留者,令至租界暂避,以免两军开战时之伤害,俾公司可对各人家属。租界为局外中立之地,当无炮火之患也。厂中暂行停工,托三井派人看守,一俟平靖,再商开工办法等语。以上系公司董事会来函,特此通知,即请同人查照办理。惟停工一层,电机厂势难照办,应仍照常开工可也。专布。顺颂

均祺

总办李启

九月初三日

（五）申请撤销驻汉冶厂矿监督员

公司董事会致黎元洪①电

民国元年五月四日（1912.5.4）

武昌黎副总统鉴：奉鉴电，诸承维护，感谢同深。本日接汉厂蔡监督咨送员司名册一件；又大冶刘坐办来信称，冶矿纪监督面称，只任保护，不预内政。在当时大局未定，我公关怀实业，加意维持，良深感佩。现在汉冶秩序一律安宁，就近并有县知事责任保护，似可毋庸分派监督。董事会公议：拟请分饬蔡、纪二君回省销差，以免重糜公帑，而符完全商办名义，不胜幸甚，并祈赐复。汉冶萍公司董事会赵凤昌等叩。支。

两监督一律取消　又破了两个金饭碗②

汉阳铁厂监督蔡绍忠，月需津贴公费三百二十元，大冶铁厂监督纪光汉，月需津贴公费三百三十元，现由国会核议预算，不列此项监督名目，都督以该两缺事务简单，原无存在之必要，特咨明行政公署一律饬令取消，以节糜费。

公司董事会致卢洪昶函

民国二年十一月十四日（1913.11.14）

鸿沧仁兄先生台览：

径启者，经理函据汉厂吴坐办函称：群报载省议会议决取消蔡、纪二监督一则，截奉台阅，如果属实，似应报告董事会，请由会呈请鄂政府一律取消，以节糜费等语，抄报函请核议前来。

---

① 黎元洪（1864—1928）：字宋卿，湖北黄陂（今武汉）人。时任中华民国临时政府副总统兼领鄂督。
② 本文选自 1913 年 11 月 2 日《湖北群报》。

查汉冶厂矿,上年春间经鄂政府派员监督,论商办实业,由官派监督,原属不合,比时因秩序未复,风潮正激,不能不稍事迁就,以期联络,后因该监督要求津贴、供应伙食等费,厂矿两处,每月约共一千二三百元,本属一时权宜之计,以待有机可乘,再行设法取消。兹阅来报所称,该监督亦在鄂政府各支公费,为国会于预算案内否认,鄂督有取消之明文,正可利用时机,备文呈请,但不识是否属实,用将来报抄附,即请查探明确,从速见示,以凭核办,是所盼切。此致。顺颂

台祺

董事会谨启

公司董事会致汉阳铁厂、大冶铁矿函

民国二年十二月二十四日(1913.12.24)

径启者:

案查元年春间,由鄂军政府委派蔡君绍忠驻厂、纪君光汉驻矿监督,以其时破坏之后,秩序未宁,弹压防维,端资武力,本会是以暂行承认,并因蔡、纪两君要求,经公司月送津贴伙食,以尽义务。现在大局绥靖,地方秩序已恢复如常,自无派员驻厂矿之必要,且公司财政困难,股东联合会谆谆以力裁糜费为言,尤应力求撙节,以纾商困。所有蔡、纪君津贴伙食等项,送至本年十二月份即行停止。除函厂矿遵照外,用特函布,即请查照,并希转致为要。此致。顺颂

台安

董事会谨启

公司董事会致吴健①函

民国三年一月十二日(1914.1.12)

任之仁兄先生台览:

接志学兄一月三日来函,并抄示蔡君答复各条,具悉一一。查此次停

---

① 吴健(1873—?):字任之,上海人。时任汉阳铁厂坐办(厂长)。

送津贴,实因本公司经济困难达于极点,股东联合会又屡以裁减縻费为言,不得不力求撙节,以谢股东而纾商困,纯系本公司经济问题。兹蔡君所云,语多误会,谓及武昌去秋实行薪水,因月收津贴致未请领,所失利权甚巨,则是蔡君自行放弃,初与公司无涉,盖派员驻厂系出自鄂政府所派,并非由公司请求也。至于退休慰劳等事,属于军政范围,牵涉及此,尤难索解。蔡君固明明言敝处机关奉军府行政方面设立,其命令权属之鄂政府,公司似无取消权力等语矣,则是此项机关成立取消,悉由鄂军政府主张,而退休慰劳等项,亦自由鄂军政府核办,断无责令公司设法退休给予慰劳之理,蔡君所言,不惟自相抵触,亦与法理未符。总之,此次停津,系公司一方财政艰窘,力求节省起见,监督之应否取消,则系鄂政府对于蔡、纪二君之问题,与停津事渺不相涉。用特释明,即祈转致蔡君并请鉴谅为幸。此复。即颂
台祺

董事会谨启

吴健致公司董事会函

民国三年一月十八日(1914.1.18)

董事会列位先生大鉴:

接奉正月十二日函示,义正词严,至深感佩,即经转复蔡君。惟函止汉厂停送津贴,在钧会固以为此案已了,而蔡仍驻厂,与健实迫处此,是在表面上为已了,而于实际仍未了也。以若辈平日之品行行为,今骤失此大宗进款,是否甘心安分,度亦难逃洞鉴。刻下虽未见其有何举动,窃恐未必即此纯良,健非在此临事而惧,但于事理上似应由钧会妥议如何与之了结,令其克日离厂,于厂务始获相安,非健个人之私幸也。按此事发生之始,王芝椿君即来,意在代其要求,而先探示我何以对待之,健对以若罔闻知,王即不得进言,近王芝椿君及毕先筹君转托卢鸿沧先生来厂,商请送以数月津贴,方好解散,卢并请健代其电达钧会,合并附闻。尚祈迅赐筹划,全始全终,免致别生枝节。未审高明以为何如。专肃。祗请
公安

吴健谨肃

公司董事会致吴健函

民国三年二月七日(1914.2.7)

任之仁兄先生台览:

接一月十八日公函,具悉一一。停送蔡君津贴,实为公司困难起见,其于监督之职务取消与否,另一问题,与公司本不相涉,但蔡君既有退休之要求,来函亦有未了之筹虑,即经理出示卢函,亦以早定办法为请,昨经敝会集议,金以蔡君前函既愿自请取消,则解散需费,亦尚近情,议决致送两月津贴,了此公案。卢鸿翁既有人请其居间,此次解散之费,系由鸿翁与之接洽,抑由尊处送交,请与鸿翁妥商办法,总以达其离厂之目的为要。昨接鸿翁来函,以煤焦包销、汉局裁撤,将来办事之处,拟即移至汉厂,以节经费,即望在厂拨出房屋数间,为萍矿转运办公之所,并将萍矿轮驳合而为一,并归潘毓初君一手经理。除函复鸿翁照办外,即祈查照以上各节,与鸿翁洽商妥办,并望见复至盼。再,轮驳租价事,已呈陆军部、鄂都督两处,兹抄稿附寄查阅。此复。即颂

台祺

董事会谨启

(六)申请取消赣省代办萍矿及查禁私井

公司董事会咨李烈钧[①]文

民国元年六月十七日(1912.6.17)

为咨请事。

敝公司萍乡煤矿准萍乡县汤知事抄奉赣军政府政事部示谕内开:照得萍乡煤矿苗旺质佳,前据商人段鑫等禀请创办集成公司开采,业经本部批

①　李烈钧(1882—1946):字侠如,江西武宁(今九江)人。时任江西都督。

示，萍乡官矿前清盛宣怀开办，创为官矿十里，土矿三里之议，嗣后十里五里愈推愈远，竟使无数煤矿封闭不开，货弃于地，贫民失业，垄断罔利，阅乎慨然。兹段鑫等拟办集成公司于安源官矿外及无碍坟墓之处，所有煤矿自行开采，事属可行，应由萍乡县知事查明保护，并令该公司妥订章程，由县知事报部立案，总须不侵安源官矿，是为至要，等因在案。兹据该公司总理来呈，恳请出示保护。查开采煤矿，原为开浚利源起见，该公司创办伊始，深恐无知愚民藉端生事，用特出示晓谕，凡集成公司开采矿山附近居民人等不得藉故阻挠，并偷运矿煤，如查有上项情事，一经拿获定行严究不贷，毋违，等因。

　　查萍乡煤矿章程，向系按照湖南办法，遇有大矿用机器开采者，仿开平例，依脉十里内，无论何人之业，均不得另开窿口，小矿用人力开采者，依脉三里内，无论何人之业，不得另开窿口，均要指定一窿起算，不得游移。前清湖广总督张之洞，以萍矿采煤济益汉厂炼铁，关系至重，曾经禀奉谕饬江西巡抚随时禁止商人另立公司多开窿口，具在旧案。至该矿优给价值收并附近一带土井，事在光绪二十九年，系据萍乡保安公庄绅士文国华、黄士霖、李位堂、文廷钧、萧端翼、苏志林、李文治、彭用世、李资塈、黄以筠、张弼汉、钟应德、文廷直、黄序明、苏灏、甘醴源、文乃麒、黄显章、黎慕尧、黄廷芬、张可嘉、萧嵩彬、李日华、易炳昭、李景勋、刘跃鳌、颜承筹、李显廷、倪镜蓉、李景云等公呈，谓庚子乱后，银根奇紧，销场困滞，若非酌给价值归并萍矿，则土井竟有不了之势，其要求推并之理由，即援据矿章，谓依脉不应再开，当时萍矿经费虽极艰难，仍勉筹二十余万元，准予并收商井数十余座，由绅耆分请立案，以垂永久，其非垄断罔利，不辩自明。比因政体改革，商人段鑫等置前次要求给价收买之事于不提，意在破坏矿章，使人人有在萍矿附近开窿采煤之权，当其事亟则力求归并，冀得善价，现乘时变，又以垄断之名加诸萍矿，设谋破坏，不特萍矿千万商本将遭危险，即商业契约性质亦被藉端消灭，实使购产者人人自危，影响于社会者甚大。本年五月十六号，先由萍局缮具价购各井坐落地名，咨请萍乡县汤知事出示晓谕，声明此系矿局已购之井，为商业契约性质，别人不得侵入，藉符政事部不侵安源官矿之意。如段鑫等在依脉三里以外购地开采，萍局自无权顾问。

除咨明湖南谭都督外,为此声叙原由,咨请贵都督俯念敝公司萍乡煤矿经数十载之经营,费千余万之成本,且当此急谋进行之时,万勿使意存破坏者,得以售其奸计,亟令萍乡县知事谕饬段鑫等克日将集成公司牌号取消,其号召四境新开各井,亦勒令一律停闭,以维矿章而免侵扰,萍矿幸甚,中国实业前途幸甚。须至咨者。

右咨

江西都督李

中华民国元年六月十七号

李烈钧咨汉冶萍公司股东会文
民国元年六月二十九日(1912.6.29)

中华民国军政府赣省都督李咨。

窃照前准武昌副总统黎电开:汉冶萍公司中日合办既经取消,应由赣鄂积极筹办,以杜觊觎,查该公司内容复杂,纠葛极多,入手办法,须派员赴沪调查一切,以为筹办根据,请派员赴沪调查等因。当饬实业司选派委员周泽南前往调查在案。兹据该员呈复,汉冶萍公司光复以来停办之情形,并该公司现在进行之计画,又揆察本省对于萍乡煤矿应有之善后办法,拟于萍乡设立分银行,筹备公股,投入萍矿公司,以为扩张地步。所陈各节颇为详审。查萍厂[矿]在江西行政区域之内,又为出产丰富之矿区,公利所在,自应共谋整顿,非再派令该员驰往萍矿实地调查,无以筹善后而策进行。除令委外,相应咨行贵股东会查照。此咨

上海汉冶萍公司股东会

李烈钧

中华民国元年六月二十九号

公司董事会呈工商部文
民国元年七月五日(1912.7.5)

为呈复事。

贵部令开:案据集成公司总经理龙天锡、段鑫等呈称,窃萍乡为产煤最

富之区（云云摘叙）等因。奉此，具见贵部维持矿业，力防损碍之至意，感佩莫名。

查前清矿章迭次修改，以宣统二年八月二十八日，农工商部、外务部会禀变通续定之章程，为末次最后之定本，其第九章第四十九款矿地限制条内载：矿地之大小视资本之多寡以为等差，资本在二万两以内，领地至多不过一方里，资本每加多二万两，准多领一方里，以三十方里为限，如实在著有成效必须特别推广者，随时体察情形不在此例等语。萍乡安源煤矿，购机筑路，穿隧凿岭，工役至为繁难，经营十四年，实用资本一千一百四十一万三千余两，成效卓著，方驾开平，其矿界应在特别推广之列，以二万两占一方里计，应领矿地五百七十余方里，现在萍矿机窿土井面积之数，仅五百零四方里，核以资本定矿地，尚未及额。当开办之初，前清湖广总督张之洞以萍煤为运济汉厂炼铁要需，奏奉谕饬江西巡按随时禁止商人别立公司多开窿口，以保商本而维矿政。并查照湖南禀定矿章，遇有大矿用机器开采者，仿开平例依脉十里内，无论何人之业，不得另开窿口；小窿用人力开采者，依脉三里内，无论何人之业，均不得另开窿口，均要指定一窿起算，不得游移等因，载在旧案。萍矿安源机井外，另开土井多处，此十里三里之约，应各就各井起算。集成公司统以安源总矿相距里数为言，显系砌词破坏。至请就以前原开煤矿随同开采云云，此项原开煤矿早经萍绅售归萍矿管业，并悉在萍矿禁步之中，事在光绪二十九年，据土井保安公庄绅士文国华、黄士霖、李位堂、文廷钧、萧端翼、苏志林、李文治、彭用世、李资堃、黄以筠、张弼汉、钟应德、文廷直、黄序明、苏灏、甘醴源、文乃麒、黄显章、黎慕尧、黄廷芬、张可嘉、萧嵩彬、李曰华、易炳昭、李景勋、刘跃鳌、颜承筹、李显廷、倪镜蓉、李景云等三十人联名公呈，谓自庚子乱后，银根奇紧，销场困滞，各井竟有不支之势，呈请各给价值归并萍矿，其要求归并理由，即系援据矿章谓依脉不应再开，当时萍矿款力极艰，然仍勉筹二十余万元，给价收回商井数十余座，缮立契据，声明归并之井，无论矿局停挖与否，以后均不混入三里界内开掘新口。所谓三里云者，系就所售之各井口起算，今该商谓锡坑隔安源八里占一井，而十一里之梓家冲，十二里之张公塘，皆在禁内，梓家冲占一井，而十五里之黄家源亦在禁内，指为敝公司有意展拓之证。查图:锡坑切近黄家源,矿局于该处自开恒字、鑫字、谦字三号土井,梓家冲矿局自开安顺、国顺、泰顺三井,均安源机矿通风大峒;张公塘切近高坑,矿局自开信顺、泰顺、森顺三井,亦系采煤要道,万难任令他公司穿凿侵害。矧已价购之地,业主有权可令停挖,无所谓依势封禁。至距安源二十里之水窝里,二十六里之青山下,原图未载,无从知其地址。此事该商等置前次众绅要求优价归并之案一字不提,捏称于安源官矿之外接买矿山自行开采,实乘政体改革,冀收回卖出之井,任意乱挖,为第二次要求给价之计,名为无碍官矿,实则于萍矿工程进行处处妨碍。此风一开,不仅千万商本陟遭危险,即商业契约性质,亦被藉端消灭,影响于社会者甚大。本年五月十六号,先由萍局缮具价购各井坐落地名,咨请萍乡县知事出示晓谕,六月十七日又由敝公司咨请湘、赣都督行令取消集成公司牌号并封闭所开各井,兹奉部令,合亟检具矿图,声明该商等所指原开煤矿,皆矿局已购之井,皆在禁步之中,并非官矿以外。处处妨碍,断难与集成公司彼此商酌。务祈贵部严行查禁,并咨明湖南、江西都督令饬萍乡县知事,即时封禁,以副贵部保护商业之意。迫切待命,无任感祷。再,敝公司在前清农工商部注册,事在光绪三十四年二月,末次奏定矿务章程在宣统二年八月,注册在定章之前,是以所领矿界尚未呈报,年租亦未缴纳。合并声明。须至呈者。

计呈图一件。①

右呈

工商部

李烈钧咨汉冶萍公司文

民国元年七月六日(1912.7.6)

中华民国军政府赣省都督李咨。

元年六月二十二号准贵公司咨开②查集成公司创办煤矿,业经前政事

---

① 图略。

② 此处略,详见本书第502页《公司董事会咨李烈钧文 民国元年六月十七日(1912.6.17)》。

部核准立案,出示晓谕藉资保护,惟该公司开采不得侵入安源官矿,以重矿权,前已分别饬知在案。至来咨声称令饬萍乡县知事谕饬该公司取消牌号并勒令停闭新开井口各节,查该公司创办煤矿系为开浚利源起见,如果查照定例,用人力开采小矿,用机器开采大矿,非系确违禁例,未便遽令取消牌号,封闭井口。除令知萍乡县知事切实查明具复,以凭核办外,合就备文咨复贵公司查照。此咨

汉冶萍煤铁厂矿有限公司

李烈钧

中华民国元年七月六日

汉冶萍公司咨李烈钧文

民国元年七月八日(1912.7.8)

为咨复事。

　　准贵都督咨开:窃照前准武昌副总统黎电开云云,查照等因。查汉冶萍厂矿公司,工商部与湘省俱有公股,本年股东会正议续招新股,筹备进行。咨准前因,具见贵都督维持商业,以冀众擎共举,苦心调护,感佩至殷。除电萍矿俟周君泽南抵萍妥为招待外,相应咨复贵都督查照。须至咨者。

　　右咨

江西都督李

公司董事会致李烈钧函

民国元年七月八日(1912.7.8)

敬启者:

　　顷阅《江西民报》内载贵都督通令,准敝董事会四月勘电,通令各该府县,凡汉冶萍公司厂矿轮路机料地产,一体妥为保护等因。具见执事洞烛商战时代,以实业为导河,毅力维持,同声感佩。查萍乡煤矿,购机筑路,穿隧凿岭,经营十四年,费本千余万,成立颇非易易,即论赣省工夫在矿就事,综计亦不下一二千人。政体改革后,无论商力如何困难,终不使稍有停辍,

今幸叨依宇下优予维持,此后发达有期,悉拜仁人之赐。至集成公司段鑫等冀除矿禁,朦请开窿,不仅于贵军政府政事部砌词要求,并递呈工商总长,希图邀准,大部力防损害,来文指询,业将售井重开破坏全矿情形,复请查禁,并先已备牍咨达冰案,务祈执事据文行禁,俾萍矿得受完全保护,尤深感祷。专函伸谢。祗颂

台绥

公司董事会致北洋政府大总统、工商部电

民国元年八月十三日(1912.8.13)

北京大总统、工商部钧鉴:前呈大总统请饬鄂议会取销没收汉冶萍一案,奉大总统批:汉冶萍煤铁厂矿系股份公司,成案具在,既属股东财产,自应按法保护,饬工商部迅速咨行湖北都督、民政长查明办理,等因。仰见维持实业,同深感激。昨据报载南昌各司保荐欧阳彦谟为萍乡煤矿总理,周泽南、刘树堂为协理,已经李都督赞同给状委任。萍矿报告,赣督致周泽南君电,已派实业次长携巨款来萍接办,并派二君监督开工。两方参观,赣省似未知汉冶萍实系股份商办公司,遽由行政长官派委总协理接办。商情万分疑惧,务恳工商部查照大总统批示,电咨赣都督取销委状,实行按法保护,感盼无既。汉冶萍公司董事会赵凤昌等叩。元。

公司董事会致李烈钧电

民国元年八月十三日(1912.8.13)

南昌李都督钧鉴:前呈大总统请饬鄂议会取销没收汉冶萍一案,奉大总统批:汉冶萍煤铁厂矿系股份公司,成案具在,既属股东财产,自应按法保护,饬工商部迅速咨行湖北都督、民政长查明办理,等因。仰见维持实业,同深感激。昨据报载南昌各司保荐欧阳彦谟为萍乡煤矿总理,周泽南、刘树堂为协理,已经李都督赞同给状委任。萍矿报告赣督致周泽南君电,已派实业次长携巨款来萍接办,并派二君监督开工。两方参观,赣省似未知汉冶萍实系股份商办公司,遽由行政长官派委总协理接办。商情万分疑

惧,务恳贵都督查照大总统批示,取销委状,实行按法保护,感盼无既。汉
冶萍公司董事会赵凤昌等叩。元。

公司董事会致谭延闿[①]电

民国元年八月十三日(1912.8.13)

长沙谭都督钧鉴:顷电京、赣文曰北京大总统、工商部云云。感盼无既
等语。贵省附有巨股,请协力维持。汉冶萍公司董事会赵凤昌等。元。

工商部致李烈钧电

民国元年八月十六日(1912.8.16)

赣都督鉴:据汉冶萍公司董事赵凤昌等电称,赣省未知汉冶萍实系股
份商办公司,遽由行政长官派委总协理,商情万分悚惧,恳咨赣都督取销委
状,实行保护等情到部。查汉冶萍实系商办公司,本部亦有股本在内,成案
俱在,自应照章保护。前鄂省议会欲没收汉冶厂矿,本部奉大总统批饬咨
行鄂都督、民政长,查明办理在案。今贵都督派员接办萍矿,事同一律,即
请收回成命,以释群疑而资保护。工商部。铣。

李烈钧致公司董事会电

民国元年八月十八日(1912.8.18)

汉冶萍公司董事会赵凤昌君鉴:元电悉。萍矿为股份商办公司,赣所
谂知。惟自光复以来,工停利闭,将及十月,又值水灾民饥,失业工人恒与
勾结,四出肆动,且洋煤乘隙进口,漏卮愈巨,即在公司亦有机械窳锈、窿井
崩塌之虞。该矿既在赣省区域,行政官为保卫地方、维持实业起见,自不得
不起而任责,遂公议由赣筹拨巨款,派员前往经理其事。乃赣省甫经进行,
而元电忽生疑问。无论萍矿大利,旬月之中无人过问,赣省有密切关系,万
难坐视,所投资本仍充接济萍矿之用。即以萍地论,赣为边防计,为饥民

---

① 谭延闿(1880—1930):字组庵,湖南茶陵人。时任湖南督军、省长兼湘军总司令。

计,为安靖工人计,亦实有不能不代为担任之势。诸股东不明赣省经营之苦心,遂多误会,实则赣虽经理此矿,与股东原有权利并无妨碍,务祈明白宣布,以释群疑而襄实业,萍矿幸甚。赣都督李烈钧。巧。

公司董事会致谭延闿电

民国元年八月二十三日(1912.8.23)

长沙谭都督鉴:查萍矿于军兴后并未停工,现每月仍出煤二万吨,陆续出运,其未能照曩日额数出足者,因汉厂铁炉未开,煤焦无处销售之故。赣省误以矿工久停,致有垫款代办之议,董事会曾将萍矿系商办公司,遽由行政长官派委总、协理接办,商情疑惧等情,分电大总统、工商部电赣按法保护,元日录稿电陈钧处,并求协力维持,谅邀鉴及。赣员所称董事承认,实无影响。现奉马电,具见关怀实业,感佩良深,应请俯赐查照元电,转致赣省解释误会,以安商业,实为公便。汉厂修理将次竣工,一俟开炼,萍矿即可照常出煤,并以附慰。汉冶萍公司董事会赵凤昌等。漾。

公司董事会致李烈钧电

民国元年八月二十四日(1912.8.24)

南昌李都督鉴:巧电敬悉。军兴以后,萍矿因保存机器、窿井,迭次汇款,并未一日停工,现尚每月出煤二万余吨,全部员司亦均在矿。尊电所示旬月之中无人过问,想系远道讹传。汉厂机炉修复需时,因无大宗焦煤销路,不能骤照原额出煤。承示萍矿的系商办公司,其征公理,倘行政官拨款经理,不惟官商界限不清,而煤无销路,银钱有出无入,涸可立待。矿在贵省区域,应请官任维护,商任采掘,既符中央保护财产之批,并符贵都督维持实业之旨。公议数四,仍求查照敝处元电取销委状,感祷实深。汉冶萍公司董事会赵凤昌等。敬。

公司董事会致北洋政府大总统等电

民国元年九月四日(1912.9.4)

北京大总统、工商部,武昌黎副总统,长沙谭都督,南昌李都督钧鉴:顷据萍乡矿员电称:赣省派员突以公文致矿,限初五将全矿产业一律点交接收,并张贴告示,殊堪骇怪。矿员于去秋督率同人合力维持到今,叠经危难,抚此数千矿丁照常工作,秩序不乱,所以保此矿产者亦既竭尽心力,现同人以十余年艰苦经营一旦断送,愤激万分。两方积极,危在旦夕,矿员无力劝阻,不独全矿生命财产立见糜烂,矿工千余,恐致暴动,致酿祸端,请急电主持等语。查汉冶萍为商办公司,成案具在,前奉大总统批示工商部分电鄂赣在案,今赣员突以强权限交矿产,违背约法人民保有财产及营业自由之条文。贵赣督创造民国伟人,自必维持约法,但恐所派之员不善奉行,以致激生事端,董事等不敢不据实电陈。应请电止赣员勿事卤莽,以重约法,免酿祸变,大局幸甚。务乞迅赐施行。汉冶萍公司董事会赵凤昌等叩。支。

谭延闿致公司董事会电

民国元年九月四日(1912.9.4)

湖南汇兑处周君可均请转汉冶萍公司董事会赵君凤昌鉴:支电悉。昨据萍乡矿员薛宜琳等来电,当即电赣都督并赣委,其文曰:顷得萍矿局电称,萍矿自去秋仰蒙大力维持,分兵保护,拨款接济,得以支持,至今照常工作,秩序不紊,合矿同人同深钦感。突有赣员欧阳彦谟、周泽南以公文来云,奉赣都督命令,限初五接收萍矿,嘱将矿产一律点交,殊甚骇怪。宜琳、寿铨暨合矿同人等只知保矿,不知送矿,平时约束数千工匠专办工程,值兹时局已极为难,倘一动摇,必致暴动,祸不独矿一方面,萍一方隅。贵省附有重股,接壤最迩,情急期迫,用特电求始终维持,并电赣都督立电取消总、副经理,以维实业而保治安,同深叩祷。萍矿薛宜琳、李寿铨暨合矿同人公叩。冬。又得驻醴李旅长、谢团长等电称,据驻安源三营沈营长开运电呈,赣委正、副经理来萍,准于五号接办萍矿,同人均不认可,如不交出,风闻以兵力从事,如何维持之处,乞速示遵等情。查事关两省邻交,且于实业前途关系尤巨,应如何办理之处,旅长等未便与赣直接交涉,理合电请核夺施行各等语。前周泽南君来谈,闿曾言及萍矿为公司产业,非得股东承诺,政府未可遽行干涉。旋得汉冶萍股东会函抄通电,尚未承认,是赣省委员开工未先与股东接洽,似不宜遽以武力,致启事端,请饬欧阳、周两君和平解决,公以保全东南大实业为心,务必采纳等语。用特转知。湘都督谭延闿。支。

公司董事会致谭延闿电

民国元年九月六日(1912.9.6)

长沙谭都督鉴:现闻赣省将以武力占矿,矿工万分愤激,藉口抵抗赣员为一哄破坏之计,萍乡密迩湘境,旧有驻矿湘军势尚单薄,万一萍矿有事,不仅矿产损失,并虑影响及湘,关系治安甚巨,贵都督素以保护地方生命财产为重,务请迅赐设法镇慑保守,感盼无既。汉冶萍公司董事会公叩。鱼。

公司董事会致李烈钧电

民国元年九月六日(1912.9.6)

南昌李都督鉴:支电未蒙赐复,渴望至深。此时国势危迫,商业凋残,边警叠传,日蹙百里,正赖同种相恤巩我汉基,萁豆之煎,窃所未喻。萍乡界连两省,号称难治,设矿工惊溃,机窿被淹,伏莽乘机萑苻肆劫,不第十余年缔造千余万资本尽付东流,即论贵省治安亦甚非计。欧、周二君守候钧命,是瓦全甑破,系公一言。敝公司但求无碍进行,不受股东诘责,我公如有所命,非无磋商之余地,否则萍一有失,汉冶必将牵连颠覆,徒使京鄂享维护之名,执事独受摧残之谤,明达如公何忍出此。谨掬诚奉商,祈迅赐斡旋,并详电示复,至盼至叩。汉冶萍公司董事会同叩。鱼。

株洲转运局致薛宜琳电

民国元年九月六日(1912.9.6)

林转薛贡翁:赣员允十三接办,朱鸿翁由长回云,湘督已电赣,不宜操切,并派李旅长率兵赴安保护,又由王军统严电赣督取消等语。望公司速行解决。株局。鱼。

公司董事会致北洋政府大总统、国务院、工商部电

民国元年九月七日(1912.9.7)

北京。大总统、国务院、工商部钧鉴:前上支电,计邀冰鉴。赣员本限九月五号接收商矿,经工员再四婉商,展限至十二号,非有赣督切实电复不允再展。查赣督巧电,藉口于工停利闭,无人顾问,工匠饥民勾结肆抢,不知光复以后,公司按月汇银至萍,迄未停工,阖境安泰,凡此艰难支拄,无非意图保全。不由中央派员实地调查,终难释赣省之疑。惟展限即届,赣员声称如不交出,即以兵力从事,矿丁异常愤激,矿员无力劝阻,两方积极,危在旦夕。惟有电求政府俯念商矿颠覆在即,地方祸机已伏,准予漏夜电咨赣督,切戒在萍赣员万勿卤莽举动,静候部员抵萍逐节澈查,再行双方解决。事急情迫,恳速施行,并盼电复。汉冶萍公司董事会赵凤昌等叩。虞。

工商部致李烈钧电

民国元年九月(1912.9)①

江西都督鉴:萍矿前属商办,拟归国有,正在磋议。兹据汉冶萍公司电称,贵省委员欧阳彦谟等自由进行,既侵人民财产之自由,复碍国家行政之统一,且查该公司所负华洋债务甚多,将来必致惹起外交纠葛。既据公司屡电告急,希即严电撤回该委,静候中央办理。工商部。

公司董事会致谭延闿电

民国元年九月九日(1912.9.9)

长沙谭都督鉴:虞电敬悉。薛行,已派驻矿李寿铨临时矿长主持一切,公司即派代表赴赣陈说。顷接公司赴京代表青电开:部电赣督,有既侵人民财产之自由,复碍国家行政之统一,希即严电撤回该委,静候中央办理等语。孙、刘亦各有电,昨赣督复部,仍以投资代办、保全实业、维持治安为

---

① 原件未署日期,此系根据内容判定。

言,转向部质问,部拟提出国务会议云。特奉闻。汉冶萍公司董事会。青。

公司董事会致李寿铨①电

民国元年九月九日(1912.9.9)

醴陵专送李镜澄君:薛回沪,矿务须人主持,现本会公议,委任君为临时矿长,担负篷路机厂一切完全责任,约束匠工,照常工作,勿稍滋事,委状另寄。董事会。青一。

醴陵专送李镜澄君:赣督阳电云,非没收矿局,已饬委员一切和平办理,董事尽可派员协商,敝处无不乐受商议等语。已遴请代表赴赣直接外,在矿诸君务须约束矿工,照常工作,勿稍滋事,凡与赣委交涉事件,一切仍候总公司命令。董事会。青二。

醴陵专送李镜澄君:公司代表由京转部密青电赣督,有既侵人民财产之自由,复碍国家行政之统一,希严电撤回该委,静候中央办理等语,并拟提出国务会议云。特密告。董事会。青三。

公司董事会致李烈钧电

民国元年九月十日(1912.9.10)

南昌李都督鉴:阳电敬悉。军兴后,萍矿并未一日停工,员司工匠秩序如常,公司逐月汇交现银已达七十万两,现仍每月出煤二万四五千吨,其尚未照原额出足者,因汉厂机炉损坏正在修理,必俟开炼方需煤炭之故,现出之数正系运至武汉抵制洋煤进口,来电屡言工停利闭,实与事实迥然不符,尽可派员会查。至尊电所称萍矿在贵省行政区域之内未便放弃一节,窃谓行政界说自以弹压保护为限,若派员干涉,即侵及营业自由范围,有碍公司权利,如贵省意在投资,自可向公司购买股票,与工商部等股份同享权利,无须以行政名义取矿代办。尊电详示现已饬知委员和平办理,具征我公保护实业挚意,同深感佩,容即日公举代表趋前陈说,仍祈飞电欧、周二君切

---

① 李寿铨(1859—1928):字镜澄,江苏江都(今扬州)人。时任萍乡煤矿临时矿长。

勿有所举动,致激事变。公司负内外债项二千余万,萍矿如有摇动,则全体瓦解,势必群起索偿,公司岂能担此意外责任。据实电陈,唯祈涵鉴。汉冶萍公司董事会叩。蒸。

公司董事会致北洋政府大总统、工商部电

民国元年九月十日(1912.9.10)

北京大总统、工商部钧鉴:顷电赣督云,阳电敬悉云云,惟祈涵鉴等语。公司自去年军兴后,机关破坏,正在万分困难之中,若因萍矿因赣省动摇,致生意外之变,必致内外债主群起逼迫,无可收拾。在公司既无担负因动摇而生意外责任之理,为赣省计亦殊不值,不得不预先声明,以免将来推诿。昨接粤汉铁路总工程司来电预订路料,如铁厂不能开工供应,即向洋厂购办。他路不必论,即川粤汉需用轨件价银已逾一千余万两之巨,悉将流入外洋,此而不保,民国尚何实业可言!据实电陈,仰祈主持。汉冶萍公司董事会叩。蒸。

李烈钧致北洋政府大总统、国务院电

民国元年九月十一日(1912.9.11)

大总统、国务院钧鉴:准国务院庚、佳两电,先后奉大总统令,据汉冶萍公司董事电称,赣省派员接收萍矿,以兵力从事,矿工愤激,请电赣省维持,饬即保护,并令派往之员毋卤莽从事,等因。仰见大总统关怀治安、注重实业之盛意,钦服莫名。查萍矿自停止大工以来已十阅月,从前工人将近三万,现仅工人千余,整理机料而已。故内之则矿工失业,勾结肆劫;外之则洋煤侵灌,漏卮甚巨。迭据萍县地方官军队请设法消弭,经烈钧迭开政务会议,一再筹审,始筹集巨款,派员赴萍投资代办,复饬所派之员绕赴湘鄂先行接洽,商陈一切。现该员等抵萍查看情形,非出赣按开大工,失业矿工无术消纳,即地方无由治安。惟接开大工,非将矿局接收无从整理贯澈,因与该局妥议接收,一再展限。是赣省于萍矿投资代办之宗旨无非为维持治安与实业,于股东原有权利并无妨碍。至代办之手续,接收与开工相因而

至,乃为事实便利起见;且接收纯用和平办法,并未稍事操切,何至有用武力之举。昨接上海董事来电,已明白宣布,并请接收矿局后新旧如何办理,权利如何分配,尽可派员来萍与赣员协议,似赣省所以维护振兴者已无微不至。况萍矿原有一定范围,前清为一姓私产,兹民国告成,或由国家收回,或由地方接办,似未便始终放弃。该董事等一再渎陈,未免轻信讹言,危词耸听,中央声气远隔,恐未悉此中情曲。用将此事办法宗旨详晰禀达,伏希鉴裁。赣都督李烈钧叩。真。(印)

李寿铨致公司董事会电

民国元年九月十一日(1912.9.11)

汉冶萍公司董事会鉴:支歌密虞电均悉。赣迫日紧,暴状毕露,不得已勉允公推,众愤乃平,根本自固,方能着手。湘军到后保护力厚,限满不致决裂,徐待调解。湘督仗义,就近全力维持,甫能出险,万分可感。否则,即有神策,鞭长莫及。乞速电谢湘督,并恳始终保全,始有和平解决之望。铨。真。

公司董事会致谭延闿电

民国元年九月十三日(1912.9.13)

长沙谭都督鉴:接工商部蒸电,已据呈电咨赣督,部派员即日出发。矿长李寿铨来电,自湘军抵矿,保护力厚,人心万分感激。前限已届,事机甚紧,尚祈始终保全,俾免破坏。肃先陈谢,余续布。汉冶萍董事会。元。

李寿铨致公司董事会电

民国元年九月十四日(1912.9.14)

汉冶萍公司董事会鉴:林密覃悉,文、元谅鉴。此次非解围万不能保矿,非得赣督电万不能解围,非展期万不能得电,非全矿一心万不能展期,尊处与敝处一气呵成,始得和平解决,仍求消息常通,实力进行,密电代表慎重协商,力保主权,万勿松劲。合矿同人爱矿心坚,断不肯放弃,更不忍破坏。铨一力担承,不负委任,倘稍示弱,待接收后再图挽救无可救矣。若到矿本摇匪人,立即哗溃,破坏者不在同人,而在土匪,矿力固内有权,抚外无策,矿到糜烂,争回何用? 湘督实力保护,许铨救急,适王铁山军统驻湘,系赣督老师,素重公义,辗转求其不再严电诘责,四面松根,乃得暂解。并布。铨。寒。

北洋政府国务院致李烈钧电

民国元年九月十四日(1912.9.14)

李都督鉴:真电仍以维持治安、振兴实业为投资代办之理由,似于历电所云尚未明晰者,兹更为详言之。查萍矿块煤销路,本不甚旺,大宗销路专恃炼焦,去岁军兴,汉阳适在战线以内,炼厂机炉受损,至今修理尚未竣工,该矿存煤颇多,若仍照常出煤,不独滞销,坐耗工本,即储煤之所亦无地可容,大工之停,良非得已。商人营利计及铢黍,如有漏卮可塞,似不至劳人代谋。至于矿工遣散之时,初未暴动,迄今萍地亦无巨警,小小劫掠何地蔑有,工人失业未必即为厉阶,官吏镇抚得宜自可随时消弭。准情度理已可概见一斑,况该公司系汉冶萍三省联合而成,得失盈亏皆须平均统计,就令该公司有放弃权利之处,亦应由工商部调查之后,或定为政策,收归国有,或加以指导,督促进行。贵都督彼时筹集巨资,或辅助国家,或附入商股,皆为正办,断无此时置公司全体于不顾,而窜取一部分之产业代为经营之理宜乎。以贵都督之热心实业,而该公司仍不免疑怪交乘也。该公司经工商部注册有案,工商部又确有股本百数十万之多,其非一人私产,毫无疑义,派员查办,即日首途,仍希查照前今各电,转饬该委遵照,并饬该地方官吏及驻扎军队妥慎保护,毋得藉词诿卸,是为至要。国务院。寒。(印)

李寿铨致公司董事会电

民国元年九月十五日(1912.9.15)

汉冶萍总公司董事会鉴:密。赣督致湘旅、团长及欧、周文电云,李旅长、谢团长、欧阳总理、周协理鉴:矿事和平解决,湘赣益敦于好,皆由贵旅长、贵团长深明大义,一力协助,实业前途,增进无量,电到,无任感佩。至此后如何进行,如何防范,凡有借重之处,该总协理务宜悉心妥商,彼此接洽,保收完全效果。是所至盼。赣都督李烈钧。文。铨。咸二。

公司董事会致李烈钧电
民国元年九月二十一日(1912.9.21)

南昌李都督鉴:皓电极承关注,感篆同深。敝处代表正在延请,适接京电,工商部派张轶欧、张景光、余焕东三员十六出发赴萍调查,敝处似未便再派代表。顷接萍矿来电,此事幸蒙公电饬委员力主和平,人心大定,具征挚意维持,商情感服,特电鸣谢。汉冶萍公司董事会。箇。

公司董事会致李寿铨电
民国元年九月二十八日(1912.9.28)

萍乡李镜澄暨阖矿诸君鉴:赣事发生后,诸君苦心毅力委曲情形,悉与本会所议符合,历观来电本极佩慰,此次高、俞、屠三代表来沪陈说尤极详尽,此后仍望始终不渝,以固内力,是所谆嘱。专电慰劳,惟期公鉴。董事会。勘。

萍乡李镜澄君:密。沁悉。部已派员查办,赣必处以和平,一切照常工作,保守窿路,随时情形仍望电沪。董事会。勘。

李寿铨致公司董事会电
民国元年十月一日(1912.10.1)

汉冶萍总公司董事会鉴:林密。赣不得逞,萍人佥谋藉集成公司多开土井,破坏矿界以泄愤。乞筹备。俟部员到妥商办法再详陈。铨。东。

李烈钧致谭延闿电
民国元年十月五日(1912.10.5)

急。长沙谭都督鉴:同密。顷奉冬电,感佩莫名。兹有进者,公司开矿利在个人,收效小,公家筹办利在全国,收效大。况萍乡尚多铁锰诸矿,实为将来兵厂造械之第一场所,前陈愚见,已承赞同。此次接办,实为谋利,前提设厂先声非专为治安计也。湘赣毗邻,关系最密,未及早日派员接洽,并聆大教,深为抱歉。现在股东代表不来,似未便因少数股东公司致碍进行。我公雄图硕画,内轸疮痍,外惕列强,如承迅赐协助,便得早日接办,筹画远大,则受福当不仅赣省已也。尚有鄙见已嘱张君汉民面陈一切矣。烈钧叩。微。(印)

谭延闿致李烈钧电

民国元年十月五日(1912.10.5)

急。南昌李都督鉴:微电敬悉。我公欲收萍矿为兵工厂计,实佩宏略,然有未尽之处,不敢不一商榷,国有范围甚广,似非湘赣所得专据此为说,必须部办。若云公司利在个人,然所有股东皆为国民,所获之利流通全国,食于矿者,贩于矿者,用于矿者,与国有亦无分别,此说似亦不能推倒公司。鄙意民国以实业为命脉,保商为振兴实业原素,政府能保商,间接之利,不可胜用;与商争利,虽获巨款,而大信既失,实非民国之福。此事自以仍与公司双方商办为宜。顷据该公司电称,两月后出煤可复原额,并已派代表赴京请归国有,或国有或商办,应俟中央解决云云。与尊电大旨,似尚无不合,□派之员今日到湘,不日即可到萍,与尊处委员妥商办法。不必□①延闿。歌。

公司董事会致李烈钧电

民国元年十月十日(1912.10.10)

协和都督阁下:久钦硕望,未遂瞻依。萍矿事前蒙电饬委员和平解决,具征挚意维持,同深感佩,已于上月简电道达谢忱,谅登签掌。窃维民国肇基,以振兴实业为前提,而实业之中,尤以煤铁为富强之本。西人至以产铁

---

① 此处残缺七八字。

多寡觇国势强弱,我国孕藏煤铁为五洲之冠,只以前清政治腐败,在上者无提倡保护之真心,在下者乏固结团体之实力,以是集股开矿所在多有,而成立者独鲜,犹幸汉冶萍困苦艰难,坚忍支撑,经营至十有余年之久,成本费三千余万之巨,屡濒危殆幸而仅存。方幸政治更新,注重实业,此后必可仰邀国家维持辅助之力,以翊进行而薪发达。惟是中国商情向多见小利而忘大局,事未集则人咸裹足,利偶见则纷树敌帜,误倾轧为竞争,因攘利而两败,界限不明,范围易破,此则实业前途之殷忧,尤不得不为中华民国所深惜也。夙仰贵都督铸造民国当代伟人,治军抚民固已恩威并著,而恤商惠工尤具热忱毅力,属在股东靡不钦感。萍矿近隶仁帡,其商办历史及困难情形久在洞鉴,尚恳终始成全,优予保护,俾商业复完全之旧观,收美满之效果,仁人之赐当与匡庐章水同仰高深矣。临颖神驰,伏惟垂察,肃恳。

祗颂

勋绥

汉冶萍煤铁厂矿公司董事会　赵凤昌等谨启

赵凤昌致孙中山①函

民国元年十月十一日（1912.10.11）

中山先生大鉴：

　　顷谈赣人在汉冶萍公司之萍乡煤矿左近开挖土井、凿断矿脉一节。查萍矿原定章程系援据开平及湖南所定矿章:大矿用机力开采者,四至十里内,无论何人之业,均不准另开窿口;小矿以人力开采者,四至三里之内,无论何人之业,均不准另开窿口,所以保护矿本杜绝纷争也。公司之萍乡煤矿,有机力开采之大矿,有人力开采之小矿,其十里、三里之界限,各就一窿起算,历经照章遵守,向无猜嫌。现在民国更新,而矿章未定以前,前清法律章程继续有效,曾奉有大总统命令,萍乡煤矿章程自应照前遵守,此节能请李都督颁给示谕,俾界限分明,庶不致赣人纷纷违章开挖,徒縻资本,彼

---

① 孙中山（1866—1925）:名文,字载之,广东香山（今中山）人。时任中华民国临时大总统。

此无益。想李都督素具保护实业之热心,自必乐予维持也。此次大驾赴赣,务祈代为婉达,是所纫感。专颂

勋绥

赵凤昌顿首

张肇桐[①]致工商部电

民国元年十月十一日(1912.10.11)

北京工商部总、次长鉴:萍矿划界事已详青电,萍局昨接驻萍营长高应庚、萍知事汤兆玙咨略云:奉李督卅电开,本省派员接办萍矿,原订十三接收,嗣因公司愿派代表来商,特饬欧阳总理等从缓办理。乃公司董事不详事理,忽托言中央已派员赴萍调查,公司未便派代表来赣,足见有意延宕。所有本省投资代办计画应即继续进行,亟应查照矿章,矿区至多不得过九百六十亩之限,即派文启为划界员,会同高、汤二员迅与该局切实丈量,划界立标,该公司矿区不得越此线,一面就近通知工商部调查员查照。等因。奉此,合行咨请查照,并通知张、余诸君俟省派测量员到县,即行订期互勘等语。轶等查该公司在前清矿章未颁之前,即有大矿十里、小矿三里,禁人开采之禀案,矿章颁行后,并未饬改,峄、滦、保、晋其事亦同,可知前清对于各省大矿原不限以九百六十亩,况开矿区域限于未开之前易,裁于已开之后难。萍矿井巷电车四通八达,即欲量予裁减,部中自有权衡,赣省藉口暂行矿章,急切从事,实属有意破坏,矿上现役工人已逾五千,划界员至,人心必乱,乞迅电李督收回成命。又文启系萍绅,亦在萍矿界内私开土井者,合并声明。轶欧等叩。真。

李寿铨致公司董事会电

民国元年十月十六日(1912.10.16)

汉冶萍总公司董事会鉴:林密。昨萍绅商学界开欢迎部员会,多所要

---

① 张肇桐(1881—1938):字翼侯,号轶欧,江苏无锡人。时任农商部矿政司司长。

求,部员持论正大,然萍官绅合力谋我,安源以上私井日增,力破矿界,无可封禁。乞速照真电恳部电赣督申明照公司原呈界图存案,取消划界。祈毋忽视萍人,不轻敌,不畏敌,乃能制敌。万乞俯纳。铨。谏二。

李寿铨致公司董事会电

民国元年十月十六日(1912.10.16)

汉冶萍总公司董事会鉴:林密,湘省全军正在退伍,谭都督念矿事重大,俯准护矿一营缓退,万分可感。探赣省拟乘机派兵驻矿保护,挤撤湘营,为破矿计。乞速密电国务院、工商部转电谭都督以湘省股重,保护极周,无论如何勿撤湘营。至叩。铨。谏三。

公司董事会致工商部电

民国元年十月十八日(1912.10.18)

北京工商部钧鉴:前奉大部令开,集成公司呈请在萍乡开挖煤矿,于敝公司工程进行上有无妨碍,饬即将应领矿界绘图贴说报部存案等因,当将敝公司萍乡煤矿原定矿区五百零四方里,绘具图说,并声明查照前清矿务章程,每资本二万两领地一方里推算,萍矿资本一千一百四十一万余两,应领矿地尚未及额等情,具文于六月二十九日呈送大部在案。昨接矿员来电,赣督现派萍绅文启,会营县划界,并通知大部所派赴萍调查员,限定矿界以九百六十亩等语。并查得近日萍人在敝公司矿界内,纷挖土井达六十余口,部员亲往周勘确实,即经电请大部电赣饬禁,谅已邀鉴。查矿章所限九百六十亩系指寻常各种矿界,而第九章四十九款,载有如著有成效须特别推广不在此例明文。敝公司之萍乡煤矿费本千有余万,规模完备,成效昭著,所援开平、湖南成例,大矿用机器开采者,依脉十里内无论何人之业,不得另开窿口,小矿用人力开采者,三里内不得另开窿口,立案在前,迨后部定矿章,而萍案照旧遵行,峄、滦、保、晋等矿事同一律,足见九百六十亩之限不适用于各省已著成效之大矿。今赣员误行矿章,致启萍人违禁争夺之心,不特破坏萍矿已成之局,恐此端一开,各省效尤,开滦、峄、晋无一可以保全,实业前途何堪设想。务恳迅赐电咨赣督撤回委员,申明禁令,凡属萍矿所领矿区以内,如有违章私开之井,饬地方官一律封闭,以保矿章而维实业,无任感叩。汉冶萍公司董事会。啸。

李寿铨致公司董事会电

民国元年十月二十一日(1912.10.21)

汉冶萍总公司董事会鉴:林密。部电赣甚严,赣复部甚辩,后有贵部统筹全局,当有相当处置,以息争端等语。已露转机,乞速电部乘机善复,界员必撤,威等渐醒,得赣止电,必不梗。铨。箇。

工商部致公司董事会电

民国元年十月二十二日(1912.10.22)

汉冶萍董事会鉴:啸电悉。已由国务院及本部电知赣督取消前令。工商部。养。

公司董事会致王芝祥①电

民国元年十月三十一日(1912.10.31)

长沙王铁珊先生鉴:敝公司萍乡煤矿与赣省交涉,仰蒙先生仗义执言,俾得化激烈为和平,具征关怀实业、古谊热肠,至深感佩。敝公司于赣一方面极愿早派代表以通彼此情意,兼可将公司为难情形陈诸赣督,适工商部已派员调查,公司自应稍候。兹闻台驾赴赣,萍事当可仰仗大力调护维持,容即酌举代表赴赣陈说,并嘱其趋诣台端随时偕往。特电鸣谢,并布区区。汉冶萍董事会。卅一。

① 王芝祥(1858—1930):字铁珊,直隶通县(今北京)人。时任南京临时政府第三军军长兼本部高等顾问。

工商部致余焕东[①]电

民国元年十一月一日(1912.11.1)

余焕东鉴:电悉。萍矿事,已据张轶欧来电所称各节,电阻赣督收回成命,并将该公司原报界内之私挖,一律禁止,俟本部调查员旋京,自当遵照将来民国矿法,饬令缩减,此时仍请照旧维持,并电饬张轶欧等就近斟酌情形,径与赣督交涉;一面又请国务院电知赣督取消前令。迄未接准电复,希即以部派名义,就近赴赣,与赣督和平交涉,更将萍矿目前不能即行划界之利害,本部必须竭力维持之苦衷,力为剖辨,总期萍矿已成之业不至垂败为要。并将交涉情形随时电告。工商部。东。

张其锽[②]致聂其杰[③]电

民国元年十一月六日(1912.11.6)

上海谦吉里聂鉴:兑密。连电未得复,极念。赣督对于萍矿本有吞并之心,心理舆论均不谓然,已作罢议,惟须保全面子。铁老言公司所派代表余君原系部员,赣督甚不悦,可否由沪另派,请商酌。铁老阳日往赣,只住数日,能赶到九江同行为佳。赣督年少,但不伤感情,一切易了,且有铁老斡旋,决无碍也。再,萍矿所驻湘军不日亦将退伍,由组公、铁老合电赣督派兵保护,铁老力任,决无危险,并闻。统乞赐复。锽。鱼。

公司董事会上孙中山节略

民国元年十一月六日(1912.11.6)

敬略者:

顷承先生交阅萍邑绅民黎景淑等手折,其于萍矿事实多凭臆说,谨将

---

① 余焕东(1877—1967):字松筠,湖南龙阳(今汉寿)人。时任南京临时政府实业部矿物司司长。

② 张其锽(1877—1927):字子武,广西桂林人。时任中华民国临时政府(湖南都督府)军务厅厅长。

③ 聂其杰(1880—1953):字云台,湖南衡山人。时任公司董事、恒丰纺织新局总经理。

实在情形及确切理由，为先生缕晰陈之：

查萍矿煤焦为汉厂炼铁要需，进行利钝即铁厂成败所关，开办之始，购机筑路，工要费繁，预掷巨资，徐收成效，深虑中国商情向多见小利而忘大局，见萍矿经营有绪，遂别立公司，纷树敌帜，以图破坏。前清光绪二十四年曾由鄂督张之洞禀准，不准另立公司，以杜流弊，并援照湖南禀定章程，仿开平成案，大矿用机器开采者，依脉十里内，小窿用人力开采者，依脉三里内，无论何人之业，均不准另开窿口，十里三里均系指定一窿起算，不得游移，历经照办在案。迨前清光绪二十九年七月据萍乡保安公庄绅商文国华、黄显章等三十余人联名公呈，以庚子一乱，银根奇紧，公议将附近土井数十口，请由萍局收并，比时敝公司当商本拮据之时，勉徇其请，优给价银二十余万元，该绅商呈内有云，此次各井归并，幸蒙酌给价值，否则竟有不了之势，并经声明，归并之后，无论其井为萍局停挖与否，均不得混入三里界内开挖，复经萍局派员会同县委，邀同公庄绅首黄显章等，及各井坐落各该处绅耆，周历遍查，一律愿守土窿三里以内不得阑入之约，造册移县立案。即开办之初，该地有土炉炼焦之广泰福商号，自以资本不继，势将倒闭，再三与敝公司情商，由敝公司筹银五万余两价购，亦属有案可稽。原折谓广泰福事，则曰攘夺，谓公庄事，则曰陷害，天下固无有授巨资于人，而转目之为攘夺陷害之理者也。各井既由重价收买，其井停挖与否，不得阑入界内重开，本为物主所有权，且系商业契约性质，政体虽经改革，而契约信用不能消灭，此亦公理之不可掩者。

查前清矿章颁发于光绪三十三年，已在萍矿成立之后，然查第九章第四十九款载明，每资本二万两领地一方里，如著有成效，须特别推广，不在此例等语。计萍矿资本一千一百四十一万余两，应领五百七十余方里，核计现时矿界，尚未及额，民国矿章未定以前，前清法律章程，俱属接续有效，是萍矿依据开平、湖南成例，立此禁步，按之矿章亦无不合。至界限以外，各土井挖卖供炊之柴煤桶炭及炼铁之粗焦枯块等类，至今仍由萍人自由营业，公司从未稍加干涉，敝公司亦不挖炼上项名×之货，以与萍人争利，可以访查，垄断独登者固如是乎。

　　总之,萍人采煤为业,已二百余年,所销之煤,不过萍醴湘潭一带,所得之价仅敷苦工度日之资,地方仍极凋敝,人民依然贫乏,自敝公司开办机窑,兼收买萍人所炼之焦,自是以后,出货既多,佣工骤贵,公司每年运现洋到萍发给工资,辄百万有余,均系散诸萍境,市廛顿臻蕃盛,原折谓萍人年可获利数十万金者,即出自公司所付之焦价,苟无公司,萍人何从得此利乎? 曩昔萍人开挖土井,当槽浅工省之时,则自挖自炼,以焦煤售诸公司;迨矿老井深,工本较巨,自采无利,则又将该井售诸公司,藉得巨款。调查萍人因此起家者,不知凡几,而公司所以出巨价归并土井之原因,亦不过购得矿境以内不为他人乱开井眼,致伤苗脉耳。即土井归并后,贫民雇工于萍矿所恃以生活者,更不下万余人。上年军兴,各地土匪窃发,不无扰害,萍矿艰苦支持,独未停工,以此维系,地方秩序得以如常。是敝公司投巨资于萍地,为萍人兴利,复为萍人弭患。敝公司自问尚无负于萍人,何萍人不谅,厚诬敝公司,更欲有以破坏之,是窃有所未喻也。

　　方今民国肇基,无不以注重实业为言,如已成之局而破坏之,其又谁敢继起者。我先生当代伟人,主持公益,用敢掬忱披露。伏祈俯赐维持,俾艰难缔造之实业不致中毁,是全体股东所祷祀以求者也。
谨略

汉冶萍煤铁公司董事会　赵凤昌等呈

公司董事会致王芝祥函

民国元年十一月七日(1912.11.7)

铁珊先生阁下:

　　敬启者,敝公司萍矿与赣省交涉一事,仰蒙仗义责言,俾化激烈之风潮,为和平之解决,其征高谊,良切钦迟。当于上月三十一日电达谢忱,谅邀垂察。敝公司对于赣省本拟早派代表,藉通情愫,且于公司为难情形面陈一是。适因工商部已派员赴萍调查,自应从缓。兹经派定徐元瀛、俞燮堃两君代表赴赣陈说。惟闻大旆业经启行,不及追随,已嘱徐、俞两君径到南昌,先谒台阶,请示方略,再行进见赣督,庶有遵循。调护维持,诸仗鼎

力。临颖祷企,无任主臣。肃泐。祇颂

台绥

汉冶萍煤铁公司董事会　赵凤昌等谨启

公司董事会致黄兴①电

民国元年十一月三十日(1912.11.30)

长沙黄克强先生鉴:接萍矿电,悉矿事得我公力任维持,并承迁道往赣调释一切,热忱毅力,感荷无既。谨谢。汉冶萍公司董事会。卅。

公司董事会致李烈钧电

民国元年十二月七日(1912.12.7)

南昌李都督、各司长均鉴:铁珊先生回,悉于萍矿事极蒙主持和平。此次徐、俞两代表晋谒,叠叨盛馔,优等逾恒,至深感谢。除函谢外,敬达。汉冶萍公司董事会。阳。

公司董事会呈工商部文②

民国二年十月十八日(1913.10.18)

为呈请事。

窃查敝公司萍矿,创始于光绪二十四年,专为济益汉厂炼铁之用。当时虑有商人别立公司名目,多开小窿,抬价收买,坏我重费成本之局,曾经前鄂督张之洞奏准,萍乡县境,援照开平成案,不准另立煤矿公司,凡商井采出之煤,应由矿局照时价收买。光绪二十九年各商井以庚子乱后,银根奇紧,呈请将附近土井数十口一律收并,比经优给价银二十万五千元,并经绅商呈明,归并之后,无论其井为萍局停挖与否,凡各距各井三里以内,永不阑入,造册移县立案各在案。辛亥以后,先有集成公司混入界内穿凿土窿,继有接续私开者,其数计百有余座,概在界内乱挖,悉以机矿为曌,屡经

---

① 黄兴(1874—1916):字克强,湖南长沙人。时任南京临时政府陆军总长。

② 本文同时呈送交通部。

该矿移县禁阻无效,正拟呈请大部设法维持间,查有湖南百炼公司,在萍乡附矿设厂,收土井炼焦,已属破坏矿禁,刻闻该公司坚商株萍路局车运,路局以车少推辞,乃云已向湘路借车,只要添筑分路,愿认租费等语。

案查株萍铁路,于前清光绪二十四年三月,亦系前张鄂督奏准筑造,原奏内称,铁厂利钝之机,全恃萍煤为枢转,勘明运道,先就黄家源地方筑造铁路一条至水次,路成再筹展至长沙,与干路相接等语。是此路专为运输铁厂煤焦而设,今百炼公司土井炼焦,要求车运,妨害厂矿,约有三端,敬为大部陈之:萍人私开土井,有碍机窿,屡经援案呈请禁阻,迄未就范,若再准其车运,则从此土井蔓延,纷纷效尤,不可收拾,势必将已费千余万巨本之机矿,立时破坏而后已。矿一破坏,厂即停废,生命相连,同归于尽,其不可者一。株萍车辆车场,以运机矿煤焦,已觉不敷周转,来岁汉厂第四炉成,运煤加多,更不敷运,前已电恳交通部预筹添车在案,该公司要求车运,以借车助费为词,冀耸部听,路局一经照允,则添路非旦夕可成,势必一同搭运,则车少而分,必误厂需,危险情形,不堪设想,即使该公司助费非虚,借车有着,按照敝公司萍矿禀案,萍乡县境援照开平,不准加立煤矿公司,即不应另有运煤铁道,其不可者二。萍矿炼焦,必用机器洗煤使净,入炉冶炼,方免出险,该公司土法所炼,煤质未经洗过,设同一车运,无可辨别,羼杂入炉,是并汉厂而亦破坏之,其不可者三。

追原祸始,实由李烈钧督赣时,始拟砌词没收,继思武力占据,终以屈于公议,遂派欧阳彦谟到萍,藉定矿界为名,实则私开土井,侵害机窿,欲使公司因摧残而束手,以遂其攘夺之谋,于是土豪勾串,纷纷效尤,遂成今日之势。除派代表夏君敬业赴赣陈请外,为此呈恳大部切商交通部电饬路局,不得在安源添造分路及运彼土焦,并请迅咨江西民政长,将萍矿界内私开土井,一律照案饬县封禁,以保危局而维实业,无任急切待命之至。须至呈者。

右呈

工商部

北洋政府交通部批

民国二年十月二十七日（1913.10.27）

原具呈人汉冶萍煤铁厂矿有限公司。

据呈已悉。该公司为本国唯一实业，前人缔造艰难，底于成立。年来本部直接间接所以维护该公司者，已无所不至。此案查百炼公司在萍乡附矿设厂，收土井炼焦，坚请株萍路局准予车运，并添修分路，业经该路局一再拒绝，后经该百炼公司自向湘路借车，并担任分路租费，该路局本系营业性质，已无峻拒正当之理由，该公司为该路大宗主顾，究与包办性质不同，该路果与该公司所订合同事项不相违背，该公司亦似无强该路以谢绝其他主顾之权，况该路进款不敷，不能不求营业之发达，尤未便守一而终。所称前请奏案，萍乡县境不准另立公司一节，事属该公司与百炼公司之矿界问题，自应呈由该主管机关处理，本部无权判断。仰即知照。

此批

中华民国二年十月二十七日

北洋政府工商部批

民国二年十月二十九日（1913.10.29）

具呈人汉冶萍公司董事盛宣怀等。

据呈已悉。该公司开办萍矿以济汉厂炼铁之用，规模宏远，不让开平。前有集成公司混入该矿界内穿凿土窿，嗣有接续私开者，其数计百有余座，兹复有百炼公司在萍乡附矿设厂收土井焦煤，如此纷纷效尤，实属有害机窿，破坏矿禁，业经据情咨请江西民政长，将该矿界内私开土井，一律饬县封禁。至百炼公司要求路局添筑分路一节，其轨道如何布设，本部无从悬揣，况百炼公司闻有在萍醴开采白煤之事，其所要求究竟是否专为装运土焦起见，亦无由得知。总之，该矿界内土井一经封禁之后，煤无从出，车运一事自无足虑，所请咨商交通部电饬路局不得添筑分路之处，暂毋庸议。

此批

工商总长　张

中华民国二年十月二十九日

汉冶萍公司呈戚扬[①]文

民国三年六月八日(1914.6.8)

为呈请事。

窃萍案结束一事,迭据敝代表何君其坦来电,议准以十万元填股,收买李烈钧购置矿地,即以贴还赣省损失。复经敝会函嘱转恳规复矿界,保障机窿,接何君电称,已婉陈钧座允饬县查案后,再与绅士熟商,嘱将收买土井之绅商姓名、原呈连卖契抄来,矿界图无存,应由公司补绘速呈存案等语。备荷维持,实深感佩。谨将矿界历史及关系重要,为巡按使缕晰陈之。

查开办萍矿前清光绪二十四年三月,经前湖广总督张之洞禀明,萍乡煤矿现筹大举开办,运用机器,延订矿师,以及筑路设线,工役繁难,只以鄂厂化铁炼轨,事虽商办,实国之大政,不得不先掷目前之巨本,以博将来可恃之焦炭,惟中国商情,向多见小利而忘大局,诚恐萍煤运道开通,经营有绪,复有商人别立公司,纷树敌帜,多开小窿,抬价收买,以坏我重费成本之局,甚或勾引外人,如上年湘省有串买矿山之事,迨经查出,根究挽回,业已大费周折,皆虑之不可不早,防之不可不周者。拟请嗣后萍乡县境,援照开平,不准另立煤矿公司,土窿采出之煤应尽厂局照时价收买,不准先令他商争售,庶济厂用而杜流弊。禀奉廷寄光绪二十四年三月二十八日奉上谕:张之洞等另片禀萍乡煤矿现筹开办,请援照开平,禁止商人另立公司及多开小窿抬价收买等语,着德寿即饬所属随时申禁,以重矿务。等因。其时机矿甫兴,附近原有商井数百口,综错竞争,皆足为机窿之害,先将安源×境山场租定,择要价购,并将炼焦售局。各商井为之设保安公庄,举绅首,定章程,以整饬之,其有愿售矿局者,亦必酌给相当价值,两无偏枯。开办

---

① 戚扬(1857—1945):字升淮,浙江山阴(今绍兴)人。时任江西巡按使。

数年,各山土井收买已多。至光绪二十九年七月,据公庄绅商公禀到局,愿将各井厂归并矿局,其时经济困难,优给价银二十余万元,立据收买,禀内首援二十七年六月江督、赣抚会示定章,查照湖南禀定矿章,大矿四至十里,小矿四至三里,无论何人之业,均不得另开窿口。原案声明各井归并后,无论矿局开挖与否,均应遵章,不得阑入四至三里内加开窿口等情。据情移县,并由县局委员会同各县绅耆,勘造清册,送县备案。复于光绪三十三年二月将萍乡机土各窿周围界限,照案大矿四至十里,小矿四至三里,统行核算,除梅魁、德福、平福、界福、森盛、鸿福等井均在太平山,系萍治北乡,距矿五十余里外,东南一带,自县城外教场坪起,中经大罗坪、竹篙坡、双凤冲、社上、黄坭塘、许家坊、周家坊、大塘下、燕塘里、乱石岭、何田坳等处,复环绕至教场坪止,周围共长九十二里七一一六五,面积计五百零四方里,是为萍矿矿界,绘图列册,分咨江督、赣抚立案,并饬属查照各在案。

自开办迄今,历时十有余年,费本一千数百万两,规模甫具,成效渐彰。改革以来,信条隳致,李烈钧始谋攘夺,继施限制,以致集成公司、百[炼]公司乘时而起,均在界内纷纷开凿,无非欲推翻成案,破坏机窿,以图一逞。今幸福曜照临,阴霾潜散,填股收地,以资结束。惟念铁政为吾国创办之局,即为中华强富所基,现时著名煤矿如开滦、临城均有洋股,以营业为前提,尚享有特别之权利,萍矿既纯为华股所开,专以济益铁厂造轨制械,关系尤重。今春又因添建大冶新厂,敝公司股东会议决官商合办,呈请国务院派员会议,现经大总统饬部派令曾述棨、王治昌来沪调查,一俟定议,并须将萍乡煤矿扩充,藉资汉、冶两厂炼铁之用。是则萍煤实系军国要需,迥与平常煤矿有别。虽曰矿区现有规定,然萍矿开办在前,矿例颁布在后,民国肇兴,首重实业,其于未开之矿尚在多方提倡,以期康阜民财,自不能执规定在后、范围普通之例,以绳开办在先关系重要之机矿而裁抑之,使其功败垂成,决非当事通商惠工之本旨矣。矧法律性质本不绳已往者耶。且敝公司对于萍矿岁糜巨资,局用员薪而外,大半散之萍地,恃矿为生者无虑万人,因之市廛增盛,顿臻繁庶;煤完出井税外,尚年捐当地学费二万金。公司对于萍人实已尽有义务,倘必欲溃其防维,设法限制,萍一破坏,汉即随之,公司固无幸矣,其如大局何? 即为萍人计,以繁盛之区仍返而为贫瘠,野多游手,妨及治安,于地方又何利焉? 赣人士不乏明达之才,当不忍于出此。惟有仰恳巡按使热心调护,毅力维持,剀谕士绅,力顾大局,准照原案定界,颁发禁令,永禁私井。为商产保此硕果,即为民国实业导之先河,此千万股商所馨香祷祀以求者也。收买公庄土井原呈存在矿局,除电矿员抄寄何君××外,兹将矿界图摹晒一份并抄案一本,备文呈送,伏祈巡按使查照备案,照图定界施行,实为公便。至全矿契据兹特派矿业联合会会员孙宝琛赍呈送验,即请咨明所司验明后,仍交该会员带回,是为感荷。

谨呈

计呈萍乡矿界图一张,抄案一本。①

(七) 申请收归国有

西泽②致小田切函

大正元年八月十七日(1912.8.17)

敬启者:

时值残暑,敬请珍摄。昨夜由贵行汉口分行,从汉口用当地停泊之帝国警备舰无线电,传达阁下如下指示:

为准备对中国政府进行交涉之必要,关于汉冶萍公司董事决议国有请愿案一事之内情与台端对此之意见以及其他有参考必要之情况,希从速详报,为要。

奉此,谨陈愚见如下,以供参考。

十二日上海股东大会也曾秘密计划,视形势如何,使我国借款问题获得通过。前几天,鄙人与公司当局本已商妥,无奈各地革命派之干涉仍甚利害,以现在情况度之,无论如何,实难指望将于十一月初开工之汉阳铁厂

---

① 附件略。

② 西泽公雄(? —1936):时任日本制铁所驻大冶铁矿驻在员(技师)。

材料及其他一切准备完竣,情况颇为暗淡。经熟虑结果,终于发现此时不如进一步向北京政府进行示威性之收归国有请愿一策,于是立即作出如此决议。

汉阳铁厂不能开工三大理由如下:

一、江西革命派没收萍乡煤矿,主张作为本省事业经营,屡次对公司之设施进行猛烈干涉,妨害事业之事不少,从而熔矿炉开工所需之煤及焦炭,无法预先准备。

二、湖南革命派自去秋以来亦占领萍乡煤矿,使公司遭受巨大损害。嗣后因煤矿为江西革命派所收回,乃变更方针,控制搬运煤炭之航路船舶,对公司进行恶毒干涉,公司现尚丧失该搬运航路之自主权。

三、熔制生铁最为必要之原料锰矿,在大冶县西南邻境之兴国州,该地革命派又对此进行干涉,按目下情况,无论如何不能开采。

其他方面,复杂之事,尚有不少,现仅略计二、三如下:武昌革命派已在汉阳铁厂和大冶矿山派驻监督,屡次进行严厉之审问查究,或竟秘密提出丑恶之不当要求,使厂矿当局感到恐惧,给事务之进行予以不少阻碍。近来湖北省议会决议,宣称没收汉阳铁厂和大冶矿山,竟至采取威胁行动。幸大冶铁山为我国权利所在,彼等武昌派遣之监督亦有所顾虑,是以有关我国矿务,尚未能引起丝毫纠纷与障碍。

公司业已派遣代表与北京政府交涉,颇值注目。但财政濒于穷乏之北京政府,依愚见看来,此际无论如何不会承认国有请愿结局,此者予公司以可乘之机,即既然北京政府不能作为国有来经营,又因当前各地敷设铁路等需用钢铁甚多,则非讲求其他方法以维持制铁业不可,此为洞若观火之事。结果北京政府对江西、湖南、湖北三省革命派会采取说服之策,如是确信公司终于会达到事业重新开始之目的。

反之,万一政府将公司之国有请愿当作一良好时机而加以承认,则政府必须筹措一笔极大资金以偿还股东,股东亦便于利用此项归还之资金另建新铁工厂。但此方法难收完满之结果,关于税款等等难免不常受政府妨害。只是另行兴建独立之制铁所,在取得原料方面毫无不便之处而已。

　　我国之方针,愚见以为,正如公司内部所希望者,须始终提请北京政府注意,应视公司为一纯粹之私营商业公司,并予以援助,使其同从前一样继续其制铁事业,此点极为重要。因而纵令成为官营,对于维持我国既得利权并无若何困难。唯欲如现在逐年徐徐发展我之事业,无论如何则不可能,亦难再如以往于樽俎之间进行圆满之交涉。因为此举不仅将引起各国之觊觎与妒嫉,而且由于中国官僚腐败习气潜存,更将促进收回利权之热潮。三省革命派由于财政穷乏而垂涎公司之利源,欲得之以济燃眉之急。但因各省缺乏联络,对制铁事业又缺乏经验,取得后难以取得超过公司以往营业之成绩,自不待言;且明显地必将陷于较现状更为穷迫之境地。此际,北京政府鉴于大势,洞察时局,当能认清必须迅速说服公司反对派,重新用我国借款,坚决实行公司扩张计划,开通急需之铁路而着眼于长远之大利。且三省人民不仅由于该公司之营业直接获得巨大工资,同时又获得许多由事业带来之间接利益,早一日迅速开工,实为救济三省经济之捷径。

　　在万不得已时,将过去加在公司资产中之多少官款将来改成政府股金,对之分配以与其他股票同样之利益,借以杜绝革命派所专门称道之没收主张,相信此亦不失为一策。

　　再次,万一北京政府满足革命派之希望而承认收归国有,则我国随着过去借款所取得之既得权利,使其与从前同样原封不动地受到尊重,乃为我国立国之基础,确信无论如何必坚决采取强硬之外交。

公司董事会呈北洋政府大总统、国务总理、工商部文
民国元年八月二十日(1912.8.20)

为呈请事。

　　窃查汉阳铁厂、大冶铁矿自前清光绪二十二年收归商办后,于三十四年呈请前清农工商部注册,并萍乡煤矿合而为一,曰汉冶萍煤铁厂矿有限公司,当于是年二月二十四日领到部照在案。历年以来,供应各省铁路轨料,运售煤铁出洋,为中国杜塞漏卮,向外洋扩销商货,似于挽回利权,不为无补。

惟公司营业系合厂矿船埠各种机关组织而成,如机器然,一轮不动,即全机失用,自去年八月军兴后,各种机关破坏,营业即无从着手。凤昌等为中国铁政、股东血本、内外债项起见,一息尚存,不容惙置,奔走呼号者十月于兹。正在收拾残烬,作亡羊补牢之计,而鄂省议会忽有没收厂矿之议。虽呈蒙大总统批示,详明力予保护,黎督亦委曲求全,维持甚至,无如为时势所限,各方面不能顾全大局,仍有种种阻难,致碍进行。

近日赣省复有派员总理监督萍乡煤矿之举,置公司于不问,风声所播,众议哗然,股东、债主以及定货主顾相逼而来,公司有岌岌不可终日之势。凤昌等负股东之托付,念铁政之关系,又虑外债之交涉,定货之纠葛,断无束手之理,当会同董事讨论研究,拟有甲乙两种办法。甲说:拟陈请政府将公司产业收归国有,以免鄂赣纷争;乙说:拟仍由公司继续维持。于八月十二日开特别股东大会,请股东公决。是日到会股东五百七十二人,计十六万三千九百零七股,合九万二千一百六十四权,会场投票开验,计主张甲说收归国有者八万六千九百八十五权,主张乙说继续维持者五千一百七十九权,以收归国有为决议。当即公举董事袁思亮、查帐员杨廷栋、经理叶景葵代表进京陈请办理。

凤昌等代表股东,谨合词上陈,除将公司困难情形及甲、乙两种办法,另缮清折付呈外,仰祈大总统、贵部垂念煤铁于路械制造均关紧要,前后费二十二年之经营,数千万之巨款,仅乃有此基础;现商人财力两竭,颠覆在即,俯赐鉴核照准所请办理,以保中国之铁政,救公司之破产,免外债之干涉。而股东等值兹金融恐慌,计穷力竭,但望收回股本,亦不得已之苦衷也。所有详细情形,当由公举进京之代表晋谒面陈,为此备文呈请大总统、贵部核查施行。

高木①致小田切函

大正元年八月二十一日(1912.8.21)

敬启者：

酷暑之际，黄尘万丈，敬维为国辛劳，种种策划为颂。

闲话休叙，关于近来本地进行情况，前寄东京贵总行之信，谅已转来，早邀台览。

昨接由日本来电以"实际上，国有或官督商办之组织变更，日本方面须加以充分考虑，不能轻易同意，应即了解其今后之演变，仰不断报告"。此项内容亦已通知本日乘德国邮船大臣号经青岛赴贵地之公司代表叶景葵经理。彼等亦知国有实际难行，但在股东会议上，一如上次报告，股东以为停止其官利（即乙案），则使其本身既得之权利蒙受损害，遂勉强议决请求国有（即甲案）。所以彼等不得已只想在形式上履行其手续。政府之打算亦以国有实行困难，拟援招商局例，大约以年八厘之官利补救调和。此事现由北京政府工商部向次长密函此次作为公司代表之叶经理与到京之公司董事袁伯揆。特将所知奉告，尚祈了解。

袁伯揆系阁下所熟知之原上海道台、两广总督袁树勋（海观）之子，同工商部向次长有交情，且在原工商部工作过，通晓北京政府部内情况，尤其此次被推举为代表，即可想而知。

本日启程者，有以上叶、袁二人。另有查帐员杨翼之一人，稍迟出发。彼等到达北京后，当住北京饭店，明知阁下迟早会去访问，但为慎重起见，仍先奉闻。

到达北京后情形，彼等当不断电告，幸阁下在京，更得大力关怀，采取适当处置。

汉阳熔铁炉一座预定自九月一日开工（一日可出百吨），铁轨也将于明年即出。近来银价行情日益上涨，由于外国货价更加高涨，因而前来定货

---

① 高木陆郎（生卒年不详）：时任三井物产北京支店长。

者有之,如京汉铁路约定每吨五十六两,江西铁路约定运到九江每吨五十七两。

修理四百吨之熔铁炉所需耐火砖,亦可在下月下旬或十月上旬运到,故十月中即可修理完毕,预定十一月初即可开炉。

再者,如阁下所知,以前铁轨合同价格平均为五十两左右,最高亦不过五十三四两;此次约定之价格约为现在之最高记录,虽然银价行情飞涨,对公司却系可喜之事。目下外国货之市价已达六十两上下矣。

叶景葵①与小田切谈话记录

大正元年九月十四日(1912.9.14)

江西都督之所以欲没收萍乡煤矿,系因以前湖南省株萍铁路之煤炭欠款五十余万元与公司对湖南之大清、交通两银行借款三十余万元,合计八十余万元,作为湖南省之借款,经换成汉冶萍公司股票,因而引起江西都督妒嫉,以至出于最近之暴举。如上项股票为中央政府所有,或由江西、湖南两省分配,情况则难以预料。

收归国有并非我等所敢赞成,但因各地官宪对公司财产,处置粗暴,以致股东们为保护本身利益宁愿收归国有。但如收归国有,则公司经营所必不可缺之人物,如李维格等就必须辞职。如此,则公司事业之成功,殆成绝望。从此见地而言,我等亦不喜收归国有,但因此乃股东决议,姑且向政府提出国有请愿书。关于归还股款及负担公司债务等问题,已向政府交涉,但尚未得到任何正式训示。目前政府情况实不堪如此重负,政府方面并无收归国有之意,大致可以肯定。因此,不日将提出第二次请愿书:(一)请政府予以充分保障,将来不再发生如没收一类事件;(二)自去年革命动乱以来,公司营业上及借款利息之支付等,几每日均遭受七千两之损失,请政府予以赔偿;(二)请求减轻现行产铁课税之税额,并免除厘金及材料输入税。凡此目前均正在上海董事会议讨论中。当然,其中第二项,目前无论如何

---

① 叶景葵(1874—1949):字揆初,浙江杭州人。时任公司经理。

不能达到目的,但只要政府许可存案,便也满足。

所谓比利时借款云云一事,曾经作为个人间私交之谈话谈过。熊希龄提议,为满足公司急需是否可以承受政府公债以资通融? 我等说,就现在情况而言,以无信用之政府公债通融实不可靠,无论如何务必取得现款。所谓比利时借款之传说,或许即此事之讹传。

但政府迟早当必偿还政府对公司之负债或者予以补助,惟该款来源则非公司所能预知。

总之,我等希望:第一为公司事业之确立;第二为股东利益之保护;第三为与如正金、兴业等在与公司之不可分密切关系方面融洽无间。

工商部批文
民国元年九月十七日(1912.9.17)

呈及清折阅悉。派兴实业,煤铁为先。该公司造端宏大,国计攸关,功败垂成,至为可惜。无论国有商办,本部力予维持,现已派员分途调查,仰候查明后再行核办可也。

此批

公司董事会呈北洋政府大总统、国务院、工商部电
民国元年十月一日(1912.10.1)

前以公司机关破坏,复有种种阻难,营业无从着手,商人财力两竭,颠覆在即,由股东会公请收归国有,公举代表进京陈请在案。查汉厂日本制铁所订货最多,公司不能按照合同交货,早已啧有烦言。近以汉厂铁炉已收[修]复一座,屡催先行开炼,函电纷驰,不容再缓。粤汉干线鄂湘铁路亦嘱公司预备路轨。若不照办,恐去年订定之川粤汉路轨件合同千余万金之轨价,仍将流入外洋。事机紧迫,万不能停待。现拟辗转筹借,先开一炉,以顾目前。然以国有、商办问题尚未解决,地方官绅又于矿务横加干涉,人怀疑虑,筹借万分困难。纵使勉强先开一炉,只能暂支一时。总之,公司根

本问题若不早日解决，颠覆仍在转瞬。其时势必内外债项及定货面面挤迫，恐难收拾，不得不据实先行陈恳早日解决，免致贻误，仰祈钧察，不胜待命之至。

公司董事会呈北洋政府大总统、国务院、工商部电

民国元年十月七日（1912.10.7）

工商部电，奉悉。汉冶萍问题既经大部派员赴厂矿调查，理应静候旋京再议。唯公司自上年八月以后，全仗日本制铁所、银行陆续借款，勉强支持，迄今已垫有二百数十万元之巨。其所以若此竭力辅助，无非冀得生铁之供给。现以停炉将近一年，仍无办法，开炉无期，不肯再借。经公司再三协商，彼云非公司办法妥定，可以克期供给生铁，不能再借等语。现公司因问题既未解决，除日本银行外，又一无挪移之处，现已断炊。厂矿经费汇票即日到沪，如无应付，立即哗溃。尤可危者，公司机关破坏，根本动摇，国有问题至今未决，以致人更疑虑。若发款再一愆期，汉冶固属可虑，而萍乡煤窿尤极危险，势必前功尽弃，并非危词耸听；内外交迫，有一日不能再候之势，不得不冒昧渎请迅赐解决，若竟败坏，即国有亦已迟矣。支电所陈，事在眉急，拨济巨款，实无一字虚假。不胜急迫待命之至。

北洋政府国务院致公司董事会电

民国元年十月十日（1912.10.10）

奉大总统令：虞电悉。已由国务会议决定，由政府拨发公债票五百万元，以资补助。惟此款限定作为该公司开炉之用，不准挪移填补亏损，并由工商部派员监督开支。至该公司将来应否作为商办，抑或收归官营，应由政府视察情形酌定等因。特达。

工商部致王治昌①函

民国元年十一月九日(1912.11.9)

汉冶萍拨放债票一事,前经本部委任执事监督,就近与中国银行接洽,电饬遵照矣。惟此项债票,系因该公司开炉待款甚急,经本部与财政部会商指拨南京公债票五百万元,以为补助。将来应如何还本付息,不得不预订条件,以昭慎重。迭经本部与该公司代表等约定办法四款:一,只准抵押,不准出售;二,利息由公司担任;三,还本期限照票面分年成数,按限归还;四,债票出纳归部派监督经管。以上四款,均经该公司承认,并一面据情咨由财政部核准电知上海中国银行,将前项债票如数点交监督员接收。为此函告所有关于债票出纳及抵押所得开支费用,即希接洽监督经管,随时报部核夺遵照办理。

赵凤昌致北洋政府大总统、国务院、工商部电

民国元年十一月十七日(1912.11.17)

部函开有办法四条:一、准押不准售;二、利息由公司担任;三、还本期限照票面分年成数,按期归还;四、债票出纳归部派监督经管等语,似于公司解释蒸电补助之意有歧。且闻财政部拨发汉口商会公债票一千万元,凡因兵燹损失者,得向商会借贷债票转售,十年后由商会索还票本,蠲免利息云云。敝公司同一损失,且铁政关系军国,尤与寻常商业有别,拟恳垂鉴公司损失过巨,俯允援照拨给汉口商会债票办法,或售或押,蠲免利息,十年后归还票本,庶符蒸电补助之意。务恳俯准,电示遵办。

汉冶萍公司呈北洋政府大总统电

民国元年十一月(1912.11)

北京总统府张仲仁先生:中密。急译呈大总统钧鉴。汉冶萍公司蒙拨

---

① 王治昌(1876—1956):字槐青,直隶天津(今天津)人。时任中华民国北京政府工商部主事。

债票抵押为难,复向上海正金银行商议押借各节,业于前月二十三日函恳大总统俯准维持,想邀洞鉴。兹接该总行复电,议定由上海分行押借规银二百五十万两,但须国务院电知公司,声明此次拨发汉冶萍公司五百万元公债票,虽系南京发行之债票,实与中央政府发行者无异,该公司可告知承押之人等语;又须交通部电致上海正金银行,声明本部接汉冶萍公司电请将该公司与以粤汉铁路前督办订定合同之轨价,交轨后付与横滨正金银行之上海支店,代该公司收领,归还借款一节,应准所请,俟该公司交到钢轨,即将应付之轨价银照付该银行代收可也各等语。其意无非为征信起见,伏恳大总统令饬国务院、工商部、交通部查照上开各节,分别电致公司及上海正金银行,俾公司合同即日成立。

工商部致汉冶萍公司函

民国元年十一月九日(1912.11.9)

径启者:

贵公司请拨债票一事,所定办法,本部已据情咨由财政部核准,电知上海中国银行接洽。又,经本部派定委员王季点监督拨放事宜,所有债票出纳及抵押所得,开支用途,均归经管。为此函告,即希贵公司董事会与王君接洽可也。

张謇①致北洋政府大总统函

民国元年十一月二十三日(1912.11.23)

大总统钧鉴:

敬启者,窃敝公司蒙拨发公债票五百万圆,补助公司为开炉冶炼之需,仰见重视铁政,恤念商艰,莫名钦感。惟是公债票行使市面,信用未孚,售现仅值六七折,且为数至多只能在十万以内,不惟亏耗过巨,亦属无济于事,至以之押借巨款,多方求觅,迄无应者。前具霰电恳押借交通银行四十

---

① 张謇(1853—1926):字季直,江苏南通人。时任公司总经理。

万两,奉效电:该行存款,系备还铁路债项,实难转借等因。不得以[已]乃向日本正金沪行磋商,以公债票五百万圆,押借日币三百五十万圆,自明年七月起,期限三年,指川粤汉两路轨价归还,该银行已允电商总行,但须要求二事,方能照办:一、敝公司以公债票押借,除由公司与该行订立合同外,须由政府致函该行承认此事;一、川粤汉两路轨价,既指为还款之用,嗣后该两路应交轨价,由交通部代收,按期付还该行,以借款还清为止,该行须请交通部,将此层办法致函该行存执,以坚信用。盖此次债票押借,煞费周章,迄无成就,该行之尚能就商者,以日本制铁所所需生铁以及矿砂,仰给于公司者不少,有此通工易事之关系,虽前逋未清,尚允请益,舍此则矢尽援绝,别无措手之方。至所指轨价,本系交轨后交通部应付公司之款,于部毫无出入,并无责任,公债票到期应付利息,亦可在轨价内划扣,尤为简易。至于承认公债票抵押一层,既准公司抵押,自无不承认之理。

现正候该总行复电,特将其中情形,先行函陈,以便复电一到,即当电请,务恳大总统俯念危局转安,在此一举。俟公司电到后,呈请大总统饬令国务院、交通部查照该行请求二事,分别致函存照。俾借款告成,汉厂三炉可克期齐开,得复旧观,庶足仰副拨票补助之至意。兹将川粤汉两路订轨合同及公司应得轨价表,各缮就两份,呈请钧鉴,饬发交通部查照。临颖待命,无任主臣。肃恳。敬叩

提绥

汉冶萍煤铁公司总经理　张謇谨启

张謇、李维格、叶景葵致交通部函

民国元年十一月二十九日(1912.11.29)

桂辛次长先生均鉴:

敬启者,窃敝公司蒙拨发公债票五百万圆,补助公司为开炉冶炼之需。仰见重视铁政,济困扶倾,莫名钦感。

惟是公债票行使市面,信用未孚,售价固亏耗过巨,亦与部订条款相背,至以之押借巨赀,多方求觅,迄无应者。惟日本正金沪行,与之磋商,以

公债票五百万圆押借日币三百五十万圆,自明年七月起,期限三年,指前政府与公司所订川粤汉两路轨价归还。该行以日本制铁所岁需生铁矿砂,仰给于公司者不少,有此通工易事之关系,已允照所议电商总行,但须要求二事,如能实行,方允照办。一、敝公司以债票押借,除由公司与该行订立合同外,须由政府致函该行,承认此事;一、川粤汉两路轨价,指为还款之用,嗣后该两路应交轨价,由交通部代收,按期付还该行,以借款还清为止。该行须交通部将此层办法,致函该行存执,以坚信用。

伏念敝公司自经挫折一载有余,困苦艰难,屡濒危殆,目下专恃此项借款有成,便可大举开工,力图规复。否则,矢尽援绝,直成坐毙之势。是成败利钝,悉在此举。而呼吸绝续之交,尤属刻不容缓。查该银行要求,承认抵押一层,政府既准抵押,自无不承认之理;至所指轨价,本系交轨后大部应交公司之款,与部毫无出入,并无责任。且公债票到期付息,亦可在轨价内划扣,尤属简易。现正候该总行复电,特将其中情形先行函陈,以便复电一到,即当电请。除具函呈恳大总统核准转饬外,用特函恳大部俯念公司危迫情形,俟公司电到后,准照该行要求之事,赐函存照,俾危局转安,厂矿得以渐次恢复,庶足仰副补助进行之至意。兹将川粤汉两路轨价表录呈察照。肃泐。祗颂

台绥

张謇 李维格 叶景葵谨启

赵凤昌致唐绍仪函

民国元年十一月二十九日(1912.11.29)

少川先生大鉴:

汉冶萍公司自经上年军兴后,机关停滞,商业摧残,几有一蹶不振之势。迨中日合办之议起,股东群起反对,开会议决取消,并筹进行办法。谬承公推为董事会长,复蒙先生勖勉,以衰病之躯,荷艰巨之任,经济困难,一筹莫展,兼以夏秋间,鄂赣人士,于厂矿横加干涉,屡濒危殆,势不能支。不

得已开股东大会议决,呈请国有,尚未奉政府正式批答,先蒙拨发公债票五百万圆,补助公司为开炉之需。在政府于财政艰窘之时,拨票补助,济困扶倾,实深感激。

惟是公债票行使市面,信用未孚,售票固亏耗过巨,亦与部定条款相背,至以之押借款项,多方求觅,迄无应者,唯日本正金沪行与之磋商,以公债票五百万圆,押借日币三百五十万圆,从明年七月起,期限三年,指公司与政府订定之川粤汉两路轨价归款。该行以日本制铁所岁需生铁矿砂,仰给于公司者不少,有此通功易事之关系,已允照所议电商总行,但须要求二事,如能实行,方允照办。一、敝公司以债票押借,除由公司与该行订立合同外,须由政府致函该行,承认此事;一、川粤汉两路轨价,指为还款之用,嗣后该两路应交轨价,由交通部代收,按期付还该行,以借款还清为止。该行须将此层办法,请交通部致函该行存执,以坚信用。

当经敝会讨论,以该行要求,政府承认以票抵押一层,政府既准抵押,自无不承认之理。至所指轨价,本系交轨后交通部应付公司之款,于部毫无出入,并无责任,且公债票到期利息,亦可在轨价内划付,尤属简易。敝公司总经理张季直先生函恳大总统核准令饬国务院、交通部照办,尚未奉复,焦盼良深。现查敝公司因粤路催轨,汉厂已勉开一炉冶炼,鄂赣干涉之事,设法转圜,亦可望和平解决,目下专恃此项借款有成,便可大举开工,力图振作。否则,矢尽援穷,坐以待毙。是成败利钝,在此一举,而呼吸绝续之交,尤属刻不容缓。因念梁燕生先生赞襄枢要,与先生最为莫逆,敢祈先生俯鉴敝公司危迫情形,切托梁公,于正金押借要求二事,左右政府,玉成其事,并求速赐施行,全体股东同深感祷。先生公溥为怀,前者取消中日合办,亦荷大力赞成,实受其赐,当蒙终始维持,俯如所请也。兹将川粤汉两路轨价表照缮一份,又季直先生函稿一并附呈台阅,临颖迫切,不尽所云。

祇颂

颐绥

伫候明教。

赵凤昌

赵凤昌等致北洋政府大总统、国务院电

民国元年十二月四日（1912.12.4）

东电陈明外人催逼铁厂定货，拟辗转筹借款项，先开一炉，以顾目前在案。日来商措，仍以国有商办未决，善后尚无办法，难望就绪，而定货则不能再延，经费已一筹莫展，若无救济之法，只有宣告破产。查自去年八月以来，维持公司，全恃借贷，已达二百七十七万一千余两，方能勉强支持至今。南京政府用公司名义所借日本三百万元，政府用去二百五十万元，公司只得五十万元之用。现在借贷俱穷，以至一筹莫展。若终至破坏［产］，尤可痛惜！无论国有商办，窃恐挽救已迟。明知国家财政困难，惟铁政关系大局，与寻常商业不同；际此绝续之交，万分危急，不得已只有仰恳钧察，迅赐维持，无论何款，即日拨济二百万两，以救燃眉。国有商办，在铁路终须用轨，仍可在轨价内陆续扣还；或即将南京政府拨用公司之二百五十万元提前发还。

张謇致北洋政府大总统函①

民国元年十二月五日（1912.2.5）

大总统钧鉴：

敬启者，窃汉冶萍公司蒙拨债票，补助开工，嗣因抵押为难，复向上海正金银行筹商押借各情形，业于上月二十三日函恳俯准维持，并声明俟该总行电到，再行陈请，计邀洞鉴。

兹接正金总行复电，议定以公债票五百万圆押借上海分行规银二百五十万两，但须国务院电致公司，声明此次拨发汉冶萍公司五百万圆公债票，虽系南京发行之债票，实与中央政府发行者无异，该公司可告知承押之人等语。又须交通部电致上海正金银行，声明本部接汉冶萍公司电请将该公

---

① 同日尚有致工商部、交通部函，内容基本相同，未录。

司与川粤汉铁路前督办订定合同之轨价,交轨后付与横滨正金银行之上海支店代该公司收领一节,应准所请,俟该公司交到钢轨,即将应付之轨价银照付该银行代收可也各等语。核其要求之意,无非为征信起见,于政府并无出入,亦无责任。伏恳大总统令饬国务院、交通部查照上开各节,分别电致公司及上海正金银行,俾公司合同即日成立,以苏涸辙。斡旋危局,在此一举。临颖无任迫切待命之至。肃领

钧绥

汉冶萍煤铁公司总经理　张谨启

汉冶萍公司、正金银行上海规银贰百伍拾万两借款契约书

民国元年十二月七日(1912.12.7)

汉冶萍煤铁厂矿有限公司(此后称公司)向横滨正金银行(此后称银行)借上海规元银贰佰伍拾万两,订定条款于后:

一、公司向银行借上海规元银贰佰伍拾万两,自明年阳历七月起分三年摊还,每年还三分之一,利息周年八厘(第一年八厘;第二年起照市情形酌量最低以六厘为率)。

二、本借款以公司归还外国借款赎还之担保品,附清单作为本借款之担保品。又,以中国政府拨发公司之南京公债伍佰万元之债票为担保品。

三、由公司呈请中国政府饬知公司声明此次拨发公司伍佰万元公债票虽系南京发行之债票,实与中央政府发行者无异。

四、以公司与川粤汉铁路督办订定之该两路轨价抵还借款,由北京政府承认将轨价付与银行,至还清为止,其轨价数目另附清单。

五、此借款言明系归公司收用,不得移作别项用款。

六、此合同一式二份,彼此各执一份存照。

横滨正金银行上海支店支配人　儿玉谦次(印)
汉冶萍煤铁厂矿有限公司经理　李维格(印)
叶景葵(印)

大正元年十二月七日
中华民国元年十二月七日

北洋政府国务院致公司电

民国元年十二月十日(1912.12.10)

汉冶萍公司:正金银行承押贵公司债票五百万元,此项债票虽系南京发行,实与中央发行者无异。请转告该承押人知之。国务院。蒸。(印)

北洋政府国务院致张謇电

民国元年十二月十日(1912.12.10)

奉大总统令:汉冶萍公司向正金沪行抵押债票,已饬国务院电致该公司,并由交通部电致该银行分别办理矣。特达。

朱启钤①致上海正金银行分行电

民国元年十二月十三日(1912.12.13)

正金银行鉴:本部接汉冶萍公司来电,请将该公司与川粤汉铁路经前总办订定合同之轨价,于交轨后付与横滨正金银行之上海支店代该公司收款一节,本部可以照准所请。惟该公司前已在本部预支川路轨价银一百万两,俟川路开工后,应在川路所付轨价内尽先照约如数扣还归部。此外,该公司交川路钢轨,即将该路应付之轨价银照付贵银行代收可也。除另函外,特闻。交通部朱启钤。元。

孙武②致北洋政府大总统电

民国元年十二月十九日(1912.12.19)

北京大总统、国务院、国维报转各报,南昌李都督,长沙谭都督,黄克强先生,上海民声报转各报暨孙中山先生,汉冶萍公司均鉴:汉冶萍厂矿经鄂省议会议决,由鄂收办,副总统、民政长因迭次照会委武督办,全鄂党会及工商实业各团,联合公举责武担任斯职。窃武对国家社会,向持牺牲小己,

---

① 朱启钤(1872—1964):字桂辛,贵州开州(今开阳)人。时任北洋政府交通部总长。

② 孙武(1879—1939):湖北夏口(今武汉)人。时任湖北军政府军务部长。

以利大群主义，此事不仅全鄂地方利害攸关，其所以牵动国权者甚重，坐令丧弃，殊拂舆情，而乖素志，虽督办空名，愧不当领，而公谊所在，应尽义务，不敢不勉。谨布鄙见，用资商榷：一曰外债之清核。凡汉冶萍所借外债，如在未起义以前，实系厂矿借贷自用，确有凭证者，应继续承认偿还，其为盛宣怀私自借贷者，均由盛宣怀清还。一曰股本之处分。除盛宣怀外，所有华人商股，一律保护其应享固有之权利，惟与盛氏伙串舞弊者，不在其列。一曰厂矿之办法。暂时悉仍旧整理，俟秩序恢复，再筹款集股，以谋扩充。一曰人员之去留。凡厂矿办事人员，才能胜任者，悉留旧供职，惟浮滥不职及煽鼓风潮者，立予罢斥。一曰地权之解决。厂地矿山既属地方公产，应明定权限范围及相当之利益，以息纷争。一曰督办之责任。应维持厂矿不为盛氏一人所断送，收回地方应享公权，尊重确实商业，事理就绪，再为扩充，以谋进行。务求各除私心，共谋公益。前途希望，正自无穷。倘有甘为盛氏鹰犬，欺蒙政府，蹂躏地方，祸国殃民者，武既受政府委托，责任所在，对待正自有方。敢布区区，伏希原鉴。孙武。篠。

公司董事会致北洋政府大总统等电

民国元年十二月二十日(1912.12.20)

北京大总统、国务院、工商部钧鉴：敝公司前经股东大会公举代表，入都陈请收归国有，奉批现已派员分途调查，仰候查明，再行核办。嗣又以停炉久候，无款开炼，外债逼迫，定货催索，情形万急，迭电陈请拨款维持，并请将国有问题迅赐解决，当电国务院电奉大总统令：已由国务会议决定，由政府拨发公债票五百万元，作为开炉之用；至该公司将来应否作为商办抑或改归官营，应由政府察视情形酌定等因。奉此，寻绎指令，此项公债票仅为开炉济急之用，根本问题尚待解决。顷接鄂省孙武电称：奉副总统令及地方党会团体公举，受任督办，将汉冶萍收为地方公产，并办法六条等云。此电径达大总统、国务院，究竟中央对于此事如何主持，国有商办问题能否即日解决，公司对于孙武来电应如何答复之处，尚乞迅示方针，免致惶惑，无任企盼。汉冶萍公司董事会。号。

工商部致公司电

民国元年十二月二十二日（1912.12.22）

汉冶萍公司鉴：号电悉。国有问题已呈大总统，不日解决，目前自应维持现状。鄂督电举孙武，未经中央认可，自不能轻易交其接办。工商部。

工商部致汉冶萍公司电

民国元年十二月二十九日（1912.12.29）

本部现派参事陈其殷，技正张景先，佥事王治昌、王季点到沪调查公司帐目财产，以备设法维护，希即遵照。

公司董事会呈北洋政府大总统、国务院、工商部电

民国二年一月九日（1913.1.9）

前奉工商部电，国有问题已呈大总统，不日解决等因。迄又多日，未蒙宣布。鄂省风潮，虽遵电未与交接，而厂矿悉在鄂境，应付为难。自代表递呈以来，已五阅月，国有商办，迄尚未定。股东惶惑万分，危难纷乘，办事异常棘手。大部既主持国有，已经呈请解决，自应迅速宣布，俾公司有所遵循。务恳大总统早日发布命令，以定一是。全体股东感祷万状。

工商部指令

民国二年一月二十三日（1913.1.23）

叠据电称，汉冶萍国有问题一日不决，即人心一日不定，进退维谷，损失益巨，请赐决断，即日宣布等情。查汉冶萍厂矿为二十余年之事业，有三四千万之债务，该公司呈请国有虽逾五月，调查员复查到部不过两月有余，本部呈请大总统批示尚未满一月，关系既巨，决策自难。从前改良一炉，至于出洋考察，筹措一款，动需数月踌躇。此中甘苦，该公司董事、经理知之深矣，何独不能为政府谅耶？且本部筹议国有，不过欲为国家复垂败之业，即使早日宣布，该董事、经理等岂能搁置不问？仰仍督率厂矿各员维持现状，静候大总统批示遵行，勿遽存五日京兆之心。至兴革大事及对外交涉，

有关厂矿前途,自应随时呈候核夺,毋得疏误。

财政部说帖

民国二年三月(1913.3)

窃查汉冶萍厂矿国有问题,据工商部所呈八大理由,均系收归国有,碍难仍归商办之情形。至收归国有后,一时应偿还之借款若干,利息若干,除还尚存借款若干,既无预算,更无计划;对于旧有股本如何处置,对于将来营业如何发展,亦无详细说明。本部职司财政,凡国立一策所需经费,均应列入预算送议院议决,始能发生效力。似此中国第一实业,国际所关,需费浩大,是应仍请工商部详细计划,开具清单,送请国务会议决定政策后,本部始能筹划款项,决不能遽尔定计也。惟国有问题尚须研究者有三:一、是否全体股东之决议。查工商〈部〉说帖中,尚有少数股东欲举盛氏为总理之意,是内部尚未一致,国家遽尔收归国有,能否不招股东之反对,此尚须审慎者也。二、是否已得三省都督之同意。查此矿地处三省,全赖该管行政长官维持,近闻湖北、江西都督均有收归省办之说,若不事先商定,恐将来反多窒碍,此亦应预先审慎者也。三、国会成立在即,临时政府期限无多,政策虽定,不能贯彻实行,更恐有损国家信用,此更宜审慎者也。①

(八) 申请官商合办及政府派员调查

张謇致杨廷栋②函

民国二年十一月三十日(1913.11.30)

翼之仁兄大鉴:

今午晤小田切,突说上海正金来信云:杨廷栋到沪,称系部派,要收汉

---

① 1913年3月29日,公司召开股东特别大会,一致议决:撤销收归国有申请,仍然维持商办。

② 杨廷栋(1879—1950):字翼之,江苏吴县(今苏州)人。时任众议院议员,后任北京政府农商部矿务监督。

冶萍为国有。汉冶萍借用日本正金之款已有一千八百万元,现汉冶萍又续借九百万,日本为需用铁砂、生铁,故前后肯借如此巨款,且有契约。答以去年汉冶萍股东有公文要求政府收为国有,未即解决,我到京后,股东复有公函续请国有,亦未解决,如果中国自己有钱,自应由政府收为国有。至于许卖贵国之铁砂、生铁,即使国有,契约自然有效。杨君曾为公司查帐员,大约以私人资格去问。小田又云:闻得杨系梁燕孙所托,梁于海兰同成铁路借有巨款,故为此计。如果中国政府真自己有钱原可收回,若同一借款,何以不要借日本之款? 日本铁厂系政府所办,若有妨碍从前契约之处,深恐商业往来变成交涉。答以当为函询。此事非有人通风报信,正金何由得知此等情形,令人有无穷之感触。盛、李近状若何,续借九百万之说若何,省之所说秉亦以日约故踌躇未决。继兴去后未见电复,甚以为念。再中法近与汇理联合,气势亦正。知念并闻。即颂

大安

叶景葵致盛宣怀函

民国二年十二月十七日(1913.12.17)

补公钧鉴:

别后抵京,晤熊总理及张季老,均谈及汉冶萍事,当将现在困难情形及政府万不能漠视之理由,详细陈述。熊、张均允力为维持,约前晚在季老处会商办法,翼之、省之亦在座,谈判结果虽未能十分解决,然隔阂之处渐少。翼之本星期可以南旋,当能面陈一切。揆昨日旋郑,因家严奉调豫南,约须数日能南归,归来再趋诣面达种种。日来天气渐寒,提躬当如常康适。即颂

大安

景葵谨上

周自齐①致杨廷栋电

民国三年一月八日(1914.1.8)

苏路公司杨翼之兄:苏财政部田来言,汉冶萍已由盛与正金签字,财政部田诡谓条件尚松。究竟如何,乞探示。自齐。

杨廷栋致盛宣怀函

民国三年一月九日(1914.1.9)

夫子大人尊右:

前日奉教一切,已函告厚生,托其转达通州。顷得京电,稍有误码,原件送呈察阅,应如何置复,乞赐裁示。知贵恙未全告痊,不敢面渎,辄以书闻。敬请

钧安

鹄候回示。

生栋拜上

汉冶萍公司简明节略

民国三年一月十日(1914.1.10)②

一、经理李维格等预算,大冶添造生铁炉二座,每日出生铁五百吨,专售生铁;汉阳生铁炉四座,每日出生铁七百五十吨,专造钢料;萍乡每日出煤二千五百吨,专造焦炭,尽供六炉之用。

二、经理及商务长、会计长会同计划:目下预算资本已达六千万元之数,将来非推广出货不能兴旺,即非加筹资本不能扩充,此以后事今日暂不能议。

三、钢铁关系自强,非他矿可比;中华情势,铁路、造船、制械,皆非商力所能办;则制铁一事,实非国有不能一线贯串。惟汉冶萍先由官办无效,改

---

① 周自齐(1869—1923):字子廙,山东单县人。时任交通部总长、代理陆军总长。

② 原件未署日期,此系根据内容判定。

归商办,而辛亥以后损失极多,今若归国有,在政府或尚无暇及此,在公司亦不敢以蚀耗未完之产贻累政府,自应坚忍办到目的,再申前说。

四、目下公司勉力为之,股份太少,日债太多,未免喧宾夺主,现拟按照上年总经理及董事等核定,准出新股票三千万元,约计旧股可凑一千五百万元,须添新股一千五百万元,商力一时断不能及,拟请将中央借款尽数作抵,不足之款俟中央续借外款再行补足。似此公司即可作为官商合办之局。得官力可以杜省界之凭陵,得商力可以平外人之争竞。

五、实在股份如得敷足三千万元,中气稍充,外债数目相去无多,体裁亦较好看。

六、现在公司预算,外债之内日款新旧约三千万元,皆订定以生铁、矿石相抵,十五年本利可以还清。至其时股份三千万元可值六千万元,与昔年轮船、电报两局情形相埒。

七、现欠官债如政府不允入股,拟请求财政、交通两部与公司订定,按照日债多分年限、减轻利息列表分缴,免将轨价扣除,亦足维持此项实业。

八、湖北派代表到沪,议将前督张文襄奏定官办时所用之公款五百余万两,除已缴过现银一百万两,其余原定出铁一吨捐银一两,注销前案改作股份,十年免利。公司要求必须中央政府特准,十年之内照原案将所有应缴各捐各税一概免除,不得免交一两吨捐另起他项捐税名目,方能填发股票。此案湖北前请工商部议过,尚无定议,现请部示可否仍照旧案,每吨捐纳现银一两,毋庸预填股票,抑准填发股票,十年之内一概免纳捐税。

九、江西李烈钧前派乱党赴萍开挖土矿,以害机矿,以致土棍引诱外来棍徒,在于机矿左右开挖数十处,将来倒坍,人命可虑。公司现派代表赴赣恳请示禁,闻江西亦欲援照填送股票若干万,方肯实行禁止,公司拟即呈请大部主持,仍照旧案禁止土矿,未便填送股票。

十、现今公司实因厂矿丝毫不能接济,所出生铁、钢料,皆为债主扣还,而中外各债环向逼勒,数月之内竟无另行借款之法,不得已赓续前约议借日币九百万元,为添造五六两炉、接济厂矿工程之用,并将短借重息之款归并六百万元本利,皆以生铁、矿石抵还,仍订明政府如有真实官款非他国之款借与公司,可以归还此次借款。

[附件] 官款清单

财政部(公债票)洋五百万。

前邮传部(预收轨价)洋例银二百万两。

四川铁路公司(预收轨价)洋例银一百万两。

又 前款之息壬子三月底止 洋例银一万六千四百八十五两一钱一分三厘。

汉口交通银行(汉厂借)洋例银十万两。

又 (汉厂借)洋例银十万两。

又 (汉厂借)洋例银十万两。

又 (汉厂借)洋例银五万两。

又 (汉厂往来)洋例银二千二百三十两。

又 (萍矿借)洋例银五万两。

又 (萍矿借)洋例银五万两。

汉口交通银行(萍矿借)洋例银十万两。

又 (萍矿借)洋例银十万两。

又 (萍矿往来)洋例银九百二十六两。

南京交通银行(汉厂借)洋例银二万两。

又 (萍矿借)洋例银二万两。

以上交通银行十二款共计洋例银六十九万三千一百五十六两。

大清银行(萍矿借)洋例银三万两。

又 (萍矿往来)洋例银二万两。

以上大清银行二款共计洋例银五万两。

湖南官钱局(汉厂借)洋例银四万零八百十六两。

又 (汉厂借)洋例银五万一千零二十两。

又 (汉厂借)洋例银二万两。

又 (汉厂借)洋例银三万两。

又 (汉厂借)洋例银五万一千零二十两。

又 (汉厂往来)洋例银一万二千二百五十五两。

又 (萍矿借)洋例银七万两。

又 (萍矿借)洋例银三万两。

又 (萍矿借)洋例银四万两。

又 (萍矿借)洋例银二万两。

又 (萍矿往来)洋例银十万零一千二百七十五两。

以上湖南官钱局十一款共计洋例银四十六万六千三百八十六两。

湖北官钱局(汉厂借)洋例银五万两。

又 (汉厂借)洋例银十万两。

又 (萍矿借)洋例银十万两。

又 (萍矿往来)洋例银十万两。

以上湖北官钱局四款共计洋例银三十五万两。

湘钱局(萍矿往来)洋例银五万一千零二十两。

裕宁官钱局(汉厂借)洋例银三万两。

又 (汉厂往来)洋例银八千五百九十两。

以上裕宁官钱局二款共计洋例银三万八千五百九十两。

总计洋例银四百六十六万五千六百三十七两一钱一分三厘,七三合洋六百三十九万一千二百八十三元,连同财政部公债票洋五百万元,共计洋一千一百三十九万一千二百八十三元。

杨廷栋致盛宣怀函

民国三年一月十二日(1914.1.12)

夫子大人尊右:

手示敬悉。前日奉复示并节略,适尚老处有人出通赴京,即将开来原件加函带去,约计今晚可到京矣。专复。敬请

钧安

生栋叩上

杨廷栋致盛宣怀函

民国三年一月十八日(1914.1.18)

夫子大人尊右:

尊恙如何,至以为念。顷晤刘厚生(因丁艰旋南),知极峰对于公司借款事非常注意,并亲谕外交部断勿允许,故啬老特电查询,以图解救。厚生并云,与公夙附亲谊,无不竭力相助,请公迅即解决。今日本拟诣陈一切,适以电话奉询,知不能晤谈,敢以书道其略。敬请
钧安

生栋谨上

叶景葵致盛宣怀函

民国三年一月二十一日(1914.1.21)

宫保钧鉴:

归来闻贵体违和,是以未敢晋谒,恐劳清神也。日来已否稍痊,殊系下怀。翼之出示手教,知尊意拟令景葵偕翼之入都,商汉冶萍事,理应效力。惟鄙意此事须用单刀直入法,由董事会与翼之在沪商一大纲,然后即由翼之到京与政府定议,藉便托其疏通一切,较无痕迹。此时若派人入都,反难骤得要领,且恐有隔阂之处。翼之新简矿务局长,责任所在,自不能辞,渠向以官商合办为然,与燕孙亦能说话,趁渠在沪商酌妥当,机不可失。辱承下问,特犰愚见至极峰云云,亦以燕孙一方面前往疏通最为有力也。专肃。
敬颂
痊安

叶景葵顿首

盛宣怀致叶景葵函

民国三年一月二十四日(1914.1.24)

揆初先生鉴:

前奉郑州所发惠书,因闻驾旋在即,故未奉复,昨读手教,敬领一切。

汉冶萍实为中华商务一线留贻，有此美产，有此根基，有此历练，虽有巨款，亦非咄嗟可成。弟一息尚存，终想布置头绪，以待来者。所拟官商合办，我公首创其议，翼之实赞其成，阁下所拟单刀直入办法，昨邀翼之面商，亦有同情。据云旧历正月初十日即须回京，如旬日内贱恙稍愈，当特别开董事会，先叙一议案托其带京呈阅，能否合拍，亦须迅速定议，始可放手进行。惟翼之既长矿局，便难兼顾，寰顾天下才而有心此道者微公其谁？以弟看来，时局虽已大定，而共和世界官不可为，阁下如肯专心于此，美国钢铁大王何能多让。鄙见拟请阁下借题入都，成就此局，将来官一面阁下当之，商一面一琴当之，吾心安矣。开会以前拟请公与翼之、一琴相聚一谈，但恐精神短少，不能畅所欲言耳。复请

台安

愚弟盛谨启

杨廷栋致盛宣怀函

民国三年一月二十八日（1914.1.28）

夫子大人函丈：

昨函谅荷钧鉴。顷得京讯，嘱将借款合同详细研究，请将日文原稿抄赐一份为祷。专请

钧安

生栋上

盛宣怀致杨廷栋函

民国三年一月二十八日（1914.1.28）

翼之仁弟先生鉴：

连奉手书，敬悉一一。东文合同只有一份，兹已嘱令赶抄一份，从速送至尊处，以便寄京研究。弟近日饮食不进，精神大减。闻阁下已改定二号进京，若于此二日内开特别董事会，弟必不能赴会，阁下之行倘能略缓数日，待弟病稍痊，定能议决，抑或阁下定于二日进京，皆请示复为盼。此颂

台祺

友兄盛谨启

杨廷栋致盛宣怀函

民国三年一月二十九日(1914.1.29)

夫子大人尊右:

　　奉示敬悉。尊恙至念。栋本定二月二号北行(即阴历正月八号),势难再缓,厂矿事如何解决,须备正式公文呈部,方有效力也。若迟延不决,恐生枝节,千乞注意。行时恕不面辞。敬请

钧安

生栋叩上

汉冶萍公司与矿务局商议条件

民国三年一月(1914.1)①

　　一、官商资本各一千三百万元,农商部一百七十万元作为官股,湖南六七十万元作为商股,彼此可以无须出现资。会计所拟有预算清单,可以抄备察核。

　　一、大冶新炉两座,限两年半必须成功,日本借款九百万元已可勉强敷用。所少活本一千万两,拟请政府设法暂为借用,将来仿照日本在轨价内分作四十年扣还。

　　一、公司现定官商合办,董事会、股东会章程本应修改,此次即当会商修改完善,再由农商部核定施行。

　　一、董事会拟定若干人,官商各半,应由股东选举;会长二人,应由董事内推举。

　　一、经理拟定两人,应由董事会公举,大约官一商一,总期彼此融洽,各无意见。

―――――――――

　　①　原件未署日期,根据内容判断,似成于1914年1月底。

一、湖北、江西两省应请中央政府保护维持，以免损害。

以上各条应请矿务局局长代呈部长迅赐核定，以便公司定期特开股东大会，逐条议定，如果赞成过半，即当正式具呈大部批准实行。所有帐目尚可以民国三年为官商合办之界限，帐目较可清楚。

汉冶萍董事会长　　盛宣怀

盛宣怀致公司董事会函

民国三年一月二十九日（1914.1.29）

董事会诸位先生鉴：

汉冶萍官商合办，弟先与刘厚生次长详细谈过，待施省翁、杨翼翁以中央借款来言，弟又告以实在办法，杨翼翁回京当即畅所欲言，带去节略一本，请其据理疏通。翼之先生回沪述及季泽总长极力赞成，熊总理、叶揆初先生亦以钢铁关系大局，非官力维持不能扩张。惟官商股份各人一千五百万，恐做不到，因工商部已有一百七十万在旧股之内。翼之先生到沪后，曾见三次。顷接来函，定于二号回京，应请公司开一特别会议，并可请翼之先生到会，即请诸公面与商酌大概办法，作一抵[底]本，俟有回信再开股东大会，决议后具呈到部，彼此定议。弟旬日以来，病势甚重，一筹莫展，务请诸公主持办理。所有各函件抄呈台览。此请

台安

一琴先生应请到会。

盛宣怀谨启

盛宣怀致公司董事会函

民国三年一月二十九日（1914.1.29）

董事会诸位先生鉴：

顷接杨翼之先生来函云，须将正式公文带京，惟查前年股东大会所通过者系国有问题，国有与合办大有不同，故此次须待开股东大会通过合办后，方能将正式公文寄京，务请诸公与杨翼之先生妥商为祷。即颂

台祺

盛宣怀谨启

公司董事会致杨廷栋函

民国三年一月三十日(1914.1.30)

翼之先生大鉴：

顷闻台从旋京在即，官商合办一事，应即商订大概办法，请代陈中央，俟核准后，再开股东大会决议，正式具呈。兹订于一月三十一号下午二钟，在四川路三十六号公司事务所开临时会议，用特函约，祗候惠临，面商一是，至为感盼。此致。顺颂

大安

汉冶萍公司董事会谨启

公司董事会致李维格函

民国三年一月三十日(1914.1.30)

一琴先生大鉴：

径启者，昨接杏老函开，杨翼之先生旋京在即，官商合办一事，应即开临时会议，邀请翼之先生商酌大概办法，作一底本，俟有回信，再开股东大会决议后，具呈到部，彼此定议，一琴先生应请到会，等因。兹订于一月三十一号下午二时，在本公司开会，务祈届时惠临，协商一是，为盼。此致。

顺颂

台安

董事会谨启

公司董事会致国务院、农商部电

民国三年二月二日(1914.2.2)

北京国务院、农商部钧鉴：汉冶萍铁业，关系军国要需，自非官商合力维持，不足以图扩充而蕲发达。屡经董事会协议，请将公司官商合办，意见

相同,特先具电请愿,馀俟杨君（廷栋）到京,面陈一切。如蒙俯允,即行登报召开股东大会;如果多数赞成,即当正式具呈,恭候批准办理。董事会盛宣怀、王存善、沈敦和、朱佩珍、李经方、施则敬、周晋镳、张武镛叩。冬。

北洋政府国务院致公司董事会电
民国三年二月五日（1914.2.5）

汉冶萍公司董事会盛、王、沈、朱、李、施、周、张诸董事鉴:冬电悉。汉冶萍公司为吾国绝大事业,所关至重。该公司既无力扩充,政府为维持实业起见,自难漠视。唯官商合办一节,于全体股东均有密切关系,应由该公司即开股东大会议决,用正式公文呈请,再行接[核]办。国务院。歌。

公司董事会致国务院电
民国三年二月十三日（1914.2.13）

北京国务院钧鉴:歌电奉悉。已定期三月七号开股东大会,俟届期议决后,再行具呈。汉冶萍董事会叩。元。

水津①致盛宣怀函
大正三年二月十四日（1914.2.14）

闻贵公司将于本年三月七号开股东大会,商议重要事件,敬祈即将预备在该会提出之条件,详为示悉,至以为祷。

盛宣怀致水津函
民国三年二月二十六日（1914.2.26）

正金银行水津先生台鉴:

接二月十四日惠函,承询股东会预备提议条件,适在病中,致稽即答。查是日所议之事,已详董事会致股东联合会信中,兹特抄稿奉阅,倘多数以

① 水津弥吉（生卒年不详）:时任上海日本正金银行副经理。

为可行,则仅系内债改为股本,进行较前顺利。对于制铁所及贵行之债务,仍始终无稍变更也。复颂

日祺

公司董事会致国务院、农商部电
民国三年三月七日(1914.3.7)

北京国务院、农商部钧鉴:汉冶萍公司董事会、股东联合会遵照院电,将官商合办问题,召集全体股东议决。本日大会,到会者二十一万四千零九十九股,投票公决,赞成官商合办者十一万六千七百一十权,反对者一百一十权。应请钧院、大部派员来沪与公司妥商办法为祷。除另正式具呈外,董事会盛宣怀等公叩。阳。

公司董事会呈国务院、农商部暨鄂都督、省长文
民国三年三月九日(1914.3.9)①

为呈请事。

窃汉冶萍公司,产品制货运道,跨连三省,局势散漫,人众事繁,整理已自不易。军兴以来,营业顿挫,损失极巨,加以各界凭陵,诛求无已,进行阻滞,日就萎靡,所负债务,超逾股本二倍。两年以来,虽招集人工修复炉座,开工冶炼,而所交生货钢轨,多系偿还预支之价,寥寥货款,不敌出款十分之二。内则厂矿经费不敷,外则各债环逼,即往来之银行、钱号,不惟不肯通融,并且追索旧逋,势将破产,危险万分。不得已始秉承上年股东议决之案,议借外债,即赓续辛亥四月预借铁价之约,以其未付之九百万元,重行订借,为添造大冶两炉之用,并将重息短期之债归并,改借轻息长期之款,实因公司根本问题,非谋出货增多,债息轻减,信用规复,断不足以自拔。而欲煤铁采掘,运行无阻,钢铁制炼,一尘不惊,则全恃地方安宁,政府保护,方可专心工业,不致再有纷扰,免受阋墙之祸,难收御外之功。

---

① 此为具稿时间,缮发时间为4月13日。

　　现据经理等预算，大冶添造化铁炉二座，日出铁五百吨，专售生铁；汉厂化铁炉四座，日出铁七百五十吨，专造钢料；萍矿日出煤三千五百吨，专炼焦炭，以供六炉之用。照此计算，以六炉所入，阅十五年，便可将预借铁价陆续还清；所不敷者，目前只有添炉之款，并无经常营运活本，仍须借债接济，股本少而客本多，实犯商家大忌，本拟照原议招足新股三千万元，无如时势困难，目下商股无从招集，董事等深维现状，瞻念前途，惟有请加官股与商股合办一法，庶足以纾危急而固根基。拟以敝公司积欠前清邮传部四川铁路局预支轨价及交通银行、大清银行、湖北湖南官钱局、裕宁官钱局等款，暨元年冬工商部补助公债票，内除革命损失，另文呈请政府就中赔补外，所有公中存款，全数填股，益以农商部大部原有官股一百七十万元，一律作为官股。倘以官股数目，必与商股相埒，则不足之数，由官凑足，并请由官筹借活本一千万两，庶可使连带关系经常应用之款，一气呵成，毋庸再借外债。此后官商平权，通力合作，成为官商合办公司，巩固不摇，蔚成伟业。业于二月二日以冬电请愿，旋奉钧院歌电：汉冶萍公司，为吾国绝大事业，所关至重，该公司既无力扩充，政府为维持实业起见，自难漠视。惟官商合办一节，于全体股东均有密切关系，应由该公司即开股东大会议决，用正式公文呈请，再行核办等因。遵订于三月七日，依法招集全体股东，在上海开会报告，是日到会者，计二十一万四千九十九股，投票公决，赞成官商合办者十一万六千七百十权，反对者一百十权，洵属征取公意，多数赞成。除先据情公电呈复外，惟念公司官商合办，要在预算进行各款目，筹定分年还债办法，并调查一切帐册，俾征信实，不厌求详，故由公司举董赴京，不及院、部派人到沪，手续所不能详尽者，全体董事、经理均可随问随答，不难和盘托出，推诚布公，以期一劳永逸，实有把握。理合具文呈请，伏恳钧院、大部迅赐核准，派员来沪，与公司妥商办法，再行呈请核定。伫候施行，无任翘跂。谨呈

国务院、农商部

　　为呈请事（云云同上），实有把握，除呈国务院、农商部核办外，理合具文呈请都督、民政长俯赐查核。谨呈

湖北都督段、湖北民政长吕

农商部批

民国三年四月二十七日(1914.4.27)

原具呈人汉冶萍公司

呈悉。前据该公司来电报告开股东大会情形,业经本部据情会商财政部、外交部,并派员赴沪调查,兹所称分年还债办法,仰俟该调查员旋京报告,再行核办。

此批

中华民国三年四月二十七日

农商总长章

公司董事会致农商部电

民国三年五月十四日(1914.5.14)

北京农商部钧鉴:前以公司呈请官商合办,奉批业经大部会商财政、外交两部,并派员赴沪调查,俟旋京报告,再行核办等因。惟调查员久未见到,敝公司自开会呈请后,时逾两月,以办法未定,一切停待,旷日持久,势更不支,务恳催令所派员速来调查报告,俾得早日解决。仰荷维持,无任感盼。汉冶萍董事会叩。谏。

农商部致公司董事会电

民国三年五月二十日(1914.5.20)

汉冶萍董事会:谏电悉。前国务院已派税务处提调曾述棨前往调查,并由本部委派王治昌会同前往,不日出京,此复。农商部。号。

盛宣怀致公司董事会函

民国三年五月二十六日(1914.5.26)

董事诸公同鉴:

昨晤部员曾霁生君、王槐青君,言及此次来沪调查公司内容,弟即告以调查须分两项，一系以前帐目，一系以后预算，均可和盘托出，决无丝毫掩饰。兹特致总稽查绥卿、慎卿，商务、会计长阁臣、仲赓诸君公函一件，抄呈台览，即祈查照为荷。此请

公安

愚弟盛宣怀谨启

盛宣怀致王勋①等函

民国三年五月二十六日（1914.5.26）

阁臣、绥卿、慎卿、仲赓仁兄先生公鉴：

昨晤部员曾君霁生、王君槐青，言及此次来沪，要在详细调查，而将来如何办法，即在调查之中，要言不烦，深合鄙意。弟即告以调查须分两项，一系调查以前存该，一系调查以后预算，公司历年所有帐册，尽可和盘托出。现在所拟十五年还帐九百万扩充新计划及合办不合办两种预算，均当尽情布告，毋容丝毫掩饰。大约辛亥以前之历史绥翁能知之。辛亥以后之帐目，经会计所代为补造，仲翁能知之。其汉厂布置、商务往来、扩充计划，阁翁能知之。汉萍各帐驳杂情形，陈理卿之后曾举慎翁赴汉稽查，当能知之。霁、槐二公莅总事务所调查一切，务望诸公以时接待，凡有所询度，皆应开诚布公，分别详告。是所至嘱。此请

公安

愚弟盛启

盛宣怀致公司董事、经理函

民国三年六月一日（1914.6.1）

董事、经理诸公同鉴：

顷阅部员单开，以调查已往为先提。所有货物出若干，价若干，售若干，此为商务，应由商务所照历年帐略另叙一表。至二十二年商办日起本

---

① 王勋（1872—?）：字阁臣，广东东莞人。时任公司商务所长。

年止,入款若干,另作一表,甚为容易。惟出款以散合综,乃为存该完全之纲目,鄙见正欲汇成总表,以昭信实。现拟分列门类:一曰接办铁捐,第一届帐略估值二百七十余万,照奏案五百四十余万,只有总数并无清帐,奏明每吨生铁纳捐银一两,以还公款,故将已缴铁捐作为首列;二曰汉厂地价;三曰冶矿地价;四曰萍矿地价;五曰汉厂机价;六曰萍矿机价;七曰汉厂料价;八曰萍矿料价;九曰汉厂工价;十曰萍矿工价;十一曰轮驳价;十二曰码头价;十三曰煤矿折耗(马鞍山、康中、宣城、东流、佛宁门等处);十四曰因乱损失;十五曰因乱亏挪;十六曰历年商务盈亏;十七曰汉冶存货;十八曰萍矿存货;十九曰历年股息;二十曰历年债息。以上各表,粗举大钢,拟请议案声明,检查邱玉符、张绍甄所造年表再行妥酌,请即责成总稽查、商务长、会计长、查帐员,克日会商,迅速赶办。不特可使部员容易调查研究,并可布告股东,一目了然。幸勿畏难,是所至祷。此颂

公祺

盛宣怀谨启

公司董事会致曾述棻[①]、王治昌函

民国三年六月二十四日(1914.6.24)

霁生、槐清先生大鉴:

　　敬启者,辛亥军兴,厂矿及萍煤各分销局,直接间接所受损失为数至巨,上年经敝董事会公推董事陈理卿君前赴各该处,逐细调查,开其损失总细清册,复经一再审查,凡稍涉冒滥者,悉予剔除,共实计规元银三百七十二万四千八百余两。兹承二公来沪调查,此项损失巨款,自应报告,用将原册照抄一份,送请查核为荷。此致。祗颂

均安

汉冶萍董事会盛谨启

---

① 曾述棻(生卒年不详):字霁生,河南固始人。时任北京政府农商部调查员。

曾述棨、王治昌致董事会条件

民国三年六月(1914.6)①

调查已往

公司厂矿,自光绪十七年起,计入官款若干数,至光绪二十二年改归商办,承受官款若干,招募股本若干,已有之不动产暨动产实值若干。

自商办日起至本年止,应将款目、货物逐年出入,列为两表:

入款:股本、外债、官本、货价。

出款:利息、经费、用途。

不敷之款:明亏、暗亏。

货物:钢、铁、煤、焦、矿砂出若干,价若干,售出若干。计若干炉,每炉日出若干数,末总结月出若干数,年出若干数,价若干。

另列一人物表:职司有关系者(如总办、会计、查帐、工程师之类)。

至现今共欠外债若干,利息若干,股本若干,官利若干,已有之不动产暨动产共实值若干,应各列详表。

现状情形

自革命至今,积货若干,出货若干,职员若干,工役若干,月费若干,认利若干,共计每月需款若干。

预算将来

已有之炉每月出货若干,新添之炉每月出货若干;各货若干价。添炉之后,计可共出贷若干。各处职员、工役、经费、薪俸实需若干数。每年须付本若干,付利若干。除付本付利,经常、临时各项费用外,能否尚有赢余,抑或不敷若干数。

整顿方法

某工程师可用,某糜费可省,某弊病须除,某地点须更改。

商家自办

---

① 原件未署日期,此系根据内容判定。

能否支持，须政府辅助者何在。

收回国有

须实在出款若干数。

官商合办

已有之款可列作股票者若干数，是否仍须入款。入款须若干数，备作何用。

现时各厂矿出货之总额若干，其预支卖价者若干，其能卖入现款者若干。

添置新炉及附属机件与连类而及之一切设备，共需款若干。

现时负债之种类、额数、利率、日期，已还未还之数目，及担保品之种类，与偿还之方法，请列详表。

萍矿大槽煤量能否敷扩充后之用，设另开新井巷，其预算若何。再以后如在大冶炼焦，采用新法，设提料机，其附产物项下之收入，可得若干；其焦炭项下，如焦块、焦末之损失，可省若干；运送原煤、洗煤运费，须增加若干。请比较说明之。

公司董事会答复曾述棨、王治昌条件

民国三年六月(1914.6)

一、承询商家自办能否支持？须政府辅助者何在？

详答：汉冶萍之关系，要在大冶设炉，就矿炼铁，使汉厂四炉专炼钢轨，冶厂两炉专售生铁，核计所得余利，乃可分年还债。兹拟商家自办情形开列于后：

甲、辛亥年已购定洋厂机料，赶造第四炉；及五月与正金银行议订合同，预支生铁价一千二百万元，专为建设冶厂；并拟出厂矿债券，抵借大清国家银行新纸币一二千万，以作活本。三年有成，已有成算。此辛亥前商家预定自办之章法也。

乙、一经革命，厂矿尽弃；事定，董会公推董事兼总稽查陈廷绪调查，厂矿各处损失二十款，共计规元三百七十二万四千八百余两，均有清帐。赣省李烈钧开挖私井偿款，及德国洋人赔款，尚不在内。第四、五届结帐，因停工暗亏银三百六十一万六千七百余两，除壬子一年付出息款一百四十五万一千九十九两已列陈廷绪损失帐内应扣抵外，实计暗亏银二百十六万五千六百五十八两，癸丑年尚不在内。所有明亏暗蚀，以政府所借公债票五百万元押借正金规银二百五十万两抵用，其余欠款皆系正金、三井、东方挪用。现借日债六百万元，归还前欠尚属不敷。此革命后商家损失过重，难以支持之苦况也。

丙、去年十二月赓续前约，订借日金九百万元，议定专办大冶新厂。照工程总办及顾问预算，克日进行，驾轻就熟，限三年内全功告竣。兹由会计长、商务长与该债主会订预算甲字表，十五年间可将前欠外债次第还清。来春汉厂第四炉开炉，如无损坏，每月即可多出生铁七千五百吨。萍乡煤矿改良工竣，亦可多出。江鄂地方，秩序谧宁，不致扰攘，则公司出货日多，信用渐复。倘能同心协力，当可渐入坦途。此日后商家预算，略可支持之希望也。

丁、惟商办现今既无商股可招，又未便再借洋债。以后余款，必须先还洋债，则辛亥以前，预支轨价及积欠各官银行、官钱局等项，不得不稍从其后。交通部如欲将以后应付轨价先行扣抵，势必至应还日本各债无款可还。夜长梦多，实非正办。是以须请政府辅助者，约有四端。

戊、查前项预支邮传部轨价二百万两，四川路局轨价一百一万余两，交通、大清银行及官钱局欠款一百六十余万两，共合规元四百八十万两。拟请宽予年限，酌减利息，由公司另立借票，援照日本银行预支矿石生铁价，展缓若干年，再行分作若干年本息一并还清。按外债表，一千九百二十年起，除还外债外，每年即有盈余数十万两；一千九百二十四年起，每年即有盈余一百余万两。愈后愈充，尽可接续归还官本。在日本银行与公司不过贸易交情，且允推展期限，不致强硬扣抵，在大部垂念本国实业，关系富强大局，谅无不俯允维持。此恳求政府辅助者一也。

己、又查民国元年十二月，财政部借给公债票五百万元，当时与正金银行订立合同，抵借规元二百五十万两，即以公司与川粤汉铁路督办订定之该两路轨价抵还。此系政府维持公司之美意,万商感激,中外钦佩。然此项借款,若欲将轨价扣除,则仍属虚惠,难支残喘。前经公推董事兼总稽查陈廷绪分往各处,查明辛亥军兴,汉阳、大冶、萍乡各处损失,实值银三百七十二万四千八百余两,拟请求政府允准,抵还财政部公债票五百万元之数,照票面本息,由部认付,将来在生铁一两捐项下提还,仍不至于无着。汉厂四炉,每年约可交生铁捐二十余万两,归还张文襄官本。照原奏日出生铁四百余吨,每年约可缴十余万两,现造大炉,倍加从速。所有冶厂两炉,每年亦可交生铁捐二十余万两,即以分年缴还公债票本息。此恳求政府辅助者二也。

庚、汉冶萍建设,在先由官办脱卸商办,与寻常厂矿不同。前清张文襄原奏,外洋于自产钢铁运销,无不免税,以杜他国钢铁进口,中国费巨款开铁厂,并自开煤矿,为炼钢铁之用,应请免税;俟察看本厂,如有优利,足以抵制洋铁,再行征税等语,经户部复奏照准。自开办以来,每吨遵照捐银一两,抵还官款,除铁矿出口税及煤矿出井税照纳外,其余捐税一概请免。现值新政府注重实业,维持保护,当有过之无不及,拟请十年之内,暂行照旧宽免。如有地方捐款,准在每吨一两捐内扣抵。此恳求政府辅助者三也。

辛、大冶铁山,始于光绪元年,盛宣怀出重资聘请英矿师郭师敦所勘得,二十二年商办之后,又请矿师续勘,购得狮子山、得道湾等处。张文襄因象鼻山与狮子山毗连,恐为外人所得,由官出资购买,订明商办时添炉需用,可归商采。去年鄂代表李钟蔚来沪订定,如公司在大冶矿山附近设炉,所有官家铁山,允许公司开采,但每出砂一吨,抽费二分五厘,并不得售卖铁砂与外人,经湖北行政公署核准在案。应请以后无论官办、商办,均可照行。此恳求政府辅助者四也。

一、承询官商合办已有之款可列作股票者若干数? 是否仍须入款? 入款须若干数? 备作何用?

详答:公司资本,连扩充费九百万元。已达四千七百万两之数,故股本必须有三千万元,方不致喧宾夺主。华商魄力本微,尤必斤斤于官利,而公司自经战事损失,利于何有,招股之议,如水投石。前奉国务院电云:汉冶萍为吾国绝大事业，公司既无力扩充，政府为维持实业起见，自难漠视。惟目下中央财政亦难，不得不上下兼顾。大约官股只须筹现银五百五十余万两，便可达到官商合办目的，而活本亦可毋庸筹现。所难者，得人经理耳。兹拟官商合办办法，开列于后：

甲、已有之款，如交通部、川路预支轨价三百一万余两，又交通、大清银行、湖北、湖南、江宁官钱局欠款一百六十余万两，共合规元四百八十万两，计可列作股票洋六百六十万元。

乙、照公司原定招集股本三千万元，癸丑以前收股一千五百三十二万六千五百五十元，癸丑以后收股四十九万三千三十元，尚短新股一千四百十八万四百二十元。加以欠款列作股票洋六百六十万元，尚短七百五十八万四百二十元。如蒙政府照入现资以作股票，凑成股本三千万元，目前便可敷用，无须另筹活本。

丙、此项入款，公司决议本欲请求政府先行筹垫活本一千万两。李维格预算汉冶萍厂矿扩充改良工程，约需银八百七十七万余两，除新借款日金九百万元，其不敷之数，拟在前项活本内拨付，其余以备厂矿常年活本之用，以免再借外债。今若得入有官股现洋七百五十八万余元，以充预算不敷之用，并请援照从前京汉铁路预拨比款，所有各路定造轨料，仍就各路局大借款内按定料数目先付几成，以充活本，则请筹垫一千万两之数，可俟添造第七、第八炉，再行核议。

丁、惟查上节政府股票须出一千四百十八万零四百二十元，连前合成三千万元，系分新旧，不分官商。如欲拘定官商各半，则旧股一千五百八十一万九千五百八十元之内，已有工商部原股息股二百零一万八千四百元，湘省过与交通部原股息股四十七万九千二百三十四元，政府只须出股票一千二百五十万零二千三百六十六元，除已有之款六百六十万元外，只须现款六百零九万七千六百三十四元，便足一千五百万元之数。而商股只有一千三百三十二万一千九百四十六元，须加出股票一百六十七万八千零五十八[四]元，方足一千五百万元之数。目下，商情困顿，恐须暂缓，不能即符三千万元之总数。

戊、所有商家自办条对,请求政府辅助四事,如官商合办,亦须请求一律辅助。

一、承询收回国有,须实在出款若干数?

详答:钢铁关系国家自强根本,故日本制铁所悉系国家自办。中国各省产铁,但以汉冶萍为中心点,生料美富,转运尤便,开办以来,造就人材不少。如官欲新辟一厂,亦非数年所能收效,大约另起炉灶,旷日持久;收回扩充,事半功倍,一则铁路用料可免输出巨款,一则生铁出洋,可抵洋货进口。兹拟收回国有办法,开列于后:

甲、公司股本第六届止,计洋一千五百三十二万六千五百五十元。内有工商部股票洋一百七十四万元,又息股二十七万八千四百元;交通部接收湘股洋四十三万二千元,又息股四万七千二百三十四元,毋庸出款。

乙、本年应还道胜、汇理银行轮驳押款七十七万六千两,三井洋行生铁、矿石押款七十六方两,正金银行矿石、钢轨押款一百二十六万二千两,汉口各钱庄八十二万二千两,英京购机料汇票二十二万三千两,萍矿官钱号储蓄款十八万三千两,共计规银四百二万六千两,连利息约欠规银四百二十万两。除财政部应还正金、三井日币二百五十万元,约合规银二百万两,又公债票五百万元,除抵借正金二百五十万两,尚余规银一百二十万两相抵外,约尚短欠规元一百万两。国有后,官厂名义仍可挪借,毋庸出款。

丙、公司新欠正金银行、制铁所预收生铁、矿石价,日金一千五百万元。按照甲字预算表,自一千九百十九年起,分十年扣还,每年还本日金一百五十万元。毋庸出款。

丁、公司旧欠正金银行、制铁所预收生铁、矿石价,日金一千五百七十三万元,按照甲字预算表,自一千九百十四年起,分十五年扣还,新旧各债,本利一律归清。毋庸出款。

戊、公司原欠财政部公债票洋五百万元,邮传部轨价及川路轨价洋例银三百万两,又息银一万六千四百八十五两;交通银行六十九万三千一百五十六两;大清银行五万两,湖南官钱局四十六万六千三百八十六两,湖北官钱局三十五万两,湘钱局五万一千二十两,裕宁官钱局三万八千五百九十两。毋庸出款。

己、汉冶萍股本，第六届止计洋一千五百三十二万六千五百五十元，又第七届汉口钱庄利息作股十九万三千三十元，又拟收回萍矿私井认交江西股票十万元，又拟收回九江城门山铁矿认交上海广仁善堂股票二十万元。综计股票洋一千五百八十一万九千五百八十元。除官股二百四十九万七千六百三十四元，毋庸发还外，商股一千三百三十二万一千九百四十六元，又第七届半年息洋五十三万二千八百七十七元，约合银一千万两必须发还收销股票。所有公司动产、不动产，一概归官。此为唯一实在之出款。

庚、国有之后，正金银行已借日金九百万元，即以添造大冶新厂及汉厂、冶矿、萍矿连带扩充需用之款，按照日本顾问员复估，可以敷用。按照李经理初估，约计不敷银一百余万两。此亦应筹备之出款。

辛、此后所需活本，各路局定造钢轨、钢枕，可照从前京汉铁路造轨，先收几成，以资周转。交通部与官厂无分畛域，自可毋庸另筹活本。

［附件］　钢铁刍议[①]

有国者，太上，则兴天地自然之利；其次，则竞中外通商之利；其末，则言上下交征之利。而国之富强贫弱，皆当于此觇之。吾国财政，但知上下交征，逐其末而不务其本，无怪乎上下俱困。而外人莫不艳我地产之富，我顾惜惜，若不自知。自京汉铁路起，始就汉阳铁厂制造钢轨，外人莫不叹其精良。厥后各路局意存畛域，厂料亦出数有限，故仍购自洋厂者居其多数。盖洋厂出口，国家且有补助。我之造路，借款合同并载明进口免税，其所以抵制本厂者，不遗余力。继自今国内铁路，纵横数十万里，每年匀造数千里，所需轨料、桥料，不难供过于求。近来美路因枕木易朽，渐改钢枕，中国产木，多不合用，尤宜改木为钢。倘能悉如各国，皆归自造自用，则凡国内需用之钢铁，必须杜其进口。日本制造日扩，彼无铁矿，每年进口钢铁计值五六千万元，向皆购自欧美，近因中日交通近便，可以矿石与生铁并运，故

---

① 此件为前文之附送材料。

于预借铁价之外,订立四十年新合同,允购生铁八百万吨、矿石一千五百万吨。生铁每吨约可盈余十两,即得现银八千万两;矿石每吨约可盈余一两四线,即得现银二千万两。至于以货易银,总数约可得二兆八千五百万元。输出他国者,尚不止此数。则凡国外需用之钢铁,必须多求出口。此所以兴天地自然之利,即所以竞中外通商之利,莫大乎此!况寻常矿产,仅关富国,而钢铁兼寓强国;横览九州,本国铁矿断不容他国开采。部颁矿律,铁矿与五金诸矿同科,闻各国均有动念,就使内地不得建设洋厂,而内地既许开采铁矿,必将铁石运至通商口岸。洋商财力充足,工艺精熟,其所出钢铁必至跌价相争,喧宾夺主,而吾所赖此致富强者,又成画饼矣。可否即请饬下部议,另订专章,将铁矿照煤油矿例,不准外人开采。如恐藉口华洋商未能两歧,则将国内铁矿,悉归国有,以保主权。盖国有民有,皆在国中,所谓上下交征之利,可置而勿论也。

汉冶萍公司辛亥军兴损失总细数目册

民国三年六月(1914.6)

总　表

一、汉阳铁厂　计元银六十四万一千八百二十两零九钱一分四厘。

二、大冶铁矿　计元银九千六百三十二两四钱八分四厘。

三、萍乡煤矿　计元银十四万八千零六十一两七钱九分二厘。

四、武昌铁矿　计元银一千零三十两。

五、常耒锰矿　计元银二千零六十两。

六、幕府山煤矿　计元银一万四千四百二十两。

七、兴国锰矿　计元银六万一千八百两。

八、马鞍山煤矿　计元银一万八千五百四十两。

九、汉阳砖厂　计元银一万零三百两。

十、武汉运销局　计元银九万七千三百零八两八钱三分。

十一、武昌分销处　计元银四万六千零三十两零一钱八分五厘。

十二、株州运销局　计元银五千零十七两五钱四分二厘。

十三、长沙分销处　计元银五千四百五十两一钱三分五厘。

十四、城陵矶分销处　计元银一千二百二十五两一钱六分。

十五、应城分销处　计元银二千六百零三两二钱一分九厘。

十六、南京分销处　计元银一万二千四百八十五两四钱。

十七、镇江分销处　计元银五百二十二两四钱九分八厘。

十八、九江分销处　计元银一万零七百四十五两六钱六分六厘。

十九、轮驳处　计元银六万九千四百四十六两八钱四分。

二十、总事务所　计元银二百五十六万六千二百九十八两六钱八分。

以上共计元〈银〉三百七十二万四千八百零四两三钱四分五厘。

辛亥军兴损失各款细数①

汉冶萍公司历史说略

民国三年六月(1914.6)

创办概略　汉阳铁厂之设,在前清光绪十六年,为兴筑铁路,自制钢轨起见,先是醇亲王有筑路之意,两广总督张公之洞条陈路政,并拟在粤创办铁厂,自造路轨,旋即订定厂中需用各件。适芦汉干路之说起,张公亦调督两湖,所购之机器、炉座遂改运鄂省。其时盛公宣怀已先购得大冶铁矿数处,于是交送张公,以资采炼,此中似有天缘凑合。盖张公办厂,原意在用粤中之铁,及移就鄂省(闻继任粤督李公不肯接办),初未知有大冶铁矿,盛公交送,实于无意中得之也。惟冶炼钢铁,须视原料之质性何如,以配合炉座,当向英厂订购机炉时,驻英薛叔耘公使一再言之,须将原料寄英化验,而未从其请,以致机炉与原料两相凿枘,所制钢轨不合准绳,且铁矿得而燃料尚无,鄂中所开各煤矿无一可用。是以十六年开办起至二十二年商办止,未有丝毫货款收入,官力实难再支,无已始交盛公招商接办。盛公接办后,以觅探佳煤矿为第一要键,探得萍煤炼焦之合于化铁,于二十四年起,以全力经营萍矿,克底于成。惟煤焦虽得,而铁矿石与炉座凿枘之病仍在,

---

① 各项细数略。

钢轨质地不良,沪宁等路洋工程司不肯购用,乃于三十年派员出洋研究炼钢之法,三十一年起改建新厂。三十四年始合汉阳铁厂、大冶铁矿、萍乡煤矿,遵照商律股份有限公司之例,呈准农工商部注册为汉冶萍煤铁厂矿有限公司。此创办以来之概略也。

困难原因　困难原因约分数端:东亚创局,事非素习,自张、盛二公以及二公前后所用之人,无一非门外汉,暗中摸索,何能入室升堂?此困难原因之一也。官款不继,后招商承办,当时铁路未兴,国人不知钢铁之为用,又以张公铸成大错,方且引为股鉴,指摘之不遑,何来附股?其时全赖盛公与轮电两公司华商多有感情,慨然分其公积作为创始股份;及至三十四年新厂告成,铁路渐兴,又值厂矿注册成为公司,商办名义已正,始有大批股份投入。然迄今仍债多股少,不但付利,兼须拨还债本,此困难原因之二也。事未办成,何来余利?而华商股款附入,官利即起,今有市中一肆租屋进货开张,亦须若干时招徕主顾,始或有利可言,岂有难如制铁事业,方在购机建厂而即须付利?光绪二十二年商办迄今,支付债款息银九百八十五万五千余两,股款息银四百十一万一千余两,占公司该款全数四分之一而有余,此困难原因之三也。汉厂之大希望在路轨,乃新厂既成,各路停滞;及各路开工,而洋厂争竞。各国保其本国钢铁事业,加重进口税,使外铁不能侵入。中国不但不能加重,且并值百抽五之轻税亦豁免。一若故欲洋轨之来以与汉厂斗者,洋厂得重税之保护,在本国获利丰厚,出其多余之钢铁跌价来争。如德国者钢铁尚有出口之补助,我则于洋钢进口则豁免之,华铁出口则重征之,且铁路洋工程司于汉厂之轨种种留难,以达其外购目的,此困难原因之四也。萍矿之大希望在合兴公司之粤汉铁路,而当时赎路风潮剧烈,卒致废约,停顿十余年,萍矿间接直接之损失不知凡几,虽今日粤汉一路仍借外款筑造,而萍矿则元气大伤矣,此困难原因之五也。当宣统二、三年之间,知公司担负日重,非扩充出货不足以挽救,于是添借外款一千二百万元,将大举扩充,除在汉厂添造第四大炉外,拟就产铁处所另设新厂,以补汉厂之不足。计画正熟,清廷干路国有之政策亦定,钢轨可望畅销,公司前途方相庆幸,而武汉事起,炮火连天,破坏之不暇,尚何进行之有，以致借款停顿，坐失时机，第四大炉及新厂本可早盼成功者，仍似望梅止渴，此困难原因之六也。以上困难原因，为可数之大者，固由人谋之不臧，亦缘形格而势禁。至于军兴以来，鄂赣官绅之纷争，兵事扰攘之损失，厂矿局势之涣散，尤病上加病，奄奄欲绝矣。抑更有说者，创办时代之困难，亦不仅中国为然。德厂克虏伯、比厂郭克尔为彼中巨擘，乃溯考克、郭二氏，皆因创办之失败，而忧急以死。即美国号称钢铁大王之嘉南奇读，其前九年困难之历史，亦不谓其日后有如此之发达。近至日本之煤铜各矿，其初办亦失败居多，后得国家维持之力，始转败为胜，此皆历历可考者也。再查日本国家所办铁厂名曰制铁所者，悉属官本，毋庸计息，而其用款已逾汉冶萍之数，两相比较，亦足见制铁事业之不易举办矣。

补救方法　汉冶萍唯一之补救方法，在扩充出货。查公司该款第五届止加入汉口钱庄利息作股十九万三千三十元，计股本银一千四百三十八万余元，以七钱五分合计规元一千零七十八万余两；内债规元一千一百三十二万余两，外债日金三千零七十三万余元，以八钱合计规元二千四百五十八万余两。总共计该规元四千六百六十八万余两。内除日金九百万元预备扩充尚未动用，合规元七百二十万两外，目前实该规元三千九百四十八万余两，俟扩充项下之七百二十万两用罄，则共该规元四千六百六十八万余两。照公司预算，扩充告成，每年可得余利五百六十七万七千五百两（见公司预算表）。似尚有自立之道（见公司十五年预算表，表内须补注汉冶炼焦、提料炉机两副，约需四百万两，尚待另筹）。惟照此预算，公司每年可售生铁三十一万吨、钢轨十万吨、煤（除供汉冶两厂外）五万吨，除生铁目前足可供求外，轨煤两项，不敷尚巨。中国铁路正当发轫之始，方兴未艾，即以目前已定之路，各路并计，每年筑路假定四千中里，约需钢轨等件二十万吨，桥梁、车辆均不在内，而汉厂扩充后仅能供应钢轨十万吨。至粤汉、宁湘等路所需烧煤，虽路经之处不乏土井，而断不足恃，非用萍煤而何?! 然照预算表萍矿除供给汉冶两厂外，仅余煤五万吨，何能肆应。是以公司目前扩充计划，尚属因陋就简，以时机而论，大冶新厂宜即大举炼钢、造轨、造桥、造车，同时并兴；萍矿宜即添开高坑新井，专供各路之用，方能广塞漏厄,享收大利。冶萍两矿居扬子流域之中,而扬子流域将为中国实业商务之中心点,两矿原料丰富,至少百年内有取用不竭之美材,以此为扬子江流域之实业基础,无待多让,且曩之暗中摸索,现已渐见曙光。十年前有人才缺乏之患,今则公司所派出洋留学生已毕业归国,在厂经验多年,有此地利,得此人才,际此千载一时之机会,谓汉冶萍无发达之一日,似非事实之言。惟前敌先锋已剩弩末,再接再厉,全在国家之大力保持矣!但此后进行,宜谋定后动,力戒前人枝枝节节之病。前之枝节而为,固由门外汉无通盘筹画之学识,亦由创办时无通盘筹画之财力,以致前后失顾,不能一气呵成。办事者精神日日消磨于筹款忧急之中,而于根本所在,如考工核料等事,反未能一志专心,收鞭辟入里之效,此则办事者所不能无遗憾者也。

钢铁前途　环顾世界钢铁事业之发达,厥推美国;美之地利与中国相伯仲,先进之成绩,即后事之师资。查美国去年即西历一千九百十三年,一年共采铁矿石四千九百七十五万吨,内炼成生铁三千一百十万吨,内炼成钢胚三千二百五十万吨(炼钢掺用废钢料),内造成钢货二千六百万吨。汉冶萍照目前计划扩充后,年出生铁四十二万吨,内炼造钢轨十万吨,是则须一百二十余年始能炼成美国去年一年之生铁,须二百六十年始能造成美国去年一年之钢货。又美国约有铁路八十万华里,若中国前文所开每年筑路四千华里,须二百年始能筑成美国今日所有之路,而美国幅员视中国为小,美国人民仅占中国四分之一,是则中国钢铁事业尚有涯乎!犹忆汉厂前次扩充之前,仅开小炉一座,年出生铁二万余吨,后欲两炉齐开,而当局者深虑骤然多出生铁,无此销路。盖当时路政未行,日美等处生铁销路亦向无闻见,自难怪其疑虑。及至销路逐渐扩充,闻见亦逐渐推广,始知汉厂所出实为沧海之一粟,急起直追,而望尘莫及矣。今中国有此宝藏,运会又相逼而来,汉厂改建后炼钢精良,已驰名各国,只待扩充,窃愿上下一心,群策群力,翻东亚阗茸之旧局,作西美灿烂之奇观,其大造中国尚有过于此哉!彼美人兮,实心向往之。

中华民国三年六月

李维格识

补　遗

去年即西历一千九百十三年税关贸易总册,现已刊布。查去年华洋贸易共值关平银九百七十三兆四十六万八千一百零三两,内:进口货关平银五百七十兆十六万二千五百五十七两;出口货关平银四百零三兆三十万五千五百四十六两。进口货逾出口货关平银一百六十六兆八十五万七千零十一两。查一千九百零九年进口逾出口,关平银七十九兆两。一千九百十二年进口逾出口关平银一百零三兆两。出口不抵进口,逐年加增,将伊于何底,其原因在进口货制造品多,故价贵;出口货天产品多,故价贱。以钢铁一项而论,中国铁路即将大兴,轨、桥、车三项如不赶自制造,每年漏卮少亦在数千万。美国铁路以木枕易损而不合算,且路上失事半由木枕损坏,故已渐用钢枕。中国自无枕木,钢枕一项亦宜早日研究,是钢铁事业实为今日当务之急也。

盛宣怀致包希蕳①函

民国三年六月二十八日(1914.6.28)

子如仁兄先生鉴:

敝处答复曾、王二君汉冶萍办法三端,除已面交二君外,特将底稿一册送上,请即传送诸位董事公阅,以便接洽。阅毕此本即存留秘书处备查。为要。此颂

筹祺

愚弟盛宣怀启

曾述棨呈袁世凯②报告书

民国三年七月二十日(1914.7.20)

谨呈为查明汉冶萍公司内容真象,据实详陈,仰祈鉴核事。

窃述棨于本年三月六日准前国务院总理文开:前奉大总统先后发下湖

---

① 包希蕳(1864—?):字子如,安徽泾县人。时任公司经理处秘书长。

② 袁世凯(1859—1916):字慰亭,河南项城人。时任中华民国大总统。

北都督、旅京湖北代表孙武等、中国实业研究会会长汤化龙等呈汉冶萍公司违法借款,请饬取消合同一案,奉批交部核决等因。业经国务院会议并案议决,由外交、交通、农商各部会核办理。旋据该公司董事盛宣怀等来电请愿归官商合办;嗣后来呈官商合办问题已经开会议决,多数赞成,请派员来沪与公司妥商办法。查此案借款为一事,官商合办又为一事,该公司内容及借款真象,中央尚未周知,应该派员调查,以悉真象,仰克日赴沪详细调查,并咨询各方面意见分别呈复,以凭核夺等因。

述棨当于五月六日面奉大总统训示:从速前往,俟调查详晰,再订办法。即谒见外交、财政、交通等部总长接洽一切,并函准农商部派令本部金事王治昌偕同前往,复据辑该部委员原报告及紧要卷宗,定于五月二十三日出京,乘津浦铁路火车南下,二十五日抵沪。先后往晤汉冶萍公司董事会会长盛宣怀、董事李经方、王存善等,详述中央意旨。复与该公司前经理李维格、现会计员于焌年、查帐员孙德全等悉心讨论。应行调查之件,分条开列,令其检齐帐册,藉次核据,逐日钩稽。瞬逾月余之久,始悉该厂矿自开办以来,事事失败,原因复杂,沿袭至今,大有不可收拾之势。谨将始末情形,撮举大要,为总统分晰陈之(下略)。

现询据该公司答复办法三端:一、商家自办。要求政府者四事:甲、前欠部款请另立借票,减息延期;乙、军兴损失,请将五百万元债票抵偿;丙、各项税捐均纳在一两铁捐之内;丁、官家铁山允许公司开采。二、收回国有。政府实出银一千万余两,即可将华商股票全行收回,所有汉冶萍厂矿一并皆为国有。三、官商合办。所欠官款列作股票,再加入现款七百五十八万零四百二十元,凑成股本三千万元,以与商股均平,即可敷用,至需政府辅助者,与商办略同。

伏维汉冶萍公司头绪繁多,节目疏阔,自张氏创办时根基已坏。迨盛氏接手,商办延至十年以后,始略有规划,而又翱翔政界,不暇身亲其事,遂至良莠杂出,上下相朦,愈陷愈深,愈累愈重,但作剜肉补疮之计,并无清源正本之方,平心论断,格于情势者固半,失于检察者亦半。述棨到沪后与盛宣怀开诚布公,请其和盘托出,以致症结洞见,针灸有方。盛宣怀等仰蒙德意,亦极盼政府毅力包举,克有转机。兹谨就调查已确有关系者,分别抄录,计历年收入股本一册,历年支出利息一册,历年收支总结一册,借日款六百万元用途一册,债款总细数一册①,职员录一册,厂矿局所经费一册,军兴损失一册,十五年预算甲种、乙种各一册,详答办法三端一册,共十一册,汇订成帙,理合恭呈大总统钧阅,藉备采择。

谨呈

公司董事会详交通部、农商部、财政部文
民国三年八月二日(1914.8.2)

为详请事。

前因汉冶萍股东大会议决,呈请官商合办,以保实业,当蒙政府特派肃政史曾述棨君莅沪调查,逐细研究。经敝会具略详复,并附各表。其大要所在,不外收归国有、与官商合办,或仍归商办三策。盖上年十二月赓续前约,订借日金九百万元,专为大冶新厂之用,以之添筑铁炉两座暨附属工程,有绌无余,丝毫不能移用;另借六百万元,系整债还零债,短期换长期,重息易轻息,拨付亦早净尽,均已开单呈核。其所恃为采矿制铁经常用费,惟此按月应收之货价,数米作炊,×免饥溃,是以曾使指询商家自办,须政府辅助者何在? 答以商股既无可招,洋债不便再借,所有辛亥以前,预支邮传部轨价二百万两,四川路局轨价一百一万余两,交通、大清银行及官钱局欠款一百六十余万两,如定议合办,应由公司填奉股票。设仍归商办,不能不要求宽分年限,酌减利息。盖照商务长、会计长所订预算表,冶厂新炉未完工以前,汉厂第四炉尚在赶筑之际,出货收价,为数至狭,购料课工,所用至巨。此三数年内,为中国制铁业绝续生死之关键,过此以往,出货增涨,收价丰富,还债理欠,一切余裕。其谓公司业已增进洋债,目前即处于宽裕地位者,实未见公司艰苦之内容也。

曾肃政回京报告政府,对于汉冶萍三策如何解决,尚无明示,而陇海轨

---

① 附件录入财务类。

价暨吉长、张绥轨价，合共约银七十万两，大部（交通部）骤以扣抵旧欠为令，矢绝道穷，不亡何待？业已函电并陈，哀鸣告急，想大部维持调护，祗在此绝续之交，决不忍视三十载之功毁于一旦也。此事根本解决，仍在先定政策，上年股东大会公推经理叶景葵君赴京代表，呈请国有，因事中止，迄未成行。目前事机更亟，进行秩序又不能须臾延搁，敝会公议，仍敦请叶君专诚诣部，国有、合办，悉惟钧命，即或因手续尚待磋商，目前暂以商办为过渡，所有旧欠公款，应如何酌予展限，暂救燃眉。叶君全局在胸，必能仰副钧指。为此具文详请，伏乞大部迅赐核示，至为感戴。谨详

交通部、农商部、财政部

张謇呈大总统文
民国三年八月五日（1914.8.5）

窃奉大总统发下肃政史曾述棨呈一件，附呈二件，又调查汉冶萍公司各项要件一册，等因，谨加详阅。窃维汉冶萍公司开办凡二十年，耗资四千余万。以前官办商办，靡不损失，其弊久在洞鉴之中，无庸赘述。惟自民国成立以来，抢攘愈多，损失愈巨，内则启省界之党争，外则招强邦之觊觎。本年春间，复未经政府许可，擅借外资，以致谤誉烦兴，谣诼迭起，现虽蒙派员查明，洞见症结，而维持监督，亟待补救。查该公司自民国元年八月在沪开股东大会，公决改归国有，是以前工商部派员调查后，即于是年十二月内呈请收归国有在案。后因赣鄂纷争，又兼东南乱起，遂至悬而未决。本年二月复据盛宣怀等呈请官商合办。是该公司之执事者，亦深知债累已深，决非商力所能担负，因是一再呈请，希望国家为之解决。揆时度势，目前除完全国有或官商合办外，实无他策。国有之利，曾肃政史及前工商部呈请时，言之綦详。至官商合办之策，殆所谓不可必得而思其次。盖无论国有或官商合办，其主要在财政问题，该公司用款四千万余，其最占多数者，为外债二千余万与股东之一千余万，其他即官款公债。收归国有后，官款公债两项之息，固可缓付；且如监督得人，二十年积弊，正可因此摧陷而廓清之；外债则由国家履行债务；商股则由国家分年摊还；而已借未交之日金九

百万,又可恃为大冶新炉之用。是一转移间,公司免破产之危,国家获无穷之利,此策之上者也。所虑该公司之外债,外人则有深意存于其间。前此工商部议归国有时,某国人即竭力破坏,阳来部中诘问,阴嗾股东反对。现事已逾两载,债累亦深,使归国有而不能立偿其债,则彼必多所要求。况接收之后,势不能借债以图扩充,既难逾彼范围,势且受其挟制;且股东方面,正欲乘此脱离关系,分年摊还之举,亦恐不易接洽。无已,则惟有以国有政策,定他日之方针;以官商合办,为此时过渡之办法。盖该公司原有商股,为一千二百余万元,而官股官款公债合计则一千四百余万元,一律改为官股,较商股为多。如果决定先合办而后国有,则办理秩序须分为对内对外为二:对内则作官股者,先令公司核数填给股票,次修改董事会、股东会章程,董事由股东选举,经理由董事会举,财政、交通、农商三部皆有资本,即皆是股东。所举之董事、经理,即在到会代表之中,呈由大总统选定,再行派出。其营运活本,须政府陆续筹拨,可作借款,亦可议作续增之股,官股增多,则监督之权,自然增重也。对外则所借新旧日债约三千万元,原订合同皆以生铁、矿石作抵,按该公司从前预算,十五年即可还清,目前但继续以生铁、矿石抵债之前约,债主亦无可置词。况公司改组以后,借款合同铁价,亦尚可磋商修改也。用人行政之权,既操之董事,则官商互相监督,弊窦无自而生,更选技术专门之士,实地自下级练习而升,则人才得可养成,改良亦易生效。俟基础稍固,债务稍轻,商股愿卖者,亦可由国家陆续收并,设官股过三分之二之时,以公平之价收归国有,其势亦顺,此虽亡羊补牢之策,亦值操刀必割之时。总之,该公司所经营之事业,与国家有密切关系,现在险象已成,事危迫切,伏望大总统立施果断,迅予裁决,定百年之大计,息众啄之纷纭,似于国家事业前途,裨益匪浅。管见所及,是否有当,抑或别有措置之处,理合呈请鉴核,训示遵行。

盛宣怀致施肇曾[①]函

民国四年一月十四日(1915.1.14)

敬复者：

昨奉九日惠函，以汉冶萍合并公司以后，具有刊牍可稽，其三十四年注册以前距接收商办，历有年所，办理各事，一切规则，必得有熟悉详情之人，随时面为讨论等因。竟委穷源，至堪钦佩。

查光绪二十二年张文襄奏派宣怀招商督办汉厂、冶矿，二十四年又与文襄会奏招商开办萍乡煤矿，其时因兼办铁路，常驻沪上，厂矿各处分派总办，受督办节制，总办以下分派科员，受总办节制，一切定机购料，出货进款，分具报册，经督办考核以后，转咨湖广总督备案。商办性质，官督规制，其时尚未有公司之组合也。主持厂矿之人，迭有更易。如汉厂总办郑官应、盛春颐、张赞辰、李维格；冶矿总办张世祁、解茂承、宗得福、王锡绶；萍矿总办张赞辰、林志熙；沪公司翻译兼商务王勋；司理文牍杨学沂、朱士林、金世和，其大概也。

股本一项，未经注册以前，汉冶原收库平银一百万两，萍矿原收库平银一百万两，合作银元三百万元；另劝老商加认二百万元。合共五百万元。此为合并公司以前之老股，余悉注册后陆续附入。此二百万两之老股，即宣怀兼办轮电时敦劝各商，振兴铁政，至今招商局除散给股东外，尚执有多数汉冶萍股票，为其明证。

总之，商办历史宣怀实董其役，中间惟辛亥秋后赴东就医，沪上改组新董事会，改延经理，改派各厂矿坐办，一切设施未与其事。回国后，各股东谓宣怀为创办之人，不应置身事外，以票举名义促令入会列席，累以病辞，不果，致执事此次奉文调查，又以羸躯不克常相晤答，歉仄殊甚。李君一琴（维格）经会聘为总事务所经理，刻虽乞假养病，由商务长王阁臣（勋）代理，而工筑重要之事，仍相咨询，王君并于商货外款，一切烂熟。前司文牍之杨

---

① 施肇曾(1867—1945)：字鹿珊，江苏吴县(今苏州)人。时任交通银行董事长。

绶卿（学沂）虽经股东公推入会列席议董，现仍兼司稽查之事。此三君于厂矿情形尚称熟悉，执事有事向询，或较胜于文牍往返也。一俟宣怀病势稍退，当即定期会晤。专此奉复。敬颂

台祺

汉冶萍公司董事会　盛宣怀等谨启

水津致王勋函

大正四年一月十四日（1915.1.14）

顷阅本月十二日《新闻报》广告栏汉冶萍公司股东联合会告白：一、请求各股东考察本公司财政情况，各抒己见；二、引述董事会致联合会之函，略称政府已派员彻查公司内容，以便国家对于公司将来可酌定办法；三、已由董事会将商办历史、帐略送交该特派员转呈政府，并请联合会订明开会讨论此事云云。祈将此事始末详细为敝行解释，并祈将上开历史、帐略等件检齐一份，交与敝行阅看。嗣后如有类于此种性质之情事，务祈随时告之敝行，不宜待敝行函问然后见示也。

公司董事会致施肇曾函

民国四年一月二十日（1915.1.20）

敬复者：

接奉惠缄，祗承一是。杨绶卿、王阁臣两君，除星期外，日在公司办事，惟台端权务殷繁，倘荷枉询转致，有妨政晷，可否请将质问各事开示条件交下，交办事人逐条答复，或亦不殊于晤对也，尚祈卓裁。敝会长盛杏荪先生肺疾增剧，已在会请假半月，以资静摄。合并奉闻。此致。祗颂

台安

汉冶萍公司董事会谨启

农商部呈大总统文

民国四年二月四日（1915.2.4）

谨将筹拟汉冶萍公司切近办法，缮折密呈钧鉴。窃本部前以汉冶萍公

司关系重要,拟具官商合办办法,于上年八月五日及八月二十五日先后呈明鉴核在案。近因情形窘迫,复牵入外交问题,前此面奉钧谕,转饬公司,选派代表到京商议办法。兹准该公司函称:本会董事九人均各有兼办事件,且关于公司维持进行之要点,大致不出以前所陈之计划,如最新计划尤非一二人所能擅议,请部遴员至沪,指示方针,并可与股东联合会随时商议答复,较为密速等因前来。查该公司关系之巨。积弊之深,久在洞鉴之中。而关系之大,事机之迫,动关国家前途。加以主持非人,我退亦[则]人进,尤未敢漠视不理。该公司前此办事之人,尚有李维格等,不辞劳怨,力任其难,今则并此而无,坐令大权旁落于外国顾问之手;倘不急起挽救,恐不待他问题发生,而太阿倒持之害,已憬然不可终日矣。查上年本部所拟官商合办之策,其一则拟使股本与外债之数相持;其二则拟使官股多于商股。而欲达此两主义,则非筹备一千万元不为功,期望未免稍奢。自欧战以后,金融停滞,国家之财政与该公司之进行,均日处于艰窘之地位;加以外交之困难,公司之命运,可不待蓍龟而即决。与其凭理而为难行之论,不如审势而为切近之图。查该公司应还之外债,以德华、东方、汇丰、道胜诸银行之二百万为最急,今为急就之计,假定股本为二千万两,除已有股款一千零五十万两,前邮传部轨价二百万两,又,交通、户部、裕宁及湘鄂各款共二零一万两,三项统计,将近一千五百万两外,政府若认筹五百万两,分期交付,即可凑足二千万两之数。正其名曰"官商合办"。此新增之五百万两,除以二百万两还急债外,尚余三百万两,足备扩充事业之用,其余商欠各款,再徐图分期补还。在国家认筹五百万两之现款,既足立救数千万破产之公司,又可预立国家之大计,是不啻以一钱而获千百之利。当务之急,似莫先于是。惟欲达到此举之希望,不能不望财政、交通两部共任其难。上年八月之手折,业已缕晰陈明,无庸喋述。本部负总管实业之责任,因不敢空言以图维持,而关系安危之要政,尤未便安于缄默。所有筹拟汉冶萍公司切近办法,是否有当,理合缮折,恭呈鉴核,伏乞训示遵行。谨略。

张謇呈大总统文

民国四年二月二十八日(1915.2.28)

窃汉冶萍公司为最大实业,牵及外交,议已经年,迄未解决。为今之计,亟应先定对内之方针,乃足以坚付对外之后盾。本部前呈或归国有或官商合办,彼时外人尚未公然要挟。国有则事权可一,不致更有歧路亡羊之虑,而需款多;官商合办则关切者多,不至更为掩耳盗钟之事,而需款少;两义而已。今则外人要挟,昌言与我合办,合办前途损害,人尽能言之,即盛宣怀亦知其不可。盛言前在东京,公司股东在沪开会,反对合办,其所云云,即謇所主张。然则拒绝合办,惟有利用商办多数之股东,政府若于前农工商部所入之资本一百七十万外(现公司以其数列入商股之内),并以交通之二百万,各官款二百余万,已有五百八十万;纯粹商股只九百余万。今如假定为官商各半之合办,则政府应再入四百二十万;若官四商六合办,则商应增二百余万。查盛之六合公司一百三十余万,昨已收回,似可令其重入,所短不过百万上下。官股应增二百二十万,分二、三年亦必能办。其议事之权,合两名而言之,则似商多官少;析各户而言之,则仍官重商轻,且对外设有困难,则仍可以商股多数为词也。至于日人之债,其原素为预付生铁、铁砂之价,预付之款,自应有息,能按期交一吨之货,即清一吨之债,少一吨之息,本无即以此为强迫合办之理由。是则对外而欲拒其干涉,须先减少其债权;欲减少其债权,须先能按期交货;欲能按期交货,须能多出生铁与矿砂;欲能多出生铁、铁砂,须加营运资本,而先须官商合筹。据询公司转运局坐办卢鸿昶,及核其所印"节略",则今日除非增炉不可,而以借日本之九百万元,现付无多,是营运资本得五百万已足(此指交通二百万左右、官款二百余〈万〉入股而言),而亦尚非必不可能之事也。惟官商合办,官股亦宜名商股耳。管见如此,伏祈钧鉴裁夺。再,该公司转运局坐办卢鸿昶,现在在此候讯,该公司前经理李维格于公司计划甚精,乃中国可谓唯一之炼铁有经验人,刻方别就商业事于沪,大总统前亦垂问及之。如目前有所咨询,并候批示,当由謇电招来京,以备顾问。

（九）三百万元日金借款及日本帝国主义谋划中日"合办"

西泽致中村①函

明治四十四年十一月十四日(1911.11.14)

关于本地王锡绶及盛宣怀要求本职代为洽购军火之经过情形，前已随时奉禀，想阁下业已洞悉。盛宣怀被革职后，恐遭刺客暗杀或官场倾轧，业已逃往天津。行前曾致本职最后一电，兹抄录于下，以为日后之参考。

西泽兄：护矿新勇请代购枪弹，望与王道商办。高木即日回汉，请告知李协理。盛印。

如前所禀，汉口川岛司令官先以无线电报告知本职，谓满洲舰定于十三日正午开抵大冶。其后不久，千早舰舰长亦于该舰入港之时立即告知本职前往登舰。因此，本职已事先拟妥与李维格会面时商谈之要点。

驱逐舰神风号先行入港，为满洲舰警戒航路。满洲舰于正午十二时入港，本职即时登舰，访晤舰长，得舰长允许，进入李维格之保护室，两人面谈历四小时之久，已就各项问题进行充分商谈。

（中略）

满洲舰预定于十九日到达上海，本职已就该舰到达上海后李维格登陆时如何加以保护和警卫等问题与该舰舰长及大釜等进行周密磋商；另外，根据李氏本人之要求，已由本职出具介绍信致上海有吉领事，请求予以妥善保护，此信已交与李氏本人随身携带。

李维格在与本职谈话中提到下列两点，极关紧要而且必须保守秘密，我制铁所亦需就此问题速定方针，而后呈请政府当局，取得同意。事关紧急，故特缕陈于下：

一、明治四十四年度（一九一一年）我国订购之生铁一万五千吨，连同

---

① 中村雄次郎(1852—1928)：时任日本制铁所长官。

追加订货二万五千吨,共计生铁四万吨,原定由汉阳铁厂提供。现该厂已停止生产,履行合同殊无把握。幸熔矿炉等设备尚未因兵火而遭偌大破坏,俟今后两三周内武汉地区炮火平息时,我国方面应即由我制铁所出面向武昌革命军都督黎元洪提出正式交涉:为减轻日本国家所受之损失,要求由我国派遣工程技术人员前来汉阳,重新燃起熔矿炉,恢复生产;迫使黎元洪尊重各国既得之利权,对履行既定合同不加阻难,坚决使该厂恢复旧观。

二、武汉地区将来大有兵连祸结之虞,不适于大规模工业发展,若求长远稳定且交通便利,仍以选定上海为宜。幸在上海浦东地区保有大片土地,俟产出明年及后年所需之生铁(仅限于向日本提供之数量)后,即将汉阳铁厂所有一切机械设备全部迁往上海,与日本合资,共同经营。发行股票,招募日本人投资购股(亦可以目前正在洽谈中之一千二百万元借款抵股),兴办一大型铁厂,将现今之汉阳铁厂及扬子江械器局(刻下已因兵燹停产)合并起来,特造趸船,将大冶及他地矿石运至上海,焦炭及煤炭则由萍乡、开平及日本供应,运费须限定在不影响工业经济发展之范围以内。迁厂费用,以卖出汉阳铁厂厂地之价款抵充。当可绰绰有余。李氏坚信此项事业必有发展前途,殷切希望我国当局予以赞助,从速决断施行。

李维格到达上海后,将另行拟订详细计划,一俟获得我国当局赞同后,即与本职一同前往青岛面晤盛宣怀,以期做出最后决定。李氏表示今后纵历千辛万苦,亦必贯彻上述方案,热切恳托本职从速将此意转达阁下考虑。专此奉闻,即希钧察。

西泽公雄(印)

小田切致盛宣怀电
明治四十四年十一月十六日(1911.11.16)

若松铁厂与正金甚愿速筹一办法。惟欲求此事有效,其办理务须格外小心,是以总理、协理及签原合同之各董事均须签字,并须设法使汉阳铁厂、萍乡煤矿承允加改条款。现厂矿之人散在各处,会议不甚便易,是以最好凡于此事有关系之人均往大连会齐商议。小田切因此,并因他事,拟于十一月十九号(中九月二十九日),由神户起程,前往大连。(秘密)

盛宣怀致伊集院①函

宣统三年九月二十七日(1911.11.17)

敬启者:

北京聚首,时领教言。月初勿促成行,未能走辞;尚荷台驾惠然光顾,深宵话别。情意肫肫,古道热肠,于今罕见。鄙人此次就道,谣诼甚多。承派卫队远送天津,俾臻妥协,私衷感泐,莫名可言。此间海气煦和,颇似须磨光景。暂时卜宅侨居,避嚣养疾,尚属相宜。惟闻汉阳迄未收复,铁厂在战线之中,甚为危险。尊处有详细消息,尚祈示知,为盼为祷。专布,顺颂

台绥

统希雅照。

盛启

敬再启者,昨三井友人接奉尊处复电,以鄙人之事,承阁下面询庆王,别无他故。并悉阁下、朱大臣②意亦相同。闻信之下,深为慰谢。惟国事颠危,时局亦迁无定,此后如有关涉鄙人之事,尚祈留意维持,尤深幸祷。再颂

时祉

弟又启

盛宣怀致小田切函

民国元年元月十四日(1912.1.14)

小田切先生阁下:

径启者,现汉冶萍公司急需巨款,拟以公司产业向贵行担保,借用日币五百万元,如荷允为通融,当即派员与贵行拟订条款,想敝公司与贵行交往

---

① 伊集院彦吉(1864—1924):时任日本驻中国公使。
② 即当时英国驻中国公使朱尔典(J. N. Jordan,1852—1925)。

有素,谅荷玉成,专布奉商。即希惠复,是幸。顺颂

日祉

王勋致陈荫明①电

民国元年元月十四日(1912.1.14)

止澜亲送宁王宠惠鉴:

何天炯君接孙总统电,欲汉冶萍筹款,勋将此意告盛。盛云:义不容辞,但目前即以产业加借押款,无人肯借。或如来电所云,华日合办,或可筹措;或由新政府将公司产业、股款、欠款接认,即由政府与日合办,股东只要股款、欠款皆有着落,必允。否则,或由政府与日商合办,均可。惟合办以严定年限、权限为最要,免蹈开平覆辙。即请密商,由止澜密电复。勋。

小田切致盛宣怀函

大正元年一月十七日(1912.1.17)

盛宫保阁下:

径启者,顷展来函,商借巨款日币五百万元。查贵公司前借敝行款项为数已巨,向来借款均有货价指抵。现值贵国内乱,敝制造所等处订购贵公司货物不能如期交货,目前贵公司能否开工,实无把握。前欠尚无着落,断难再行添借,特此奉复。顺颂

日祉

陈荫明致王勋电

民国元年元月十七日(1912.1.17)

电悉。前日往宁,偕宠惠谒孙总统。孙意:民国于盛无恶感情,若肯筹款,自是有功,外间舆论过激,可代为解释。惟所拟中日合办,恐有流弊。政府接认,亦嫌非妥当办法。不若公司自借巨款,由政府担保,先将欠款清

---

① 陈荫明(1873—?):字芷澜,广东新会(今江门)人。时任公司商务所副所长。

偿,留一、二百万作重新开办费,再多借数百万转借与民国。原借还期、利息等统由民国正式承认,与公司订合同,依期付息还本与公司,于公司一无所损,更得民国维持,两皆裨益。来电谓无人肯借,乃外人恐政府干涉之故。今政府允借,且允担保,必有人肯借,英、美人现有欲借款者,只须公司出面耳! 荫要求将公司产业及盛私产已充公者一律发还。总统云:动产已用去者,恐难追回;不动产可承认发还。若回华,可任保护。如何? 急盼回电。兄或总办面商,更佳。荫。

盛宣怀致李维格函

民国元年元月二十一日(1912.1.21)

　　三十日阁臣交阅止澜复电,意甚周到。合办恐有流弊,吾亦云然,惟与何君前电两歧,岂何电有所误会耶? 抑孙与他人谋,不欲担此坏名耶? 来电注重公司自借巨款,由政府担保,先将各欠款清偿,留一、二百万作重新开办费,再多借数百万转借与民国,似看得稍易。大约前途一不知我公司欠款如此之巨,便有公债票一千万,亦只能清偿急债;二不知我重新开办必需巨款,便有预支铁价一千二百万,亦只能作新厂开办费,而于转借民国数百万之款,尚无着落。昨接尊电,合办事(别无他人来提)请告因舆论反对作罢。想必阁下留京已经撤开〈合办事〉,专议借款。弟与阁臣密谈于大连,所商三大端之外,未知有别项妙法。如果就题变通:一、预支铁价仍需一千二百万元,以六百万元作上海新厂之华股,其余六百万元以一半作汉厂修复及添开第四炉之用,以一半转借新政府。一、上海分厂四百万元,日商股份须由其另筹,将来一千万元之外,仍归华六日四,如要外股,亦可续议。一、公债票一千万元断不能少。本公司股票押款一百万两,准先扣还。华商抵债,约可分用若干。既有实款可抵,又有政府担保,此种小票谅亦可售。弟只能筹其大概,至于内售生铁若干,矿石若干,方足以分年偿还,公等自能细算,如必欲多买矿石,亦宜趁此定议,免致日后阻挠。昨日阁臣接止澜电,谓:如照准,恳即派李代表速来沪,迟恐横生阻力。吾恐前途误会我等不肯照允,以致迟迟不复,特嘱阁臣先复一电,抄呈尊览。

二十六日《民立报》抄录《朝日新闻》载吾等来东商议日铁,尤为激烈。赵炳生在京闻项城欲提还邮传部存款二百万,若袁为总统,未知何似? 大冶刘答复邮部,均推上海总公司,难保不生事。已电致绥卿、菊番留意。

总之,目下借款多多益善,若欲于预借一千二百万、公债一千万之外,再欲加增,岂有别策邪! 事在他人手中,我知其难,然亦不能过迟。弟若非病亦必来相助矣。专布,鹄候密复。

弟顿首

何天炯①致汉冶萍公司函

民国元年元月二十一日(1912.1.21)

汉冶萍公司大鉴:

刻接南京政府来电,须将该公司改为华日合办,因等巨款以接济军费,兹请贵公司即日照行,所有后事新政府一力保护,断勿迟疑可也。即问
鸿安

何天炯顿首

中华民国第一年正月二十一日

[附件] 民国陆军总长给何天炯的委任状

兹因军事需财孔亟,特委任何君天炯赴东借募巨款,所有订立条件悉有全权,但不得损失国权及私利等弊。须至委任者何君天炯执据。黄兴(灭此朝食印)。黄帝纪元四千六百零九年十月。

黄兴致盛宣怀电

民国元年元月二十二日(1912.1.22)

前由何天炯转达尊意,承允助力民国,由汉冶萍公司担借日金五百万元,归民国政府借用。见义勇为,毋任钦佩。兹特请三井洋行与尊处接洽,

---

① 何天炯(1877—1925):字晓柳,广东兴宁人。时任临时大总统府秘书,后被孙中山委任为驻日借款代表。

商订条约,即日签押交银,公私两益,是所切盼,并复。陆军部总长黄兴叩。

盛宣怀致小田切函

民国元年元月二十三日(1912.1.23)

小田切先生阁下:

　　密启者,昨接复函,借悉商借日币五百万元一节,以敝公司前欠尚无着落,不能再事通融,自系实在情形。惟敝公司此商借款万分紧急,昨已派员面告详情,不得不再行专函切商。务祈设法玉成,以济要需。特再函恳,翘盼复音。顺颂

日祉

一月二十三日

盛顿首

小田切致盛宣怀函

大正元年元月二十四日(1912.1.24)

盛宫保阁下:

　　径启者,接展大缄,所商一节,敝行因贵公司无货可抵,按照敝行章程断难再行通融。惟闻三井曾有华日合办之说,弟一再筹思,除此亦别无办法。特此奉复,顺颂

日祉

一月二十四日

小田切顿首

盛宣怀致黄兴电

民国元年元月二十四日(1912.1.24)

　　上海陈止澜:发密。速译专送南京陆军总长黄鉴:电悉。项日商小田切面称,不愿担借,要求合办。何君天炯来函,华日合办政府已许可,而贵电无"合办"字样。合办虽系旧矿律所准,然以法律论,必应政府核准,方敢

遵行。究竟民政府主意如何，日代表在此专候，请速核夺电复。来电请交陈荫明密电发。

黄兴致盛宣怀电

民国元年元月二十六日（1912.1.26）

前电谅悉。至今未得确切回答，必执事不诚心赞助民国。兹已电授全权于三井洋行直接与执事交涉，请勿观望，即日将借款办妥，庶公私两益，否则民国政府对于执事之财产将发没收命令也。其早图之，盼复。黄兴叩。径。

汉冶萍公司中日"合办"草约（南京）

民国元年元月二十六日（1912.1.26）

中华民国政府（以下称政府）、汉冶萍煤铁厂矿有限公司（以下称公司）与日本三井物产株式会社（以下称三井）订立条款如左：

第一款　公司股本为日金三千万元并由中日合资办理。

第二款　公司股本中日各半，其每股应得权利亦一律享受。

第三款　除公司现存由日本借入日金一千万元外，公司尚须续借日金五百万元。以上借款共一千五百万元，应作为日人投入公司股本。

第四款　在本合同第三款借款内，由公司借政府五百万元应付现金若干，其余作为政府向三井购买军装之需。①

第五款　政府应选派一委任代表，解款时即以政府之权力状及代表之收据为凭。

第六款　政府借款应于西历一千九百十三年一月归还。利息半年一付，一千九百十二年六月付第一次，一千九百十三年一月付第二次，年利八厘。

第七款　凡在上海付款、还款及付利时，兑换应由三井决定。

———————————

① "购买军装之需"，按英文本合同为"购买武器与军火"。

第八款　政府担保不收中国出口铁块之出口税。

第九款　政府应尊重公司订立条款,且于规则、章程、组织公司、选择总理等事于此中日合办合同上第一款之意志不背者,应皆作为有效。

第十款　政府应承认并尊重旧政府所允许公司之特权。

第十一款　关于本合同上之政府借款事件应由三井经手。

第十二款　本合同做三份,用中、日、英三国文字各执一份。若字句间有疑问处,应以英文为准。

借款合同要点①

在中华民国政府、汉冶萍公司与三井株式会社订立之草约中,各方同意:

政府须按上述契约所载五百万元借款之百分之二点五(2.5%),付给三井佣金。该项佣金在三井付款给政府时扣除。

但三井取得之武器和军火定货总额超过二百万元时,上项借款佣金可以免付。

中华民国政府若对外国出让中国矿山、铁路、电力等权利时,应在同等条件下优先让予三井。

本约以中、日文缮写二份并附英文译本,由各方各执一份。若对协议解释有疑义时,以英文本为准。

《借款事同要点》的补充②

付于共同事业经营之方法,中华民国政府为该公司之董事,而承认汉冶萍公司督办盛宣怀在日本协定之条件,且确认其可通过于公司股东会。

前述股东会开会之前,该公司先以大冶铁山为抵押,借贷日金三百万元乃至三百五十万元。此款由前述契约草案中记载之公司借予中华民国政府之金额五百万元之内,而为其支付其所剩之金额。中华民国政府须承

---

① 原件为英文。

② 补充内容英文原件中未著录,但其日文之中译稿曾载于 1912 年 2 月 28 日《时报》,此处据以补录。

认前述股东会之决议，而后为支付之事。

上海三井物产会社致孙中山函

大正元年元月二十七日（1912.1.27）

孙逸仙博士尊鉴：

谨向阁下证实下列来往电报：

一九一二年一月二十五日中午十二时二十分发往尊处下列电报：

接东京电，阁下致盛电未切要害。敝处已电复东京云：阁下已授全权予三井与盛谈判，请遵行。如本月底各项条件未能为盛所接受，谈判即作破裂论，贵政府即可对汉冶萍及盛氏产业采取必要步骤。请阁下将此点电盛、何。三井。

一九一二年一月二十六日上午八时五十分收到尊处一月二十五日下午八时二十五分发出之下列电报：

已遵来示各点电盛。

一九一二年一月二十七日下午三时发往尊处下列电报：

接神户来电，一、二日内可签草约，请转知南京〈政府〉。

最后一电发自盛宣怀的私人秘书，我揣度盛宣怀希望将签订草约的情况转知阁下。

汉冶萍业务经理王阁臣于一月初即在日本，今晨返沪，午后曾来访。王急于了解中日合办汉冶萍公司的想法是如何产生的。我告诉他，阁下与胡汉民先生均曾提及此事。汉冶萍中日合办的设想，是去年十二月底我与阁下晤谈，议论到浙江铁路时提起的。当时我曾谈到，假使阁下能同意浙江铁路由中日合办，也许能以该路为抵押，设法借款。若仍保持为中国铁路公司，恐难罗致借款。

山本谨启

汉冶萍公司筹款条款

民国元年元月二十七日（1912.1.27）

王阁臣带沪条款八条：

一、新政府借款,公司极愿意。

二、公司股本一千万两,此外欠债二千五百万两。

三、所欠之债,内有日本款约一千余万两,均以订售生铁及铁矿石价值抵付。

四、现欲再向日本续借,已无出息可抵。

五、何天炯出示总统电报云:汉冶萍华日合办,新政府已许可。惟事关重大,公司电派陈止澜到宁请示。陈复电两歧,当将陈电送交日本代表阅看。彼云:"华日合办新政府已承认,陈电不能作准。"

六、日人已将合办条款开来,只得再与何君面商。不得已,何君将总统许可华日合办来电函致公司,嘱即照行。现就日人来稿,酌拟大纲数条,以备开议。

七、又接陆军部总长黄来电:由公司担借日金五百万元,归民政府借用,商订条约,即日签押交银等语。此电仍无"合办"字样,现再派王阁臣到宁面叩究竟,一面与日磋商,仍候宁电定夺。

八、合办虽系矿律所准,然总须请示政府照例核准,方敢遵行。

盛宣怀致森恪①函

民国元年元月二十七日(1912.1.27)

森恪先生鉴:

兹有三事,奉托阁下赴江宁代陈民政府,以释疑团。

一、汉冶萍公司借款与民政府一事,我已允认。昨日三井来函谓:"民政府允日华公司合办,共同经营,已授全权,从速决定"等语。日本已派小田切代表商议草合同条款。政府既给全权三井,前来直接交涉,公司照律遵行。弟因咯血卧病,已派协理李维格与彼交涉,先定草约。据三井云:"核准之后,当可先办借款若干。"知我罪我,惟希原谅。

一、陈荫明偕王宠惠君奉孙总统面谕:"民国于盛,并无恶感情,外间舆

---

① 森恪(1882—1932):时任日本三井物产上海支店长。

论过激,可代解释。盛私产已用去者,恐难追回;不动产可承认发还。若回华,可任保护"等语。闻之,无不感激涕零。程德全以私怨将弟产业发封充公,在政府所得甚少,在盛氏祖产所失甚多。如蒙早日发还,使天下皆知政府道德,不以势力压制。盛氏子孙感且不朽,必当核估收回产业之数,除别人不计外,竭力筹款报效,以答高厚之德。

一、弟因铁路借款,得罪舆论。此次汉冶萍公司与日合办,虽为矿律所准,民政府特予三井全权交涉,而他人不得周知。上海《民立报》二十六日已经指名,"盛贼将汉冶萍与日本",私议痛骂不堪。将来报端难免不再有议论,不得不格外慎重,并非推诿,且合办亦各国法律常有之事也。

以上三事,乞酌量代陈,公私两益。

盛宣怀致黄兴电
民国元年元月二十九日(1912.1.29)

南京陆军长黄鉴:二十四日复电谅鉴。二十六尊电已授全权三井直接交涉,即日办妥。三井来函,所授全权系日华合办汉冶萍公司营业,并从速决定借款,与何天炯君来函相同。小田切照此来议草约,坚持要挟,既欲从速,何敢观望。宣咯血不能起,已派李维格与彼直接妥议,即赴东京签押,请即转陈孙总统并致农工商长。宣叩。艳。

盛宣怀给李维格的委任状
民国元年元月二十九日(1912.1.29)

现据交阅所拟草合同稿,核与三井洋行交阅南京民政府与该洋行所拟条款宗旨相同。正月二十一日,执事在东京所收何天炯君凭函内称:"南京政府来电,须将该公司改为华日合办,因等巨款,请公司即日照行,断勿迟疑"等语,亦属无异。敝处接民国陆军长黄电,已授全权于三井洋行直接交涉。敝总理俟民政府核准后,再行签押外,应请贵协理遵照民政府来电与日代表即照所拟草合同先行签押可也。汉冶萍总理盛(思惠斋印)

汉冶萍公司中日"合办"草约(神户)

民国元年元月二十九日(1912.1.29)

汉冶萍煤铁厂矿有限公司、日商代表会订华日合办煤铁厂矿有限公司草合同所订大纲条款开列于左:

一、改汉冶萍煤铁厂矿有限公司之组织为华日合办有限公司。

二、新公司应在中国农工商部注册,一切须遵守中国商律、矿律,总公司设在中国之上海。

三、新公司股本定为三千万元。华股五成,计华币一千五百万元。日股五成,计日币一千五百万元(此股本及将来分余利均以日币算)。华股只能售与中国之人,日股只能售与日本国之人。以后公司股东盈亏共认,不定官利,总照各国通行有限公司章程办理。

四、新公司按照矿律以三十年为期满。期满后由股东会公议,如欲展限,应照矿律再展二十年。

五、新公司股东公举董事共十一名,内华人六名,日人五名。再由董事在此十一人内公举总理华人一名,协理日人一名,办事董事华日各一名。股东另举查帐员四名,华日各二名。

六、总会计用日人一名,由董事局选派,归办事董事节制。以后添用华总会计一名,彼此平权。

七、汉冶萍煤铁厂矿有限公司之所有一切欠款及一切责任备有确据者,均由新公司接认。

八、除照矿律外国矿商不得执其土地作为已有外,汉冶萍煤铁厂矿有限公司之所有一切产业物料暨权利并照案所享特别利益,均由新公司接收。

九、新公司未注册以前,由华、日发起人先行办事。所有新公司一切章程由发起人另行商订。(原件边注:"添所有云云十七字"。盖有小田切及李维格图章)。

十、以上所开新公司华日合办,俟(原件边注"改'已'为'俟'"。盖有小田切及李维格图章)由中华民国政府电准汉冶萍煤铁厂矿有限公司,立将此办法通知股东。倘有过半数股东赞成,即告知日商。日商亦将情愿照办之意告知公司,签定正合同,立行照办。告知期限不得逾一个月。

此草合同在神户会订,照缮二份,各执一份。明治四十五年一月二十九日

汉冶萍公司现有股本一千三百零八万元。公司代表之意,须填足股本一千五百万元。其添填之股票作为公司公用,其如何(原件边注:"添何一字"。盖有小田切及李维格图章)用法,由董事会公议。日商须入股款日金一千五百万元,日商代表之意,除原有华股一千三百零八万元外,另填华股票七十五万元,日商出股款一千三百八十三万元。此条须到东京,方能定议。其余各条,彼此允洽,别无异议。

以上草合同十条俟民国政府核准后,敝总理再行加签盖印,特此声明。正月二十九日。盛宣怀注(印)

汉冶萍煤铁厂矿有限公司协理　李维格(印)

日商代表　小田切万寿之助(印)

盛宣怀给李维格的委任状

民国元年元月三十日(1912.1.30)

现本公司急须日币五百万,请即向横滨正金银行商借,以大冶本公司铁山铺担保,并以武昌县银山头、马婆山及富池口、鸡笼山、铁山所出售之矿石担保。其余关系本借款一切事宜,悉予贵协理全权签押,特此委任可也。正月三十日。汉冶萍总理盛(思惠斋印)

上海三井物产会社致孙中山函

民国元年二月一日(1912.2.1)

孙逸仙博士尊鉴:

顷接东京总公司来电,关于汉冶萍中日合办事已完全洽妥,但为使该约生效,并使您获得所需之借款,尚须所有董事的批准及股东的证实。这

就需要相当时日。为了尽速向您提供借款,已洽妥以汉阳铁矿为抵押,筹借二百万至三百万日元。以上为东京来电之要旨。我已草拟了为目前借款所必需的文件,由敝处森恪君呈请阁下批准。该项文件请由阁下与陆军部长黄兴先生签字。敝处若电致前途,借款几天之内即可汇到。我本想亲自前来拜访,但为业务所羁,特别是最近上海金融市面极坏,财务工作特别紧张,且须兼顾贵政府上述借款之外汇筹措事宜,故无暇趋访。

但由于急于面商上述借款及其他事项,拟乘本周六下午一时快车到京面陈一切。森恪君今日晨〈由日本〉到达,将有很多事须与阁下商谈。尚祈为贵政府之利益与中日两国之关系,予以接待为盼。

又及,考虑到借款问题的重要性,我仍以留驻上海筹措款项为宜。一俟事有头绪,将尽速趋前拜访。

山本谨启

叶景葵致聂其杰、何世模①电

民国元年二月二日(1912.2.2)

汉冶萍合办之弊,一谱君论著极中肯綮。世但知萍煤冶铁为惟一宝藏,不知自李一琴任汉厂总办后,凡鄂、赣等省铁类矿山调查甚详,圈购甚多。今汉冶萍引日资合办,是不啻举全国钢铁业拱手授诸外人,危险何堪设想! 且汉厂、萍矿债台高筑,今更残破,非大借外债不能续命,日人以千余万金之款,攘臂合办,转瞬款尽,仍须间接引受欧美巨资。有此美产,不能自保,授权东邻,于民国借债前途大有妨碍。应请尊处联合股东切实研究,以资匡救。弟日内赴津,并陈。

汉冶萍公司致各股东公函

民国元年二月(1912.2)

敬启者,旧历八月武汉起义后,本公司汉阳铁厂正当炮火之中,匠役星

---

① 何世模(生卒年不详):字范之,安徽望江人。时任中国银行商股联合会副会长。

散,运道梗塞,停工已阅数月,何日再能开办,一时尚无把握。萍矿因铁厂停工无须焦煤,外销亦因兵事阻滞,不得不将窑工遣散,停出煤焦。

查本公司用款,已达三千二百余万两,除股本一千二百余万元,合银九百余万两外,结欠庄号及中外银行二千三百余万两,内有日款一千余万两。丁此时局,进款毫无,债主四逼,中国庄号、银行不能再有通融,自不待言。无可奈何,拟仍向日银行商借,以济燃眉。日行以从前所借巨款,均有日本制铁所购用生铁、矿石借[价]款作抵。现在厂矿均已停工,无货可交,前欠尚无着落,断不能再行续借。此情形势必破产,债主即可行其债权,据产变卖抵偿。正在徬徨无策之际,又奉民政府命令,需款紧急,向公司筹借巨款,更加束手。日商见此情形,代筹维持办法,因向民政府提议,如将公司改为华日合办,日商即可设法筹款。民政府当授日商三井洋行全权,令其从速与公司定议。公司体察局势,为大局计,为公司计,非此无以两全,万不获已,只得就日商之意,议订合办草约。

查中日合办本为矿律所准,尤中西各国通行,惟事关改变公司办法,例应请各股东公决,但民政府需款急不可缓,各股东又散在各省,道路艰难,开会恐难齐集。兹特将草约条款抄呈公鉴,并附议可否印票,请各股东即日如式填寄公司,以便汇集核计可否股数多少,查照公司章程第三十九节办理。如逾新历二月□日议决票尚未寄到公司,即作认可之股核计。特此奉布,伏祈公鉴。汉冶萍煤铁厂矿有限公司谨启。新历二月□日。

议决票寄至上海静安寺路斜桥一百十号本公司收。

李维格致盛宣怀电

民国元年二月七日(1912.2.7)

宁电催款,一日数至,云如再不付款,前议全翻,应[六]合契据事,违背法律,亦恐生变。委任状已否签定,乞急电复。合同条款,前日井上侯亦拟酌改。小田对云,稿已磋定,不能再改,故条款井上亦未能改。阁臣函各报均已疏通。《民立》以误会为歉。山本云合办东京必成。合办一成,借款条款均不吃重。

李维格致盛宣怀电

民国元年二月八日(1912.2.8)

带来委任状,照法律无效。昨由律师另备专差送呈。去后,小田又云款交何人,另需委任。小田已电神行。另备状纸送签,即交专差带回。格。

山本①、李维格等致盛宣怀电

民国元年二月九日(1912.2.9)

又接宁电:今日不签定,前之各议全行取消等语。事急矣,委任状请先签字,如条款有实在为难之外,只要两面力能办到,签定付款后,总可转圜,请放心。此系爱宫保起见,一家人之话,速速勿迟,再无往返电商时。立候三等电复,高木来不及。山本、高木,李、林同叩。再,今晚不签,事即决裂。格。

高木致盛宣怀电

大正元年二月九日(1912.2.9)

四电悉。六合款,弟担保,请放心。其余各条签定后,附件声明勿虑。委任状三份速照签定。无时再改。速电示,再迟,事决裂,所有宫保各事,弟无力再能代办,爱莫能助,祈谅。切勿自误,言尽于此。高木。戌。

预借矿石价值三百万日金合同

民国元年二月十日(1912.2.10)

中国汉冶萍煤铁厂矿有限公司总理盛宣怀、协理李维格与日本国制铁所长官男爵中村雄次郎代理西泽公雄,日本国横滨正金银行代表董事小田切万寿之助,于明治四十四年五月一日、宣统三年四月初三日在中国北京订预借生铁价值续合同,迩来彼此正在商议办法。现因汉冶萍煤铁厂矿有

---

① 山本条太郎(1867—1936):时任日本三井物产东京总店常务董事。

限公司急需用款,欲借日金三百万元,横滨正金银行因有上项关系,亦愿照办,订此合同,其条款开列于左:

第一条　中国汉冶萍煤铁厂矿有限公司(以后称公司)向日本国横滨正金银行(以后称银行)借日金三百万元,自交款之日起算,第一年按年七厘计息。第二年以后,利息须由公司、银行商定多少,惟至少以六厘为限。

此项款项,定于东京明治四十五年二月十二日由银行交付公司,本合同上所贴印花税费,应归公司。

第二条　公司为确保前条所开借款本利偿还不误起见,允将坐落中国湖北省大冶地方所有公司之矿山、铁路暨其余在大冶地方一切产业,作为第二次抵押。公司前已将公司之大冶产业作为日本兴业银行及银行借款之抵押,如将来公司还清此二银行前借之款,本条所开产业即作为前条所开借款之头次抵押,无须何等商议知照等事。

公司须将本条所开产业之凭据契券,随后从速托在银行指定之处保存。但公司代表人可商由银行允诺,随时点查。

第三条　除本合同第二条所开产业外,公司允将现有开采权之左列各地方所出矿石,作为本合同第一条所开借款付还本利之抵押,惟在公司铁厂应用矿石,可由公司采用:

湖北省武昌县银山头、马婆山;

又　兴国州富池口鸡笼山。

公司须于交收款项前,将本条所开产业之凭据契券托在银行指定之处保存,但公司代表人可商由银行允诺,随时点查。

第四条　公司不经日本国制铁所(以后称制铁所)及银行应允以前,不得将本合同第二、第三条所开公司之产业及权利作为他借款之抵押;或不得将此产业权利,无论何等名目,作为公司负责之目的或条件。

第五条　公司须将制铁所按照后条每年向公司所购矿石价值付还本合同第一条所开借款本利。

付还本利,须照公司、制铁所、银行于明治四十四年三月三十一日、宣统三年三月初二日在北京所订预借生铁价值合同第五条、第六条、第七条办理。

前项所开北京合同之附件第一、第三两项亦须于本合同照办。

第六条　公司除照已订各种合同内应交矿石数目外,本年起三十年为止,每年应向制铁所另售矿石,至多以十万吨为限。本年制铁所应购之数,于前一年内与公司预行商定。至于矿石种类、成色、价值等,须照日本兴业银行预借矿石价值合同暨以后互相议定一切条款办理。公司所售矿石,总以公司矿山最佳之料交付。

第七条　如在中国偶生变乱,或因公司经营困难,公司有不能照本合同第六条所开条款办理之虑,公司、制铁所、银行三面妥商办法,即请制铁所、银行暂作公司之代理人,代办本合同第二条、第三条各地方矿石之开采、搬运、供给等事。所有一切经费,由矿石价值扣除。唯变乱平定,或公司力能自办,仍由公司自行办理。

第八条　中国现因发生变乱,公司、制铁所、银行明治四十四年三月三十一日、宣统三年三月初二日在北京所订供给生铁暨预借生铁价值合同所开条款,公司不能完全照办,制铁所受其亏损,银行亦抱忧虑。如将来变乱连绵不止,或新变发生,或公司经营困难,公司不得完全照办该合同所开条款之时,公司、制铁所、银行三面妥商办法,即请制铁所、银行暂作公司之代理人,代办汉阳铁厂制造生铁、搬运供给等事。所有一切经费,由生铁价值扣除。唯变乱平定,或公司力能自办,即仍由公司自行办理。

公司如欲将汉阳铁厂产业作为借款之抵押,或将此项产业作为公司负责之目的及条件,应先与制铁所、银行商允,再行办理。

第九条　如公司不能将前条所开在北京所订合同条款完全照办,制铁所、银行亦可向公司要求矿石代抵生铁,公司即应竭力供给制铁所所求之额数。此矿石不在已订各种合同内应交矿石之列。矿石价值须照北京所订合同条款充当付还本利之用。至于矿石种类、成色、价值等,应照本合同所开条款办理。

第十条　本合同缮写中日文各三份,公司、制铁所、银行各执一份。

本合同字句如有疑义,以日文为准。

明治四十五年二月十日订于横滨正金银行东京支行。

汉冶萍煤铁厂矿有限公司总理盛宣怀代理　李维格（印）

汉冶萍煤铁厂矿有限公司协理　李维格（印）

横滨正金银行取缔役　小田切万寿之助（印）

制铁所长官　男爵中村雄次郎（印）

特别合同

民国元年二月十日（1912.2.10）

兹因中国汉冶萍煤铁厂矿有限公司（以后称公司）与日本国制铁所（以后称制铁所）、日本国横滨正金银行（以后称银行）本日所订借款合同内有所不尽，公司、银行另订条款，开列于左：

本合同应须严密保管，非立合同人两面同意，则不得示知别人。

第一条　此次公司、银行所订借款，实为济公司一时之急，希图中日两国商务关系藉臻亲密，并俾公司与日本资本家代表人现议中日合办煤铁厂矿有限公司之件藉有所益起见，因此，日本代表者须对于合办事业详细调查、慎重考究之后，方能决定。且合办事件未经商定之前，中日两国预议者不经一面之应许，则不须向他人商议此项事件。

第二条　前条所开中日合办成立新公司办妥，则银行可向日本资本家商允后，即将此次借款换充日商应交新公司之日本股份。

第三条　公司、银行须向制铁所商允，此次所订借款合同第六条及第七条所开条款，虽前条所订事项办完后，仍可照办，且其时新公司所售矿石价值，由制铁所付现。

第四条　如银行询问公司此次所交款项之用途暨其他要件，公司即须详细告知银行。

第五条　公司之总理、协理及代表人因公司与银行从来交谊深厚，在他国未见如此亲密关系，应允向公司并接办公司人等极力劝其永远维持如此善美关系，以敦信谊。

第六条　本合同缮写中、日文各二份，公司、银行各执一份。本合同字

句如有疑义,以日文为准。明治四十五年二月十日订于横滨正金银行东京
支行。

汉冶萍煤铁厂矿有限公司总理盛宣怀代理　李维格(印)

协理　李维格(印)

横滨正金银行取缔役　小田切万寿之助(印)

汉、日文校对无讹

高木陆郎(印)

汉冶萍公司致制铁所、横滨正金银行函

民国元年二月十二日(1912.2.12)

制铁所、横滨正金银行台鉴:

　　径启者,查明治四十五年二月十日所订预借矿石价值合同尚有商酌之
处,为免日后争执起见,应再具函声明如左:

　　一、该合同第三条内载"惟在公司铁厂应用矿石,可由公司采用"一节,
如日本他厂及中国土炉需购矿石,公司每年可售以矿石五、六万吨为度。

　　二、该合同第七、第八条内载"或因公司经营困难,公司、制铁所、银行
三面妥商办法,即请制铁所、银行暂作公司之代理人"一节,此系制铁所、银
行与公司从来交谊深厚,如遇公司经营困难之时,事属正当,实非虚糜款项
办理纷乱所致,制铁所、银行宜当竭力帮助公司,俾公司得免困难,可以自
办。至公司实在不能自办,则三面妥商办法后,始请制铁所、银行暂作公司
之代理人,以表明维持如此深厚交谊。

　　三、该合同非至不能不发表之时,彼此均须严守秘密。

　　以上三节,应请示复为盼。此颂

日祉

　　　　汉冶萍煤铁厂矿有限公司总理盛宣怀代理　协理李维格

明治四十五年二月十二日

制铁所、横滨正金银行致汉冶萍公司函

民国元年二月十二日(1912.2.12)

径复者:

今接本日来函,领悉明治四十五二月十日所订预借矿石价值合同尚有商酌之处,为免日后争执起见,应请具函声明各节列左:①

以上三节,敝处并无异议,特此布复。

明治四十五年二月十二日

制铁所长官男爵　中村雄次郎

横滨正金银行取缔役　小田切万寿之助

汉冶萍煤铁厂矿有限公司台鉴

王勋致李维格函

民国元年二月十二日(1912.2.12)

一翁仁兄大人阁下:

九号早接舍弟宠惠由南京来电:三井合同速专人带宁,最迟九号晚十二点交下关洋客店王正廷,至要。接电之下,不明其妙。该合同原有台谕不可发表。然南京特电指索,必有妙用。若靳而不与,恐有不妥,遂于是日午车偕止澜同赴南京(一面电请示可否发表,一面□□往宁),驶至苏州时发电至南京,嘱舍弟到下关晤面,车上阅本日(九号)新闻,《民立报》又长篇攻击(剪出呈阅),遂即在车上缮函寄上海《天铎报》正主笔李怀湘,托其探听。到宁寄宿洋客店,舍弟及王正廷(湖北交涉长,现充参议院议员)已在彼久候。解装共食毕,觅密室细谈,始知湖北军政府与南京政府缘他事大生意见,鄂议员刘成禺(此君素不端,同院者多不直之)在参议院发议(于八号将合办之事),邀同湖北议员时功玖、江西议员文群、陕西议员赵世钰赞成其议,作为议案交院议决,今日为第一读之期,通过否尚未得知。据王正

---

① 此处略,详见上文。

廷言则第一读纵得通〈过〉,第二、第三读必归无效。此一层本可无足虑,然究竟不欲有此项议案之付与表决,由孙总统特嘱其亲往武昌(时武昌适有电召王正廷回鄂候充交涉长)向黎。都督细为解说,并设法调回刘成禺,不使其再倡□议。惟欲作说客,须略知其中实情,是以须索阅合同,方易立说。弟与王正廷有师生之谊,且深知为正□之人,遂向其解说合同内细情,给与一份,并授以种种辩护之方□,伊即于十号早动身西上。……返客店,阅上海十号报纸,始知参议院之详细议案(此议案非为本公司一事而□者)兹剪出呈览。□□□接到十号台电:应否发表请政府示遵等语。此一节弟已奉总统命,暂时不必发表(悉合十一号沪接尊电之意)。弟昨日(十一号)早车回沪,接十一号尊电:合办草合同均〈不〉发表,如人询合办事,告尚未定,免生枝节。俟此间一切商定再发表等语,敬悉一切,遵办就是。

是日阅报有黎都督反对取消没收马鞍山电文一付,查此事原系止澜一号函托孙总统电鄂取消,不图鄂意梗不受命也。又到沪后李怀霜言:"《民立报》反对之主笔力子及啸秋均鄂人,谅必为刘成禺运动。"既有王正廷赴鄂,可不必理之,右任必切嘱不得再言。即不然,刘氏去,二人亦必寂然矣。兹将黎电剪呈〈台〉鉴。□□运动一节虽终不可免,弟意仍稍待王正廷一着如何再酌定。宁、沪二处之入手□□也。此请□安。弟王勋禀。

[附件一] 参议员议案①

参议员刘成禺等提议:临时政府押借外债及发行军用钞票,未交院中议决,有背临时组织大纲,计分三项:一、以兵力强迫招商局押借外款;二、擅发军用钞票;三、以汉冶萍合同押借巨款,致成中日合办。凡此三端,既失政府信用,又足激变民心,应请公决。□警告政府,另议善法。

[附件二] 黎元洪致参议院电②

南京参议院鉴:准大总统冬电开:近阅武昌《中华民国报》江夏马鞍山

---

①② 选自1912年1月12日《时报》。

煤矿已属鄂省财政部没收。查该矿系汉冶萍资本,该公司现愿向某〈国〉借巨款为中央军政府用,事在垂成,应予保护。今特电知,谕命财政部取消没收之命。尚有湖北兴国矿亦系该公司产业,祈一律予以保护等因,不胜骇异。本省对于〈汉〉冶萍资产,正月致大总统霰、沁两电言之甚详。此次战争,武汉生命财产损失最巨,鄂省财产不能任该公司抵押借款。且准大总统规定保护财产之命第五条,则马鞍山煤矿理应没收,该公司要求取消,万难承认。特此电知,并请转达大总统饬知该公司查照。盼切,祷切。元。

孙中山致章炳麟[①]函

民国元年二月十三日(1912.2.13)

太炎先生鉴:

手示敬悉。此事弟非不知利权有外溢之处,其不敢爱惜声明[名]冒不韪而为之者,犹之寒天解衣付质,疗饥为急。先生等盖未知南京军队之现状也,每日到陆军部取饷者数十起,军事用票,非不可行,而现金太少,无以转换,虽强迫市人,亦复无益。年内无巨宗之收入,将且立踣,此种情形,寓宁者俱目见之。召盛而使募债事,仍缓不济急,无论和战如何,军人无术使之枵腹。前敌之士,犹时有哗溃之势,弟坐视克兄之困,而环观各省又无一钱供给。以言借债,南北交相破坏,非有私产,无能为役。似此紧急无术之际,如何能各方面兼顾?且盛氏自行抵押,亦无法禁制。该矿借日人千万,今加借五百万,作为各有千五百万之资本。夫中国之矿产甲于五洲,竞争发达,当期其必然,否则专为盛氏数人之营业,亦非无害。此意当为时论扩之。至于急不择荫之实情,无所隐饰,则祈达人之我谅。专复。即颂

大安

---

① 章炳麟(1869—1936):字枚叔,号太炎,浙江余杭(今杭州)人。时任孙中山总统府枢密顾问。

孙中山致黎元洪电

民国元年二月十三日(1912.2.13)

汉冶萍款原急不择荫。前途陆续仅交过二百万,随到随尽。现订仅以此数变为虚抵,而废弃合办之约。一面以招商局借款成立,即可尽力济鄂,前此借款,因清廷与民国互相抵制破坏,故难成就,今既联合,后将易办也。敬复。

王勋致李维格电

民国元年二月十八日(1912.2.18)

正庭来沪言:"鄂反对合办。三井先商,鄂不允。而宁商,鄂竟允。今黎虽已说合致宁公文承允此事,而鄂党心仍未平。现察政府以大局已定,筹款将易,而三井款未交足,欲借此废约"。勋谓:"约如废,公司无款必倒,政府务须另筹巨款维持,十年内如不获利,不取利息"。现唐将秉政,王拟商唐再复宁。尊处宗旨如何,祈即电示。

再,藤濑由宁回,不知宁有废约意,但云:"鄂五十万,孙请暂存三井,候议再拨。"宁意不再用款,俟筹还前借,再宣布废约。藤未知,勋亦未告。

张謇致孙中山、黄兴函(节录)

民国元年二月(1912.2)①

顷鄂人来书,诘问汉冶萍与日人合办事。鄙人前闻盛宣怀有以该公司抵借款项,转借于政府之说,谓是仿苏路办法,亦不介意。乃至今日忽闻集股三千万元,中日各半,由公司转借五百万与政府等语。此事详情,两公必豫知之,顷有急电,请出以慎重,想蒙察览。汉冶萍之历史,鄙人知之最详。综要言之,凡他商业,皆可与外人合资,惟铁厂则不可;铁厂容或可与他国合资,惟日人则万不可。日人处心积虑以谋我,非一日矣,然断断不能得

---

① 原件未署日期,此系根据内容判定。

志。盖全国三岛,无一铁矿,为日本一大憾事,而我则煤铁之富,甲于五洲。鄙人常持一说,谓我国铁业发达之日,即日本人降伏于我国旗之下之日,确有所见,非过论也。数年以来,日人于铜官山,于大冶,于本溪湖,百端设法,思攘而有之,终亦不能如愿。今盛宣怀因内地产业,为民军所占,又乘民国初立,军需孔亟,巧出其平日老猾手段以相尝试,吾政府不加深察,一受其饵,则于国防,于外交,皆为大失败。民国政府建立伊始,纵不能有善良政策,为国民所讴歌;亦何至因区区数百万之借款,贻他日无穷之累,为万国所灌笑。比来上海各西报,对于吾政府时有微词,愿两公宏此远谟,勿存见小欲速之见,致堕宵小奸慝之谋。盛宣怀为人小有才能,不顾大局,无丝毫国家观念,即如铁路国有政策,本不为非,而彼乃以卑劣市侩之手段行之,致激起全国反对,满清由此覆亡,吾侪正宜奉为殷鉴。少川于盛平生知之最详,即汉冶萍情形,所知亦深,就近详询,可知大概。总之,盛于汉冶萍,累十余年之经营以有今日,民国政府对于该公司当始终扶助,不能因其为盛所经营,而稍加摧抑,即盛宣怀之私产,亦当通饬保全,以昭大公。至中日合办之说,则万不可行,未可因其借款之故,稍予通融,此则区区之愚,愿两公熟思而深虑之者。謇忝任实业,于此事负完全责任,既有所知,不敢不告。再招商局借款,闻已成就,合同内容如何,请于未签字前见示,或有可以商酌之处。我中国航业,招商局乃硕果,且沿江繁盛处可泊轮船者,已悉为外人占去,惟招商局各码头颇占优点,稍一不慎,并此挫失,则吾国商人于国内无商业之可言矣,何论国外?扶病布臆,统惟垂鉴。

孙中山致张謇函(节录)

民国元年二月(1912.2)①

来教敬悉,铁矿合办诚有如所示之利害。惟度支困极,而军民待哺,日有哗溃之虞,譬犹寒天解衣裘付质库,急不能择也。此事兑强兄提议,伊欲奉教于先生,故曾屡次请驾返宁。而该件急迫,已有成议,今追正无及。

---

① 原件未署日期,此系根据内容判定。

……今日所见为独占无二者，他日当使竞争而并进；于众多矿中，分一矿利于日人，未见大害，否则以一大资本家如盛氏者专之，其为弊亦大。舆论于此，未必深察。先生一言，重于九鼎，匡救维持，使国人纵目光于远大，为将来计；而亦令政府迫于救患之苦衷，权宜之政策，免为众矢之的，不胜厚望。

黎元洪咨参议院文

民国元年二月(1912.2)①

侧闻汉冶萍公司改办条约，内载有"中日合办"字样，鄂中人士佥不谓然。汉冶萍关系全国财政命脉，现以不得已之故另改办法，如定为中日合办，为累恐非浅鲜。汉冶萍系公司性质，不可认为国家私物，万不得已而听外人入股，只可作商人合资办法，言明汉冶萍公司与日商合资，改立新公司，庶于国际全无关涉。若两方均以国家代表，是直以该公司为两国所共立，将来各国援为口实，邀求开办各种实业，国家将如何对付。恳再与日人交涉，将中日合办条例，改为汉冶萍新公司，由汉冶萍公司与日商合股组织，庶于外交前途不致大受损失。事关国命，伏乞俯赐查夺，立予施行。

孙中山咨参议院文(节录)

民国元年二月十八日(1912.2.18)

二月十二日贵院质问违法借款两则。政府据院议通过之国债一万万元，因仓猝零星征集，颇难应急，遂向汉冶萍及招商局管产之人，商请将私产押借巨款，由彼筹得款后，以国民名义转借于政府，作为一万万国债内之一部分。嗣又因政府批准以汉冶萍由私人与外人合股，得钱难保无意外枝节，旋令即取消五百万元合股之议，仍用私人押借之法，借到二百万元，转借于政府。是政府原依院议而行，因火急借入二百万元以应军队之需要，手续未及分明，致贵院有违法之防。至现行于江宁之军用手票，系借自上海地方政府之中华银行。当时军用万急，兵士索饷，据称即空票亦愿领受。

---

① 原件未署日期，此系根据内容判定。

查得上海政府已通行有此手票,遂向借发,旋恐有碍商市,即将汉冶萍私人借来之国债,随时收放。贵院欲得该手票之报告,当由上海地方政府一并造报,以免纷歧。据此实无违法及另造报告之处,故未即答为歉。此咨

盛宣怀致李维格电

民国元年二月十九日(1912.2.19)

东京李一琴:勋电已复如下:电悉。草约第十款指明,华日合办俟由民国政府核准后方始通知股东等语。且弟又于约尾批明,以上草合同俟民国政府核准后,总理再行加签盖印,特此声明等语。如政府不核准,该草约自然作废,希即转请政府决定准否,切实电示,以便遵照云。二月三日尊电云:三井沪电,草合同宁已核准。此电是否只系谣传,其中似有误会。止。

高木致盛宣怀电

大正元年二月十九日(1912.2.19)

电悉。袁举总统,早知。现正考查稳妥办法。俟有头绪即来。高木。

盛宣怀致李维格函

民国元年二月二十日(1912.2.20)

孙总统的解职和袁总统的就任,严重地影响我们和日本人合办汉冶萍公司的新合同。按照合同上我的书面附言:"俟民国政府核准后,敝总理再行加签盖印。"现在只有袁总统能作出这项批准;而我已从可靠来源闻知,他是不承认南京临时参议院的行动的。袁总统的批准,至为重要而迫切。请来见我,然后及早乘轮船前往北京,把合同送请袁总统批准。我是不可能前往北京的,这项必不可少的工作只有由你来承担。

李维格致盛宣怀电

民国元年二月二十日(1912.2.20)

阁臣电云:反对合办将成大风潮,影响共和大局。咸谓孙、黄被盛蒙

蔽。唐急邀弟会议,赵竹君在场,均谓非请盛速设法取消合办合同,无可解救。务速商盛电认取消,俾照电宁答参议院。弟言请政府废三井约,唐谓政府取消恐别生枝节,公司取消系解较易。将来帮助公司,政府自有办法。速请盛决定,急盼电复,勋。现东京款商办法,请候续电再定主意。格。

盛宣怀致李维格函

民国元年二月二十一日(1912.2.21)

顷阅抄件,王正廷所言,政府以大局已定,筹款将易,则借此废约,是出于孙意。三井沪言已核准,乃口中之言,无正式也。政府变易,非正式(正式则新任必认)印文核准,断不可靠。日商如必欲草合同有效,非二月二十九以前三井与政府直接取到正式核准印文,终属无济。理如此,势亦如此。阁臣以公司无款必倒,政府务须另筹巨款,直言要求。此于核准无干,政府断不能因公司无款受此恶名(为共和影响题目甚大),转为我们借端合办,授人话柄。唐告阁臣:将来帮助公司,政府自有办法(从前商股之轮、电公司归于官办,即此手段),即指此而言。鄙见请阁下实告山本(王正廷之言),如欲合办,须趁早取其核准实据,过此以往,更难著手,根本已摇,运动无力矣。倘三井办不到,务请据实密以告我。天气稍暖,弟当赴东京一行,另筹办法。附上抄电,竹君为革命中清流,据实言之,稍解蒙蔽之诟而已。

弟止叟顿首

盛宣怀致王勋电

民国元年二月二十三日(1912.2.23)

上海王阁臣:二十三日电悉。顷据山本电称:宁所核准系沪三井与宁所订草约,并非〈一月〉二十九〈日〉神户所订草约十条,希速询孙,若所批准实系沪三井之约,即易废,若系二十九草约,须即开股东会议再废。速复。盛。

李维格致盛宣怀电

民国元年二月二十三日(1912.2.23)

顷始问明山本,所云草合同早已核准,系沪三井与宁所订草约,非二十九草约。山本现电沪行速〈备〉公函,将二十九草约送宁。但小田云:第十条改已字为俟字,是核准后不得逾一月,非签字后不得逾一月。

盛宣怀致袁世凯电

民国元年二月二十三日(1912.2.23)

北京袁大总统垂鉴:辰。叩贺中华第一大总统大喜。闻招商局押日本邮社,昨付定银百万。船业码头落他人手,足制我死命。惟汇丰先押,似有牵制。汉冶萍,宁允三井合办借款,勒令公司签字。草合同仍声明俟政府核准。共和统一,筹款非难,难于实业兴发,使上下俱足,故前事仰赖保全,关系将来匪浅。宣怀叩。

盛宣怀致孙中山电

民国元年二月二十三日(1912.2.23)

上海王阁臣转孙总统:接尊电始知该草约已核准。弟当立即知照董事开股东会,会集时,定将孙总统欲废去该约之意告知各股东。如此重要事业终能完全保存,实为中华民国幸福。宣。

盛宣怀致李维格电

民国元年二月二十三日(1912.2.23)

东京李一琴:复阁臣转孙总统,接尊电始知该草约已核准。弟当立即知照董事开股东会,会集时,定将孙总统欲废去该约之意告知各股东。如此重要事业终能完全保存,实为中华民国幸福。孙电前途取消,转虑我以核准借口,万矢集于一人,复电实无他法。

孙中山第二次咨参议院文(节录)

民国元年二月二十三日(1912.2.23)

贵院来咨,以为未得要领,请派专员到院切实答复,兹将汉冶萍借款手续及军用钞票行使之情形答复如下:(一)汉冶萍之款系该公司以私人资格与日本商定合办,其股份系各一千五百万元,尚未通过合同于股东会,先由该公司借日本五百万元,转借与临时政府,而求批准其事,先交二百万元至三百万元,俟合办公司成立,交清五百万。该款已陆续收到二百万元。本总统以与外人合股,不无流弊,而其交款又极濡滞,不能践期,是以取消前令。惟已收支之二百万元,照原约须为担保之借款。

盛宣怀致李维格电

民国元年二月二十四日(1912.2.24)

东京李一琴:昨接阁臣明电,孙总统复电云:该草约,前虽批准,后以其交款濡滞,并不践期,已电告前途,决定取消,盛氏万不能以已由政府核准为借口。唐君等前商办法系为盛氏计。今各省反对,舆论哗然,盛氏宜早设法废去此约。且证书有须通过于公司股东会一语,不为通过,此约即废,不患无以处此也。乞速电告盛云。希即告小田切、山本君知照。

内田致伊集院函

明治四十五年二月二十四日(1912.2.24)

查去年五月中,正金银行董事小田切与盛宣怀、李维格之间所商订之汉冶萍煤铁厂矿公司一千二百万日元借款合同(附件甲号)已在北京签署。该合同第十二款规定本合同须经公司、银行董事及制铁所承认;而公司董事对上述关于承认一节,间有异议,以至该合同迄今尚未确定。接着双方又提出修改意见,商议正在进行中,不料适逢事变爆发,盛宣怀亦成为避难者,商议遂暂告中断。此后,我国资本家方面希望此时能将该公司之事业,促成中日合办。因此,小田切董事代表我国资本家与适来我国之盛宣怀、李维格进行了多次磋商，结果，于本年一月底达成草合同的协议（附件乙号）。但欲实行合办，势非对革命军方面提供一部分资金不可，而此又与我对官、革双方都不供给军资之方针，不相符合。不仅如此，如实行合办，则细目之协商，尚须时日；而对方屈于革命军方面之压迫，又希望尽速作若干通融。因此，表面上即以部分履行去年五月所订借款合同之形式，先行交付三百万日元，当于本月十日签订附件丙号合同，并于十二日将款付讫。惟我方真意，当然在于希望实行合办。故在上项合同签订的同时，又订立特别合同（附件丁号），明载合办主张。但实行合办，尚须相当时日，目前我国资本家方面，对细目尚在进行调查中，故希望对上述乙、丁两号合同订立一事，严守秘密为要。特此密报。

盛宣怀致李维格电

民国元年二月二十四日（1912.2.24）

东京李一琴：昨复阁臣电云，二十三孙电悉，顷据山本电称：宁所核准系三井与宁所订草约，并非二十九神户所订草约十条。希速询孙，若所批准实系沪三井之约，即易废，若系二十九草约，须即开股东会议决，再废，速复等语。孙定取消，已电前途，现始将二十九草约送宁，岂能核准。唐等并非误会，实欲诿咎公司，三井又一味濡滞，系彼自误，我若再含糊，袁、孙并力集矢，死有余辜。弟两言可决，如彼认三井与商所订草约即算核准，我惟有立即知照股东开会公决。

盛宣怀致李维格电

民国元年二月二十四日（1912.2.24）

顷接沪电，聂云台、何伯梁单知各董，合办事应由股东开会公决。孙总统电注重公司股东会不为通过。大约股东皆因各省反对故，怪我不开会。刻已属绥卿知照各董，定期登报，在沪开股东会公决。值此舆论哗噪，孙、黄变卦，断不能以函代矣。

盛宣怀致杨学沂函

民国元年二月二十四日(1912.2.24)

绥卿仁兄大人阁下:

日前寄上致赵竹君、王阁臣两电,想已分别交览矣。昨接阁臣转来孙氏复电云该草约前已批准,后以交款濡滞,已电告前途取销,盛氏不能以已由政府核准为借口。此语蛮不讲理。草合同只重民政府核准一重关键。又云证书有须通过于公司股东会一语,不为通过,此约即废,盛不患无以处此。此语尚合理。草合同核准之后,只有通知股东,倘有过半数股东赞成,即告知日商为第二重关键。

一琴原议以为孙总统已核准,舆论必无反对,无庸开股东会议,只拟由公司刷印,函送各股〈东〉,以决可否,限期不复,即算默许,且已起草,欲弟署可。现接顾咏铨来电,云台、伯梁单知各董,合办事须开股会公决,弟甚佩服。孙氏来电,亦望股会不为通过,挽回合办草约,只有此著,故不能仅用信函知照,必须正式开会。顷已电致东京一琴照办。

二十三孙电云:已批准,已电前途取销。弟初以为必是二十九日一琴所订之草约,乃山本谓,宁所核准系三井与宁所订之草约,并非二十九神户所订草约十条。已电阁臣询孙氏,若批准实系沪三井之约,是与公司无干,孙所准者,孙驳之,似尚易废,或可不待股东议决即可废。若批准系二十九草约,须即开股东会议决,方能销废,大约阁臣复电两三日内必到。弟即电致阁下邀请董事商定会期、会址,克日登报。应如何措辞两不相碍(若说明孙、黄给全权三井办理,恐孙、黄不喜;若推在公司,实属冤屈,鄙人断当不起。务望格外用心,至要,至托)。所有此事合办缘起,往来电文,特此抄送全份,望即刷印多份,开会之日,分送各股东阅看,便当一目了然(登报可少说;办事员演说亦可简净)。

论汉冶萍生意,合办必好,日本用钢铁最多,可不买欧铁,余利必厚,于中国实业必有进步。但舆论必不以为然,我故不肯起此念。乃日本趁民政府要借债,运动此约,催逼我公司成议。弟亦料其必难成,然此后公司,日不相助,筹款更难,须切望股东齐心帮助。如不愿加股,必须公认公司公债票二百万元,以为修复开工之费。利息期限,不妨股东公议。此层务请阁下做一条议,期其必成,为祷为幸。专此。敬请

台安

如有要言,请密电来,不能惜费。

愚弟 顿首

董事诸公同览。罗君一缺应否递升,以完九人之数?

民社等:汉冶萍合资公揭(节录)

民国元年二月二十五日(1912.2.25)

汉冶萍公司非属完全商办性质,确有可征。即使国体变更,而国权继续,实万国公法所不易。况添加外股属之国际范围,民国并未新定有华洋合办章程,盛宣怀又何理由之可说也。况彼于〈光绪〉三十四年奏请添招股本折中,有汉冶萍厂矿关系军政路政,尤非寻常商业可比,一则曰保全中国厂矿;再则曰挽回中国权利。今倒行逆施,言不顾行,甘使长江流域之绝大实业变为开平公司之续,夫何保全挽回之足云。

查盛宣怀阴柔奸诈,才足济奸,凡以上所云汉冶萍公司成案,均其一手所规定。岂不知变更章程均有种种障碍,特以民国初立,一切案件均在鄂湘,且值财政困难之际,彼即肆其蒙蔽手段,欲使人当此恶名,彼得攫其实利。然则盛宣怀之狼子野心,欲欺我千辛万苦缔造艰难之政府,不啻欺我四万万同胞所组织之民国,此其大逆不道之罪一。东西各报屡载日本政府宣言,当中立时期内,本国商民不得借债民国等语。今盛宣怀声称向日本借债合办,必系以所私存外国银行之款(前闻北京人云,盛宣怀革职时,私将邮部存款二百万拨己名下股票,转存外国银行,恐此项贷款即系此款,特假日本名耳),假冒日本商人名义,既遂其趁火打劫之计,又使我民国全体人民对于友邦发生恶感,其处心积虑无非挑衅东邻,倾覆民国,此其大逆大道之罪二。有此两大罪,我全国同胞当视盛宣怀为公敌。今特宣布罪状,盛幡然改悔,自行取消,尚可从宽末减;倘仍怙恶不悛,我等惟有处以最激

之办法,约有四条:

(一)盛宣怀所有私产概行充公,并查明彼督办铁路时用官价收买民地以为私产之劣迹,无论该地产已卖未卖及借出、抵押,概行充公。

(二)盛宣怀既为卖国奴逃居外国,凡属盛氏家庭一律逐出民国之外,令依盛宣怀为生活。

(三)汉冶萍公司股东应立即反对盛宣怀合办之举,如不反对者,即系同党,应将其所有股票概行充公。

(四)凡助盛宣怀为虐,经手此事之人,我等经查有姓名,如不取消此合办之举,即与盛宣怀一同宣布死刑。

民社 湖南共和协会 江西联合分会 四川共和协会
河南共和协会 国民协会 中华民国联合会同具

公司上海股东致盛宣怀电

民国元年二月二十六日(1912.2.26)

杏公鉴:屡见报载,阁下拟以汉冶萍厂矿与日人合办,殊深骇异。查公司向章,不准搀入洋股。阁下既未商各股东开会议决,辄以私人资格擅与外人订约,不独国权,亦我等血本所关,断难承认,而全国舆论哗然,湘、鄂、赣三省人民起而反抗,将恐激成变端,我等同受其累,决不甘心。望即迅速取消,勿稍延迟,致贻后悔。立盼电复。股东:龙黻奎、马维桂、王扬滨、袁思亮、黎糓诰、黄曾洛、黄曾武、聂其杰、何声灏、蒋鸿林等公电。

公司董事会致盛宣怀电

民国元年二月二十六日(1912.2.26)

闻汉冶萍矿厂有与日本合办之约,各股东疑虑,群来诘问。董事会并未与闻此事,当即诘问办事员,见合同第十条内载明,须俟股东会议过半数赞成,方行照办。是未经会议,此合〈约〉并无效力。接各股东来函,均以此事有损国权、商业,极不赞成,应请照合同第十条取消,并盼速电复。董事会公启。

盛宣怀致公司董事、股东电

民国元年二月二十六日（1912.2.26）

上海杨绶卿转董事、股东诸君：两公电悉。二十一致赵电，请公览。正月二十九草约根于南京与三井所订原约，因南京催逼立即签定，不及知会，仅能于约内声明，俟政府电准后通知股东，赞成，再定正约，而草约弟亦未加签盖印，已觉作梗极矣。二十三日接孙公转电，始知已批准。询据三井称，批准系南京所订原约，至草约尚无确电。现告三井，舆论反对，股东电不赞成，惟按第十条吃重股东过半数赞成。若不开会，终必借口，应请即按章程第三十节登报通知会议。俟公决后，即由公司正式告知日商代表，取消草约。总之，弟始终主见在一力保护民国及股东之权利。宣。

盛宣怀致杨学沂函

民国元年二月二十六日（1912.2.26）

绶卿仁兄大人阁下：

今日接股东及董事会两电，想弟前日所发之电已收到矣。顷已详复抄呈台览。

董事来电似不欲开会，未知何故？从前孙、黄主成，一琴、虎侯拟用函知照，是欲其速成耳。今时移势易，万无曲成之理。而公司已签定之草约，政府又电认批准，若仅凭少数股东之电即欲废约，窃料其断不能允。一琴至今尚在东京，日本官商尚欲借政府批准，实行此约。小田切再三嘱劝勿轻发函电。此岂轻易能了之事。鄙见必须照章开会，目下股东除满员之外，在沪居其多数，照章登报须二十日，则远近皆可洞知。北京向系宝兴隆付利，但袁宝三事忙，素不经心，送函不如登报，应即电托其照登京城各报，则可派代表来，或即函电抄其字号，分别准驳。敝处经手股份除押在正金银行外，皆可不赞成，约计农工商部、招商局、湖南省（虎侯新填七十余万元）三大宗最为关系也。

会期略为缩短亦无不可。小田切云，政府核准一月为限，我亦不知政府批准是何日期。所谓一月之限,似不为此。会场则图书馆较宽敞。

此事重在顾全名节,来往电报祈即付登报章,已嘱福开森照登《新闻报》。吾兄于《时报》较熟,亦可照登。弟前日抄呈要件二十七张,请择要登报或刷印分送会场。王阁臣致李一琴信似须撤去,弟与慰侯电亦可撤去。望费神格外留意。至托至托。手颂

勋祺

余嘱茂生面述。

弟名心顿首

招商局已借千万,究借何国银行。汇丰前借百五十万,如系全产抵押,则系第二押款,以后如何还清,大局不致全毁否,祈详示。来函可寄神户下盐屋东方客店盛泽臣,不必托人转寄也。弟在此并不匿名,惟养病不与人往来耳。

止顿首

盛宣怀致李维格函

民国元年二月二十六日(1912.2.26)

高木回〈东〉京甚匆忙,不及布。今日股东、董事两电,弟不能不复一电。董事欲以此两电即作为多数不赞成。弟恐不能。此事急脉缓受,借开会延二十天,弟以为有益无损。惟此时合办必不能成,汉冶萍岂能无办法?务望大驾速来盐屋,熟商数日(许多关键不能形诸笔墨),以定大局。请与小田切、山本两君说明,目前看守在南京无济于事(并不必住神户,无人不知来办此事矣),暂留高木,以通消息。幸勿稽延。

弟止顿首

高木致盛宣怀电

大正元年二月二十七日(1912.2.27)

贵国时局尚难逆料。局变,则股东意亦变,似会期不必急急。高木。

盛宣怀致杨学沂函

民国元年二月二十七日(1912.2.27)

绥卿仁兄大人阁下:

二十四、二十六详寄两函计可入览。顷接东京李一琴两电,抄呈台览。可请交董事、股东阅看,其所称一问三井原经手人即知草约之来由,系指南京与三井所订原约而言。原约十二条,汉文二十四日已抄寄,兹再将英文附上。孙总统所谓批准者,想即是此合同,须请遍示股东,方知其来由也。阁臣寄来二月二十二日《神州日报》所载《汉冶萍合资公揭》是不知此事之来由,抑或知之而故作如是之恫喝。诗云兄弟阋于墙,外御其侮。目下总以销废已批准之约为要紧,而按照法律,政府核准后,只有股东公决之一策。顷接东京李一琴来电,日商代表所论,照第十条,本须请股东公决。可见日人亦不能不承认股东会议,独不解《神州日报》何以要说汉冶萍公司非完全商办。倘使日人因此借口不认商办,便可不认股东议决,而认政府之厂矿,便须专认政府批准。应请速告阁臣、止澜及董事、股东内之有心人,即做一篇辨正论说,证明汉冶萍实是完全商办之公司,理应股东取决,故草约虽随政府由代表签字,仍须股东会议,使中外不能不承认,所关实属匪浅。至于总、协理,将来自应归股东公举。此事了结,弟与一琴均当告退,以后实业兴衰关键,未可因个人而生障碍也。

小田所称,核准后不得逾一月,究不知南京核准是何日期? 草约究竟核准否? 抑系核准只有三井所订之原约? 阁臣询孙氏,至今未复,务望尊处就近询明阁臣为要。

总之,股东会议是此事成败关键,阁下与董事诸公尤为股东会操纵之关键,乞格外留神,为感为盼。

福茂生在此已见各案件,可就近密筹,彼于废约事有同心,如股东议决不准,我有把握,尽可放心。惟商办方有股东,不叵不办。此请
台安
董事诸公同览。

愚弟宣顿首

湖北省共和促进会通电

民国元年二月二十八日(1912.2.28)

汉冶萍煤铁厂矿虽系盛氏投资,究属鄂、赣公产,民国命脉,杜渐防微,讵可用国际合办名义吸引外资。辱国丧权,莫此为甚。他国从而生心,后患何堪设想。无论已否签押,倘用以抵押借款,鄂人誓不承认,请即设法挽回,无任盼祷。

公司董事会致盛宣怀电

民国元年二月二十九日(1912.2.29)

杏公鉴:接汉冶萍总公司转到函电钞件,备悉合办草约尚未加签、盖印,嘱即开会公决等语。今日董事会议,佥以董事系代表全体股东,今董尽反对,无一赞成,加以全国舆论均极端忿激,便足证全体股东之意向。应请迅即取消,万勿再迟。董事会公电。

盛宣怀致杨学沂函

民国元年三月一日(1912.3.1)

绥卿仁兄大人阁下:

二十四、二十六、二十七寄上抄件,想已入览。本日接董事会二十九日公电,除已转电东京请李协理妥酌办理外,依弟看来,日商三井公函布告已坐定核准,执有确据。其代表小田切公函又云:日商会议,一切条款决定愿意照办。又双方议定一月期限即以公函(此公函李一翁在东京二月二十九日接到)布告核准之日期算起,以便照第十条股东开会。按此律法,日本无可施其技能。若不照章开会,与第十条股东过半之义不符,彼断不允取消政府批准之约,且闻日本甚不愿我开会,多方设法愿我蹉跎,如一月期满,便难挽回。弟再四思维,董事会何以不欲开会,或恐股东意见不齐,万一通过,不如置之耶? 鄙见中国股东大概多从众论,当此群议沸腾,决无赞成之理,况农工商部、招商局、湖南谭都督、王达夫、何伯梁以及鄙人经手、袁宝三经手统计已得过半之数,其余由各董预为运动,先行印刷散布。目下股东在沪居多,当日登台演说,谅不难操其全券。

总之,股东开会不通〈过〉之后,则公司得以股东全体之意见取消政府先经核准之约文,乃有实在把握(若再游移,登报日起至开会须二十天,再电到东京预备正式函件知会,恐限期已满矣,弟等何能当此重咎)。务望吾兄即将此意告知诸公为要。专布。顺颂

台祺

弟宣顿首

务劝董事诸公勿再推宕,若恐开会为难,一琴必到,一俟定期,当嘱李回沪,弟当力任交涉。若不照第十款办,逾期无可收拾,[①]悔无及矣!

盛宣怀致杨学沂电

民国元年三月二日(1912.3.2)

电转东京。董事少数,非股东过半,不承认。弟虽未签,李代签。日函告早核准,执有确据。日商决定愿照办,已函复照约须开股东会公决,彼无词。请速定期登报。会前李回,日愿我蹉跎,倘逾限,宣等何敢任咎。

高木致王勋电

大正元年三月三日(1912.3.3)

……合办实系好事,贵国获益甚多,当大局呼吸绝续非款不救之时,不得已借此筹款以成维新大业,一片苦心当为天下共谅。若瞻顾不决,恐激而生事。弟敬爱孙、黄为人,拟运动敝国资本家让步,商一华人收回日股之法,以平舆论。三省则每省许红股若干及尚未交清之借款分款若干,股东则保官利若干,华日一律。此系弟一人私见,能否做到,不可知,当竭力运动。但此意不可出于公司一面,人亦不可提及弟名,以免猜疑。须孙、黄自与三省及股东开诚布公剀切言之。三井有人在宁,名森恪,若三省及股东

---

① 文中着重号系原件所有。

说通,孙、黄即可托森恪电东京三井。弟当在此运动,但兄不可出面,须请令弟密授机宜,作为他人之意,晓孙、黄以利害,及早设法,迟恐不及。弟此举专为孙、黄,为孙、黄即为贵国共和大局,兄可与虎密商之。此电除令弟与虎外,切勿与孙、黄或他人阅。令弟须用口说。高木。

王勋致高木电

民国元年三月四日(1912.3.4)

舆论反对已成燎原,非柄政数人所能说转。尊意甚美,惟目下不能做到。商林,意同。勋。

章炳麟致孙中山电

民国元年三月三日(1912.3.3)

汉冶萍事,公将借款原约十二条电令取消,甚佩卓见。惟盛宣怀致电股东、董事会,尚藉口于公司合办草约十条亦经核准,诿咎我公,以肆狡诈。查该草约十条送宁,在公电令取消原约之后,究竟是否核准,请速电复为盼。

孙中山致章炳麟电

民国元年三月五日(1912.3.5)

所谓取消,即取消合办草约十条之批许也。此草约须通过股东会而后成立,股东抗议,既无效,不问其前曾批许其可立约否。况政府以后令取消之耶? 两次电王转盛,皆令取消合办之约,昨得王覆电云:盛来电,本嘱早开股东会,而董事则以代表股东名义到东取消,如必须全体股东公决,俟复到即约齐董事,登报开股东会公决等因。

公司临时股东大会致盛宣怀公电

民国元年三月二十二日(1912.3.22)

今日开股东会,到会者四百四十票,计二十万零八千八百三十八股。

投票开筒,公同验视,全场一律反对合办,已逾公司全股十分之八,照章有决议之权,草合同自无效,请速取消。全体到会股东公电。养。

公司临时股东大会致袁世凯、孙中山电
民国元年三月二十二日(1912.3.22)

今日汉冶萍开股东会,全场一致反对合办。兹将致盛电录呈钧鉴,电文曰:今日开股东会,到会者四百四十票,计二十万零八千八百三十八股,投票开筒,公同验视,全场一律反对合办,已逾公司全股十分之八,照章有决议之权,草合同自无效,请速取消云云。汉冶萍股东会公电。

公司临时股东大会致湖北、湖南、江西都督电
民国元年三月二十二日(1912.3.22)

今日汉冶萍开股东会,全场一致反对合办。兹将致盛电录呈钧鉴,电文曰:今日开股东会,到会者四百四十票,计二十万零八千八百三十八股,投开票开筒,公同验视,会场一律反对合办,已逾公司全股十分之八,照章有决议之权,草合同自无效,请速取消云云。理合电闻,请即宣布,以安人心。汉冶萍股东会公电。

盛宣怀、李维格致小田切函
民国元年三月二十三日(1912.3.23)

径启者:

本年一月二十九日,敝处与贵代表所订汉冶萍煤铁厂矿有限公司华日合办之草合同,按照第十条须由敝公司股东公决。又,二月二十九日与贵代表来往函件订明一月期限。现敝公司于三月二十二日在上海开临时股东会,当日接到股东公电曰:今日开股东会,到会者四百四十票,计二十万零八千八百三十八股。投票开筒,公同验视,全场一律反对合办,已逾公司全股十分之八,照章有议决之权,草合同自无效,请速取消。全体到会股东公电等语。查照草合同第十条,此次股东会既不赞成,数逾公司全股十分

之八,该草合同自应取消。除已将公电转致贵代表外,兹再函布,请即查照为荷。专泐。顺颂

日祺

壬子阳历三月二十三日

汉冶萍煤铁厂矿有限公司总理盛宣怀

协理李维格

李维格致盛宣怀函

民国元年三月二十四日(1912.3.24)

止公鉴:

昨奉电示。兹将致日本代表正式公函缮就签印寄呈。此函只须将股东会不赞成告知,无须他人斟酌也。小田切虽已离东,此函封面仍可写日商代表小田切万寿之助殿,不封口,外面加封写正金银行副总理井上交神户正金寄往东京(专人送京更妥)。善后办法正与各方面接洽,两三日内开董会商定即开股会,大约不外借款。

公之私产(内地),同人(及六合)公论断不可借外力,以免再激他变,风潮过后逐渐疏通,公即可回国矣。

会场印送之件系董事会与赵、熊诸君商定,格未到沪已印好,办事人无可参议,事已至此,留一情意于孙、黄亦好,此所以孙有函致公道感也。

东京必须有一下台法方能过去。格俟第二股会后即行来东(如议借款),拟约董会代表一二人同来,未识肯否耳。余俟面详,不尽一一。敬请

旅安

制维格上

高木交盛宣怀关于废除汉冶萍中日合办草约后办法

大正元年三月二十五日(1912.3.25)

一、此约废后汉冶萍亦不能与他外人合办。

一、汉冶萍如欲以厂矿抵押托外国银行代借款项,或代售债票,须先尽

与日本横滨正金银行商办。

一、上海合办新厂资本银一千万两。鄂省附股一百万两，汉冶萍附股一百万两，以鄂省及汉冶萍矿石抵付二百万两本利，如中国情愿多附股分可至五百万两为议。

因从前湖北省由正金银行借二百万两，以大冶湖北公有铁山作抵之款，亦在此新公司所购矿石价内扣付本利。

盛宣怀呈袁世凯、孙中山、唐绍仪及外务部长、工商部长文

民国元年四月(1912.4)

办理汉冶萍煤铁厂矿有限公司盛宣怀谨呈。

为公司股东会议中日合办全不赞成，正式知会日商代表，取消草约，录案密呈，恭祈鉴核事。

本年正月二十七日，三井洋行总办山本条太郎面递南京草约底稿，并据面称：汉冶萍公司借款已巨，现在中国大局未定，非照南京草约不能再借款项。日商现已公举小田切万寿之助为代表，请公司速议进行等语。并接南京政府来电：已电授全权于三井洋行直接交涉，即日办妥。词意极严，谅非得已。当即由李维格权宜代表，与小田切万寿之助照订公司草合同十款，于正月二十九日同至盐屋旅寓交阅签印前来。宣怀复核，与三井所交约稿宗旨相同，而条款仍多流弊。小田切力言不能再改。相持之下，仅能将合同内"已由中华民国政府电准，公司立将办法通知股东，倘有过半数股东赞成，即告知日商。日商亦将情愿照办之意告知公司，签定正合同，立行照办"等语，改为"俟由中华民国政府电准"云云。并于约后注明"以上草合同俟民国政府核准后，敝总理再行加签盖印，特此声明"字样，借留转圜地步。并缮给李维格委任状，仍赴东京订交款项。

旋十二月二十二日接上海商务长士勋转来孙前总统电云：草约前虽批准，后以其交款濡滞，并不践期，已电告前途，决定取消，万不能以已由政府核准为借口。今各省反对，舆论哗然，盛氏宜早设法废去此约等语。又接李维格电称：顷始问明，三井洋行山本所云草合同早已核准，系沪三井与宁

所订草约,非公司草约等语。当即电致总公司董事会,即在上海定期开股东会议决。三月二十二日接股东会公电称:今日开股东会,到会者四百四十票,计二十万零八千八百三十八股。投票开筒,公同验视,全场一律反对合办,已逾公司全股十分之八,照章有议决之权。草合同自无效,请速取消。全体到会股东公电等语。查照草合同第十条,此次股东会既不赞成,数逾公司全股十分之八,该草合同自应取消。除会同李维格正式公函转致日商代表外,理合将遵订草合同及取消公函谨录清折密呈,伏期钧鉴,俯赐存案。

　　谨呈

中华民国元年四月

(十) 一千五百万元日金借款及聘用日本"顾问"

公司股东常会决议借款

民国二年五月二十日(1913.5.20)

　　中华民国二年五月二十日,汉冶萍公司假上海青年会开股东常会。到会股东九百十七人。

　　(中略)

　　一、筹借款项。查厂矿进行,非款不可。现定办法,汉厂全行炼钢,大冶另设铁炉,筹借轻息大宗款项,圆活金融机关。另有刊件详细说明,请公决。

　　孙铁舟君起言,此事重大,宜用投票法表决。

　　主席(盛宣怀)答,以时间短促,议件甚多,请仍用起立法表决。

　　汪幼安君起言,此时系借款问题,可用起立法表决,惟将来借款订立条件时,须预开大会,逐条审查,再用票表决。

　　主席宣言,借款问题用起立法表决。全体一致起立。

公司董事联名授权盛宣怀承办借款合同

民国二年七月十八日（1913.7.18）

董事会有代表公司借款之权限，兹决议：与横滨正金银行及日本制铁所订立日金九百万元及日金六百万元之借款合同，并附件合同，因欲使之实行，故特证明会长盛宣怀先生有承结该合同及签押之权。

汉冶萍煤铁厂矿有限公司董事

盛宣怀　王存善　沈敦和　施则敬　周晋镳　李经方　朱佩珍　张武镛

公司董事会致高木函

民国二年七月十八日（1913.7.18）

高木陆郎阁下：

兹因本公司须与横滨正金银行商议借款，特委任阁下前往东京代表公司开议。该借款要领，开列于后：

借款合同纲领

一、借款总额为日币两千万元。

二、名称：借款总额两千万元。内九百万元称为预借生铁价值借款，即系明治四十四年三月在北京所订草约一千二百万元项下之款，内三百万元系于明治四十五年二月续约订借；尚须一千一百万元，称为此次善后借款。应分作两合同。

三、付款及用途：此项善后借款为偿还短期重利借款及作为本借款付利并营业活本之用。应由正金银行按照清单（付款单略）所开期限代公司偿还。

其中九百万元充大冶添设新炉二座（每座二百五十吨至三百吨）及改良扩允汉厂、萍冶两矿之用。应按其工程进行程度，一年以三百万元为限，分三年付款。

四、利息：周年六厘。

五、偿还办法：自交款之日起五年间，只还利不还本；第六年至二十年，每年应还本十分之一(参照另附预算表略)。预借生铁价值借款,应以生铁售价偿还;善后借款以钢轨及生铁售价尽先偿还。

六、抵押:公司应将所有产业作为抵押。只大冶、萍乡等地契应仿照京汉铁路借款办法保存于公司会计所银柜,备钥匙二份,一交会计所长,一交顾问员共同保管。非经双方同意,不得将此地契取出。

函件要领

一、顾问:此次借款须凭公司预算表,按此整理财政,扩充营业。现为信用起见,公司允自己选用日本工程师一人为顾问员,订立合同以备工程顾问。并选用会计顾问员一人,亦订立合同以备会计顾问。遇逼数支取本借款时,由该顾问员会同签字支付。

二、加卖生铁、矿石:日本制铁所情愿多购矿石,公司情愿多售生铁。兹为双方便利起见,除已订合同外,如制铁所加买矿石五万吨时,亦须加买生铁五万吨。如公司尚有余力,亦可再加,唯每年各以十万吨为限。价值随时商订,矿石不拘何处。

三、按照合同交货:生铁、矿石,公司必须按照合同交货。即遇意外之变,除天灾外,亦须有切实办法,照交无缺,以免制铁所停工待料、银行借款本息无着之虞。

以上所拟,即为借款合同条件之根据,务祈阁下查照办理。如有更改,必须函电敝会,酌议妥协,方能照行。

高木致李维格函

大正二年八月四日(1913.8.4)

一琴经理先生大鉴:

敬启者,此次中国扰乱谅不至如前次革命时影响之辽阔,但南北战端若以渐推广,战事中心点移至扬子江上游时,则汉阳将不免再作剧战之场矣。前次革命之扰乱,汉厂停工,日本制铁所及正金银行均因此大不利便。是以对于此次乱事当然欲设法以免再有此种情状之发生。闻诸该银行业经请求日政府派炮船一舰,于汉阳择方便地点驻扎,以维持汉厂完全之中立。并声明此一着须俟该银行汉口分店接到汉厂吴坐办关照,方宜见诸施行;未接到此关照之前,日本水师决不向南北军表示干涉之态度。据鄙意,以上办法殊属情理,务祈向盛公及诸位解释。此次日政府俯允该银行之请求,专为保全制铁所及正金银行对于尊处生铁出口之利权起见,外此别无他意也。再,中村男爵因此次乱事影响及其制铁所与尊处生意之关系,殊觉焦灼,谓尊处各产业均须按上开办法妥为保护也。敬请

台安

高木陆郎谨启

再者,封函间据各处报告,似实力战争之地域已逐渐缩小,因自信此次乱事不久将完。贵国得此可喜之现象自是大佳,此间无庸以保护尊处产业廑怀矣。盖此事诚如尊处所云,未免迹近嫌疑,恐惹起舆论上对于日本之举动发生不惬意之疑窦也。

高木致盛宣怀、李维格函

大正二年八月十四日(1913.8.14)

敬复者:

时值盛夏,溽暑蒸人,遥想起居佳胜,至为企颂。顷奉八月三日之台翰,并密函二纸,一并备悉。兹大借款筹商一节,嗣颇见无碍进行。如其银额出处,亦已决定;并于日本一国内准可周转,再不见将债票发售于外国之需。尊意所言,此项大借款内抽九百万元拟欲专由正金银行筹借,再将七百五十万元须由正金银行与日法银行合借一案,外面上欧洲之一国亦在其内者,可以避外间议论,最为妙策。唯日法银行,又有该银行关系人士,如拟开于此等人士筹借交涉之端,理合备说一切关系,以通彼此意思,如此恐又销十余日,徒令交涉迁宕。须遵前简所奉谕示,现以密速办法案已确定,正金银行独力出资,然则应止赖定小法进行交涉,最为妥善。

借款合同条项,必须仿五国大借款成例磋商,必须将收入确实物件,例如五国借款之盐捐者为抵押基础之需。窃汉阳、萍乡两处所获利益,自前年反正以来,每际于扰乱,有收益不确实之扰。唯大冶铁矿一处,毫无此筹

[等]危惧,且所产矿石,并无制铁之需,采出即可变价,收益确实。现假定其矿产量约有五千万吨,每吨售价三元,此项采矿费用约七十五钱而算之,即有每吨二元二十五钱之余利。将此项余利,应需偿还此项借款一千六百五十万元及所有迄今日债约二千万元,共计约三千五百万之元利。一切据此缮具大略基础案,以确定出资。今将开始借款合同案逐条审议,且据当初阁下所见示井上君并委嘱弟原拟合同草案,即云前于大冶炼铁厂新设费以及大冶、萍乡、汉阳等处改良费须以九百万元充之;再,七百五十万元须以充偿还重利短期旧债之用等由。然今据李经理所开精细调查案,前开大冶、萍乡、汉阳等处新设及改良费一项已达银九百三十万两有奇,约合日币千二百五十万元矣,则望此等款项以何等方法支开等议,盖不容赘。综之,旧债偿还之七百五十万元内,将必需款额如数照支。至旧债一节,先尽量还六合公司所借金额以及紧要者例如道胜银行,此项须先缴还三十万两,而所剩七十万两,应筹商缓期。如此无碍缓期者,应须商订续借书,更改定约也。

　　窃如六合公司,本非银行者,因有与公司格外情谊,特将私人产业为抵,由他处筹借资金,再转给公司借用等者,诚宜趁此时机,照数缴还清楚可也。弟将此言提倡[示]中村男爵及井上准之助君等聆之,均表赞同之意。想曾所嘱六合公司股票抵押所借一百万两订约更改一节,自然经其允诺,并不见异议。至其照办时期,或在大借款成立之后,即请核鉴。

　　再者来谕所云,将南京政府借款二百万元,应由北京政府经正金银行确实偿还保据一节,因在北京小田切君并三井洋行上仲君协力斡旋,业已财政部发给公文在案。即为供给至此大借款成立之前,公司所需经费并为其它需款起见,当时立即开始交涉筹借问题。然据中村、井上两君意见云,唯今大借款交涉正在进行中,如另拟商别项筹借,徒令交涉延宕,并非得策者等语。想现公司财政穷情,殆达于极点,如今非有相当资金,维持极难。是以将一切情形,经详细具陈,已领有北京政府发给保据。兹出于权宜之处置,须将此项为抵必需款项,由上海正金银行暂联限外透支往来上开支。关于其放款方法,均委上海正金支配人儿玉君处酌办,如汉阳、萍乡汇费以及现款业经支开等由，前已函告李经理，想聆同君久在洞悉之下。

再，北京政府应经三井洋行于本月内偿还五十万元一项，本系充用偿还六合公司纱厂押款者，业经董事会议决在案。唯有六合公司借款金额须由此次大借款抽出先尽缴清，前已详述，不庸再赘。想此项五十万元，是否挪用，暂充公司之急需。如欲与三井开始议商，现山本、藤濑两君均在东京，殊觉诸事利便。如蒙电饬，应即遵办可也。又据三井所云，将此五十万元，拟欲先尽充当无定期借款三十万两偿还之用，而俟收讫此项三十万两借款清楚之后，须以为纱厂借款缴还之用可以收讫等语。料此项三十万两并无何等担保；然纱厂一项，前于一百万元借款担保尤为十分，然则拟欲将无担保者先尽缴收等要情实为有理，惟是系以为公司有余力之言，如公司穷乏达于其极，维持艰难，大借款成立以前，无论何等借款均不能缴还等情以实情告三井公司，与三井交情日久，关系匪浅，理合允诺将此项五十万元挪用公司急需。未知高见如何，切望迅赐电复是祷。专此将交涉进行情形详细禀明，即请台鉴。顺颂

时祉

高木致盛宣怀、李维格函

大正二年八月二十二日（1913.8.22）

敬复者：

顷接奉月之望日华翰，敬悉一是。来谕所云重利短期借款一节，原拟专诚趁此机会须将此等款项偿还清楚为首办理；唯如其不急之款，即债主不急缴还者，照通常商办公司之例，垫借使用亦无支碍之处，要在公司基础为巩固，前曾所云间接所负该款，例如东方公司者，必须先尽缴还清楚为要。至公司直接商借者，即如道胜银行、汇丰银行以及三井等处，倘伊等如愿仍旧放款者，不必强为缴还之要，实可续借也。照此办法，正在交涉进行中，惟在上海、汉口等处钱庄等借款，而反正后，未曾支付利息者，亦须令其将该项利息并合元款，俟大借款成立后，应支付所定利息，再如有愿缴收元款者，须如数缴付。但如不强要请缴收者，可以续借。将来迨公司基础渐

至巩固,而如遇愿收款者,无论何时,立即将本息一并缴还清楚,如此则各债主理合安意例见愿放款者也。

官息一项,将来大冶化铁炉工竣后,若不照章程将官息八厘以现银支开,则关公司之信用并匪鲜少,此项亦须十分筹画,公司应须届期自行支开,不须由他处另借款项。为此起见,现缮具详细预算表,以资酌办。此项预算表,须日后送上,敬供台阅。

前商活本一项,亦应筹画。预先准备现款,不须另筹商借款。是故曾由日本兴业银行所借铁矿售价借款,亦拟自今三年之间,务须不还元款为旨,正在交涉之中。再,正金银行所借者亦应照前项办理。

据以上所开办法而计算之,则此次大借款需要共计一千六百二十五万元,其九百万元充新添工程费,七百二十五万元即充旧债偿还之用,但此旧债偿还项内,正金银行所借、即将公司股票为抵之一百万元亦须偿还,而所抵六合公司名下本公司股票必须收回等,并曾承嘱,首应须遵办也。

至于期限,理应订约长年摊还,即大借款成立后,以满四十年,本息一并归还。如其利息须定周年七厘,唯前由正金银行所有借款内利息七厘以上者,须以此将一律减息改为七厘,以便计算。窃制铁所将来复拟与公司须经协议:应在二年之前预先知照添购生铁二十万吨、铁矿四十万吨为限;价值每逢知照时,须行协商;如其质量较之大冶所产稍无优劣之处,虽非大冶之产亦可购买。此项业于十四日详细函达,久在洞悉之下,即以为本借款本息切实摊还之确保物件,将其售出大冶矿砂利益为基础之故。如此计算,否则恐有不符之处。想在公司已有"须在二年之前预先知照"之语,并见"与公司须经协议"之字样,其实在公司应得任意自由订商之。

兹将议商借款进行情形录呈,敬请台阅,并颂

时祺

再,前陈各节,如有高见需要更改之处,即请电饬。

盛宣怀致高木函

民国二年八月三十日(1913.8.30)

接展八月二十二日来函,藉悉一切。当于二十八日发上一电。另纸录

附。尊处所拟借款条件：一、期限四十年；二、利息周年七厘；三、制铁所二年之前预先知照公司，可添购生铁二十万吨，铁矿石四十万吨，价值每逢知照时协商云云。兹条复于后：

一、期限四十年。查敝处拟期限系十五年或二十年，今改为四十年，期限太远，恐有反对。弟想两次所订矿石合同，本有三十年之期，其第二次合同尚有二十八年者。为期甚宽，不必同前。即再添加年限，以招阻梗。鄙意拟请即以二十年为期。

二、利息周年七厘。若以目前本公司经济之情形急迫而论，在寻常借款只图利息而无特别交谊者，即周年七厘亦当有理可持。唯此次借款，在银行并非专为利息起见，良以制铁所与公司有唇齿相依之关系。鉴于公司之困厄而慷慨相助，其情形与寻常借款只图利息者迥不相同。况借款以金为本，值此金贱银贵，公司冒险甚多。务祈阁下切商银行，一念公司与制铁所之特别交谊，二念公司之丁此厄运，概允核减，仍以年息六厘为率，至深感幸。

三、生铁二十万吨，矿石四十万吨，来函未曾声明分共若干年交货，以六十万吨之多，想断非一年全交，无论公司不能照办，即制铁所亦不能尽运，或者交货年限在临时协商之中乎。再者，来函有"每逢知照时"一语，所谓每逢者，必有多次如此办理，但来函均未详细声明，无从议复。此条之能否办到，视交货之年限若何，拟候尊处所开条款寄到，再行酌复。

以上三条，系就此次来函答复。至于敝处所发电中，"偏重冶矿，实有为难"二语，尤请注意。鄂人于前订矿石合同三百万元借款，已视冶矿为至宝，种种地方交涉，皆由此而生，至今尚未解决。若此次借款条件，更偏重冶矿，则公司对于地方交涉，将愈加棘手，势必阻碍进行，两败俱伤。在银行所虑汉厂、萍矿一遇变故而不能出货一层，鉴于两年以来事实，持理本甚充足；但前拟寄之第七条，已将银行所虑悉行化除。只要来函所谓"确保物件"包括在内事实办到，即不必大书特书，在文字上计较，转使人有所借口，破坏公司。想明达如诸公，必以此论为然。总之，此次之借款条件，可允者无不推诚即允；不能允者，勉强无用也。再，此次借款，经往返磋议，恐尚需时日。而公司经济,无日不在岌岌可倒之中。而尤为危险者,厂矿为阁下所深知,设使接济断绝,厂矿闹事甚至毁坏;虽理想上尚有不能毁坏之冶矿,而于事实上则实为两败俱伤。自辛亥两年以来,银行、制铁所之援助公司,其情可感,其义可风。尚祈阁下转达悃忱,始终全谊,再助一臂之力,达到二百万元垫款目的,以存此厂矿,为制铁所保材料来源,为银行保完全担保之利,彼此幸甚。

第六条内开,借款以生铁钢轨两项价值偿还。唯汉阳铁厂、萍乡煤矿,遇有兵端,即不能出货,是借款本利虽指钢铁价值偿还,有时实不足恃。现订明遇有铁厂、煤矿不能出货之时,应多售大冶矿石,以足抵当时借款本利为度,惟一俟铁厂、煤矿照旧出货,即仍以钢铁价值抵还,除仍照他合同出售矿石外,不再多售矿石。

高木致井上[①]函
大正二年十一月九日(1913.11.9)

敬启者:

本月四日午前平安抵沪。同日先会见李维格,谈了大概情况。午后又同盛宣怀面谈。本人抵沪前,北京工商部已以调查公司现状为名派该部人员来沪,对盛、李等作忠告声明,提及公司已向日本所借债务额,今后再向日本举借新借款应该予以注意。但实际上似知有此新借款之交涉,而加以监视。因此须迅速勿泄秘密地使之早为成立,此点盛、李亦有同感。关于大体重要条件,经过种种折冲之结果,贵提案已得到承诺。但略有变更,当另录订正。现将公司方面提案的合同全文,特为寄上,请予查阅。

对于条文略有变更之理由,详述如下:

一、对于甲号合同九百万日元合同之前文及乙号合同六百万元合同之前文,略有增减。如上述,北京政府工商部已半命令式通告,不得向日本再举借新借款,并派有监视员。本来甲号借款九百万日元,并非新举之债。

---

① 井上准之助(1869—1932):时任横滨正金银行董事长。

明治四十四年五月一日,在北京曾缔结一千二百万日元借款之草合同,其中三百万,在去年二月已经付清,下余还有九百万元。关于此一千二百万日元借款,在前清政府时代业经获得许可在案,不能称为新举之债。此系准备对政府责难时之反驳。另六百万日元,只不过为旧债之转期,此笔款项所以向日本借入,是因转期之旧债中以日本借款为最多,因而才向日本举借此旧债转期之借款。为向政府申述此种理由,特于"前文"中插入此项说明。对于公司此种内情,希予谅解,并盼承诺。

二、甲号第二条中,只是把"一年份之经费"改为"每年所需经费",此间认为此种语调好,故格外坚持己见,特照原样予以转达。

三、在甲号及乙号第四条末文,附加有得于期限前偿还之规定,即:

(甲)公司在募得股金时:

(乙)公司于对银行所提出之预算表以外获得增加之利益时:

(丙)中国政府不依靠外国借款,"而欲以本国资金偿还此次借款全部或其余额之全部时,银行应予同意,但须于六个月前预为通知"。

此事实际上殆不可能办到,仅为形式上之规定。此一规定,系为预防股东中之反对意见以及政府之干涉起见而加者。此亦属实情,所以就增添了此一段,现特为转达。以上三项规定中,稍可望成为事实者仅为第二项预算表外之利益,但亦非大事。而此种代偿虽系在供给制铁所矿石之期限前偿还,但如能仍按规定数量供给,亦无关紧要。因此请求承诺。

四、甲号及乙号第五条之利息,已经向公司方面详细说明近来一般利息较高情况,对方有相当了解,但亦不易出至七厘。此次借款期限有四十年之长时间,如与三百万日元借款条件相同,规定:"视金融松紧情况,最低限于六厘,到时与银行再行协定"而不加确定,则徒然引起麻烦,不如规定在最初五年内定为年利七厘,从第六年起,年利六厘。希予允诺。前年之六百万日元〈借款〉,年利亦为六厘,此次因金额较大,期限亦长,所以在五年后定为六厘一事,亦请予承诺。

五、甲号及乙号第六条第一项中,规定将来有增添之财产,亦要提供为此次借款之抵押,对方无论如何不同意。公司现在正向政府建议,为便于萍乡煤炭运输,将萍乡、株洲间之铁路交由公司管理,该铁路估价为五百万元,此项金额由公司发行新股票来交与政府。因此,将来增加之财产,提供为此次借款之担保,绝难办到。但其变通办法,为拟将现在所有之一切财产及因此次借款而增加之一切动产与不动产,提供作为抵押。盛、李、王、于等坚决不同意原规定,不得已只有将公司方面之意见转呈,恐无再交涉之余地。

又,同条第四项中,须将所有财产清单及图样提供给银行等语,当照来示处理。不过在合同中,将"各矿区、铁道、码头、工厂、地皮和房屋等"一一详为列出,系一种使公司颇难堪之事,因此拟加删除。因在事实上已是如此做,所以将"即……"以下之列举事项删除,亦无关系。

又,同条第五项之地契等,对方不仅拒绝保存于外国银行,亦不同意保存于正金银行。对方一定要自行购买一个安全的大保险柜,放在公司里面。保险柜钥匙,由会计顾问及会计所长共同保管,非经双方同意,不得取出该地契。如京汉铁路和其它地方,均系使用此种方法保管地契。务必照此意见修改,此外别无办法。此点亦请予承诺。

同条第六项关于将来取得之财产一事,根据前项理由,已予删除。

六、甲号及乙号第七条第一项最末一句"如尚有多余款,银行与公司协商处理",订正为"其余之款,公司得随时提用"。

根据以上之订正,本条第三项,"前项存款之余额"下面,追加一句"公司如未动用,银行应……"。

七、甲号及乙号第九条"须先得银行之承诺"订正为"须先与银行商量"。此在意义上多少有强弱之分,但不必过分强求,事实上可作同样意义之解释,现特予转告。

八、甲号及乙号第十条末句上,追加了"惟银行应先与公司协商发行之方法"。此亦为当然之事,请允予附加。

九、乙号第二条末句,有"银行代公司支付之",似乎公司已破产,有点不体面,应订正为"一俟债款到期,银行即按照上项报告书,如数将现金交与公司付还"。此大致有道理,请予承诺。

十、乙号第三条，亦有前条之意，"代公司"之文字删除。

第四条以下如在甲号一项已有说明，希予变更追加。

十一、在附带合同方面，颇多议论。第一为矿石，第二为工程师和会计顾问之权限，载于合同内，遭到顽强反对。且对于附带合同所取之形式，亦加反对，好容易先说倒李，昨天又说服盛，结果采取附带合同之形式。其前文亦遵照来示之意见决定。对于矿石之供给，最初所定六十万吨，无论如何不可能。因此，根据事先台端与长官商量之结果，估计每年三十万吨，四十年共计为一千二百万吨。在四十年内必须照数供给。为使公司同意此数，尚提出一较好方法，即贩卖此项矿石，可说系公司之特权，因为制铁所虽有希望从山东省青岛及其它地方获得供给，但因与公司订有合同，而拒绝其它地方之申请。在如此情况下订立供给合同，对公司有利。李、王等对此表示同意，盛亦决定以此理由报告股东大会。又，条文内不论何时，须在二年前给予预告一节，予以删除；改为预告后，其交货期限和价格，由双方协定。因为本合同缔结后，立即予以预告，势非一定交货不可，此点实有困难，故其交货期限另由双方协定。此外，再加上"在四十年内，必须交付一千二百万吨矿石"一段。此亦请予注意。

又所载"品质与大冶同等之头等矿石"含有与大冶同等之意，其目的在防止湖北方面提出之干涉要求，同时从日本方面说，如果此矿日后成为国有时，则对大冶象鼻山矿石之采掘，当有很大方便。因为将来成为国有，势所难免，所以此种提法可谓便当。

十二、增加第二条、第三条，系因为矿石生铁之供给订立合同，是从公司利益见地出发，但如过去欲卖与美国和其它外国时，就非一一经制铁所同意不可，此对日本有利。在一千二百万日元之草合同中，特别为日本方面要求附加此条款，并无妨碍。谨此报告。

十三、第四条即贵提案第二条，第五条即贵案第三条，关丁最高顾问工程师一事，议论颇多，难于同意。但此为本借款之精髓，自不能轻易变更。因此，谈判一度陷于停顿。直到昨日始予以说服，获得解决。

十四、第六条即工程师之权限，亦如贵提案获得同意。但对于"日常工作"须一一与工程师协商后实行一节,断不可能。因此,明白规定在日常工作中有关工程方面,工程师可以发表意见,如其意见可实行时,可以采用,其最后决定之权全在公司。顾问工程师对于工厂及矿山,不能直接发出命令。因而在本条末段上,已加以订正。实际上现亦如此做,请予追认。

十五、贵提案第五条、第六条,欲将工程师雇聘在合同中订定下来,并公然发表其薪俸,即载明于股东大会通过之此项合同中,徒使薪额多寡,成为无知股东叫嚣之材料,似觉不佳。

贵提案第九条、第十条被删去,亦系此意。但工程师薪俸在二万日元以内,会计顾问薪俸在一万五千元以内,以及增加助手必要等事,均已使对方知之。此等事均可望在雇聘合同中予以规定,请予承认。

十六、第八条即与贵提案相同之第八条,关于会计顾问权限,虽照贵提案所示,使之承认。但与工程师之项同样,会计顾问对于会计所及其他职员不得直接发出命令,亦须载明于合同文中。

十七、第九条即贵案第十一条第二项,依照顺序,改为第一项,而第一项又改为第二项。文末有"工程师任行职务时"已删除。因本借款中六百万日元,须急为交付,不能等待在工程师到达后。如因未派送工程师,尽管不论在何时成立合同,亦不能得到借金之交付,如此发表合同(因须通过股东大会),一定会受到社会人士之攻击,因此难予承认。

第三项亦因同样意义,以订定会计顾问合同为宜。

贵方对于顾问人选问题,迄未见示。雇聘合同底稿,亦未送来。关于此点,现在公司抱有怀疑态度,并非毫无道理。

总之,在盛方面,欲在政府与湖南、湖北尚未干涉以前,迅速秘密签订合同并得到金圆交付。如对此不能使其安心,则结果终于不成功而作罢。

此次交涉大体情况,即如上述。在公司方面认为能让者已让到极点,敬希同意。可否之处,希对此信所提及之各点电示为祷。

还有要求公司还清之新旧负债,如另纸所写上海银六百八十四万余两,计日金约九百二十万元,此项利息为日金五十万元。又年内所需经费,萍乡、汉阳、上海三处共约一百三十万日元,合计日金共一千一百万元,此乃此次公司向贵方申请以偿还旧债为目的之七百五十万日元与由中国政府应偿还之二百五十万日元，计一千万元与余额一百万元，应以钢轨、生铁出售价款充之者。但向贵方申请之七百五十万日元借款，已减为六百万日元；估计可由中国政府偿还之二百五十万日元，不能作数；钢轨价款，政府亦不能支付；结果发生五百万元之差额。其中虽有若干估计可延期，但当前经费一百三十万日元与此外的一百二十万日元，即仅为中国政府借款抵押之二百五十万日元，拟暂时在九百万日元借款中，予以通融一事，亟盼予以考虑。

再者，此次对东方、六合公司之全部借款，首应偿还，此为最重要之事。否则大冶、萍乡之地契等因曾抵押在该公司，可能拒绝交出。若对此项还款不先明确说明，盛对本借款尚可能不允签字，此点请予特别留意。

同时，尚拟申述者，即前曾提出之明治四十三年十一月十七日在北京以六合公司所有汉冶萍公司股券所担保之一百万两借款，现在另订追加合同，明治四十一年六月十三日及同年十月两次借入二百万日元之抵押品（大冶、萍乡、汉阳及九江之铁山作担保），亦仍作为此一百万两之第二担保品。该六合公司之股票，拟请予以退还。

对方提出此一百万两，拟将之附加于此次六百万元借款中，成为七百二十五万元。其作为担保之股票，则拟请退还。此种作法，未免过于自私，实为不佳。且六百万日元借款一事，董事会及其他股东知之者亦不少，不如另立合同，载入附件，商定其日期在此次一千五百万元借款合同订定前（即倒填年月日）。此点请予以承诺。关于此事请务必同意，说明六合公司之关系，必须予以解决，结果盛亦就能负起全责缔结此次借款合同。此事敬希曲予承诺，多加照顾。

再者，为订正合同，作为参考，又另纸附呈英文本一份，希查阅并盼电示为荷。专此敬具。

股东大会方面，现在股金额（去年底调查）有一千四百十九万一千二百五十元，即二十八万三千八百二十五股。预料到此次借款，上次之普通大会下设有股东联合会，新举代替，于普通大会议决后，只须将借款条件提示即可。因此,盛对于此次借款交涉内容,多少向股东联合会评议员透露一下,可获得其同意。至于联合会中之反对者,仅求有利可图,并非真正欲代表其他股东之权利。现在联合会所代表之股份有十七万二千八百一十股(截至十一月六日止),目前每日尚略有增加,盛宣怀确信至本借款缔结时,可能达到十八万股。因此拟及时速开股东大会通过借款条件。中国现在尚无固定之商律,仍系沿用前清时代之商律。该商律规定:商律"公司之部"第四章股份有限公司项目中,第一百六十八、九条有所谓"在十五日以前,对各股东分别发出通知后,得开股东大会"(如系无记名式股份有限公司,则须于二十日前在报纸上刊登广告。汉冶萍公司股份,表面为记名式,故不能强求在报纸上刊登广告)。用此方法,股东联合会就占股东之过半数,不必在报纸上刊登广告,以防止好事之徒捣乱,因此本借款条件可望获得股东过半数即股东大会之承认。

但股东中之北京政府工商部及湖南省将反对,已属明显之事,不过可用多数表决之形式,以压服之。

关于股东联合会之事,经于六月五日函,将普通大会之经过报告送请参考,又该会章程之日本译文,亦已另纸抄录,一并送请参考。

高木致井上函
大正二年十一月十一日(1913.11.11)

北京政府在派工商部部员之外,最近又派来众议院议员杨廷栋(字翼之)调查公司内情。此人由去年反对公司合办之结果,在赵凤昌任董事长、张謇任总经理时,为熊希龄所推荐,担任公司监察。他原系赵尔巽幕僚,熊希龄亲密助手。去年公司股东大会决议国有请愿时,他与当时之经理叶景葵及董事袁思亮一起充当代表晋京,并一直留京未回。近传他将在工商部内攫得一重要地位。由于他了解公司内情,所以此次衔有熊(希龄)总理、张(謇)工商总长和梁士诒之密令,直接来与盛宣怀交涉。他要求与盛晤面,昨日在与盛会谈后,其中情况大可备为参考,且有不少有趣地方,特报告其要领如下:

杨最初对盛说：我此次来是受熊总理、张工商总长及梁士诒密令，直接与足下会商。尽管表面上为政府之命令，似在压服老前辈，但实际上仍诸事协议，听取足下意见后报告政府。此乃先要向足下说明者。在政府方面是有把公司收为国有之议，但先要考虑到与足下有关系之六合公司对汉冶萍公司所贷与债务及其他短期高利债务如何全部偿还，政府欲准备一千万两，当然对于六合公司债务想先偿还。足下关于国有之议，有何高见？

盛说：关于国有之议，当然没有异议。但公司目前实情，因财政困难，已处于燃眉之急状况。政府之一千万两，何时可以送来？而此笔数字出路，又从何而来？对于国有没有异议一节，想来该听说过我关于国有之议的印刷物分送各方有志人士。盛当即将一部分印刷物与杨（此项印刷物，后当翻译送阅）。

杨（略看印刷物后）说：此诚卓论！当速为誊写后，送熊、梁诸公一阅。在公司收归国有后，政府之打算，认为缺乏适当人才，还是要偏劳足下，担任督办。届时请勿推辞！

盛说：此印刷物早已送给熊、张、梁诸人，现在实无再誊写送去之必要。然而他们是否还能记起，则不得而知，只把要领送给他们看一下也好。至于以后担任督办之言，我已是衰老之人；此公司之事，并不是非我盛某不可，我看还是另找适当人选为好。

杨说：听说公司又向日本新举一千五、六百万元巨债。北京政府不喜欢公司再向日本起借如此巨债，因公司至今对日本所负债务已多，今后务希向日本以外之欧美资本家借入，如何？此种意见，在袁大总统与政府一些当局者间均有同感。此次向日本起债，系李维格之倡议欤？李之为人正直有余，惟过信日本，实非得策，特别不了解日本真正意图。如从南京事件，昌黎、汉口等事件来看，便可明了一切。非我一己之见，即熊、张、梁诸公也都很想对足下尽数忠言。

盛说：此次向日借款交涉，全由我自身担当，李并未与闻其事，其中只有日人高木在场。此次交涉借款中九百万元，乃前年北京交涉之一千二百万中借款。当时满清政府已有存案，日本亦曾以此事通过内阁会议及议会来完成此一合同签字手续。在日本并已将此数全部准备妥当,去年二月取用过其中三百万元,为足下所知,现在正想取用其余九百万元,此实在为不得已之事。且从欧美借款,到底不如向日本借款有较多有利条件,即向欧美借款时,完全系一种借贷关系,贷主每多注意于更多利益,利息也高,借款实收九八或九五,最近甚至还只有八九和八五左右,且尚有技师、会计之监督以及机械和其它材料之买入与制品代售等均非经贷主之手不可之苛刻条件。然日本不同,只要矿石及生铁供给条件相宜就可,事实上日本若得不到此等物品,它也就非由外国输入高价而且多额之钢不可。然就矿石和生铁贩卖一点而论,乃公司利益,此只不过黑铁同黄金交换而已。日本对公司借款,无一次有九五扣或九十扣之事,借款额全部得到。日本为了得到此等供给,甚至从短绌财政中输入外资,但并不想在利息上得些利益,而以低利借与公司,因此向日本借款就成为自然之势。决勿须害怕,确信此对公司和国家均为有利。

杨说:足下所说情况,我已了解。从日本借入之款何时交款? 其九百万借款已签字否?

盛说:还未签字。

杨说:预定在何时?

盛说:全然未定。公司财政太困难,深怕此项大借款交涉拖得太久,欲将北京政府应归还公司之二百五十万元作为抵押,向日本交涉借入同额之款,未能得到结果。因此转请高木回日本去交涉,也未得到许可。总之公司穷到极点,只有在有利条件下,新举一笔债,此外就毫无办法。

杨说:所谓有利条件,是些什么?

盛说:除了用多额矿石生铁订立合同外,还有若何办法? 唯对公司来说,此仍为有利者。我想此事有充分协商余地。总之,什么都还未定,因此希望足下从速将政府所准备一千万两之出路及何时能交付公司一事弄清楚。公司只要得到此一千万两,不仅可整理旧债,且对国有之事,也更容易办理。然公司虽穷得如此,足下所知,常常指望政府补助金也是不行。如与日本借款协议成功,就会由日本借给资金,此亦为没办法中之办法。

杨说:此种意见当向政府报告。所要一千万两,也在回去商谈后,从速设法送来。

在如此对话一小时余以后,杨始辞去。所说一千万两是否能得到,实难相信。在北京政府方面,总想用一定要偿还六合公司债务之香饵来引诱盛,此乃可想到者。

近湖北方面为解决悬案要派出委员,已来电问过盛。现在盛正与其交涉中。如湖北委员到上海后,就会使诸事不便。所以盛已复如此一电:因病不能面谈,希等病稍愈后,再请来沪会谈。彼尽管如此推病,实际非常健康,每晨八时起,就检阅书报。

特此报告以上情况,谨供参考。

高木致正金银行总行电
大正二年十一月二十九日(1913.11.29)

二十八日贵方来电奉悉。公司方面对贵方对案已全部同意。希从速办理合同签字。谅制铁所已及时指定代表。奉中国政府召,叶景葵昨已动身,如合同签字再迟延时,恐政府又提出异议,使签字更为困难,殊堪焦虑。此种情况务祈亮察,急为处理。顾问合同职务规定,未识何时发送。

关于前电,再补一电,叶景葵于十一月三十日即当到达。因虑政府十二月一日便可能电令中止合同签字,故汉冶萍公司拟在十一月三十日开董事会及大股东会作出决议,办妥协定,书就草案,在十二月一日签字,即请予以承诺。制铁所代表,谅已动身来此,希以电报委任。

公司股东联合会通过借款合同议案
民国二年十二月二日(1913.12.2)

汉冶萍公司股东联合会十二月初二日开会议案。

公议:接董事会函送议案,并与日本正金银行所订条议,大致以大借款虑受束缚,目前不能遽议,现订两事:一系已订合同,将余款克期拨用,籍应工需;一系借债还债,化散为整、化重为轻,于借款全额,并无增加。详核字句,悉以出货脱销为归还本息张本,仍订专条,但自有余款,即可清还。按之商家借助往来辅导销路之意,确无不合。在会股东,自应赞成。惟仍应与董事会重言申明:商业筹款,必须分清界限。此项扩充工程之款,断不能移还别债;指明还债之款,亦不必挪入工用。万一时会所趋,必须觅筹大宗巨款,仍应特别开会,征取众意。即将本日议案照录,函复董事会查照,钞件公存。

民国二年十二月初二日

汉冶萍公司股东联合会会长　傅宗耀

甲合同

民国二年十二月二日(1913.12.2)

中华民国汉冶萍煤铁厂矿有限公司(下文简称为公司)前于前清宣统三年四月三日即明治四十四年五月一日日本国制铁所(下文简称为制铁所)及日本国横滨正金银行(下文简称为银行)订立合同预借生铁价值日金一千二百万元,为公司推广工厂及工程之用,彼此签押在案,旋于民国元年二月十一日,即明治四十五年二月十一日,因政府需款,已经银行借拨日金三百万元,余款未交。现为湖北省大冶地方新设熔矿炉二座,且扩充改良湖北省汉阳铁厂、大冶铁路、电厂并江西省萍乡煤矿电厂、洗煤所等项,是以赓续前议主旨,将下余之日金九百万元刻期履行,仍以公司售与制铁所矿石、生铁价值作抵,请由银行承借所需资金,制铁所、公司、银行均为同意订立合同,所有条款开列于后:

第一款　由银行借与公司款项数目定为日金九百万元正。

第二款　第一款借款按照新设扩充改良工程预算表,每年所需经费于一月十五日、七月十五日两期付款。惟若改变工程预算或工程进行有碍时,即本项交款日时,随即展限。

第三款　按照第二款由银行交款时,公司应出收据,为第一款借款交付之凭据。

第四款　本合同借款偿还方法,以第七款所订矿石、生铁价值归还。

本合同生效力之日起算,至四十年为限。第七年起至第十六年,每年分还日金十二万元;第十七年起至第三十六年,每年分还日金三十万元;第三十七年起至第四十年,每年分还日金四十五万元。每年于六月十五日、十二月十五日两期,由公司匀还一半。惟如公司以中国自有资本确实招得新股,该股款内拨支所需经费,并偿还新旧一切债款,尚有余款,或公司所获利益金内,扣除相当官红利暨公积金,尚有余款,公司愿将本合同借款之本利全数或未经偿还之款全数付还银行时,银行允可照办,惟公司须于六个月前预先知照银行。

第五款 本合同借款利息,签定本合同日起算,至第六年,周年七厘;第七年起至还清之日为止,每年利息最低以周年六厘为度,斟酌市面情形,银行与公司协定,每年于六月十五日、十二月十五日两期,由公司支付银行。惟支付利息,由实在交款之日起算。

第六款 公司应以公司现在所有及因本借款合同暨于民国二年十二月二日、大正二年十二月二日银行借与公司日金六百万元借款可添之动产不动产一切财产并将来附属此等财产构成其一部分之所有财产,为本合同借款暨于民国二年十二月二日、大正二年十二月二日银行借与公司日金六百万元借款之共通担保,抵押与银行。

现在由公司所抵押与银行暨其他债权者之所有担保财产,除其系本合同借款暨于民国二年十二月二日、大正二年十二月二日银行借与公司日金六百万元者外,在未还清其债务之前,均暂为本合同借款暨于民国二年十二月二日、大正二年十二月二日银行借与公司日金六百万元之第二担保,抵押与银行。前项担保至还清除本合同借款暨于民国二年十二月二日、大正二年十二月二日银行借与公司日金六百万元借款以外之债务,而解除担保权时,不用何等手续,自当为本合同暨于民国二年十二月二日、大正二年十二月二日银行借与公司口金六百万元借款之共通第一担保,抵押于银行。公司应将本合同借款暨于民国二年十二月二日、大正二年十二月二日银行借与公司日金六百万元借款之共通担保,所有财产开列清单并详细绘图,交与银行。惟所有财产清单,应详细分别第一抵押、第二抵押,并注明其债权者姓名、借款数目、解除担保权日期。公司应将其自有一切地契,与银行会同纳于公司会计所银柜,其钥匙二份,一交会计所长,一交银行,共同保管,非经双方同意,不得取出。

第七款 制铁所所购矿石、生铁价值,一切(惟公司应交株式会社日本兴业银行归还债务之矿价不在内)以公司名义交存银行,先由银行提充公司所借新旧债务之利息后,偿还照约当年应该分还之本款,再豫扣其年内可交本利,其余之款由公司随时提用。

制铁所将前项价值交付银行时,制铁所应将银行之收据送交公司,以为交付价值之凭据。银行收前项价值之时,认为公司归还银行新旧借款本利专项存款,应将收款通知书送交公司为凭。前项存款之余款,公司如未动用,银行应照市面情形付公司相当之利息。

第八款 由制铁所交付银行矿石、生铁价值,若不足敷公司预定应还银行新旧借款本利之时,公司应以现款补足归还。

第九款 公司如欲由中国以外之银行、资本家等商借款项及其他通融资金之时,必须先尽向银行商借,如银行不能商借,公司可以另行筹借。

第十款 银行为公司清理债务起息求公司发行债票时,公司应承认之。惟银行应先与公司协商发行之办法。

第十一款 本合同俟公司完全履行本合同上所订义务之日起应归消灭。

第十二款 应以横滨为本合同借款交款并付还本利地方。

第十三款 彼此解释本合同或附件词义,如有意见不合之处,可照通行之公正人评断例,彼此各请公正人评断。

第十四款 本合同及附件,缮写中文、日文各六份,制铁所、公司、银行各执各文二份,以为凭据。

中华民国二年十二月二日

日本大正二年十二月二日

汉冶萍煤铁厂矿有限公司董事会会长　盛宣怀

制铁所长官男爵中村雄次郎代理　藤濑政次郎

横滨正金银行头取井上准之助代理、

横滨正金银行上海支店副支配人　水津弥吉

立会人　在上海日本帝国总领事馆　西田畊一

右认证人

大正二年十二月三日

在上海日本总领事馆总领事　有吉明

乙合同

民国二年十二月二日(1913.12.2)

中华民国汉冶萍煤铁厂矿有限公司(下文简称为公司)现为偿还短期重利旧债起见,又因其旧债原以日本所借者为最多数,由分年摊还之法,以公司售与日本国制铁所(下文简称为制铁所)矿石、生铁价值作抵,请由日本横滨正金银行(下文简称为银行)承借所需款项,制铁所、公司暨银行均为同意订立合同。所有条款开列于后:

第一款　由银行借与公司款项总数,定为日金六百万元正。

第二款　第一款借款公司与银行协议时,公司以本借款应还债款开列清单交与银行,每俟债款到期,银行即按照清单如数交与公司,以资公司转还。

第三款　银行按照前款拨款还债之时,即向公司邀收收据,交与银行,以为交付第一款资金之凭据。

第四款　本合同借款偿还方法,以第七款所订矿石、生铁价值归还,本合同生效力之日起,算至四十年为限。第七年起至第十六年,每年分还日金八万元;第十七年起至第三十六年,每年分还日金二十万元;第三十七年起至第四十年,每年分还日金三十万元。每年于六月十五日、十二月十五日两期,由公司匀还一半。惟如公司以中国自有资本确实招得新股,该股款内拨支所需经费并偿还新旧一切债款,尚有余款,或公司所获利益金内,扣除相当官红利及公积金,尚有余款,公司愿将本合同借款之本利全数或未经偿还之款全数付还银行时,银行允可照办。惟公司须于六个月前预先知照银行。

第五款　本合同借款利息,签定本合同日起算,至第六年,周年七厘,第七年起至还清之日为止,每年利息最低以周年六厘为度,斟酌市面情形,银行与公司协定。每年于六月十五日、十二月十五日两期,由公司支付银行。惟支付利息,由实在交款之日起算。

第六款　公司应以公司现在所有及因本借款合同暨于民国二年十二月二日、大正二年十二月二日银行借与公司日金九百万元借款可添加之动产、不动产一切财产并将来附属此等财产构成其一部分之所有财产,为本合同借款暨于民国二年十二月二日、大正二年十二月二日银行借与公司日金九百万借款之共通担保,抵押与银行。

现在由公司所抵押与银行暨其他债权者之所有担保财产,除其系本合同借款暨于民国二年十二月二日、大正二年十二月二日银行借与公司日金九百万元者外,在未还清其债务之前,均暂为本合同借款暨于民国二年十二月二日、大正二年十二月二日银行借与公司日金九百万元之第二担保,抵押与银行。前项担保,至还清除本合同借款暨于民国二年十二月二日、大正二年十二月二日银行借与公司日金九百万元借款以外之债务,而解除担保权时,不用何等手续,自当为本合同暨于民国二年十二月二日、大正二年十二月二日银行借与公司九百万元借款之共通第一担保,抵押与银行。

公司应将本合同借款暨于民国二年十二月二日、大正二年十二月二日银行借与公司九百万元借款之共通担保所有财产开列清单并详细绘图,交与银行。

惟所有财产清单,应详细分别第一抵押、第二抵押,并注明其债权者姓名、借款数目、解除担保权日期。

公司应将其自有一切地契,与银行会同纳于公司会计所银柜,其钥匙二份,一交会计所长,一交银行,共同保管,非经双方同意,不得取出。

第七款　制铁所所购矿石、生铁价值,一切(惟公司应交株式会社日本兴业银行归还债务之矿价不在内)以公司名义交存银行,先由银行提充公司所借新旧债务之利息,后偿还照约当年应该分还之本款;再豫扣其年内可交本利，其余之款，由公司随时提用。制铁所将前项价值交付银行时，制铁所应将银行之收据送交公司，以为交付价值之凭据。银行收前项价值之时，认为公司归还银行新旧借款本利专项存款，应将收款通知书送交公司为凭。前项存款之余款，公司如未动用，银行应照市面情形，付公司相当之利息。

第八款　由制铁所交付银行矿石、生铁价值，若不敷足公司预定应还银行新旧借款本利之时，公司应以现款补足归还。

第九款　公司如欲由中国以外之银行、资本家等商借款项及其他通融资金之时，必须先尽向银行商借，如银行不能商借，公司可以另行筹借。

第十款　银行为公司清理债务起见求公司发行债票时，公司应承认之。惟银行应先与公司协商发行之办法。

第十一款　本合同俟公司完全履行本合同上所订义务之日起应归消灭。

第十二款　应以横滨为本合同借款交款并付还本利地方。

第十三款　彼此解释本合同或附件词义，如有意见不合之处，可照通行之公正人评断例，彼此各请公正人评断。

第十四款　本合同及附件，缮写中文、日文各六份，制铁所、公司、银行各执各文二份，以为凭据。

中华民国二年十二月二日

日本大正二年十二月二日

　　　　　　　　汉冶萍煤铁厂矿有限公司董事会会长　盛宣怀

　　　　　　　制铁所长官男爵中村雄次郎代理　藤濑政次郎

　　　　　　　　横滨正金银行头取井上准之助代理、

　　　　　横滨正金银行上海支店副支配人　水津弥吉

立会人　在上海日本帝国总领事馆　西田畊一

右认证人

　　　　　　　　大正二年十二月三日

　　　　在上海日本总领事馆总领事　有吉明

别合同

民国二年十二月二日(1913.12.2)

关于中华民国汉冶萍煤铁厂矿有限公司(下文简称为公司)、日本制铁所(下文简称为制铁所)、日本横滨正金银行(下文简称为银行)会同订立民国二年十二月二日、大正二年十二月二日日金九百万元借款合同(下文简称为甲合同)暨民国二年十二月二日、大正二年十二月二日日金六百万元借款合同(下文简称为乙合同),均各同意订立别合同如左:

第一款　自甲、乙合同并此合同生效力之日起,四十年内,公司允除已订合同外,售与制铁所下开数目以内之矿石及生铁:

头等铁矿石(品质与大冶铁矿相同者)　一千五百万吨。

生铁　八百万吨。

惟交货期限,如系矿石预先于二年前,如系生铁预先于三年前,由制铁所知照公司,互相协定,分年相当数目,如数交货。其售价以制铁所通告时制铁所购入价值为标准,制铁所与公司商酌议定。

公司虽按照前列两合同第四款,于未到期以前还清债款,然本款所订效力毫不致有妨碍。

第二款　公司开采铁矿石,年额出在一百万吨以上时,公司与银行协商,可得增加每年摊还借款本银之数目。

第三款　公司应聘日本工程师一名为最高顾问工程师。惟公司愿托制铁所代为选择前项顾问工程师。

第四款　公司于一切营作改良修理工程及购办机器等事,应允与前款所载最高顾问工程师协议而实行。至于日行工程事宜,顾问工程师可随时发表意见,关照一切。

第五款　公司应聘日本人一名为会计顾问。惟公司愿托银行代为选择前项会计顾问。

第六款　公司一切出入款项,应允与会计顾问协议而实行。

第七款　上列甲、乙两合同暨此合同须俟下开条件实行时方生效力:

一、订立聘请顾问工程师合同。

二、订立聘请会计顾问合同及银行与公司协定其职务规程。

第八款　彼此解释本合同或附件词义，如有意见不合之处，可照通行之公正人评断例，彼此各请公正人评断。

第九款　本合同及附件，缮写中文、日文各六份，制铁所、公司、银行各执各文二份，以为凭据。

中华民国二年十二月二日

日本大正二年十二月二日

汉冶萍煤铁厂矿有限公司董事会会长　盛宣怀

制铁所长官男爵中村雄次郎代理　藤濑政次郎

横滨正金银行头取井上准之助代理、

横滨正金银行上海支店副支配人　水津弥吉

立会人　在上海日本帝国总领事馆　西田畊一

右认证人

大正二年十二月三日

在上海日本总领事馆总领事　有吉明

［附件一］

民国二年十二月二日（1913.12.2）

中国汉冶萍煤铁厂矿有限公司与日本国制铁所、横滨正金银行于大正二年十二月二日订立借款合同，借日金九百万元，并于同日订立合同，借日金六百万元。关于该项合同第四款第二项，三者之间应订立附件，互相交换如左：

汉冶萍公司由中国政府将确实在本国内所得中国自有之资金，即中国政府并非向他国⼞论直接或间接借用所得之资金借与公司，又其利息较本借款所定利息为轻，并无须担保，公司即将此项轻利之资金偿还本合同借款之全部或未经偿还之全部时，银行可以承诺。

本附件缮写中文、日文各六份，制铁所、公司、银行各执各文二份，以为凭据。

中华民国二年十二月二日

日本大正二年十二月二日

　　　　　　　　　汉冶萍煤铁厂矿有限公司董事会会长　盛宣怀

　　　　　　　制铁所长官男爵中村雄次郎代理　藤濑政次郎

　　　　　　　　　　横滨正金银行头取井上准之助代理、

　　　　　　　横滨正金银行上海支店副支配人　水津弥吉

　　　　　　　立会人　在上海日本帝国总领事馆　西田畊一

　　　　　　　右认证人

　　　　　　　　　　　　　　　　大正二年十二月三日

　　　　　　　　　　在上海日本总领事馆总领事　有吉明

　　　　　　　　　　　　［附件二］

　　　　　　　民国二年十二月二日(1913.12.2)

　　关于汉冶萍煤铁厂矿有限公司、制铁所、横滨正金银行会同订立民国二年十二月二日、大正二年十二月二日别合同第一款第二项规程,其售价以制铁所通告时制铁所购入价值为标准,制铁所与公司商酌议定等语。兹再声明,其售价必须双方协定,制铁所无勉强公司允照制铁所购入价值之意,以昭公允。

　　本附件缮写中文、日文各六份,制铁所、公司、银行各执各文二份,以为凭据。

中华民国二年十二月二日

日本大正二年十二月二日

　　　　　　　　　汉冶萍煤铁厂矿有限公司董事会会长　盛宣怀

　　　　　　　制铁所长官男爵中村雄次郎代理　藤濑政次郎

　　　　　　　　　　横滨正金银行头取井上准之助代理、

　　　　　　　横滨正金银行上海支店副支配人　水津弥吉

　　　　　　　立会人　在上海日本帝国总领事馆　西田畊一

右认证人

大正二年十二月三日

在上海日本总领事馆总领事　有吉明

公司董事会致日本制铁所、正金银行函

民国二年十二月三日（1913.12.3）

本年五月二十日敝公司股东常会董事报告厂矿进行办法，须在大冶另设铁炉，圆活金融机关，须筹轻息大宗借款。当经在场股东全体赞成，列作议案。敝董事等秉此众议于七月十八日常会提议公司借款委托高木陆郎前往代公司与贵制铁所、银行开议。所有借款合同纲领并各附件均经董事会审查，全体赞成。即于十二月初二日在上海四川路五号股东开会。敝公司股份计有二十六万三千五百四十股，到会共有十八万八千二百八十八股，一致通过。专此布告贵制铁所、银行查照可也。

公司董事会致日本制铁所函

民国二年十二月三日（1913.12.3）

径启者：

民国二年十二月二日本公司与横滨正金银行及日本制铁所订定甲、乙两借款合同及别合同并附件，业经由股东联合会通过，前已函告在案。兹再声明：前项甲、乙合同及别合同并附件，由董事会报告于下次股东大会可也。

正金上海分行致北京分行电

大正二年十二月十日（1913.12.10）

汉冶萍煤铁厂矿有限公司借款合同及附件等全部，于十二月十日签字完毕，但日期记为十二月二日。

高木致井上函

大正二年十二月十一日(1913.12.11)

拜启者:

关于本合同签字案,由于我方疏忽,致劳诸多费神,恐惶之至。送呈之日文本两部,系由本地正金银行电闻,前于二日合同签字完毕者。其余之日文本及汉文合同书,亦于昨日顺利签字。取得此种结果,确使十数年来具有密切关系之汉冶萍公司同日本制铁所和贵行交谊进一步加深,可以说形成不可分离之关系。昨日在合同签署后宴席上,盛宣怀致干杯酒庆祝词中说,如上旨意,托鄙人转达制铁所长官和阁下。事实上合同签订之结果,确使彼我关系更加密切;其实质对中日经济关系无疑裨益极多,诚为国家庆幸之至。

再者,本合同签订之结果,由日本向公司派来技术和会计两顾问。但如现在公司之组织,公司事业,多依靠不精通业务之无能董事来支配,甚至零星琐事均进行干涉,而各董事一个月只开两次董事会,逢开会日又只有一、二小时到公司点卯,似此状况,到底不适于经营本公司如此重大事业。幸蒙阁下善意,派来敏腕之顾问任职,但亦恐无计可施。为此,特将此意谘询于李维格氏,李氏亦表同感,认为像现时如此组织,如不建立改善经营之信念,即使来了两位顾问,恐也束手无策。幸而,近日彼已有策划改善公司组织之方案,乘此次借款合同成立之机,提交董事会审议。只是李氏本人历经公司和日本之关系以及公司迄今刻苦经营诸事,政府当局和相当有识之士进一步不仅不了解,反有种种误解。去年春发生合办问题时,有人对日本口出怨言。对公司前途甚感不妙。李氏领受公司之薪俸,在公司内部已有自私自利之嫌疑,既不能正大堂皇对之表示意见,且身体健康亦有不能胜任之感,因而想借此机会,辞去经理职务,以自由之身,暂时休养,俟健康复原后,当完成本人素志。前日终于达到日汉两种文字合同书签字之机运,总算尽力辅佐盛氏,使缔约告成。以是从昨日起,因气力松弛,遂病床不起。改革公司组织方案及辞表已于前三日,即日本文合同书签字之翌日,提交董事会。董事会认为李氏辞去经理职务,事关重大,决不能单由董事会决定,必须取得股东大会之同意。兹暂请王阁臣(现商务课长)、于仲庚(会计课长)二人代理经理职务,李氏辞表尚未正式批准。李氏在提出辞表以前,曾将此意告知盛氏,盛氏亦颇谅解,并要求其担任名誉顾问,来日共同筹划公司事业之经营。李氏表示不领公司薪俸,只要自己身体能够自由活动,则名誉顾问一职,可以承担。由此可知,李氏之辞职,已成为既定事实。且盛氏又委托李维格在本借款合同签订后,上京向袁大总统、熊总理及张工商总长等说明事情原委,李氏亦已首肯。为了公司事业,并为了酬谢日本长年来给予李氏之尊敬和善意,李氏可毫无隐瞒,毫无拘束,作为一个市民,向上级说明公司之立场和日本之立场。特别是此次李氏北上,亦系事先由袁大总统及熊总理提出,迄今看到借款成立,从道理上看,亦不能不北上。至于李氏之改善组织方案,内容如附件所载,盛氏亦大体同意。若此,则此提案结局终于会被采用。两顾问到任之时,当然诸事自可顺利推进。即此提案实行之后两顾问均在〈上海〉任地,可望与在汉口一样完成。

再者,如阁下所知,李氏家计,并不宽裕,今后可能维持三个月左右。本来,彼确有甘于贫苦之心计,并不想仰求盛氏给予其它一切补助。似此种事情,若我方愿从阁下方面给予多少通融,务请乐意支付,赐知贵行上海分行办理。

李氏与公司之关系,又如阁下所知,近似一身同体。事实上,担当经营责任者,除现任会计课长外,几乎全部为李氏门生。没有李氏,即不能下达统一之命令。似此情况,决不能让李氏长期处于公司之外。袁与熊、张等人,使李氏疏远盛氏,促其北上,目的是想把公司收归国有,让李氏成为事实上之经营者。依鄙人想来,对日本来说,在此次合同订立之后,不一定以愚昧无知之股东为对手,而宁愿以中国政府为对手,诸事反而方便得多。详情容不日回国后面陈。谨先以如上当前急需了解之情上报,乞查核办理。匆匆敬具。

最高顾问工程师职务规程

民国二年十二月十五日(1913.12.15)

查中华民国二年十二月二日、大正二年十二月二日汉冶萍煤铁厂矿有限公司(以下简称为公司)、日本制铁所暨横滨正金银行三者所订别合同第三款,公司业已允诺聘请最高顾问工程师在案。兹将关于该顾问职务执行,公司与制铁所协定,开列如左:

一、最高顾问工程师专关于技术上事件,为公司董事会会长及总经理(或代理总经理)之顾问,受其协议,而非自任执行及直接号令各业务。

二、公司于一切营作改良、修理工程之筹计及购办机器等事,应先与最高顾问工程师协议而实行。至于日行工程事宜,该顾问工程师可随时提出意见,关照一切。

三、最高顾问以为须要时,关于其技术上事项,致其最善之法提出意见,惟其最后之决定,仍归公司核夺。

四、最高顾问工程师以为必要时,可得聘用日本襄办人一名,所用一切经费,由公司担任。惟该襄办人俸金暨聘用条件,应得董事会会长或总经理(或代理总经理)之承认。

五、最高顾问工程师非经由董事会会长或总经理(或代理总经理),不得直与公司以外之人接洽公事。

六、最高顾问工程师因限满或其他缘由卸任时,应将其所保管公司绘图暨文件,照当时情形如数缴还公司。

七、最高顾问工程师为执行其职务起见,随时可得调查公司工程进行及其他事业之情形,并得要求关于此类事件以为须要之计表,或可发为质问。

八、公司每年应兴事业之计划,应先与最高顾问工程师协议而作成决定。

九、公司应将其工程师、帮办工程师之变动并其他增减俸金等事,报告最高顾问工程师。

因订立以上条款，并由已开别合同第三款，公司所聘最高顾问工程师俸金，以每年不过日金二万元之额，如数由公司分月给付等事，特由双方当事者签字盖章，以昭信守。

本规程缮写中文、日文各六份，制铁所、公司、银行各执各文二份，以为凭据。

中华民国二年十二月十五日

日本大正二年十二月十五日

汉冶萍煤铁厂矿有限公司董事会会长　盛宣怀

制铁所长官男爵中村雄次郎代理　藤濑政次郎

横滨正金银行头取井上准之助代理、

横滨正金银行上海支店副支配人　水津弥吉

立会人　在上海日本帝国总领事馆　西田畊一

聘请最高顾问工程师合同

民国二年十二月十五日（1913.12.15）

中华民国二年十二月十五日汉冶萍煤铁厂矿有限公司（以下简称为公司）与大岛道太郎（以下简称为顾问）所订合同，开列如左：

第一款　公司为公司自中华民国三年一月十一日、日本大正三年一月十一日至中华民国八年一月十日、日本大正八年一月十日五年间，在汉口或汉阳聘请顾问，顾问亦允诺。

第二款　顾问承认公司董事会会长暨总经理（代理总经理）职权，顾问应照公司与制铁所所订职务规程，办理其职务。该职务规程将其抄本添附本合同，认为本合同之一部分。

第三款　顾问如有延误或不肯行本合同条款之全部或一部分或应办职务之时，公司得制铁所允诺之后，可得以三个月前之预告，辞退顾问。

第四款　顾问应时常专心从事公司公务，非经公司允诺，不论其为直接或为间接，又不问为自己或为他人，不得兼顾公司以外之事业，或谋其他职业。

第五款　顾问非先以文件得董事会会长或总经理(代理总经理)之允诺,不能泄漏公司秘密之事。惟向横滨正金银行及制铁所为保全其债权起见,给予应要之提醒,不在此限。

第六款　顾问当鉴于其位置之原为重要而机密,向公司时常以谨慎之态度接洽,又对于其相接之中国人,专以良好之感情为念。

第七款　公司为顾问置备可称其位置之住宅(惟不备什物),所有薪炭、灯火等项,亦由公司置备付给。其医药暨医疗等费,并由公司付给,如遇应在公司附属医院以外之医院医治时,其费亦应由公司照付。

第八款　顾问自中华民国三年一月十一日、日本大正三年一月十一日以后,在本合同存续之间,每年可得俸金日金二万元,照数按月分领。如公司将其业与横滨正金银行暨制铁所所订甲、乙两合同及别合同借款,在本合同第一款或第十款所订期限未满之前还清时,顾问仍得领收余期内俸金全部。顾问为公司公务旅行时,旅费支给实数,并自发程之日起到回来之日止,每日津贴日金二十元,按日计算,由公司付给。顾问到任之时暨因本合同所订限满或在限内由公司辞退回国时,亦照前项旅费及津贴,由公司付给。

第九款　顾问每年得请二满月之假。顾问可得将前项未经请假之日,归后年一并通算。

第十款　本合同虽到所订五年限满时,如非于限满三个月以前,由双当事者之一方豫告他方,以完了此合同之意,本合同自当再赓续五年效力。

第十一款　如关于本合同有纷议之处,双当事者彼此以文书委托各一人,即以此二人为独立之公正人,由此公正人之判断以为决定。如前项公正人意见不合之时,预于开始评断之前,彼此以文书公请一公正人,即由此公正人之判断,以为最后之决定。

兹因订立以上合同,双方签名盖章,以为凭据。

中华民国二年十二月十五日

日本大正二年十二月十五日

汉冶萍煤铁厂矿有限公司董事会会长　盛宣怀

日本东京帝国工科大学教授兼制铁所嘱托工学

　　博士大岛道太郎代理　藤濑政次郎

立会人　在上海日本帝国总领事馆　西田畊一

右认证人

　　　　大正二年十二月十六日

　　　　在上海日本总领事馆总领事　有吉明

会计顾问职务规程

民国二年十二月十五日（1913.12.15）

　　查中华民国二年十二月二日、大正二年十二月二日汉冶萍煤铁厂矿有限公司（以下简称为公司）、日本制铁所暨横滨正金银行（以下简称为银行）三者所订别合同第五款，公司业已允诺聘请日本会计顾问在案。兹将关于该顾问职务执行，公司与银行所协定开列如左：

　　一、会计顾问专关于公司财政，为公司董事会会长及总经理（或代理总经理）之顾问，受其协议，而非自任执行及直接号令各业务。

　　二、关于公司所有收入、支出之事，应与会计顾问协议而实行。惟日行应收应支之款，不必先协议，而会计顾问随时于事后可调查者，不在此限。

　　三、会计顾问以为须要时，关于公司财政致其最善之法提出意见，惟其最后之决定，仍归公司核夺。

　　四、会计顾问以为必要时，可得聘用日本襄办人一名，所用一切经费，由公司担任。惟该襄办人俸金暨聘用条件，应得董事会会长或总经理（或代理总经理）之承认。

　　五、会计顾问非经由董事会会长或总经理（或代理总经理），不能直接与公司以外之人接洽公事。

　　六、会计顾问因限满或其他缘由卸任时，应将其所保管公司簿册暨文件，照当时情形如数缴还公司。

　　七、会计顾问为执行其职务起见，随时可得查看公司所有财产文件、证券暨营业报告等，并要求关于此类事项以为须要之计表，或可发为质问。

八、公司关于其新起之借款、偿还债务或更改现有债务之条件,不论巨细,应先与会计顾问协议。

九、公司如欲订与其财产有影响之议时,应先与会计顾问协议。

十、公司将其与最高顾问工程师所协定工厂、铁路、码头并矿山等新设及修理工程估计书,交与会计顾问。

十一、公司与会计顾问应商而决定者如左:

(一)每年收支预算。

(二)每年盈亏并其所有财产及债款、一切所记载之营业报告。

(三)公司财产全部或其一部之处分暨其资本之增减。

十二、公司应将其与最高顾问工程师所协定工厂及矿山每月经费预算,交与会计顾问作为报告。

十三、公司应将其工程师、帮办工程师及办事员之变动,并其他增减俸金等事,报告会计顾问。

十四、公司关于厘定其所有办事房、工厂、铁路暨矿山管银员出纳现款章程,应先与会计顾问协议。

因订立以上条款并由已开别合同第五款,公司所聘顾问俸金,以每年不过日金一万五千元之额,如数由公司分月给付等事,特由双方当事人签字盖章,以昭信守。

本规程缮写中文、日文各六份,制铁所、公司、银行各执各文二份,以为凭据。

中华民国二年十二月十五日

日本大正二年十二月十五日

汉冶萍煤铁厂矿有限公司董事会会长　盛宣怀

制铁所长官男爵中村雄次郎代理　藤濑政次郎

横滨正金银行头取井上准之助代理、

横滨正金银行上海支店副支配人　水津弥吉

立会人　在上海日本帝国总领事馆　西田畊一

聘请会计顾问合同

民国二年十二月十五日（1913.12.15）

中华民国二年十二月十五日汉冶萍煤铁厂矿有限公司（以下简称为公司）与池田茂幸（以下简称为顾问）所订合同，开列如左：

第一款　公司为公司自中华民国三年一月十一日、日本大正三年一月十一日至中华民国八年一月十日、日本大正八年一月十日五年间，在上海聘请顾问，顾问亦允诺。

第二款　顾问承认公司董事会会长暨总经理（代理总经理）职权，顾问应照公司与横滨正金银行所订职务规程办理其职务。该职务规程将其抄本添附本合同，认为本合同之一部分。

第三款　顾问如有延误或不肯行本合同条款之全部或一部分或应办职务之时，公司得横滨正金银行允诺之后，可得以三个月前之预告，辞退顾问。

第四款　顾问应时常专心从事公司公务，非经公司允诺，不论其为直接或为间接，又不问为自己或为他人，不得兼顾公司以外之事业，或谋其他职业。

第五款　顾问非先以文件得董事会会长或总经理（代理总经理）之允诺，不能泄漏公司秘密之事。惟向横滨正金银行为保全其债权起见，给予应要之提醒，不在此限。

第六款　顾问当鉴于其位置之原为重要而机密，向公司时常以谨慎之态度接洽，又对于其相接之中国人专以良好之感情为念。

第七款　公司为顾问置备可称其位置之住宅（惟不备什物），所有薪炭、灯火等顶，亦由公司置备付给，其医药暨医疗等费，并由公司付给。如遇应在公司附属医院以外之医院医治时，其费亦应由公司照付。

第八款　顾问自中华民国三年一月十一日、日本大正三年一月十一日以后，在本合同存续之间，每年可得俸金日金一万五千元，照数按月分领。如公司将其业与横滨正金银行暨制铁所所订甲、乙两合同及别合同借款，在本合同第一款或第十款所订期限未满之前还清时,顾问仍得领收余期内俸金全部。顾问为公司公务旅行时,旅费支给实费,并自发程之日起到回来之日止,每日津贴日金二十元,按日计算,由公司付给。顾问到任之时,暨因本合同所订限满或在限内由公司辞退回国时,亦照前项旅费及津贴,由公司付给。

第九款　顾问每年得请六星期之假。顾问可得将前项未经请假之日归后年一并通算。

第十款　本合同虽到所订五年限满时,如非于限满三个月以前由双当事者之一方豫告他方,以完了此合同之意,本合同自当再赓续五年效力。

第十一款　如关于本合同有纷议之处,双当事者彼此以文书委托各一人,即以此二人为独立之公正人,由此公正人之判断以为决定。如前项公正人意见不合之时,预于开始评断之前,彼此以文书公请一公正人,即由此公正人之判断,以为最后之决定。

兹因订立以上合同,双方签名盖章以为凭据。

中华民国二年十二月十五日

日本大正二年十二月十五日

> 汉冶萍煤铁厂矿有限公司董事会会长　盛宣怀
> 日本横滨正金银行嘱托池田茂幸代理　水津弥吉
> 立会人　在上海日本帝国总领事馆　西田畊一
> 右认证人

> 大正二年十二月十六日
> 在上海日本总领事馆总领事　有吉明

盛宣怀致中村、井上函

民国二年十二月十九日(1913.12.19)

接奉十二月九日惠书,奖饰逾恒,至用感谢。承示敝公司聘请技师问题、会计顾问之合同及规则,尊处一再协议,不再增损,美意殷拳,极能体会。函中以择人为重,择人之后,以开诚布公详细商榷为重,均与敝公司延聘之宗旨相符。盖此事目的实欲集其所长,赞助公司进行,力求厂矿发达。故凡有益于公司之事,断无不愿与顾问推诚商酌。如尊处推荐之员,人格伎俩,果能拔群如我希望,敝公司关系重大,自无不集思广益,冀收顾问之效力。将来感激二公今日推荐之诚心,不特益表我公司双方亲密之意,且于我两国交际之感情更臻美满矣。昨于接函时,先已电述大概。并因京信索阅条件,深虞别生枝节,故冀望合同早日发生效力。想尊处接电后,必已转电沪行照办矣。

盛宣怀致王勋函

民国二年十二月二十七日(1913.12.27)

顷接手书,藉知股东联合会之建议,为工商部及三省所承认,确有凭据。此次借款已更改分为两截:一是新债还旧债,于公司债项,别无增减;一是赓续前一千二百万之借款,出于汪幼安所提议范围之外,本无须开股东大会之必要,是以联合会将其议案抄复董事会及董事会抄送工商部皆立此说。联合会议案分作二案,已由会长个人名义托工商部委员杨廷栋带交工商总长张謇阅过认可,一俟借款有效力,即用董事会全体名义呈报工商部。依此看来,别合同要股东会通过之条,即可删去,尤为直捷了当,何必自相矛盾。即请执事将此鄙人亲笔信函,交明正金银行水津君,迅速电致横滨总行勿迟为要。

盛宣怀致高木电

民国二年十二月三十一日(1913.12.31)

廿七〈日〉告水津,华股真名姓少,难通信,故设联合会,股东公推代表甚重视汉冶萍联合会,工商部及三者承认有据。此次借款,一续前议,一还旧债。五月常会,股东皆起立取决。江幼安提议是指将来大借款仍应开大会。汪现在联合会名次甚高,汪一致议决,并无异说,可见其常会提议是指将来,非指现在,初二议案,会长已交杨廷栋带京,张謇阅过。合同俟有效力,再正式送部。别合同要股东会通过一条,即可删去,以免误会。廿九

〈日〉复水津,旧借款总理名义签字。嗣总理辞职,另举董事负责任。今借款先告股东,因有国有及公司筹款两问题,由股东公决。既不国有,则应借款,又告水津,当时施子英演说,盛公虽辞总理,现任会长,名异实同,总须盛一人负完全责任,全体赞成,载在议案,并与水津约定三十一号前即须定夺。以上井上想已告兄,今日密告井上,删去必无后患,立待速复。

农商部致汉冶萍公司电

民国三年一月十一日(1914.1.11)

汉冶萍公司鉴:闻该公司近向日本订立借款合同,此项借款,无论是否预付铁砂或生铁价目,抑系单纯借款,必须先呈本部核准,方准签字,否则无效。希查照并先电复,切要。农商部。蒸。

汉冶萍公司呈农商部文

民国三年一月二十三日(1914.1.23)

为呈复事。

一月十一日奉贵部蒸电:闻该公司近向日本订立借款合同,此项借款,无论是否预付铁砂或生铁价目,抑系单纯借款,必须先呈本部核准,方准签字,否则无效。希查照并先电复,切要。等因。敬悉。

查汉冶萍商办以来,股少债多,目下股份不过一千万两,债项二千七百余万两,除国内预借轨价三百二十万两,国家银行、官钱局及各钱庄各存款三百四十万余两外,其余外债,道胜、汇理、汇丰、保安、义品、东方三百十五万两,正金、兴业、三井四百八十五万余两,又日金一千五百二十八万元,约合银一千二百万两。无论还银还货,皆有合同抵押契据。因汉冶萍奏明,统属商办性质,历来合同、借票,皆系公司签字,商借商还,故所订合同,部未过问,公司亦未报部。去年蒙财政部慨借债票五百万元,得向日本银行抵借二百五十万两,藉得开工。此系政府第一次维持公司美意。去夏国有不成,股东会议决借款,因磋磨条件,数月于兹,直至冬间厂矿经费无所出,第四新炉不能成,到期债票不能转,银行钱铺丝毫不能挪借,信用屡失,破产即在目前。经理李维格亦再三辞职，宣怀面托施肇曾、杨廷栋，拟向政府求借一千万两，于六个月内交付，以支危局。施、杨皆云，缓或可商，急则做不到。与他国银行商量抵借，因抵品皆属第二抵押，又不比承造铁路，利息之外，别无利益，故条件更严厉。不得已屡集董事会与股东联合会筹议，与其破产后仍不免外债交涉，贻民国之累，不如就辛亥年五月公司与日本制铁所、正金银行议售生货一千二百万之合同，壬子年用过三百万元，尚有九百万元赓续预借，仍分三年支付，以备大冶添炉之用。此系已定之合同，因时局更变，放弃未收，至此乃生效力。另又预借六百万元，以还到期重利急债，其中须扣还日本借垫各款，数已过半，在公司帐目，公司债欠仍是二千七百余万，并无增减。不过遵照股东会决议条件，借轻利还重利，省出息金，补助工用，尤重在扣清日本银行垫款，酌还万不能缓之欠款，信用顿复，以后急需，又可活动。至合同条款，利息七厘，六年后可减至六厘，别无扣用；期限极迟，四十年分摊，如有余利可先还。代雇工程顾问、会计顾问各一名，五年为期。汉冶萍向用西国技师数十人，添雇日本顾问，但能为会长、经理之顾问，不能与厂矿直接办事。期限之内，政府有利息较轻之款借与公司，可以先还此次借款。其所以要定四十年者，要我限期之内，准可售与生铁、铁砂。中国各省产铁居多，将来难保无他国合办之铁矿，而日本皆可向买，汉冶萍有此合同，此项生意便可占先。要在价目必须随时互相商定，以免售货吃亏，条件内重言声明。诚如熊总理所云，售铁还债，于公司并无窒碍，不仅本利皆以铁抵，并且抵债之外，收回现银不少。故此次合同，不特为公司大利，并且为民国上下永远之大利，磋磨条件已至极处。公议即照公司历来借款办法，于十二月初二日双方签字。顾问合同于十二月十五日签字。其所以未先呈核之理由，因日商历次预借铁价等款，据称向与商办公司直接签订，是以此次亦照从前办法。所有六百万元一款，已照合同第二款如数交收，又九百万元一款，照合同第二款开工时方能分期交付。现在公司正盼政府实力维持，以期久远。如果政府以为未妥，另有借与公司之款，如附件所订，届时汉冶萍公司自当照约与日本制铁所、正金银行酌商办理。

以上缘由,本拟遵照电复,因贵部密本尚未奉到,特将公司与日本制铁所、正金银行所订预借铁价合同暨附件,具文呈请贵部,俯赐查核。

此呈

山座①致孙宝琦警告书

大正三年二月二十一日(1914.2.21)

慕韩总理大人阁下:

敬启者,日来阅新闻纸所载,关于正金银行前与汉冶萍公司所订借款合同,妄加不适当之评论。复闻在京湖北士绅出于极力反对之举,并已呈请大总统之说。查汉冶萍公司借款之经历及性质,闻已由该银行小田切君详达一切,谅早在阁下洞鉴之中矣。盖此项借款系赓续前清宣统三年所订预借铁料价值合同,并非新订之款。至其性质,复与普通借款不同。在正金银行则预支铁料价值;在汉冶萍公司,则推扩工厂,开展销路。借款还债,化重为轻;在日本制铁所,则订购公司铁料,代为归还本息之地。三面鼎峙,互相辅依,各享其利,而借款因出货而自然脱销办法,尤与汉冶萍公司相宜。如世论纷传之损失利权等语,毫无所据。揆之有无相通,利害共济之本旨,按之大总统并阁下坚持联络两国实业之宗旨,即此事岂非以绝好榜样见示于内外乎?谅阁下必不以此言为河汉也。惟冀阁下明鉴大体,勿为他人僻见谬言所惑,漫然破坏已成之议,致酿国际镠辖,是本使切盼于阁下者也。并望将此事由,转达大总统钧鉴,是为幸甚。再者,目前面晤一节,本拟即与朱(启钤)总长晤谈,祗以正在考试期内,无暇接见,是以未能如愿,仍期日内面晤畅谈一切也。先此备函布达悃忱,统希阁下览察是幸。专此。顺颂

公绥

---

① 山座圆次郎(1866—1914):时任日本驻中国公使。

正金上海分行致总行总经理及小田切电

大正三年二月二十七日(1914.2.27)

对于北京政府反对公司借款之指令,应如何回答?因盛宣怀患重病,未能听到彼之意见。当即询问李维格意见,据云,政府指令公司尚未接到(盛宣怀是否收到,不得而知)。盛宣怀认为,公司是商业机关,而且矿山已抵押于日本,根据此种论据,坚决主张借款有效,理所当然。而正当张謇表示辞职之意时,因不堪借款攻击,才不得已发出指令。放弃借款已属不可能,须使北京政府充分了解。因此,可请帝国公使直接向袁世凯提出抗议,解决本案,或许较为容易。

农商部批

民国三年二月二十八日(1914.2.28)

原具呈人汉冶萍公司董事会盛宣怀等。

接据呈称:汉冶萍商办以来,股少债多,历借内外各债二千七百余万,无论还银还货,皆有合同抵押契据。因汉冶萍奏明纯属商办性质,历来合同借票皆系公司签字,商借商还,故所订合同,部未过问,公司亦未报部。上年冬间,厂矿经费无所出。第四新炉不能成,到期债票不能转,银行钱铺丝毫不能挪借,信用屡失,破产在即。政府前既慨借债票五百万元,未便渎请补助;与他国银行商借,又因抵品皆属第二抵押,条件更严;不得已屡经董事会与股东联合会筹议,与其破产后仍不免外债交涉,不如就辛亥年五月公司与日本制铁所、正金银行议售生货一千二百万元之合同,壬子年用过三百万元,尚有九百万元赓续预借,仍分三年支付,以备大冶添炉之用。此系已定之合同,因时局更变,放弃未收,至此乃尽生效力。另又预借六百万元,以还到期重利急债。其中须扣还日本借垫各款,数已过半,在公司帐目公司债欠仍是二千七百余万,并无增减,即照公司历来借款办法。于上年十二月初二日签订合同附件内载明,汉冶萍公司由中国政府将确定在本国内所得中国自有之资,即中国政府并非向他国不论直接或间接借用所得之资金,借与公司,又其利息较本借款所定利息为轻,并无须担保,公司即将此项轻利之资金偿还本合同借款之全部或未经偿还之全部时,银行可以承诺等语。现在公司正盼政府实力维持,以期久远。如果政府以为未妥,另有借公司之款,如附件所订,届时公司自当照约与日本制铁所、正金银行酌商办理等情。并附呈合同一册前来。

查矿山抵借外债非得本部同意,其合同不生效力,曾经国务会议议决,由前工商部于上年六月十三日咨行各省,通饬遵照,并登公报在案。该公司所借日款无论其为赓续前议或别借新债,自应遵照部令,呈候核准,再行签字,岂可藉口历来办法,蔑视公布之令。本部蒸电亦经切实声明,此项借款必先呈由本部核准,方准签字,否则无效。兹阅来呈,持论虽辩,无当法理,且查该合同内有公司应聘日人为最高顾问工程师及会计顾问等条,与公司权限有重大之关系,所有该董事等已签定之合同,本部不能视为有效,应即暂缓实行,静候本部会商财政部酌定办法,再行饬遵。

此批

中华民国三年二月十七日

牧野[1]致山座第一〇六号密电

大正三年二月二十八日(1914.2.28)

关于汉冶萍公司新借款一案。虽有第一六二号贵电及第一六六号报告,但中国方面,于二月二十六日政府公报内,已发表了农商部指令,认为该借款合同不能有效,应暂缓实行。此因反对运动逼迫之结果,亦不必矢口否认,我方必须警惕,日后不论中国方面如何提出,须断然主张合同有效。即希根据此意,以适当方法,说服中国当局,并提出警告,不得轻举妄动,以免累及邦交。再者,中国方面近有汉冶萍公司官商合办之议,而我方希望公司照旧商办,希阁下了解此意,并望转电上海总领事。

---

① 牧野伸显(1925—1936):时任日本外交大臣。

孙武等呈农商部文

民国三年二月二十八日（1914.2.28）

具呈人：孙武、汤化龙、张国淦、饶汉祥、哈汉章、夏寿康、胡钧、易乃谦、魏景熊、王信孚、程明超、郑江灏、张则川、傅岳棻、董昆瀛、张汉、郑万瞻、张伯烈、胡瑞中、时功玖、彭汉遗、马德润等。

为汉冶萍厂矿呈请事。

　　窃汉冶萍厂矿为吾国惟一之制铁所，关系军事实业綦重。自前清光绪十七年，湖北政府创办投资五百五十八万六千四百十五两，旋以流动资本不敷，于光绪二十二年由鄂督改为官督商办，奏派盛宣怀为督办。奏案章程载明，用人行政及稽核帐目权归湖北政府；创办资本按出铁吨数抽还，铁厂基地并未作价。盛氏添招商股号称一千三百余万，其实一实九虚，名为众股东，实皆盛氏一人之变相。清商部新立，盛氏复朦混注册，改为纯粹商办公司，抹煞湖北官本地权，利用外债以资流转。民国成立时，公司外债已达二千二百余万，又承领中央维持公债五百余万。南京政府新立，盛氏私与勾结，将用厂矿抵押日债，改为中日合办。经鄂人力争中止，挽回危局。曾几何时，盛氏故智复萌，公司营业全不整理，应报湖北帐目、应缴湖北款项，累经催督毫不遵照，而专以私借外债，朋比分肥为事。近闻日本外债一千五百万元又将复活，以矿砂作抵，四十年为限，七厘起息，九百万先还旧借款，六百万作扩充资金。较南京原约更加苛刻，用日人监督财政，名曰财政顾问；用日人监守矿产，名曰工程师。贻害所及，无异卖国。并闻该公司以董事会名义呈请中央官商合办，鄂人闻之，甚为骇异。该公司与湖北代表磋议鄂官本填股票问题，经年未能解决，何又突然变计，耸动中央。此项借款交涉始末，事前不请命中央，乃至定约交款，始有此请，其种种狡谋，实系有意朦蔽政府。武等不忍坐视国家铁源全落外人之手，且恐公司蔑弃奏定条件，自招失败，致官本虚掷，厂矿地权全归乌有，事势所迫，惟有仰恳大部救济。谨将事由为我大部缕晰陈之。

　　凡公司营业，应受国家之范围，钢铁为军需要品，监督尤应严重。汉冶萍厂矿本属官创,虽招商承办,官本并未收回,官产又未作价,湖北政府以财权地权关系,立于创办人地位,凡用人行政、监查帐目,系根据原奏由契约性质取得之地位,非徒行使官权。盛宣怀不能以单独行为,不经湖北政府同意,辄改称为商办。是公司成立之根本理由已为不足,况复以铁砂抵偿外债,逃地租,漏国税,供军需于外国,尤为悖谬。此公司根本性质,应请迅饬鄂省查照原定奏案,严重监督者也。即以上情形而论,公司称为商办,已属不合,今且退一步言,官本及厂矿地权姑作后图,而公司借债逾额,亦属违法。查各国商律通义,公司借债总数不得逾已缴股份之总数,现行公司条例第百九十一条亦明定之。今该公司已缴股份号称一千三百余万元,前借外债已达二千七百余万元,债数逾于股数已达二倍,今又将借外债一千五百万元,共为四千二百余万元,则债数超过股数三倍以上,违背商律原则。因少数人之挥霍,荡尽公司股本,复以数倍债务,贻公司以破产之忧,此照商律论,应请大部否认该公司新借外债也。

公司债额重至如此,而办事人员目无法纪,巧避监督,假公济私,因债分肥,将来结果必为破产。盛宣怀既脱去官督商办范围,自称为有限责任之股东,尽有藏身之余地,然债权操于外人,抵押则为军需要品,外人不能责偿于公司,将取偿于国家,势必酿成交涉,竭中国办钢铁,累政府以赔偿,此就国际关系、军事关系,应请咨行外交部、陆军部否认该公司之新借外债,严禁该公司以矿砂径售外国也。生利外债,由各省政府筹借者须得财政部之认可,何况公司竟能悍然不顾,私借巨款,不俟中央命令,不得地主同意,不令原创办之鄂政府与闻,胆大妄为,实堪痛恨。盛宣怀承办合同有一吨铁永远捐银一两之约,此种捐项,实为对于矿山所有者之地租。盛氏朦蔽取巧,既兼作官本之抵偿,复欲混入租税范围,藉逃国家地方之课税,径运铁砂出口,并一两捐而悉归乌有,此就财政上而论,应请咨行财政部声明,否认该公司之借款并饬鄂省严查国税、地租关系,以免偷漏也。

要之,湖北政府以官矿、官厂委诸盛宣怀,双方合议奏定章程,实为官督商办。私改公司则为违背契约。又以公司名义借债逾额,则为违背商律;擅借外债,则贻累国交;抵押铁砂,则妨害军实。一吨一两之捐,本为地租,而以朦混官本课税,则为漏税;直接输出铁砂,并一两捐而不纳,则为损害业主之权益。勾结外人,作此种种不法行为,不徒目无地方政府,并中央政府亦且视为无物。武等桑梓利害所关,痛痒较切,诚恐借款一成,外国顾问执契约以责权利,不徒地方受无穷之害,而国交军事均被牵制,后患何堪设想。合无仰恳大部速查原定奏案,严行监督,彻底清查,无任惶恐待命之至。谨呈。

农商部批

民国三年三月(1914.3)①

批孙武等呈请彻查汉冶萍借款。

呈悉。前经本部访闻,该公司有借款情事,当于一月十号电查,并切实声明:"此项借款无论是否预付铁砂或生铁价目,抑系单纯借款,必须先呈本部核准,方准签字,否则无效。"嗣据该公司呈复:历叙股少债多,并云无论还银还货,皆有合同抵押契据。因汉冶萍奏明,纯属商办性质,历来合同借票皆系公司签字,商借商还,故所订合同,部未过问,公司亦未报部。此次向日本制铁所、正金银行借款,系就辛亥五月之合同赓续办理,因时局更变,放弃未收,至此乃发生效力,又预借六百万元以还到期重利急债,即照公司历来借款办法,于上年十二月初二日双方签字,并呈合同一册到部。又经以矿山抵借外债,非得本部同意,其合同不生效力,曾经国务会议议决,由前工商部于上年六月十三日咨行各省,通饬遵照,并登公报在案。该公司所借日款,无论其为赓续前议,或别借新债,自应遵照部令,呈候核准,再行签字,岂可藉口历来办法,蔑视部令。本部蒸电亦经切实声明,此项借款必先呈由本部核准,方准签字,否则无效。兹阅来呈,持论虽辩,无当法理,且查该合同内有公司应聘日人为是最高顾问工程师及会计顾问等条,与公司权限有重大之关系,所有该董事等已签定之合同,本部不能视为有效,应即暂缓实行,静候本部会商财政部酌定办法,再行饬遵等情,批示该

---

① 原件未署日期,此系根据内容判定。

公司知照,并函约财政部派员会商各在案。

来呈所请,否认借款之说与本部历次驳询情形相同。合办一节,前据该公司董事会电称:汉冶萍铁业关系军国需要,非官商合力维持,不足以图扩充,而期发达,屡经董事会协议,请将公司官商合办意见相同,特先具电请愿等情。当由国务院以该公司既无力扩充,政府为维持实业起见,自难漠视。惟官商合办于全体股东均有密切关系,应由该公司即开股东大会议决,用正式公文呈请,再行核办等情,电复。尚未据正式续呈,将来是否合办,自应候呈复到后,提出国务院会议并呈候大总统核示,方可解决。至湖北投资五百余万改填股票各节,现在磋商情形如何,未经声叙,应即另呈到部,并候抄呈,令行该公司明晰具复,以凭核办。

此批

农商部指令
民国三年三月四日(1914.3.4)

令汉冶萍公司。

据湖北代表孙武等呈称:汉冶萍厂矿将抵押日债,恳查原案,否认借款等情到部。查原呈内有湖北投资五百余万,该公司与湖北代表磋议湖北官本填股票问题,经年未能解决等语,现在磋商情形如何,已否定议,应即明晰呈部,以凭核办。除批示外,合行抄录呈批,令饬该公司遵照可也。此令。

附抄件。

中华民国三年三月四日

山座致有吉明①第二十四号密电
大正三年三月四日(1914.3.4)

来电阅悉,关于(外务大臣)第一○六号电,本使经于三月三日会晤孙宝琦,谈论甚久。据孙言:政府无意主张废弃合同,不过以矿山作抵借款,

---

① 有吉明(1867—1937):时任日本驻上海总领事。

事前须得中央政府许可(参照去年五月九日第一七五号机密函),乃竟不办理此项手续,如系少数借款犹可;顾此次借款,数目甚巨,订立合同,实属擅专。且汉冶萍公司内政府股本约有一千万元之巨,盛宣怀曾经呈请由中央政府与正金银行协商改为官商合办,政府亦无异议等语。本使告以日前会张謇时,彼亦暗示有维持合同之意。现闻贵官说明,并无废弃合同之意,如此甚好。不过改由同中央政府协商一切,实为本国方面所难承认。因以矿山作抵,不自今日开始,更无请求中央政府许可之先例。当就从前经过情形详细说明,并告以日前农商部有指令发表情事,倘中国政府欲将合同作为无效,则中日两国之间,必将引起极大纠纷等语,以对孙警告。孙则谓袁世凯亦以汉冶萍公司与正金银行向有借款关系,如向外国借款,以向正金银行借入为妥;不过现订合同,手续上不相宜之处,希望改与银行协商进行等语,所谈情节反复重述,并言农商部对盛宣怀之指令,并非发于借款合同订立之后,而系发于正在商议之中云。

孙更以民间反对为理由,说明该合同难以照旧维持;孙又谈及矿石代价问题,并明言中国政府方面,不但欲改形式,即合同条款之内容亦有重订商改之意,均经本使加以详细驳复。

汉冶萍公司重要职员,无视中央政府,此为中国内部之事,对于日本并无关系,且按照向来惯例,该合同之成立始终有效。倘中国政府出以意外之措施,则必发生极大纠纷,再度向孙警告。孙则默思片刻不作任何回答,然后顾我而言他。

公司聘藤田为顾问工程师襄办人合同

民国三年三月十二日(1914.3.12)

中华民国三年三月十二日,汉冶萍煤铁厂矿有限公司(以下简称公司)按照中华民国二年十二月十五日、日本大正二年十二月十五日聘请最高顾问工程师职务规程第四条所开:最高顾问工程师以为必要时,可得聘用日本襄办人一名,所用一切经费由公司担任,惟该襄办人俸金暨聘用条件,应得董事会会长或总经理或代理总经理之承认之条,与藤田经定君(以下简

称襄办人)订定聘用条件,开列于左:

第一款　公司自中华民国三年三月十二日、日本大正三年三月十二日至中华民国八年一月十日、日本大正八年一月十日止,在汉口或汉阳聘用襄办人为最高顾问工程师之襄办之,襄办人亦允诺。

第二款　襄办人承认公司总经理(代理总经理)暨最高顾问工程师之职权。

襄办人禀承最高顾问工程师之指挥,关于技术上事项,致其最善之法,襄助最高顾问工程师之执行职务。

第三款　襄办人如有延误或不肯行本合同条款之全部或一部分或应办职务之时,公司与最高顾问工程师协议后,可得以三个月前之预告辞退襄办人。

第四款　襄办人应时常专心从事公司公务,非经公司允诺,不论其为直接或为间接,又不问为自己或为他人,不得兼顾公司以外之事业或从事其他职业。

第五款　襄办人不得泄漏公司秘密之事,非得总经理(代理总经理)暨最高顾问工程师之允诺,襄办人不得与公司以外之人接洽公司之事。

第六款　襄办人当鉴于其位置之性质,向公司时常以谨慎之态度接洽,又对于其相接之中国人专以良好之感情为念。

第七款　公司为襄办人置备可称其位置之住宅(惟不备什物),所有薪炭、灯火等项亦由公司置备付给,其医药、医疗等费并由公司付给,如遇应在公司附属医院以外之医院医治时,其费亦应由公司照付。

第八款　襄办人自中华民国三年三月十二日、日本大正三年三月十二日以后,在本合同存续之间,每年可得俸金日金伍千圆,照数按月分领。

襄办人除由第三款之外,为公司事宜由公司辞退时,襄办人仍得领收余期内俸金全部。

襄办人为公司公务旅行时,旅费支给实费,并由发程之日起到回来之日止,每日津贴日金壹拾圆,按日计算,由公司付给。所谓旅费,专指旅行川资而言。其客寓、膳宿等费包在津贴之内,不另支给。每日津贴拾圆,指中国及日本而言，若往他国，每日津贴贰拾圆。

襄办人到任时，暨因本合同所订限满，或在限内由公司辞退回国时，亦照前项旅费及津贴由公司付给。

第九款　襄办人每年得请二满月之假，并可得未经请假之日归下年一并通算。

第十款　本合同虽到所订限满时，如非于限满三个月以前，由双方当事者之一方预告他方以完了此合同之意，本合同自当再赓续五年效力。

第十一款　如关于本合同有纷议之处，双〈方〉当事者彼此以文书委托各一人，即以此二人为独立之公正人，以此公正人之判断为决定。如前项公正人意见不合之时，预于开始评断之前，彼此以文书公请一公正人，即以此公正人之判断为最后决定。

兹因订立以上合同，双方签名盖章，以为凭据。

中华民国三年三月十二日

日本大正三年三月十二日

汉冶萍煤铁厂矿有限公司兼代经理　王勋（印）

藤田经定（印）

汉冶萍公司呈农商部文

民国三年三月十四日（1914.3.14）

为呈复事。

案奉大部批开：据汉冶萍公司董事会呈复借款情形并附合同一册前来，查矿山抵押外债，非得本部同意，其合同不生效力，曾经国务会议议决，由前工商部于上年六月十三日咨行各省，通饬遵照，并登公报在案。该公司所借日款，无论其为赓续前议或别借新债，自应遵照部令，呈候核准，再行签字，岂可藉口历来办法，蔑视公布之令。本部蒸电业经切实声明，此项借款，必先呈由本部核准，方准签字，否则无效。兹阅来呈，持论虽辩，无当法理。且查该合同内有公司应聘日人为最高顾问工程师及会计顾问等条，与公司权限有重大之关系，所有该董事等已签定之合同，本部不能视为有效,应即暂缓实行,静候本部会商财政部酌定办法,再行饬遵。等因。奉此,仰见大部于维持实业之中,寓保守主权之意,钦佩曷胜。

惟查汉冶萍公司所负外债,俱有抵押。前清光绪二十九年在官督商办时代,初次订借日币三百万元,合同载明以大冶矿山及运矿铁道抵押与日本兴业银行,在该限期内不得或让或卖或租于他国之官商,即欲另作第二次借款,应先尽日本;又立专款声明,制铁所不得在大冶或中国境内设炉设厂,将所购矿石熔炼钢铁等语。咨呈外务部、商部核准在案。自光绪三十四年二月十一日奏准合并汉冶萍煤铁厂矿有限公司,撤去督办,加招华股,并在农工商部注册领照。以后各借款,公司复将汉冶萍商有产业抵押多次,是商有之矿山,即无此次借款,已俱抵押在先。细绎大部上年公布部令之意,矿山抵押外债,非得本部同意,其合同不生效力者,似指官矿公山而言,诚以官产发生交涉,政府应负责任,岂可由商人任便抵押。今冶萍两矿以之抵保者,系属商人出血本自置之产,并非官山,是商产商押商借商还,绝不涉及政治,幸与公布之令不相抵触,况此项商产抵借在前,而部令在后,事隔多年,殊难逆料。现订合同虽属加借货款,并未加押矿山,均有实据可查,无庸多辩。然公司股轻债重,系属本原大病,苟有一线生机,岂肯甘心加借。只以去岁国有不成后,内则厂矿经费无着,外则各债昼夜追逼,破产即在目前,而向日往来之银行丝毫不肯通融,洋行购料、厂矿工用,汇票一概停付,尤属万分危险。中国商力薄弱,股东利息三年无着,不能再助资本;所望政府扶持,而交通部应领轨价扣去不付,财政部借押款公债票,不认付息;政府所欠公司之日本借款二百五十万元,本已抵还正金、三井欠款而又推延不付;势处绝地,不得不出于借款之一途。当筹商借款时,除新造炉座等件外,矿产多属二次抵押或三次抵押,他国银行要索更酷,不得已赓续前约,与制铁所、正金银行议订合同,悉以货价抵还本利,无须还以现银,纯系营业行为,与寻常借款性质有别。至订用工程师、会计顾问一节,该银行要求时,公司初甚拒之,该银行以政府借款均有顾问,坚不肯删,并以厂矿所用西人不下数十人,何独于借款之人拒而不用。具此理由,势难拒绝。因此条件磋商又费半月之久,实亦出于万不得已。又据制铁所、正金银行代表声称,制铁所深虑我公司不能如期交货,故特重视工程顾问;银行虑我公司将借款移作他用,当还之债不还,故特重视会计顾问。至权限所在,该顾问不得与厂矿各员直接〈号令〉,无办事之实权,似无虑别滋流弊。

兹奉钧批:所有该董事等已签定之合同,本部不能视为有效,应即暂缓实行。静候本部会商财政部酌定办法,再行饬遵。惶悚之余,自当遵照。惟查日本借款定货合同,十二月初二日画押后,即已交付日金六百万元,由正金银行收还垫款,以及划付各洋行及汉口各钱庄过期重利之债项,各洋厂购料及汉口、萍乡等处之汇票。其余略可从缓之款,仍各恳商暂缓归还,所剩不过六十六万元,以支目下厂矿日用之需。大冶添炉以及汉萍连带头批需用之洋料,均已开单定购,指定日款九百万元第一年应付之款抵付,势亦难于改缓。此外亟需用项,惟盼财政部应付正金、三井之日金二百五十万元,支持急用,现在公司预算,每日利息经费出款需银七、八千两之巨,迟一日进行即多一日损失,政府既难补助,股商创巨痛深,无可呼吁。若徒快言论界局外之空谈,而于事实上仍多隔阂,行将坐视成局败于目前,贻笑中外。此任事者所以与中华数百兆人民痛哭流涕而不胜忧虑者也。为今之计,惟有按照原计划迅速添炉,出货增旺,便可按期将货还债。譬如京汉铁路从前借款时,群议沸腾,痛诋所借比债为俄所使,路亡地亡,道路传播,而路成十年,比债还清,比约即销,其后另行抵借为别用耳。中国方患贫弱,不能不赖开矿为第一富国策,然与外人合办,总不及自办为上策。而招股不足,继以借债为中策。即如汉冶萍预算负债虽重,而十五年即可还清。至于四十年定买生铁八百万吨,每吨盈余至少十两,即得现银八千万两;铁矿石一千五百万吨,盈余至少约可得现银二千万两,其为关税捐款、地方工匠、人民所沾取者,不啻倍之。此后纵有外人合办之矿,而汉冶萍可执此合同以垄断之,其利不为他人分夺。汉冶萍十五年内既叵还清各债,而四十年内又陆续得此一万万两之余利,以之分年陆续建设化铁炉、炼钢炉数十座,不必另筹巨款,而汉冶萍已足屹然自立于地球之上,此又任事者所以不敢存五日京兆之心,而甘受一时之毁谤,为中华四百兆人民鼓舞期望者也。

或闻诋毁之言,曰强国买铁即夺我军械之用,不知吾之铁矿无限输出之外,岂不足供我自用乎?抑彼国舍我之铁,岂无他国之铁可用乎?或又曰,借款即夺我矿山之谋,而山中矿石已允售与彼用,又何必要我之山乎?此又不待多辩而自明者也。盖合办则权分利亦分,其权限必与顾问不同,其利益尤与息借迥异。前年南京政府与日人所订中日合办合同,股商公司当然反对而消灭之。今日公司加借之合同,去年股商议决在先,本年三月初七日股商特别会又申述合同内容,复经全体赞成。况期限之内,政府可照附件还本,则便只剩随时议价定货之合同,其中利害得失之关系,似未可同日而语也。除一面祗遵,仍候大部会商财政部酌定办法外,所有公司一面进行,以全大局缘由,谨据实呈明,伏祈鉴核。实为公便。

　　此呈

汉冶萍公司呈农商部文

民国三年三月十七日(1914.3.17)

为呈复事。

　　本年三月九日奉大部令开:据湖北代表孙武等呈称,汉冶萍厂矿将抵押日债,恳查原案,否认借款等情到部。查原呈内有湖北投资五百余万,该公司与湖北代表磋议湖北官本填股票问题,经年未能解决等语。现在磋商情形如何?已否定议?应即明晰呈部,以凭核办,除批示外,合行抄录呈批,令饬该公司遵照可也。此令。等因。奉此,查此案以汉厂自创办之日始至招商接办之日止,张前督原奏所称,用款欠款共约五百数十万之数,是否湖北一省所投之资为根据,以原奏售出生铁一吨抽银一两,按年核计,归还之官本,改填股票,应否呈候中央政府之核准为枢纽,建言发难,必须详考事实,依据理法。公司虽处于鄂省势力范围之内,要仍在民国一统政治之中,仰承诘问,谨详言之。

　　查前清户部核复湖北铁厂招商承办原奏内称:该厂自开设以来,部拨经费银二百万两,又奏拨鄂省盐课厘金银三十万两,盐粮道库银四十万两,又织布局奏拨银三十四万两,并由枪炮局借拨常年经费银一百数十万两,江南筹防局借拨银五十万两,淮盐票商捐拨充银五十万两,综计以上各款,适符张前督原奏五百数十万两之数。旋经户部咨行,欲以一两捐预缴之一百万两抵还部款,张前督咨复有案。可见,前项经费在部中视为中央拨款,而未必即视为湖北投资之款也。又查张前督招商承办原奏内称,从前用去官本数百万,概由商局承认,陆续分年抽还,即按厂中所出生铁售出一吨抽银一两,以还官局用本,俟官本还清之后,每吨仍提捐银一两,以伸报效,地税均纳在内,并无另外捐款等语。是此项一两捐以之归还官本,亦即以之报效地税,并未云归还湖北一省所投之资本也。况张前督奏明,大冶铁矿本系盛宣怀督率英国矿师勘得,冶铁非煤不济,江夏马鞍山自开煤井不可恃,必须择地另开煤井,户部奏内且深虑铁产丰盈而煤矿仍难寻获,是现办之煤铁矿山,本非官本所置,皆属商购商办。又奏中所言,粤省炼铁厂机器改运鄂省,系购机在先,审地在后,未免不宜。商办后化铁炉两座,因地脚欹仄,屡经修筑,费较新造过半;此外,贝色麻炉、马丁炉均因不合用拆去。其所移交者,大冶之轨路、汉阳之厂基,最为实在,而厂基系湖地填筑未全,商办十数年以铁渣补填,又居其大半。彼时张前督体恤商艰至为详尽,但冀商办之后,每年可缴官款十余万两,岁月虽宽,涓滴有着,且复奏明饬部免税,察看本厂如有优利足可抵制洋铁,再行征税,是以接办之商人,不复计较移交厂局实值若干。奏案具在,皆可复查。

夫原用官本,既非湖北一省所投资,又非公司接收时之估价,则以一两捐改填股票,应上候中央政府之核准,下待公司股东之议允,事理昭然,何待磋议,乃上年四月间,湖北军民两政府,因孙上将之请,委派代表时象晋、丁立中来沪,要求公司以张前督开办汉冶厂矿动用官项奏准按年铁捐拨还者,一律收填湖北公股股票,顿翻前案,将张前督招商承办时原奏,援福州船政厂案及津沪制造局开办经费各数百万皆无收回之日,铁厂改归商办,用过官款但期按日计吨,常川提缴等语,一概抹煞。股商坚持原约,众议沸腾,董事会因厂矿均在鄂境,大势所趋,不得不为维持暂安之计,议以前项官本五百五十八万余两,除已缴铁捐一百零七万五千余两外,以四百万两合洋五百四十七万九千余元,将大冶添设四炉连汉阳四炉共成八炉,分期十二年按照岁出铁吨摊填股票,其余五十万两,俟十二年后或换股或缴捐,届时再议。并请将大冶官山准归大冶分厂采用,仍声明改股之后,应由鄂省议决,径商中央政府行知公司,方能照办等情。开具说略,双方签名,由代表带鄂。其时公司之意,盖因按照每年出铁数目填给分期股票,免缴一两现银,似亦无甚亏损,股东会虽未通过,如果中央政府核准,或尚可勉为其难。其所以必须核准者,又因改填股票之后,湖北一省既获有将近六百万之巨股,即预操全公司强半之主权,此后中央政府既少收数百万之铁捐,将来收归国有,且须多出数百万之现款,事前未经呈明,日后谁执其咎?嗣于六月间奉鄂省长电称:以按年扣捐填股办法为省议会否认,复派代表李钟蔚、丁立中来沪妥订,又经董事会与该代表根据前议一再协商,股票一起预填,免纳铁捐十年,股息亦免十年,仍声明此项铁捐停止期内,仍一概照旧免税,请鄂省径商中央核准,再开股东大会通过。至十二月二十六日又准鄂代表李、丁二君来沪,持示鄂省长委任换股印文,索填股票,立约签字,立候赍回,声言改填股票并无通过中央之必要。经董事会检示上年八月二十二日大部指令,内有或填股票应与鄂代表妥议,呈部核办之文。该代表乃云,如将来中央否认,即将股票注销缴还。于是股东联合会抗议,谓与其先填股票后再取销,何如先请中央解决之为稳健。该代表坚执不允,一怒而去。此磋议再三,未能解决之实在情形也。董事等复查原用官本,并非尽系鄂款,而一两铁捐按之张前督原奏系包括各项捐税在内,一经改填股票,即应停止捐税,公司未奉停捐之明文,岂能据该代表一面之词,遽行定议。况前奉部饬,又有妥议呈核之命令,是以屡请仍向中央政府通过,再填股票,实为至当不易之办法。且公司奏定捐款,不经大部核准饬遵,日后倘有别项捐款发生,商力如何担负?夫从前遵令召集之华商,业经出资从事,今虽尽力摧残,商又何能违抗?惟前人隐忍受之,其如信用尽失,后人寒心,则国家实业隐受其病为甚深也。且按去年大部复国务院咨鄂转告孙上将函件,引证详明,足为此案之铁据。该代表徒挟省界之私见,不顾统一政治之公义,去沪就京,借端诋毁,殊难理解。现在官商合办之议,业经股东大会全体议决。此案股东会既未允议,董事会亦始终未敢擅定。究应如何办理之处,谅蒙大部必能俯赐维持,为中华保全已成之一二公司,即为中华劝导后来无数之工商实业也。所有改填股票,并未定议情形,遵饬明晰呈复。伏乞大部俯赐核办施行。

谨呈

盛宣怀致中村、井上函

民国三年三月二十一日(1914.3.21)

先生:

此次日金六百万元及九百万元之借款,前于去年十二月三号声明应将股东联合会认可之条件于下次股东会再行报告一节,兹本年三月七号股东大会已将上年股东大会赞成之借款所订合同内重要条件布告,经全体股东一致赞成,兹将议事目录一份抄送查阅。即颂

日祉

公司聘大野弘为会计顾问襄办人合同

民国三年九月二十日(1914.9.20)

中华民国三年九月二十日汉冶萍煤铁厂矿有限公司(以下简称公司)按照中华民国二年三月十五日、日本大正二年三月十五日公司与日本制铁所暨横滨正金银行所订会计顾问职务规程第一款所开,聘用大野弘君(以下简称襄办人)为会计顾问襄办人,订定聘用条件,开列于左:

第一款 公司自中华民国三年九月二十日、日本大正三年九月二十日至中华民国八年一月十日、日本大正八年一月十日止,在上海聘用襄办人为会计顾问之襄办人,襄办人亦允诺。

第二款 襄办人承认公司总经理(代理总经理)暨会计顾问之职权。

襄办人禀承会计顾问之指挥,按照公司与横滨正金银行所经议订会计顾问职务规程,襄助会计顾问之执行职务。

第三款 襄办人如有延误或不肯行本合同条款之全部或一部分或应办职务之时,公司与会计顾问协议之后,可得以三个月前之预告辞退襄

办人。

第四款　襄办人应时常专心从事公司公务,非经公司允诺,不论其为直接或为间接,又不问为自己或为他人,不得兼顾公司以外之事业或从事其他职业。

第五款　襄办人不得泄漏公司秘密之事,非得总经理(代理总经理)暨会计顾问之允诺,不得与公司以外之人接洽公司之事。

第六款　襄办人当鉴于其位置之性质,常持谨慎之态度,又对于其相接之中国人专以良好之感情为念。

第七款　公司为襄办人置备可称其位置之住宅(惟不备什物),所有薪炭、灯火等项亦由公司置备付给;其医药、医疗等费并由公司付给。如遇应在公司附属医院以外之医院医治时,其费亦应由公司照付。

第八款　襄办人自中华民国三年九月二十日、日本大正三年九月二十日以后,在本合同存续之间,每年可得俸金日金叁千圆,照数按月分领。

襄办人除由第三款之事由之外,在本合同第一款暨第十款之限内,为公司事宜由公司辞退时,襄办人仍得领收余期内俸金全部。

襄办人为公司公务旅行时,旅费支给实费,并由发程之日起到回来之日止,每日津贴日金壹拾圆,按日计算,由公司付给。所谓旅费,专指旅行川资而言,其客寓、膳宿等费包在津贴之内,不另支给。每日津贴拾圆,指中国及日本而言,若往他国,每日津贴二拾圆。

襄办人到任时,暨因本合同所订限满或在限内由公司辞退回国时,亦照前项旅费及津贴由公司付给。

第九款　襄办人每年得请六星期之假,并可得将未经请假之日归下年一并通算。

第十款　本合同虽到所订限满时,如非于限满三个月以前,由双方当事者之一方预告他方以完了此合同之意,本合同自当赓续五年效力。

第十一款　如关于本合同有纷议之处,双方当事者彼此以文书委托各一人,即以此二人为独立人之公正人,以此公正人之判断为决定。如前项公正人意见不合之时,预于开始评断之前,彼此以文书公请一公正人,即以此公正人之判断为最后之决定。

兹因订立以上合同,双方签名盖章,以为凭据。

中华民国三年九月二十日

日本大正三年九月二十日

汉冶萍煤铁厂矿有限公司代经理　王勋(印)

于焌年(印)

大野弘(印)

公司聘笠原为会计顾问合同

民国四年十月十一日(1915.10.11)

中华民国四年十月十一日,汉冶萍煤铁厂矿有限公司(以下简称公司)与笠原实太郎(以下简称顾问)所订合同开列如左:

第一款　公司为公司自中华民国四年十月十一日、日本大正四年十月十一日至中华民国九年十月十日、日本大正九年十月十日五年间,在上海聘请顾问,顾问亦允诺。

第二款　顾问承认公司董事会会长暨总经理(代理总经理)职权,顾问应照公司与横滨正金银行所订职务规程办理其职务,该职务规程将其抄本添附本合同,认为本合同之一部分。

第三款　顾问如有延误或不肯行本合同条款之全部或一部分,或应办职务之时,公司得正金银行允诺后,可得以三个月之前预告辞退顾问。

第四款　顾问应时常专心从事公司公务,非经公司允诺,不论其为直接或为间接,又不问为自己或为他人,不得兼顾公司以外之事业或谋其他职业。

第五款　顾问非先以文件得董事会会长或总经理(代理总经理)之允诺,不得泄漏公司秘密之事。

惟向横滨正金银行为保全其债权起见给予应要之提醒,不在此限。

第六款　顾问当鉴于其位置之原为重要而机密,向公司时常以谨慎之态度接洽,又对于其相接之中国人,专以良好之感情为念。

第七款　公司为顾问置备可称其位置之住宅(惟不备什物),所有薪炭、灯火等项亦由公司备置付给;其医药暨医疗等费并由公司付给。如遇应在公司附属医院以外之医院医治时,其费亦应由公司照付。

第八款　顾问自中华民国四年十月十一日、日本大正四年十月十一日以后在本合同存续之间,每年可得俸金日金壹万伍千圆,照数按月分领。

如公司将其业与横滨正金银行暨制铁所所订甲乙两合同及别合同借款,在本合同第一款或第十款所订期限未满之前还清时,顾问仍得领收余期内俸金全部。

顾问为公司公务旅行时,旅费支给实费,并自发程之日起到回来之日止,每日津贴日金贰拾圆,按日计算,由公司付给。

顾问到任之时,暨因本合同所订限满或在限内由公司辞退回国时,亦照前项旅费及津贴由公司付给。

第九款　顾问每年得请六星期之假。

顾问可得将前项未经请假之日归后年一并通算。

第十款　本合同虽到所订五年限满时,如非于限满三个月以前,由双当事者之一方预告他方以完了此合同之意,本合同自当再赓续五年效力。

第十一款　如关于本合同有纷议之处,双当事者彼此以文书委托各一人,即以此二人为独立之公正人,由此公证人之判断以为决定。如前项公正人意见不合之时,预于开始评断之前,彼此以文书公请一公正人,即由此公证人之判断以为最后之决定。

兹因订立以上合同,双方签名盖章,以为凭据。

中华民国四年十月十一日

日本大正四年十月十一日

汉冶萍煤铁厂矿有限公司董事会副会长　盛宣怀(印)

笠原实太郎(印)

（十一）日本帝国主义提出"二十一条"中 关于汉冶萍公司的条款

加藤^①致日置益^②训令及对中国"二十一条"要求

大正三年十二月三日（1914.12.3）

帝国政府为图时局之善后，且巩固帝国将来之地位，以永远保持东洋之和平，此际意图与中国政府缔结大体如别纸第一号至第五号所述趣旨之条约及协定。别纸第一号，系有关山东问题之处分者。别纸第二号，大体趣旨，在使我在南满洲及东部内蒙古地方之地位，益形明确。盖关于南满洲及东部内蒙古地方之帝国或中国之地位，俱有不甚明确之点，致从来在中日两国之间，引起无用之误会猜忌，进而于两国国民感情，一再发生严重之不良影响。因此，帝国政府欲使在南满洲及东部内蒙古之既成事实，从此明确。同时，于此时机，表白帝国政府之意志，对于上述地区所谓满洲分割等事，并不包藏任何领土野心。

别纸第三号关于汉冶萍问题，此际在于取得原则上之协定，详细之点，可以另行协议决定。此外，别纸第三号及第四号，不必定用条约形式，或用交换公文式亦无妨。上述各点，希能了解。又别纸第一号与第二号之条约，及第三号与第四号之协定，如出于中国方面希望，暂时可作密约，不必勉强，此层希亦理解。以上各项中，别纸第一号，属于为时局善后之当然措施；别纸第二号，大体上于确认既成事实；别纸第三号，为顾及我方对汉冶萍公司之关系，拟为该公司将来讲求最善方案者。要之，以上三项，均非欲另生新事态者。至别纸第四号，不过欲将帝国政府屡次向内外所声明保全中国领土之大原则，更进一步而已。帝国政府以为于此机会，确保帝国在东亚之地位，以保全大局，实行以上各项，实为绝对必要。帝国政府实具有

---

① 加藤高明（1860—1926）：时任日本外务大臣。
② 日置益（1861—1926）：时任日本驻中国公使。

极巩固之决心,将尽各种手段,务求贯彻,贵使其善体政府之意,为国尽瘁。别纸第五号所揭问题,与别纸第一号至第四号之各项,完全不同,系此际劝告中国实行之事项。为谋增进中日两国亲交,拥护共同利益,各项均属紧要。其中有已成中日间之悬案者,务请尽力,实现我方希望。又在本件交涉中,中国政府必将表示愿闻帝国政府关于胶州湾最后处分之意向,帝国政府以为中国政府若完全应允我方要求,则不妨商议交还该地之事。惟应理解在实行归还时,须以开放该地为商埠,并设置日本专管租界为绝对必要之条件。故在商议声明归还时,可如别纸第六号所述之趣旨应对,其结果,如有换文必要,须另行请训遵行。

特此训令。

(附件:别纸第一、二、四、五、六号,略)

别纸第三号

日本国政府及中国政府,鉴于日本国资本家与汉冶萍公司现有密接关系,且愿增进两国共通利益,兹议定条款如左:

第一款 两缔约国互相约定,俟将来相当机会,将汉冶萍公司作为两国合办事业;并允:如未经日本国政府之同意,所有属于该公司一切权利、产业,中国政府不得自行处分,亦不得使该公司任意处分。

第二款 中国政府允准:所有属于汉冶萍公司各矿之附近矿山,如未经该公司同意,一概不准该公司以外之人开采;并允此外凡欲措办无论直接间接对该公司恐有影响之举,必须先经公司同意。

加藤致日置益函

大正三年十二月十七日(1914.12.17)

关于对华政策件,曾于本月三日以机密号外附上参考文件五。关于汉冶萍公司之调查,其调查结果抄录订正于另纸,现送上,前此所送部分作废。再者,以上调查中曾引用之本年九月向本省提出之小田切案,一并抄送,请参考查阅(如另纸照原样附上,以存其真)。

[另纸附件一] 关于汉冶萍公司之调查

一、日本对公司之贷款

总额日金三千五百三十万元

政府关系部分　三千三百七十万元

政府无关系部分　一百六十万元

计开　借款已付讫二千六百三十万元

正金银行　二千四百一十万元

兴业银行　二百二十万元

借款未付讫　九百万元（一部已开始出借）

二、公司之贷款

公司募集额　一千五百三十二万六千元

计（一）实际已缴纳现金额　一千一百一十八万八千元

（二）拖欠官利（对资本金，年利八厘）结果转为股票四百一十三万八千元

三、重要股东

（一）中国政府　二百八十五万元

（二）盛宣怀　四百七十五万元

（三）招商局及电报局约二百万元

（四）其他一般　约五百五十万元

四、日华合办所需资金

（一）明治四十五年一月小田切、盛宣怀缔结之合办临时合同案

中国方面希望日本方面支出一千五百万元，日本方面则满足于一千三百八十三万元，因而此点未决，留以后协定。

（二）小田切案（大正三年九月向外务省提出）

使中国政府收买公司之费用一千万两，须由日本贷与，即需一千万两。

（三）高木案（大正三年十二月高木陆郎向外务省提出）

〈中国〉《矿业条例》第四条第二项规定，外国人出资分担额不得逾资本总额十分之五。按上项规定，汉冶萍公司于去年之股东大会上，遵照此条

例决议发行股票,我方可收买该公司之股票半数,即约七百六十股〔万〕。现检股东名册,可知盛宣怀持股中之约二百万元,招商局、电报局持股中之一百万元及一般持股中之约占八成,如非推断错误,则由此可垄断收买约八百万元为股票。而上数中,盛宣怀之持股尚不必支付现款,也可接受如日本银行之定期存款券(例如五年处理则支付五年利息四厘)。总而言之,如支付之保障确实,即有同意之希望。其余六百万元,如持有者两年以上无红利而情况属实,可按面额七折购进,即日本金四百万元,相信目前可充分实行垄断购买公司股票之半数。

〔另纸附件二〕 汉冶萍公司日华合办大纲案

中国政府与日本资本家代表之间签订关于中日合办煤铁厂矿股份公司合同如左:

一、中国政府收买汉冶萍煤铁厂矿有限公司,即变更其组织,成为中日合办股份公司。

二、新公司资本,定为日金三千万元。中国政府股份五成,即日金一千五百万元;日本资本家股份五成,即日金一千五百万元(此项股款及将来分派利益,均以日金计算)。中国政府股份,不得买卖让与;日本资本家股份,仅限于日本人间买卖让与。新公司股东共负盈亏,不定官利。依照各国通行股份有限公司之规定,处理一切业务。

三、新公司之董事定为十一名,其中六名由中国政府委任,五名由日本资本家选日本人担任。

董事互选中国人一名为董事长,日本人一名为副董事长,又中、日人各一名为常务董事。

监事定为四名,二名由中国政府委任,二名由日本资家选日本人担任。

四、任用日本人一名为会计科长,由董事会选任,受常务董事指挥处理事务;但将来再添置一名会计科长,得任用中国人。

五、汉冶萍煤铁厂矿有限公司原来所负一切债务和责任而有确实凭证者,一切由新公司继承之。

六、汉冶萍煤铁厂矿有限公司所有一切财产物品及权利,兼既得之特别利益，均归新公司继承。

七、在新公司设立前，中国政府所委任之代表与日本资本家之代表共同掌握事务；关于定款及其他，应由以上代表协定。

但本文所指代表，中日各同数。

八、中国政府为收买汉冶萍公司所需之资金，以银一千万两为限，由日本资本家贷与之；但关于以上贷借之合同，另行议定。

九、新公司之事业因属于中日合办，中国政府对之应给与充分方便与保护。

理由　大正二年十二月日本与汉冶萍煤铁厂矿有限公司重新签订一千五百万日元借款合同。不久，该合同之签订，遭到非难，有团体逼迫政府，以其权力使之取消；政府亦派委员调查此事。近来公司进而请求国有或官商合办，正向政府运动。事体纠纷至此，使公司之大债权者日本不能坐视，乃一方面调查公司之经济状况，前记借款内之六百万日元已行交付，其余九百万日元亦因借款目的工程进展关系，正在陆续交付中。现又诉说经费不足，以至更有重新借款之提议。公司陷于如此状态者，实以中国尚无经营此种大规模工业之人才。现袁大总统与公司董事长盛宣怀之间，实有互不相容之个性与经历，若听任公司此种现状长此继续，不作根本解决，则不仅公司大债权者日本不免常处于不安之地位，尚恐将贻外国资本家以干涉公司之机会，此即所谓百仞之功，亏于一篑者是也。

惟在研究其根本解决方法时，特须注意之事有二，即：

第一，盛董事长不但在性格及经历上与袁大总统不相容，且尚有不少政敌。因此盛在担任公司要职期间，公司自不易避免来自政府与外界之压迫；且其宿疾已入膏肓，现不能亲视公司事务。此时使之脱离公司，实为使公司摆脱困境之捷径。然而细观盛氏之境遇，共所以直至今日尚对公司地位恋恋不舍者，系因其私产之大半均投在公司。但因六百万日元旧债调换借款成立，已收回其全部，时至今日，放弃其地位，谅不会吝惜。

第二，最近十余年来，日本向公司所投之资本实已不少，特别是去年末借款合同成立，更使之倍增。但中国政府迄今未予以承认，从而使该项合同不免处于不稳之地位。

　　然所谓根本解决之办法为何？显然使公司维持现状，自对我不利，于今不须赘述。而现在中国政府及公司所希望成为官商合办之公司，固可使中国政府与该公司间之关系，或能达到圆满之地步；但自日本方面观之，不过徒使组织复杂，事态更见纠纷而已。于此产生以中日合办为条件，使中国政府决定施行国有之必要。即日本要以确实租税收入作担保，供给中国政府资金约一千万两（根据公司向政府派员所提出之计算），使之以此资金收买公司后，来与日本决定实行合办（想来，中国政府与外国资本家之合办企业，因有延长石油矿之先例，不能作绝对之反对。又，在收买时，政府以五百万两现金交付股东，再以公债和确实证券抵交五百万两，至于所余现金五百万两，可望作政费使用）。当此欧洲列强正互以国运作赌注抗争、无暇兼顾东亚之际，不仅为我国在胶州湾继续耀武扬威之时，而且正可利用中国政府目前财政极端困难，以实行本计划，实为最好之时机。此计划如成功，即可将从来一切纠纷悉数扫除，而更形巩固我国在中国之地位。

　　前年一月作成之中日合办合同草案（另附参照，该合同终未获成功，系因我国方面，当时为调查等徒费时日，此次须注意勿蹈覆辙为要），系公司与日本资本家所签订者，此次如再以公司为对手而签订同样之合同，无论如何已不可能。而且，即令公司同意，中国政府对此必加以反对，此诚易明之理。但此次中国政府与日本方面签订之合办案，大体上，依据前年之成案，亦无不可。即须如前述立案，〈参照〉明治四十五年一月于神户缔结之中日合办合同。

曹汝霖[①]回忆录（节略）

　　惟欧战方酣，日本已占领青岛。时日本总理大隈重信，外相加藤高明，都是对中国有野心之人，忽令驻华公使日置益回国述职，示以方略，议定二十一条觉书，令日置公使，携之回任。日置公使回到北京，即请见总统，总统以为回任之仪式访问，令我同见。岂知日使寒暄后，即说本国政府为谋

---

① 曹汝霖(1877—1966)：字润田，上海人。曾任北洋政府交通总长，兼署外交总长，并任交通银行总理。

两国永久亲善和平起见，拟有觉书一通，希望贵总统重视两国关系之切，速令裁决施行等语。总统答言，中日两国亲善，为我之夙望，但关于交涉事宜，应由外交部主管办理，当交曹次长带回外部，由外交总长与贵公使交涉。言已即将日使觉书。向桌一搁，并未展阅。日使辞出后，总统即对我说，日本觉书，留在这里，容我细阅，余即回部。

翌晨，即召集外长孙宝琦，秘书长梁士诒，政事堂左承杨士琦，及余四人到府面谕。总统说，日本这次提出的觉书，意义很深，他们趁欧战方酣，各国无暇东顾，见我国是已定，隐怀疑忌，故提此觉书，意在控制我国，不可轻视。至觉书第五项，竟以朝鲜视我国，万万不可与他商议。又说容我细阅后再交部。各人唯唯听命而散。其陆子兴（徵祥）并未与议（《陆徵祥传》一书，所记与事实不符，且说我与慕韩主张即行承认，不必商议，更属无稽）。越日召我入府，他说，我已逐条细阅批示，你与子兴即照此商议。

觉书分五项：……总统逐条用朱笔批示，极其详细，现只能记其大意，并嘱开会时，应逐条商议，不可笼统并商。……对汉冶萍铁矿厂批，这是商办公司，政府不可代谋。……等语。越两日高尾通译官电话问我，何时开议？余答以贵公使没有将觉书交与我总长，何能开议？盖讽其直递总统，有轶外交常规也。次日，日置公使来见孙总长，面递觉书。讵孙总长接了觉书，稍一展阅即大发议论，并将各条一一指摘，加以评论。日使笑谓，贵总长于觉书内容，已如此明了，将来商议，自更容易。言时视我而笑，盖讥我电话说，未交外长，从何开议之言，分明是谎言也。孙总长与日公使会谈笔记（此时外部向来与各使会见都有笔记）呈阅总统，总统阅后大不为然，谓我已嘱咐不要笼统商议，慕韩何以如此糊涂，初次见面即逐条指摘，发议论，以后何能继续商议。慕韩荒唐，太粗率，不能当此任，当晚即嘱杨杏佛（政事堂左承）征得陆子兴同意（时陆任政府高等顾问），翌日，即令陆徵祥任外交总长，孙调税务处督办。外人称其捷敏，日人则有后言。

到一月下旬，在外交部大楼开议，列席者，我方外交总长陆徵祥、次长曹汝霖、秘书施履本；日方公使日置益、一等书记小幡酉吉、通译官高尾亨。……对于汉冶萍合办问题，我方答以此系民间商营公司，政府不能越俎代谋，应与该公司自行商议。日使请为介绍亦未允。……日本所提之二十一条,议结者不满十条,而第五项辱国条件,终于拒绝撤回。会议结果,虽不能自满,然我与陆总长已尽最大的努力矣。

中日外交官员第二次会谈纪要

民国四年二月五日(1915.2.5)

二月五日开第二次会议,列席人员同前(中国为外交总长陆徵祥、次长曹汝霖、秘书施履本;日本为公使日置益,参赞小幡酉吉和通译官高尾亨)。陆徵祥发表全体之意见,大体一、二号允许,三、四、五号不议。其会议问答如次:

(中略)

总长云:第三号汉冶萍公司事,该公司系商业之性质,外国政府对于商业公司均思设法保护,今中国政府不惟不保护之,而反以之与外国订约,殊觉为难。且现即定与贵国订约,日后商民若起反对,反无以对贵国政府,此节应请贵公使体察之。

日置云:贵总长所云系第三号之全部乎?

总长云:系全部。

日置云:如贵国政府提出修正案?

总长云:碍难商议。本国政府对于汉冶萍公司,已有种种为难情形,且该公司已借有日本之款,无订约之必要。

小幡云:然则作政府收回该公司意解释乎?

次长云:虽不以此意解释,而政府先与他国订约合办,恐非商人所愿。

小幡云:系俟将来有相当机会再行合办。

次长云:虽系将来合办,而先以政府之势干涉之,商人能否愿意,殊不可必。

日置云:此事有无他法可以商议?

总长云:无一定之把握。

日置云:如商人乐于举办,贵国政府于合办之主义不反对乎?

总长云:第一款中有云,如未经日本政府之同意,所有属于该公司一切权利产业不得任意处分,是与普通之公司性质不同。

日置云:中国政府所谓困难者,系指实行而言,于主义不反对乎?

次长云:商人是否愿意,不能断定。

小幡云:绝对无磋商之余地乎?

总长云:政府与政府之间先订此约,殊不甚妥。

日置云:将来商人与商人之间如果愿意合办,贵国政府当不至不许。

总长云:将来如果有此事实,但与普通公司性质不相违背,政府不至不许,不过政府不能预定耳。

日置云:贵国政府于主义上应无反对。

次长云:此为商人之产业,政府不能预定。

(下略)

小田切致盛宣怀电

大正四年三月六日(1915.3.6)

沪盛杏荪宫保鉴:田密。契阔三年,时切驰思,维公冗勿促,未暇面聆大教为憾。现闻中日交涉案内有汉冶萍公司相机中日合办一节,查此事属公与弟创始,事成公司股东均沾其利,而公所享之益尤大。讵股东反对,而不致有终,公之所惜,弟亦深憾。幸现复有此议,弟谓我辈宿愿成就在〈迩〉,心中欣悦。不料风闻公对此问题反对甚力,谅非公之本意。弟辱交十有九年,无日不以保公之意为念,公自熟悉。且京中诸公,动辄反对公之事业,妨害进行,于公与公司前途有碍,一旦合办成立,非独公司藉得基础安固,尤与公有益。万一交涉不成,诚恐大局或致决裂,我公与公司均受其累。叨在至交,密布腹心,乞公再思,设法圆满解决为盼! 至于公之利益,弟自当竭力维持,请以此电为证,万勿疑惑是幸! 万寿之助叩。麻。

盛宣怀致小田切电

民国四年三月二十八日(1915.3.28)

小田切先生,正金银行北京:田密。麻电敬悉。恍如晤对,十九年交情如一日也。公司与制铁所订立售铁借款合同,实本于伊藤侯供应铁石而不夺我采炼之权,至公至允。前因孙文以南京政府名义与三井订立合办草约,公与公司续议条款,股东大肆反对,弟几遭不测之祸。去年另订借款合同,展限至四十年之久,并聘顾问,部员屡驳,弟力请中央允认。此固公司自有之权,虽朝纲再易,亦不能变。合办一节,股东势必始终反对,非弟一人所能独断。弟为贵国设想,一国合办,必致各国效尤。汉冶萍承官办之后,种种吃亏,又逢革命,所损更多。加以股东必有大欲存之,将来他国合办之局,一无牵制。比较成本,我重彼轻,诸厂跌价争衡,恐日商有损无益。公宜为日商计较实在利益,幸勿徒骛虚名。弟老且病,将不久于人世,有生之日,决不肯改变成约。至于以后之事,相机而行,非我所可知矣。诸乞鉴原。宣怀。沁。

新闻报道四则[①]

(一)

股东联合会昨(二十九日)由汪某召集,在会诸人联合讨论一切。其讨论之结果,以上书盛会长力予维持,并公电农商部、外交部、政事堂转呈总统,请将日本要求条件内容宣布,俾股东等研究利害,分别讨论云云。闻此项电稿,已由汪某起草矣。

闻股东森记各股,对于日人之攫夺公司,异常愤激,拟上书盛会长要求开股东大会,提议添招股本,预备偿还日款。复拟呈请农商部力予维持。闻此事已在提议中。实则日本人借款载明合同,非股东可以自由提交者,惟日人此次偿还要求中日合办与盛宣怀清结借款,亦为轶出合同范围之外,彼以是来,我亦是应,亦未始非正当的对付方法也。

(二)

又一报云:闻刻有该公司股东某君由沪来京。沪上因中日交涉,日本有要求该公司之条件,各股东均不自安。该公司股票之价亦形低落。某国

---

① 　四则报道分别选自 1915 年 4 月 5 日、16 日、5 日、16 日上海《申报》。

人利用此股票价之低落,大肆收买。其收买也,又恐亲自出头或惹起我国人之疑忌,乃托许多中国之不肖者为之作伥,以略高价格买华人之股票。一般不晓事理之股东,以其价值略昂,争相出售,而不知其大权旁落也。彼收买股票之意,不仅在有股东之资格也,其最终之目的仍不外欲其最初合办之要求而已。彼深知我政府所以不能遽允其要求者,以股东在也。此案解决,须由股东之决议,彼既获股东之实权,将来股东开会时,更不难贿买华人中之不肖股东,使合办之议得以通过。有强硬之要求以临于前,复有机变之手段以循其后,明修暗渡,双方并进,无能为役矣。所望华人亦有股票者,切勿轻易出售,不惟不可售于外国之人,并不可售于素不相识之华人。盖恐无赖华人,每为外人作招牌,售之此辈,无异售之外人。股票售之外人,即无异将矿产全部售之外人矣。各股东其知之,其戒之云云。

(三)

公司于前(二十八)日在上海斜桥路盛宅开股东谈话会,到者为王子展(存善)、施子英、李一琴(维格)、赵凤昌、顾咏铨诸人。盛氏主张先举代表去京,晋谒当道,陈述股东意见及沥陈该公司与日本借款之内容。王子展意以此举非常复杂,且为生死出入之际,较之收归国有,尤为重要,拟请盛氏自去京以昭郑重。

汉冶萍查帐员孙润卿(慎卿)日前由盛杏荪氏电召来沪,嘱令将该公司帐目关于癸丑(1913)、甲寅(1914)年者速与公司中会计员检齐清算,以便查阅。并历届股东会议录亦须分别刊送各股东,以便征集意见,绸缪一切。闻孙以此故,已于昨日复返汉阳矣。至沪公司之帐目,则就近由陶兰泉清查矣。

(四)

汉冶萍公司为日人觊觎之一目的物。自中日交涉起后,此一大目的物,日本即提出于"二十一条"要求之中,而汉冶萍公司乃无日不风雨飘摇,霜露零落,致激起一般股东之注目。某君因股款关系,侦索此次内幕颇详,为节录其言如下:

汉冶萍收归国有问题而引起日本与我政府直接之交涉,政府以商人权利关系,不肯贸然承认,乃迭电公司,嘱令盛宣怀去京接洽。盛以年老多病,不欲走此一遭,始有遴派王子展代表之说。不谓事越一周,情势又为一变。公司中忽有某某者条陈盛氏,力劝缓派代表,先将帐目清结,然后再与政府接洽;否则款目繁多,头绪纷纭,恐代表此款交涉者,不能胜任愉快云云。闻盛氏对此,颇为赞同。(中略)又闻日人借款合同中,并无不准提前归还之说。中国人若果能顾念长江实业及钢铁来源,当集资三千万,如森记股东所提议添招股款之说,以偿还日本,则彼蓄意侵夺者,自无所施其伎俩矣。

日本政府交北洋政府的修正案(节录)

大正四年四月二十六日(1915.4.26)

日本国与汉冶萍公司之关系极为密接,如将来该公司关系人与日本资本家商定合办,中国应即允准。又,中国政府允诺,如未经日本资本家同意,将该公司不归为国有,又不充公,又不准使该公司借用日本国以外之外国资本。

北洋政府交日方最后修正对案(节录)

民国四年五月一日(1915.5.1)

第三号:日本国与汉冶萍公司之关系极为密接,如将来该公司与日本资本家商定合办,中国政府应即允准。又,中国政府声明该公司不归为国有,又不充公,又不准使该公司借用日本以外之外国资本。

汉冶萍事项之换文

民国四年五月二十五日(1915.5.25)

(一)

为照会事。

中国政府因日本国资本家与汉冶萍公司有密接之关系,如将来该公司与日本资本家商定合办时可即允准;又,不将该公司充公;又,无日本国资本家之同意,不将该公司归为国有;又,不使该公司借用日本国以外之外国资本。相应照会,即希查照,须至照会者。

中华民国四年五月二十五日

中华民国外交总长(陆徵祥)

日本国公使(日置益)

(二)

为照复事。准本日照称:中国政府因日本国资本家与汉冶萍公司有密接关系,如将来该公司与日本国资本家商定合办时即可允准;又,不将该公司充公;又,无日本国资本家之同意,不将该公司归为国有;又,不使该公司借用日本国以外之外国资本等语,业已阅悉。相应照复,即希查照,须至照复者。

大正四年五月二十五日

日本国公使(日置益)

中华民国外交总长(陆徵祥)

关于中日交涉问题①

民国四年五月二十七日(1915.5.27)

(上略)

六、汉冶萍牵入日本条件

政府先后磋议情形,具载报纸,诸君谅已洞悉。照所载报章,日本国与汉冶萍公司之关系,极为密接云云,自系为预购矿石生铁各项定货而言。本公司但求工筑进行,出货丰富,每年照额售足,便尽合同之义务。设有他项来商,届时自应另请公议。

---

① 此系公司董事会向股东大会报告的一部分。

（十二）请求政府维持及向通惠公司借款

孙宝琦、王存善致盛宣怀电

民国四年六月八日(1915.6.8)

昨泗州召集两周一梁切商维持办法，皆见总统。允由通惠公司出面，十月间自发实业债票，每年拨付公司三百万元，四年共一千二百万元，政府出息六厘，公司贴息二厘。第五年起，分作十年归还本息。九月前，周、梁允由中、交两行以股票抵押，每月借给二十五万元，待债票发后扣款还股。九牛二虎之力方办到此，全赖泗州作成。惟闻须招商局派督察、稽查各一员。盼电复。

盛宣怀致孙宝琦、王存善电

民国四年六月十一日(1915.6.11)

庚电所定办法，二公心力俱瘁，无过不及，恰到好处，尤蒙泗州作成，周、梁计划，总统决断，至诚感人，合办似可无后虑。所准发债票一千二百万，本年十月起，四年内每年拨付三百万元，政府出息六厘，届时新厂已成。第五年起，分十年归本，并贴息二厘，公司力所能为。九月以前，允由中、交两行每月供给二十五万元，尤属急中之急。顷与同人统筹，五年内公司竭蹶，轨价仍不可扣，旧欠只可暂缓摊还，以后钢轨钢枕，公司出数，路局用数，岁必增加，何难结束。

孙宝琦致盛宣怀电

民国四年六月二十一日(1915.6.21)

子展到，想已详陈办法。总经理代会长负责任，如内阁制，未始无益，宜速表同意，以深政府之信，日后方顺手。

池田致井上函

大正四年六月二十六日（1915.6.26）

敬启者：

关于一千二百万元公债发行之说，现据此间两三种中国报纸所载北京来电：孙宝琦以多数票当选为公司董事，相传孙氏拟以发行内债偿还日本借款为条件，始肯就任董事会董事长。因此种谣传过于夸大，殊不可信。但据最近由北京归来之王子展对其亲信王一亭（日清汽船会社本地买办）密谈中所泄露：用途姑且不论，该公债发行之说，并非毫无根据之谣传。据彼云，此次在京，由袁克定、杨士琦、周学熙、孙宝琦、孙多森等提倡，集合友好三十人，各出资金五万元，共募一百五十万元，并财政部通融资金三百五十万元，共计五百万元，组成通惠公司，专营承受发行公债等事，由孙多森任总经理。有关当事者业已内定，公司成立时，即以下列条件由该公司承受发行公债事宜：

一、金额　　一千二百万元

一、偿还期限　　四年

一、利息　　年息八厘

一、担保　　无

一、保证　　中国政府保证

前述数人，为安徽派重要人物，且有亲戚关系。此次政变结果，广东派失势，安徽派计划乘机攫取财政、交通、陆军等部。此项计划，能否进行无阻，以及招募金额作何用途，虽尚未明了，但正当缺乏资金之时，决难偿清日本借款。又，公债金额全部，亦不可能交纳现金，可以其中一部，或将向来之政府借入金或政府持有之股票转帐于该公债项内，亦未可知。此种计划，在人体上，与其说意在谋政府财政之改善或该公司金融之救济，莫若说系关系当局为从中渔利自肥，此实不难想象。因此，事件之进行，反而成为可能，也未可知。王子展于孙氏来沪前，从本月二十五日起，每日午后暂到公司办公。昨晤王氏畅谈，据云：现下公司状况，约需一千万元资金，日本方面能再借予否？又如从通商银行所借年息九分或月息九厘之短期高利借款，颇不合算。其实从本月起四个月内，可得政府借款一百万元，如此暂时即可敷用，而且上述巨额资金，暂时也不必要。但是，一百万元之说，按照向例，若非实际到手，很难算数。无论如何，短期高利借款，极不合算。以上所谈，重复数遍，不得要领。至于一百万元之政府借款，恐与通惠公司不无关系。要之，以上所说，虽系传闻，事关重大，不可不仔细注意，既有所闻，自当报告。再据王子展云，传闻通惠公司为招商局仍拟承受发行同样公债，现下正在磋商条件中云云。谨报告如上。

孙宝琦致盛宣怀电

民国四年六月三十日(1915.6.30)

盛杏翁：愚密。宥电悉。荫亭不就杨、周议约，赵剑秋允同琦南来，先行调查，如有把握，方肯担任。剑秋和平精核，琦所心折，公亦当同意。监察、稽查一节，泗州虑财部见尊电生疑，牵动前议，故密不与阅，可容后议。陇海款，因燕生、伯芝不在京，延未接洽，现正催办，今日万来不及。煤价四万余两，财部已允照拨。琦等约十日后出京，两款必尽行前催到。琦。卅。(印)

盛宣怀致孙宝琦电

民国四年七月二日(1915.7.2)

北京孙慕翁：愚密。吴健归厂，正在进行，光阴即是金钱，公来却不宜迟。将来中债必指轨价抵还，照案全用汉轨，何难之有。剑秋精核，到此调查，必能事半功倍。十日后来沪，幸勿再迟。陇海欠款归结，弟病实无法可想，承允连煤价两款必尽行前催到，已告子展等支持数日，生死关键，万难游移，泗州前并求转恳为要。宣。

盛宣怀拟总经理权限及整顿公司办法①

民国四年七月二十五日(1915.7.25)

董事会、股东会仍在上海,应缩小局面。

会计总所、总稽核处在上海(每年结帐在此)。

契据铁箱应在上海(日顾问分执钥匙尤要紧)。

商务所留一、二人在上海为分所(浦东栈属之)。

秘书一人。

以上每月经费应从俭议定,为各局表率。

董事会长本应驻上海,如赴厂矿应作为出巡。每月经费应议定。

出巡时遇要事须函电会商,同意乃定。

总事务所移至汉厂,总经理主之。

会长巡察在汉时,可入座,未经会议之前,皆不断定。

总经理二人,照章由董事会公推委任。拟一人专理工程之事,必资熟手,须与厂矿工务长及日本工程顾问接洽,尤重在扩充新事业,必须预为通筹询谋佥同而后定,一洗从前枝枝节节之病;拟一人经理工程以外之事,须与厂矿工务长及厂矿各会办、商务所、会计所接洽,尤重在整顿除弊,裁节经费。两经理虽各有责成,同在总事务所,自应不分畛域,互相商榷。

总经理者,一面与各处长考核功过,鞭辟入里,一面与董事会承接,务使烛照无遗,祛除朦蔽。工务总经理重在扩充之事,稽核出货成本,与原订预算或增或减。

两经理与董事会通函,或分或合,各听其便。总事务所为经理常驻之处,应用书记、翻译、庶务几人,应酌定经费。

商务长在总事务所之内,本公司出货若干,存货若干,售货若干,已交未交及交货期限、售货价目,均须按旬开单报知董会。

日本已有事务分所,高木陆郎主之,应归总事务所节制。其所组织东

① 此件为盛宣怀亲笔手书,并注明:"四年七月二十五日面交赵剑秋及慕韩"。

方公司,章法并未完善,曾交商务长修正,尚未声复,现既有总经理与商务长悉心厘定。

上海商务应由商务长派人分驻办理,浦东栈房亦归经管,所做生意,一面报知董事会、总稽核,一面报明商务长。从前商务所用人太多,糜费太重,亦当重订。

会计总所及总稽核处在沪,应用几人另定章程,总事务所均须接洽,应由上海派一会计员驻总事务所,彼此抄帐寄核,厂矿各局会计分所报单均抄两份,一寄沪,一寄汉。

各局会计员照章均归上海总会计所选派,有特别撤留之权。

查帐员随时可到会计总所查帐,其外局则一年往查一次。

萍煤冶铁转运为最要之事,本公司不惜经费,轮驳资本已及二百万两,而办理仅免贻误,包费无不逾额,亟宜重整旗鼓,实为节省之一大端。

萍、冶本属一公司,现在运铁租用萍轮萍驳,一归卢办,一归潘办,尤增费用,其所以然者,商务处以潘办为然也。此后无论何人承办,皆宜归并一气。

萍煤运费原定一两四钱,尚多亏折,昨卢呈比较价表,本年一月至六月止,每吨九钱七分一六七五,较上年少交五钱零九厘,此为从来所未有;又据面称,民船协运十余万吨,尤为节省,目下尚系株洲起运,以后改由长沙起运,更当重定运费。

本拟议订招商局代办大批轮驳,藉可搭客兼搭装上水货物,在招商局有大利益,而本公司可省汉长两局经费。且官场借用招商局轮船,无不照给租价,而于本公司则抵赖不给,股东有欲租与洋商代办,以杜此弊,所惜招商局董事不尽谓然,是以中止。卢虽熟手,但恐包额终不可靠,官场租借亦不肯任怨,即如第二次革命鄂省租用局轮,应给租费七万五千余两,据卢称,为黎副总统面许陆军部所核准,而卢在京两月,未能索还,可惧之至。高木函请归东方公司包办,东方公司本属汉冶萍商务转运之用,似尚相宜,故暂搁未答复。如官场租借,可趁此时援照招商局预定租价,请由陆军部、财政部、湘鄂军府批准,则可辞退高木,否则必为日人藉口。

长沙至汉阳轮驳运费,似可厘定每吨一两,须扣缴轮驳资本之利息六厘或七厘,以及修理各费,民船减省之费亦可归包额所得。

岳州城陵矶栈实一大漏卮。卢称大约上栈十分之三,每吨须上下力银五钱,煤焦损耗尚不在内。倘能于水足之时多运,裁去此栈最妙,即不然,亦减少上栈,盖长沙起运已过浅滩多处,与株洲本不相同。

宝丰公司外销煤焦均上合兴栈,余观海甚言其弊,请于左近自造栈房。从前本有此议,故曾于万家庙收买沿江可造码头之地。因乏现款,由合兴代买,说明随时可归公司,惟须与铁路局掉换一块,方能敷用,将来萍煤多出,外销愈多,万不可少。

萍煤向由襄河起卸,水险船挤。必须在东码头兼资起卸,庶可迅速,不误肥料炉之日需。

煤利本属大宗,要在节省运费,安源至株洲火车费叶玉虎加重批定,比较峄县、临城、开平均重,实无此理。现正与粤汉局续议株洲至长沙火车费,卢鸿沧拟求与安源至株洲一律,计里加算,尚未定议。现蒙政府维持,自应重订,由安源至长沙计若干里,比较峄县价目一例而行。开平系洋股合办公司,临城系官股、洋股合办,惟峄县系商办,公司援照,最为公道。

高坑工成,按日运煤五六千吨之多,火车多中取利,已属万分可靠。

去年安株道中铁桥冲断,萍煤虽出,几至断运,幸做便桥,勉强运动。诚恐便桥再被水冲,公司屡求交通部催造铁桥,闻有八个月完工之说,又云为扬子公司经办,但未知是否欧洲定料,八个月之说是否可靠。此次会长过其地,务望面询该处桥工程司,究竟何时完竣,免致再蹈覆辙。

以上运务除工务外,实为至要至重,所望总经理首先为之。

辛亥以后,厂矿皆以坐办为主任。汉厂则委吴健为坐办,冶矿则委徐增祚为坐办,萍矿则委李寿铨为坐办,于事实上尚未的当。现在厂矿重用学生,应即以吴健为汉阳铁厂厂务长,以王宠佑为大冶铁矿矿务长,以黄锡赓为萍乡煤矿矿务长,一律重颁印信,俾一事权,而杜纷歧。

该厂矿长之下,应分股办事,无论中外人均听该长选定,报告董会、经理。

该厂矿工务以外之事甚多,该长断无余暇一概包揽,转致顾此失彼。应略仿军政府军民分治之意,每处添设会办一员,帮同整理;亦须分设各股,不宜复杂,总归简便。其各股首领,准由会办与总经理及厂矿长会同选定,报告董事会,不得任用私人。如不胜任,随时更换。

大冶徐增祚、萍乡李寿铨皆为该厂矿创始之人,熟习地方情形,此次保守矿业有功无过,堪胜会办之任。汉厂会办应由总经理择贤,董事商定。

大冶新厂务长再当慎择,会办或兼,另再酌。

本公司用人向从宽泛,萍矿尤甚,股东屡以为言。李坐办以该矿为李烈钧败坏,纵令宵小私挖土井,以致人心惶惶,裁人之举,乞求稍缓;或云李于患难之时,为本矿诸人所拥戴,故难裁人。黄矿长先将矿工应用之人先定额数及薪水层次,其法甚佳。闻外洋厂家莫不如此,不似中国用人,来者不拒,兼收并蓄,及至人满为患,裁汰时又无非徇人情,不能论人才也。

现与吴厂长面商,各厂矿均须先定职司,再定人数、薪数,均有定额,择人材以补额缺。其人材不足者派人暂署,其人材多余者可存记备补,或借补他缺。

其要在用人有额数,则经费有常例,与寻常裁汰大不相同。

额满见遗者不妨约赠薪水,以劳绩为等差。

于仲赓在京为政府言,汉冶萍每年可裁节经费五十万两之多。愚见揣度公司虽属宽溢,断不能如此之多。姑请诸公主持减政,力为其难,究竟能减若干,皆公司股东之幸,亦大局之幸也。

公司董事会致孙宝琦电
民国四年八月十三日(1915.8.13)

本日开会,公举赵剑秋先生为本公司总经理。并经公议,应照商律及公司章程总经理应有职权全行付托。其应办公司一切事务,均不逾总经理责任范围。公司员司人等,均可由总经理节制。遇有大小事件,均得随时会商董事会办理。以期积极进行,共济艰难。

赵椿年①致盛宣怀电

民国四年八月十五日(1915.8.15)

盛杏丈暨董会诸君均鉴:在沪备承优待,尚稽肃谢。顷慕老出示尊电,愧不敢承。此事非财力、权力、能力三者兼全者,不能有济,断非不才所能胜任。此次南下本只担任调查,俟回京后,与当事诸公从长计议,如果尚堪承乏,自当勉副尊期,否则惟有请另选贤能,免滋贻误。先此敬谢厚意,容再详陈。椿年。咸。

孙宝琦致盛宣怀电

民国四年八月十九日(1915.8.19)

盛杏翁:愚密。董事会诸君均鉴:函电均悉。总公所移汉变卦可诧,然尚非紧要。总经理职权责任,必须明白解释,员司人等归其节制,是否有黜陟之权,大小事件得与董事会商办,是否无论大小不能自专,倘用人行政,巨细均须商同董会,则总经理直同虚设。前日总统亦问总经理有权办事否,泗州谓权限不足,财部必不满意,望速明示。至子展信云,二十五日不得政府接济,将有变局,迹近要挟,幸勿再施,以致决裂。再总经理公司如何待遇,月薪若干,有无佳宅,剑秋系有身份之人,若非优待,恐亦不就。琦。效。(印)

盛宣怀批:此电须详细酌斟答复,关系非同小可。拟请展老先约一二人商拟,交下复核,再行开会公议复之。现值交接关键,宁迟毋错。

公司董事会致孙宝琦电

民国四年八月二十二日(1915.8.22)

北京孙会长慕公鉴:效电悉。公司前月汇票八万,已是暂行挪借,本月十万,前欠未还,无从开口。罗掘俱空,实情如此,如不实告,咎在商董,非

① 赵椿年(1869—1942):字剑秋,江苏武进(今常州)人。时任袁世凯总统府财政顾问。

敢要挟。总经理权限，必用优礼，亦如总统之言，有权办事。不日开会议决电陈。垫款既难先定，可否请部饬两行先许挪借，如不能照合同所议，即在轨价内扣除，以应眉急。事务所不移，系出多数股东公意，董会碍难反对，公云尚非要紧，具见俯允，众情感佩。董会。祃。

孙宝琦致盛宣怀电

民国四年八月二十三日(1915.8.23)

盛杏翁：愚密。顷询部、行，均电詹天佑，得复再行核办，计可照借，十五恐来不及，部意仍须董会、股东会举明白代表来京，通盘商议妥善办法。必须总经理有全权，政府方能维持到底。众股东果能自添资本，不赖政府则已，若仰给政府，非总经理操用人、行政之权不可，董会只任监督。权限须分明，希熟筹之。琦。漾二。(印)

公司董事会致孙宝琦电

民国四年八月二十四日(1915.8.24)

北京审计院孙会长鉴：效电前已略复。本日开会公议：查本公司董事会与总经理权限本极分明，互相维持，非互相牵制。兹议总经理权限：一、公司用人是否有黜陟之权。查员司既归节制，自应有权黜陟，公司向章撤换员司时，因何错误，是何理由，告知董会；二、遇有更变章程，重要事项，照章商明董会公决，至经常应办之事，不在此列；三、总经理分高责重，自以极高之礼待遇；四、总经理月薪，前张总经理系名誉员，李经理系六百金，叶副经理系四百金。兹为优礼隆重，将正副经理月薪并送，按月银一千两，住宅费照章在内。董会谨复。敬。

孙宝琦致盛宣怀电

民国四年九月一日(1915.9.1)

敬电议定总经理权利，具征优礼，财部似已满意。借款事，部请董事会、股东联合会各派代表一人，须熟悉帐目、新旧债合同及厂矿情形者来京详细讨论,通筹办法,俾早定局,希速照办。剑秋候借款定方行。董会宜将议定五条函致剑秋,婉切措词,见示诚意。代表来京即嘱伊偕同讨论,与财部易接洽。

公司董事会致孙宝琦电
民国四年九月二日(1915.9.2)

北京孙会长:董事会、股东联合会各派代表一节,查股东联合会其实权已交托董事,只有监察董会之责并无可派代表之权,倘因帐目、合同,于手续外,尚待咨询,在京现有二人,一为于仲赓,曾充会计所长,熟悉帐目;一为王槐青,两次商部派到公司查帐,合同及情形均所详悉,拟请就近咨询。至通惠公司借款合同,公与剑秋皆负公司重任,必能两面兼顾,请与部、行定稿,寄沪一阅。要在商务、会计两科,说得到,做到得,便可定局。赵函照办。宣。冬。

公司董事会致赵椿年函
民国四年九月六日(1915.9.6)

剑秋先生大鉴:

敬启者,汉冶萍公司采煤炼铁,体大事繁,非具综核之长,莫策进行之效。夙仰先生才猷卓越,学识宏通,本经济名家,作实业良导。兹经敝会公同推定,敦请先生为本公司总经理,并将董事会应付职权付托,凡公司事件,均在总经理责任范围以内:一、公司员司,归总经理节制进退,但向章撤换员司时,应将理由预告董会;二、遇有更变章程,重要事项,照章商明董会公决;至经常应办之事,不在此列;三、总经理分高责重,以极优之礼待遇;四、张前总经理系名誉员,李前经理月薪系六百金,叶前副经理系四百金,兹为优礼隆重,将正副经理月薪并送,按月银一千两。住宅费照通例向章在薪水之内。特具聘书,竭诚奉迓,敬祈速赐贲临,早日就任,翘詹帱画,无任钦迟。专泐。祗请

台安

汉冶萍公司董事会　孙　盛　王　李　周　沈　张　林　杨谨启

公司董事会致孙宝琦函

民国四年九月十五日(1915.9.15)

慕公会长钧鉴:

前奉八月三十一日电开:借款事,部请董事会、股东联合会各派代表一人,须熟悉帐目、新旧债合同及厂矿情形者,来京讨论等因。当以来电所注重者,在熟悉厂矿情形及帐目合同两事。公司体大事繁,非于此中略有研究者,多不得其要领,若派一内容不甚明晰,或知此而不知彼者,来京与议,致多隔膜,转虞延误事机。因思农商部员王槐清君,两奉部来沪调查,并周历厂矿切实考查,不惟熟悉情形,尤深知利弊所在;于仲赓君,充任会计所长两年,款目合同,知之最悉,因即电复,请就近与王、于二君咨询,必可接洽,实较另派他人高出万万,谅蒙鉴及。

复奉续函,仍嘱本会及股东联合会派人,解释事务所阻止移汉之理由,并讨论总经理之权限。查事务所本成立于改革以后,为董事、经理公同治事之机关。自移汉问题发生后,股东联合会佥以从前集权于汉,百弊丛生,至沪有机关后,耳目较近,一切均有限制,不似从前之任意自由,以故舞弊营私之事,尚无所见,具函阻止,业经录函奉达。然实在主因,尚不止此,盖自日本此次大借款成立后,订用工程、会计各顾问一人,事务所在沪,有董事、股东督察,对于两顾问尚有操纵之余地。一旦移汉,则董事、股东远在沪上,对付殊难,主权所关,不得不隐相维系,此为阻止移汉之重要理由,因关系外交,不便宣布。尚不仅防弊之一端耳,股东会为全体立法机关,董事会为执行业务机关,移置问题为立法之权,派人代表为办事之权。股东既以执行业务委托董事,派人之事当然不属于股东,而主张事务所设沪,则为立法者所有权,董事无从违反也。至总经理权限,前已照来电五条议定,所有董事应付之职权,实以全行付托,前电亦谓财部似已满意。其所以未能明定章程者,盖亦别具苦衷,公司重负日债,无可讳言,即以二年十二月借款一项论之,为一千五百万日金,较此次政府间接借款之数为多。若见董事定章仅止监督,政府所派之人既可全权在握,设日人以债权之大小为权利之比较,援例要求,将何以对?故不能明定章程,以为防闲之计。其实总经理就任后,一切措施,本会只有互相维持,决无牵制掣肘之事,此可断言,请纾廑虑。

以前电言,所须熟悉厂矿及款目债务者,已由本会正式函托王、于二君就近接洽;以后电言,所需解释事务所驻沪理由,及讨论总经理权限,已披沥具陈,较派员来京口说者,尤为确切有据。是政府之命于公司者,均已遵照办理。至借款垫款办法,前已议有眉目,我公为全体股东票举之董事会长,赵公剑秋又为本会敦聘之总经理,同负公司责任,必能双方兼顾。

总之,公司艰危,已达极点,非由政府速赐维持,则破产即在目前。河润之施,恐无济于枯鱼之肆矣。务求会长代陈,早定大计,以践政府之前诺,以济公司之艰难。盼甚,祷甚。命拟具呈两事,遵已办就,附请呈递为感。肃复。祇颂

勋安

盛　王　李　周　沈　张　林　杨谨启

公司董事会呈北洋政府大总统文

民国四年九月十五日(1915.9.15)

为汉冶萍公司近状艰危,业蒙恩予维持,吁请饬部立案遵照,并派员监察稽查,以期周密,恭呈仰鉴事。

窃查汉冶萍公司,采煤冶铁,体大事繁。股本不足,继以外债,每年担负债息二百余万,坐是历年亏耗。改革以还,复遭损失,不得已赓续前约,订借日债九百万元,在大冶添造两炉,以谋出货增多,力图自拔。预算炉成,约在四年以后,届时汉冶两厂,共有六炉,岁可出生铁四十余万吨,钢轨十万吨,萍矿亦扩充完备,煤额岁出在七十万吨以外,每年余利,以之拨还木息,弥补前亏,逐年减轻,则逐年优裕,不难企于发达。惟此冶炉未成以前,四年之内,货少债多,困难百倍于前。预算厂矿经费,年需五百余万两,生铁、矿砂,除抵还外债,余售无多。所恃为入款大宗者,在年销钢货六万吨,每吨售价以五十两计之,收入为三百万两,出入相抵,不敷在二百余万

两,即合银元三百万元,款巨时长,既无罗掘之方,实成坐困之势。前者宝琦奉大总统谕,电召董事存善晋京,面陈困难,仰蒙大总统保护利权,矜恤商困,饬部设法维持,股商感戴,莫可名言。业经董事会详请农商部转呈,请发行债票一千二百万元,分作四年拨付,每年三百万元,按月匀给,年息八厘,政府贴息六厘,公司贴息二厘。并于未经发行之前,准由中国、交通两银行垫借,自本年阴历五月起,每月二十五万元,半年为期,俟债票收款,即照扣还。至第五年起,即由公司将本息统计,匀作十年如数摊还,不敢短欠等情在案。

此次宝琦奉命南下,周历厂矿,实地调查,公司目前艰困之可虞,及炉成希望之可恃,均属实在情形。并经董事会公同推举赵椿年为总经理,督率原有员司,认真整顿,业具聘书敦请就任。惟有仰恳大总统俯念公司关系重大,既蒙曲赐保全,即乞将拨借债票,并先由中、交两行垫款各办法,令饬财政、交通、农商各部迅予实行,以资救济。并恳派鉴察一员,专司鉴察公司用人办事;稽查一员,专司稽查公司出入款目;并饬赵椿年迅即到沪就任,俾得认真整顿,积极进行,将冶炉按限程功,各厂矿亦整饬完备,庶以仰副大总统恤商惠工之至意。

所有汉冶萍公司维持办法,谨请饬部遵照,并恳派鉴察、稽查各缘由,理合呈请大总统鉴核迅赐施行。

谨呈

公司董事会呈北洋政府大总统文

民国四年九月十五日(1915.9.15)

为整理汉冶萍公司,谨拟办法,吁恳主持,缮具清单,恭呈仰祈钧鉴事。

窃惟汉冶萍公司负债日重,经济困难。仰蒙大总统毅力保全,饬财政、农商部,由实业银行公司发行债票,商借商还,拨款救济。凡属股商,同深感戴。惟是公司营业,一在大冶之铁矿,一在萍乡之煤矿,而以汉厂制造出品为归宿。欲期转败为功,自以仍在厂矿中力求生发,事实上力祛障碍,庶目前维持之益,届时偿还本息,不致为难。既以仰副厚期,而公司前途,亦有发达之希望。

　　兹查铁煤两矿,因在冶建厂添炉,原料所需甚多,交日矿砂亦视前增巨,添机设备,从事扩充,然预算两矿出额,只供冶炼及还日债之需,并无大宗余货可供销售,以资周转。即冶炉告成后,岁入余利,预算抵还外债及股息外,虽递有盈余,尚有官商各债,均未列入。是此次债票本息,亟应于原有矿产之外,另筹抵偿之法,拟请拨开大冶官山铁矿,添开高坑煤矿,双方进行,另辟利源。预计两矿办成,每年余利约有一百二十余万元,为原有预算所无,并未指抵外债,以之分还债票本息,实属确有把握。惟大冶官山,原价极廉,鄂人早居为奇货;萍矿界案未结,高坑即在官私各井纠葛之中,无从着手;此外各路轨式纷歧,汉厂承造艰于应付,预支轨价,虽蒙交通部体恤仅扣二成,但以冶炉未成以前,所恃入款大宗为钢货价三百万两者,即减少六十万两,无可称补。

　　以上数端,如蒙得请照行,洵属增进利益,日趋稳健。否则妨碍滋多,难期进步,虽蒙维持借款,只足纾目前之危急,仍无解于来日之困难。再四筹维,谨拟办法,缮具清单,恭呈钧览。伏恳大总统俯赐主持,明令交通部、湖北、江西巡按使遵照办理,不胜屏营待命之至。所有汉冶萍公司拟陈办法缘由,理合呈请大总统鉴核施行。

　　谨呈

计呈清单一扣

谨将整理汉冶萍公司办法,缮具清单恭呈钧览:

计开

　　一、请拨大冶官矿,以资开采也。查大冶现开铁山、得道湾等处铁矿,均系商购之产。现因在冶添炉及应交日矿加多,从事扩充,预计岁出只得七八十万吨,仅敷冶炼及还日债之用,并无余矿可供销售。查前鄂督张之洞曾就公司矿师勘定,在商矿狮山左近收买象鼻山、尖山等矿,迄未开采。光绪二十七年二月咨案,如果铁厂乏用,必须扩充开采铁锰两矿,即由官按照原购价值售与铁厂等因。拟请令饬湖北巡按使查照咨案,将象鼻山、尖山等官矿按照原价售归公司开采。兹拟每年出额以三十万吨为率,尚属易办,每吨售日金三元,可得九十万元,合银七十二万两,除每吨成本约银五钱,计银十五万两外,实有余利五十七万两,约合银元八十万元。

一、拟开高坑煤井,请将悬案解决,以便进行也。查高坑隶属萍乡,即在公司安源煤矿矿界之内。安源当开办时,经前鄂督张之洞奏准照开平成案,萍乡境内不准另立煤矿公司,后将附近土井三百余口,陆续发给巨资顶购并入萍矿。复遵照前清湖南奏定矿章,大矿四至十里,小矿四至三里,各就窿口起算,统行核计,围线积长九十二里有零,面积五百零四方里,定为矿界,界内地面耕种树蓺,一任各业主自由管业。惟不得开挖井口,致碍机窿,绘图列册咨明前江督、赣抚立案,并行县查照。改革以还,李烈钧派员设局,在界内购地开井,意在推翻成案,破坏矿禁。于是集成、百炼等公司纷纷效尤,争相阑入,穿凿为害,莫可制止。迭经陈明农商部咨行查禁,上年夏间,公司委托股东何其坦赴赣陈请,查照部批,实行封禁,议由公司填股十万元作为江西公股,将所有公私侵入界内购开井地,一并封停,归并萍矿,以为息事宁人之计。嗣因赣绅反对,戚使游移,迄未解决。不惟安源机窿时虞危险,即现拟开采之高坑地方,正在官私各井纠葛之中。此案一日不结,则所筹开办计画亦无从着手。拟请令饬江西巡按使,速将萍矿界内官私各井一律封闭,永禁私开。即由公司查照原议,填股寄赣,以资结束。悬案既结,则高坑完全为我所有,方能开办,预算出额每日从少估计,以毛煤二千吨为率,岁出七十万吨,每吨从廉估价八元,可得价三百九十二万元[①],除每吨成本七元,计三百四十三万元外,实有余利四十九万元。

一、全国轨式请颁一定式通行也。查各国路轨,一国之中均有规定定式,通行全国,庶工有定制,路无异趋,所以利交通,昭整齐,法至善也。前清宣统三年,经邮传部奏准汉厂制轨仿照英国八十五磅轨式,定为中国轨式,并将奏案及验轨章程、轨式图样刊本发行各路,以为标准。改革后,各路弁髦前案,以洋工司之国籍不同,轨式亦因之各异。以致汉厂承造一路之轨,须制一路拉轨之轴,因之不能预制待售。而一经承接,设遇工需紧

---

① 原文如此。

急，催趱从事；异常困难。在工厂固艰于应付，而将来一国之中，因轨式凿枘，致成此疆彼界，所谓交通者，于义云何，妨害于路政者实大。拟请令饬交通部查照前案，通行各路，悬为定式，不得歧异，于以昭同轨之盛，而汉厂亦得造车合辙，不致无所适从矣。

一、各路轨价请暂免扣成也。查公司于清季借用部款二百万两，系预支轨价，合同订明在于部辖各路用轨时，分五年扣还。惟借款未久，即遭改革，厂矿所受损失为数至巨，因之元气夷伤，骤难回复，实为借款订约时所不及料。现蒙交通部俯鉴下情，粤汉用轨仅扣价二成，实已体恤备至，何敢再有干求？惟元年十二月以南京政府公债票押借正金二百五十万两，已指粤汉轨价作偿还本息之用，电奉交通部复准在案。嗣因公司困难已商允正金此项还本展缓四年。冶炉未成以前，预算每年入款仅恃钢货六万吨，售价三百万两，今减二成即短少六十万两，无可弥补，拟请逾格成全，令饬交通部，此四年内，各路用轨全数发价，免扣二成，以纾急困。

以上四项，前二项拨开官山铁矿、另开高坑煤井，开办经费：象鼻山、尖山等处附在商矿左近，接路添车，工程较易，约需三十万元；高坑煤矿虽邻近安源，地面机器尚可就用，而地腹工程最大，约需二百二十万元。两共二百五十万元以上，当可集事。拟请在此一千二百万元款内，按照进行程序，分批拨付，似此开办经费勿须另筹。五年以后，岁收可恃盈余一百二十九万元，以之分年偿还债票本息，实属有着的款，似无有逾于此者。后二项，一以昭划一之规，一以纾经济之困，均为切要办法。合并陈明。

孙宝琦、王存善致盛宣怀电
民国四年九月二十九日（1915.9.29）

盛宫保：愚密。本日同见剑秋，方允就，旋见财长剀切言明，订明日在泗州宅会议解决。惟绲意仍须以股票抵押，系专防票权归日，并无别意，详言缓不济急之故。言垫款数少，只以股票作抵押品，不必收票归行，并无窒碍。至借款合同，数目较巨，亦必须收票归通惠，但必须议定实行股权，使外人不能借票权，政府以千余万巨款维持公司，使钱去而权仍归日，事理固

不平，在事者亦不能担此责任云。先此电闻。盼复。琦、善。（印）

孙宝琦、王存善致盛宣怀电

民国四年九月二十九日(1915.9.29)

本日财、农两部长，中、交两总裁，通惠公司及赵剑秋同在泗州宅会议，咸谓为保全垫借款信用并公司利益起见，总经理须有用人办事全权，黜陟无须预告公司，组织及办事章程由经理核定。非此不能定局，成败呼吸，急盼电复。

汉冶萍公司向通惠公司借款合同草案①

民国四年十月(1915.10)

汉冶萍煤铁厂矿有限公司（下文简称汉冶萍公司）与通惠实业股份有限公司（下文简称通惠公司）订立借款合同，为维持营业之用，所有条件列后：

第一款　借款金额订为通用龙洋一千二百万元正。

第二款　交款期限，一经合同签字，按照第一款金额分四年交足，每年摊洋三百万元，由通惠公司照九五交付。倘营业进行有碍时，得展交付限期。此款由通惠公司按月如数交与总经理。

第三款　借款常年利息八厘，自交款日起算，每年分两期付息，上期为六月，下期为十二月。在汉口或上海交付通惠公司。

第四款　还款期限以十四年为期，自合同签押日起算，至第四年止，只付利息；自第五年起至十四年止，每年将本息匀摊十分，每年归还一分。汉冶萍公司不得短少。

第五款　汉冶萍公司以全部股票并指明陆续新出之货物为第一次抵押。随时按照交款数目，开具货物细数保单，并照抄股册交存通惠公司。

第六款　汉冶萍公司如欲续借款项，须先向通惠公司商议。倘不得

---

① 由于日本政府的阻挠，此借款合同未正式签定。原件未署月份，系编者根据合同附件判定。

已,有向他处借款之必要时,商允通惠公司后,方得向他处提出债务条件。如通惠公司一方面无正当之理由停付本合同借款,则汉冶萍公司不能履行本款之义务。

第七款　此合同以本利还清日为止。

第八款　本合同意义如待解释时,得公举公正人判断之。

第九款　通惠公司为维持汉冶萍公司起见,筹付借款方法,无论何时,可发应募实业债票。所有交款还款以及计息、付息、扣佣、担保,均仍按照本合同上开各款办理。其发行办法,临时协商订之。

第十款　此合同照缮五份。汉冶萍公司、通惠公司各执一份。共余三份分陈财政、农商、交通三部立案。

中华民国四年　月　日

汉冶萍公司向通惠公司借款合同草案附件
民国四年十月(1915.10)

第一款　总经理职权应照原电商定有完全用人办事之权,其公司一切组织及章程并须由总经理核定。

第二款　汉冶萍公司总经理一职如有变更,须由通惠公司选荐照推。

第三款　汉冶萍公司现属华商自办性质,以后如有变更,或为全体股东主权之变更,应先由通惠公司主持。

第四款　汉冶萍公司股东倘将股票转卖,只准通惠公司经售。如查出卖与非中国人,或将股权私授与非中国人,得由汉冶萍公司取消其股东权利,并照违背本国法律办理。由汉冶萍公司董事负其责任。

第五款　汉冶萍公司如须向他处包工采办材料、转运或关于商业上委托办理等事,通惠公司应享有优先承办权,但其价值不得贵于他处。

第六款　汉冶萍公司届时不能按照合同第四款定期还款付息,得展期六个月。倘再不能照还,应由通惠公司交涉收回管理权,交债权人执行管理。

中华民国四年十月

盛宣怀致王勋函

民国四年十月十三日(1915.10.13)

顷接来函云通惠合同,已遵谕给予会计顾问阅看等语,不胜诧异。通惠公司,政府之意,可不令日人预闻,故日前鄙人切嘱阁下,会计顾问处只可以空言探彼意见,万不能令彼知有此合同也。合同一份,前日函送尊处者,函中亦有阁下阅后即送还之语。今既交阅,只可作为阁下私交,不能作为正式也。望执事从速索回合同,明日两钟带下,并有要事面谈。

盛宣怀致孙宝琦函

民国四年十月十五日(1915.10.15)

日昨子展回沪,得见通惠合同,甚为完美,当即发交董事会,准于十六日会议。本可立即签字,惟查公司与日本所订借款合同内有关涉及债权须与彼顾问协议,其会计顾问〈职务规程〉第七、八、九、十条,记得因"协议"两字争论甚力,弟系自己亲手所订,势难诿为不知。兹将印刷合同寄上一册,请即详阅。且子展云,北京日使署小幡氏早已知之,曾向泗州问过。此间王阁臣云,顾问亦来问过。如此看来,谅难隐瞒,且亦何必隐瞒。但与其将来签字后受他挑剔,或竟借端与弟翻脸,弟虽可托病告退,其如大局何?鄙见不如按照合同,预先与彼协议。汉冶萍为商办营业公司,通惠亦为本国商办公司,借款正大光明,何必讳言,示人以弱。惟目下旧任会计顾问已经交卸回国,笠原尚未到任,在此者只一襄办书记。昨已与子展诸君商明,先由王代经理与其顾问襄办一提大概。顷据阁臣面称,其襄办推托无权答应,且闻条件尚不在此。该襄办能通华语,迹近侦探,断无不知。刻闻正金总行派铃木君来沪,此君在正金份位较高,或来相见,一经协议,即拟与彼说明理由,电达东京,便可签字。鄙见此合同决无意外,不过稍缓数日耳。祈密告诸公为祷。

儿玉①致公司董事会函

大正四年十月十六日（1915.10.16）

顷闻贵公司向通惠公司磋商借款，如所闻属实，应请尊处将该借款所有各条件全行示知为荷。查此事鄙意以为应先与鄙人商议方合也。

盛宣怀致孙宝琦电

民国四年十月十七日（1915.10.17）

北京孙慕翁：合同会议，正欲签字，正金儿玉来函，闻贵公司向通惠借款，条件应请全示，此事应先与敝处商议方合等语。当经公议：由王代经理面向儿玉理论，昨已泐发六号函，并录儿信寄览。急脉缓受，亦属无法。宣。篠。

盛宣怀致公司董事会函

民国四年十月二十一日（1915.10.21）

董事会诸公台鉴：

接赵总经理来函并说帖两件，条分缕晰，加以说明，其为精详，送请公阅。其开源节流及政府补助方法各条，赵总经理结论，亦言有能即办者，有不能即办者，亦有能言而未必能行者，亦有所言未必十分中肯者。除先行函复外，应请董会抄留一份，以备公同讨论，并发交代经理、会计所阅看，究竟何项能办，何项不能办，何项即需举办，何项可以缓办，嘱由秘书逐条签注，再将原本掷还备核为要。此颂

台祉

盛宣怀启

①　儿玉谦次（生卒年不详）：时任日本横滨正金银行上海分行经理。

[附件] 赵椿年说帖

谨拟汉冶萍公司开源节流之法及政府补助之方,呈请鉴核。

先言节流之法

一、裁减经费

此项公司原拟每年裁节四十八万两,嗣盛会长以为决不能如此之多。椿年此次考查,亦略窥大概,可以节省之处,似尚不少,但尚不能确定何项可减若干,即公司原拟之单亦未见(闻于仲赓有之,当再细问)。姑定为二十万两(其中以轮驳运费为大宗,工料可减省者亦不少,应俟逐项详核)。

一、停止扩充工程之可缓者

扩充三处工程一事,本李经理所拟,而日本新借款九百万元,即将应用之款列入合同,故三处预定扩充之款约二百万两,并各另附设扩充工程处,此中是否皆系必需,未及细考。即如大冶修改铁路一事,即在可缓之列。此外如可缓者,一律缓办。即有两种益处,一则日本借款九百万元,如以每元合银八钱计(现在却合九钱),不过合七百二十万两,现在实存止日金八百二十一万余元(本年四月公司开报),不过合银六百七十万两。而大冶新厂新炉预算总在五百万两,若三处扩充工程又需二百万两,即将不敷。如可停者停,则可免不足再借。一则如大冶修改铁道,系预备三年后新炉告成运铁石之用,然铁道此时已改,则届时恐已有损坏须修理之处。如可缓者缓,俟必需时再办,亦可免出此种修理之费。此类一出一入,即可省数万数十万不定也。

一、停付股息

公司民国四年内预算内,即未列股息。十五年预算内,前四年以现款、息股各四厘计算,以后统照八厘现款付给。若如椿年核复之说帖,安所得此付息之款。现在汉冶萍股票在上海售价不过四成,为股东计,与其空填息股,徒增公司之成本,何如养成公司实力,使股票能涨至十成之为愈。如从现在起,将息股一律停止,俟何年能真有余利,再行按股均分。则此后预算内每年便可省去一百零七万五千八百两之负担(此照十五年预算表),于公司实力上大有裨助也。

一、要求日本减利

查公司借款内有正金规元二百五十万两①,合同载明第一年周息八厘,第二年起照市面情形酌量,最低以六厘为率,原定民国三年起,分三年归还,兹展期自民国十年(即一千九百二十一年)起分六年归还。又,民国元年(一千九百十二年)二月十日预收正金矿石价日金三百万元,第一年按七厘计息,第二年以后,由公司、银行商定,至少以六厘为率。又,民国二年(一千九百十三年)十二月二日预收正金矿石生铁价值一千五百万元,利息第六年周息七厘,第七年起至还清之日止,由公司与银行斟酌市面情形商定,最低以六厘为率。此三款如能照减,在此十五年预算之内,亦可共减息银一百六十八万七千一百九十两(另有清单)。

一、日本新合同之铁石生铁加价

日本旧合同铁石每吨三元,生铁每吨二十六元。新合同之别合同第一款订明,四十年内公司售与制铁所铁石一千五百万吨,生铁八百万吨,其售价以制铁所通告时购入价值为标准;附件又声明,其售价必须双方协定,制铁所无强公司允照制铁所购入价值之意,以昭公允等语。是新合同之货价,自可随时酌定。查日本制铁所所定铁矿购买手续,凡赤铁矿石含有百分之六十者,每吨价额定为六元,其含有量每加百分之一者,则每吨加价一角。今大冶铁矿多数为坚性赤铁矿,日本新合同所载又系头等,照现在分析百分中含铁六十四分左右,则定价应为六元四角。况附件中又声明,可不必定照制铁所购买之价值,即再酌加亦无不可,即使不加,但照六元四角算,比现价每吨应加日金三元四角,一千五百万吨即应加五千一百万元。此一事也。

生铁上年售三井者,日金三十二元,售中国各埠者,三十五两。逆计将来铁价必系有增无减,姑以日金三十五元计之,较旧合同之二十六元每吨已加九元,八百万吨应加七千二百万元。此又一事也。

----

① 此处原档旁批:"此款合同系以公债抵押,十五年表内则预收轨价。"

此两款共计一万二千三百万元,姑以每日元合银八钱(现价九钱)计之,共得银九千八百四十万两,即分四十年摊算,每年亦可多得二百四十一万两。

一、多出钢铁

查汉厂上年出生铁十三万零八百数十吨,制钢只用四万一千九百余吨,除销售各处外,尚可余一万数千吨。若照此次单开,明年化铁炉四座齐开,可出铁二十二万吨,是所多之铁可十万余吨,若以平价每吨三十两计之(三年份售价,上海及沿海各埠每吨三十两,汉口及沿江各口岸每吨三十五两),亦可多得三百万两。如虑生铁无如许销路,即添炼钢轨亦无不可。查现制钢轨每日平均可出一百八十吨,去年共出三万四千七百余吨,若添烘钢炉一座(估本银二万两)、锅炉三座(估本银六万两),常开两部马力机,每日约可出三百五十吨,年以三百日计,亦可出十万五千吨,多出之铁炼钢有余。多出之七万吨钢轨(照上年之数多出此数),以每吨五十二两计之(此系平均从少之数),可多得银三百六十四万两。如虑新铁路不能多修,旧铁路之所需亦复不少(详见政府补助条内),总可视旧有加,即或少制钢轨,多制钢板、钢条、小钢轨等,但有销路,其得利亦复相等。是多出钢铁,每年约可多得利三百万两也。

一、添炼酸性钢

上条所言多出钢轨、生铁,如虑销路不畅,尚有一法,即添炼酸性钢是也。查汉厂现只出碱性钢,不能制枪炮,其故由于冶铁、萍煤皆不能炼酸性钢,非炼钢法有不能也。闻河南六合沟之煤,湖北富池口鸡笼山之铁(此山现亦归汉厂),皆可炼酸性钢,若于此两处采运煤铁(其办法、成本须另计),以汉厂化铁炼钢之炉,或全用,或一半预备钢轨用,一半改作炼酸性钢之用,则国内制造所需皆可仰给于此,而厂中亦可年得利益数百万矣(此等钢售价若干,能获余利若干,须另考查,方能估计)。

一、多出铁石

照核计十五年预算表内,所不敷之矿石为五十三万六千四百吨,公司是以有请开象鼻山官矿之议。查冶矿新旧各处,年计可得矿石八十四万吨

（已详见前次说帖），惟各处均系用露天采掘法，雨天向例停工，故每月工作仅以二十天计算，即少产额三分之一，若能于铁山内多开窿口，使雨天可以窿内作工，则工作可增，出石可加。此一事也。

又，狮子山有凿岩机一具，现尚未使用其全力，若以三班人管理，每人作工四点，休息八点，再作四点，则该山产额必可倍增。此又一事也。

如照此办法，则每年产额约可加增三四十万吨之谱，即不开新矿，亦或可敷，而各项成本又可大减。此开源而亦节流之事也。

一、另开新煤矿

照十五年预算表内，萍乡不敷之煤年约三四十万，公司是以有请开高坑新矿之议。惟估计成本为二百二十万元，工程为三年，如能于江西丰城、余干等县或长江沿岸觅得相当之煤矿，则成本可轻，运费可省，除抵补不敷之煤数外，如尚能余一二十万吨销售各处，亦可得利数十百万，此亦亟应筹备之一端也。

一、汉阳添炼焦提副料炉

查萍乡炼焦，现尚有一半用土炉，每出一炉需经五六日之久，所出成分仅百分之五十六，且其煤气作用及煤气中所含各种品质，均不能提取，听其废弃，殊为可惜。若用提料炉，则每炉不过需时二十点钟，所出成分在百分之七十以外，兼能提取煤气，为炼钢之用（汉厂以煤气不足，每月添购东洋煤三百吨为炼钢之用），煤气中所含硫酸安姆尼亚与煤油等品，可售得大利，照三井工程顾问那伊奇预算，每年溢利为日金八十八万五千七百五十元（另有详细说帖），此事必须办，亦必可得利。惟那伊奇所预算之成本为日金二百二十八万元，本有由那包办及三井借款之说，今拟如何办法，须另决定。

一、取销包售合同

查汉口宝丰公司与总公司订立包销煤焦合同，每月二号焦一千吨，三四号无定额；头二号煤各约三千五百吨，三号约三千吨。二号焦定价每吨九两七钱五分，三号焦每吨七两，头号煤五两七钱五分，二号煤五两三钱五分，三号煤四两九钱五分。查汉口现在煤焦价（此次遣人至煤铺访问），二号焦十一两八钱,三号八两九钱;头号煤六两八钱,二号六两四钱,三号六两,每年须受亏十万两以外,该合同在五年底期满,届时必应取销。在未取销之先,照合同第十九条,煤焦市价消涨至五钱者,一年一议,现在价格已差至一两,应行另议,总可多得五六万金。尚有恒丰公司包销镇江、南京等处,其合同未见,恐亦受亏。此两合同如取销,年可多得银十余万两也。

再言政府补助之法

一、官款改作股本

公司上年答复政府委员曾述棨等条件,内有交通、财政两部借款四百八十万两公债票,押款二百五十万两,均应列作官本之条,此说现已境过情迁,惟公司所欠部款,时有争议(如扣还轨价即其一),似不如并财、交两部,大清(五万)、交通(六十九万三千一百五十六两)两行,湖南(四十六万六千三百八十六两)、湖北(三十五万两)两官钱局,湘钱局(五万一千二十两)、裕宁钱局(三万八千五百九十两)等欠款,除去应冲抵之款外,一律改作官股,并免息若干年,以减轻公司之债务。

一、钢轨加价

公司与各铁路公司所定轨价,多寡不一。现在钢价日涨,公司成本日加,若再照旧定价值,殊难支持。其各路轨价,椿年虽未及周知,但就所知者言,粤汉、川汉每吨五十两零七钱七分,沪杭甬每吨五十五两,相差已如此之巨。如能将价低者,一律酌加,总比外洋售价为廉,而于公司裨益匪细(轨式如能画一,尤为益之大者)。

一、减轻铁路运费

萍乡运煤,由安源至株洲车价,比较峄县、临城、开平皆重,现在株长运费,比较萍株尤重(萍乡每吨一英里一分三厘,株长一分四厘),应请政府减轻,比照峄县价目一律,盖开平、临城皆有洋股,惟中兴系完全商股公司,援照最为公道也(或能援沪宁上海至无锡八十英里,每吨合洋六厘零二之案办理,亦甚相宜)。

一、提倡销路

公司销本国之货,以钢轨为大宗,若此货停滞,公司即难支持。今新铁路虽多未开工,而旧铁路添换之钢轨,每年亦必不少。此外各路及船厂、兵工、制造各局厂,所用材料,能为汉厂所造者亦甚多,应请特颁申令,凡各路一律须用汉厂钢轨;凡官办局厂应用材料,均可由汉厂定购。再由公司派员与各处接洽,必可使销路大增,利源日廓,不患无款以偿通惠也。

以上皆政府补助之大者,此外,如公司前所请官用公司轮驳,应出租价,厂矿运料轮驳免纳船钞等事,或请而未允,或允而未给,恐尚须继续请求。至与各铁路应商之事尤多,当由公司随时呈请核办。

结　论

以上所言之利益,皆在公司民国三、四年预算之外者。惟各事有能即办者,有不能即办者,亦有能言而未必能行者,亦有所言未必十分中肯者。姑就各条中约举一能办、不能办、增款能定、不能定及扩充需用之款目,大概于后:

节流条内:

裁减经费、停缓工程两条　能办而不能定节减之款目,姑以每年二十万两计。

停付股息一条　如能办到,照现在每年可省八十余万两,照十五年预算表,每年可省一百零七万五千八百两。

要求日本减利一条　应俟办到再定。

开源条内:

日本新合同之铁石、生铁加价一条　届时必能办到,每年可增二百四十一万两。

多出钢铁一条　届时必能办到,每年可约增三百万两。

添炼酸性钢一条　应俟办到再定。

多出铁石一条　必能办到,但其利已包括于日本加价之内。

另开新煤矿一条　必能办到,但余利数目不能确定。

添炼焦炉一条　必能办到,届时每年可增八九十万元。

取销包售合同一条　必能办到,届时可每年增十万两,现如提议改价,亦可得数万两。

政府补助各条　应俟办到再定。

以上可恃者,节流每年约一百万两,开源每年约五百万两、八九十万元。惟节流须以停付股息为断,开源则须至四五年之后耳。

扩充用款之数:

炼酸性钢　须另计。

开新煤矿　二百二十二万元(照公司所估)。

添炼焦炉　日金二百二十八万元(照三井所估)。

以上二款须另筹。

公司董事会致股东联合会函

民国四年十月二十一日(1915.10.21)

本公司冶炉未成以前,货少债多,活本丝毫无款,必须按月筹备,工程上高坑煤矿亟须开办,肥料炉洋行包造不如自办,且欲指此两项余利,分还此次借款本息。前者孙会长南来调查,介绍通惠公司可以借款。上月公举王子展先生代表赴京,与通惠议借为一千二百万元,分四年均付,商订合同及附件各条款带沪交会,俟审定签定,即可履行。惟查此次债额为数甚巨,所订分年付息还本及关于商业各款,除由本会分函商务、会计两所长核议具复外,所有合同、附件与股东大有关系,董事只为股东代表,按照公司章程,不得不送交股东会决议,董会未便越权。昨将合同及附件面交傅小庵先生阅看,据称:联合会亦非个人所敢担任,允即开会和平议复。兹将合同及附件照录函送,即请贵会克日开会集议见复,以便签字。孙会长电催甚急,务请两日内即行示复,是为至盼。

王勋致公司董事会函

民国四年十月二十三日(1915.10.23)

董事会台鉴:

敬启者,顷奉台函,本公司与通惠公司借款,本月公举王子展先生代表赴京商订合同及附件各条款,带沪交会,俟审定签字,即可履行。惟查此次借款为数至巨,所订条款全体与股东有密切之关系,除由本会函请股东联合会开会讨论议复外,所有附件内第五款规定,关于商业上之进行,有无妨碍,兹将合同并附件照录函送,即祈查照指询事项,悉心核议,克日见复等因。

查阅通惠公司合同及附件各条款,其附件内第五款:汉冶萍公司如需他处包工采办材料转运或商业上委托代理等事,通惠公司应享有优先承办权,但其价值不得贵于他处云云。于营业上进行颇有妨碍。查通惠公司现在尚未有驻外洋采办机关,且"他处"二字,所包甚广,亦不可不略为界限。查中国境内,除上海、汉口、大冶、萍乡、长沙、株岳等处之外,均可统名之"他处",我公司所用华料,向只系在汉沪自行购办,似不须假手他人也。若"他处"二字系作他国解释,亦有须声明者,因在英国伦敦久经设有分局,向来经办各事及采办欧洲机料,无不合宜,自当留办,以资熟手;在日本则已与东方商运株式会社订有合同,凡所需日本物料,归其经手,合同关系,不能更改。凡此二处,于商业进行及合同信用均有妨碍,似不能再订由通惠公司代购。除此之外,则不妨允其要求,然必须待其已设立各处采办机关后,方可实行也。荷承垂问,谨陈管见如右。并拟改该附件第五款如左:"通惠公司如将来设立采办机关时,能与各洋行争衡者,汉冶萍公司除英国自有采办分局及日本已有代理外,其余如美国及他处,汉冶萍欲办外洋物料,允向通惠公司问价,一律开标,以价廉物美者为定。"

以上所拟改之处,是否有当,敬祈卓夺为荷。至于原文在他处包工一层,查本公司所有工程,均在厂矿之内,向皆自办,不比铁路须觅人在他处包工者,故此层可无置议也。专此。敬请
台安

商务所长　王勋

公司股东联合会致董事会函

民国四年十月二十五日(1915.10.25)

昨准函开:前者孙会长南来调查,介绍通惠公司可以借款。上月公举

王董事代表赴京,与通惠公司议借一千二百万元,分为四年均付,商订合同及附件各条款带沪交会,俟审定签字,即可履行。所有合同、附件与股东大有关系,董事只为股东代表,不得不交股东会决议,董事未便越权。请克日开会集议见复,以便签字,并附抄合同及附件一册等因到会。敝会当即邀集全体评议员公同研究,细心讨论。金以本公司困难情形已达极点,通惠公司允借巨款,经孙会长及王董事商订合同、附件交由敝会公议,本公司正当拮据万分之时,得以接济要需,至为铭佩。第查合同内第五款内开"以全部股票并指明陆续新出之货物为第一次抵押";又,查附件内第四款内开"汉冶萍公司股东倘将股票转卖,只准通惠公司经售"两款,均指股票而言。查股票散在各股东之手,股东各有自由之权,能否作为抵押及限令一家出售? 敝会虽为全体股东组织而成,但股票为股东命脉,股东众多,其意见非敝会所尽能揣测;且公司股票,股东自行买卖系各股份公司之通例,只能禁其不卖与非中国人,不能限其专卖于通惠公司;事关全体,窒碍甚多,似非股东大会共同商议,敝会未便越分擅议。又,查附件内第一款内开"总经理职权应照电商,有完全用人办事之权,其公司一切组织及章程并须由总经理核定"等语。查总经理为公司重要之职,照章应归董事会节制,用人办事及组织一切章程,虽系总经理应负之责任,但从无不报告董事会决议之理。今附件内此款于董事会应有权限一字未提,贵董事会为全体股东公举委任,贵董事会即可通融办理,全体股东能否任令贵董事会放弃职权,敝会尤未敢擅拟,似亦非决之全体股东,未便轻率从事。总之,敝联合会成立之时,到会挂号之股,计有十八万九千八百余股,委托虽重,权限仍应分明,似此重大事件,于股东权利大有关系,非仅止挪借商款,无关根本之计者可比。公同协议,惟有仍请贵董事会登报,布告全体股东,定期开特别大会,公同集议所有此次与通惠公司所订合同并附件各条款。如果众议允洽,全体赞成,再行签订实行,以昭慎重而免延误,庶不负通惠公司借款之雅意与孙会长介绍之殷挚、王董事往返磋商之贤劳焉。同人无任感佩之至。专复。

儿玉致公司董事会函

大正四年十月二十五日（1915.10.25）

敬启者：

贵公司与通惠公司借款合同一事，鄙人接奉总裁之命，向贵公司通知如左：汉冶萍公司与通惠公司借款合同，于精神上显然违反敝处与该公司向来合同之宗旨，且不特扰乱敝处与该公司两者密切关系。即据其规定，作为该借款抵押品，业已悉数提供敝处作为抵押者。又第六款、第九款全然抵触向来之合同条项，故敝处断难承认。

盛宣怀致孙宝琦函

民国四年十月二十五日（1915.10.25）

本日接上海正金银行来函，已将译文先行电达，兹将其洋文原稿及译稿另纸抄呈台览。弟接信后，即派王代经理往探正金口气。旋据面陈，已晤支配人儿玉，据言：如此大事，谅非一两日可成，必商议已久，而始终不稍令敝银行与闻，不惟违背合同，抑且敝银行时时接济款项之热心亦不稍念，似大乖彼此开诚布公之道云云。语气中似大怪我公司将其隐在暗中之意。勖告以当初磋议此合同之时，本系无抵押品，逮事已将成，方许加上如许条件，今合同未签，如有不合，当可斟酌也。儿玉答云：敝银行反对，不是条件上之反对，乃系根本上反对，因与前次大借款合同宗旨大相抵触。勖问以然则不论中外之款，敝公司均不得借用，是否此意？儿玉答云：不是如此说法。查汉冶萍所有财产均已为大借款之抵押，倘此次通惠借款，并无抵押及如许之条件，容当作别论，然亦须先与敝行商明在先，方可开议。今合同已定，方来示我，殊为不合也云云，忖度其意，似凛然无可商之余地等语。弟闻之不胜骇异。窃尝以通惠借款之议，汉冶萍生命所出赖重，以执事数月之调停，王子翁两次之奔走，方能就绪，乃即横生枝节，又费工夫。弟年老多病，精神不贯，痢疾之后，不能下榻，虽我公司理直气壮，然亦无此精力与彼争论。其函本属与正副会长，阁下外交老手，位望尤重，且系通惠公司原经手人,有此三层,胜弟十倍,务乞我公就近先向小田切磋商,即与赵剑翁来沪妥筹对待(股东请开临时会议正可领导)。看来精神上彼亦争执须与银行商明在先一语,条件上只重在第五条内第一次抵押数语,未能明晰;第六第九条亦欠明白,果能开诚布公,似尚不难协商。总之,此事始终仰仗我公与赵剑翁主持其间,成大事者,不能怕小委曲也。本日又据会计顾问襄办人大野弘对王阁臣云:七月二十四号下午,孙公叫池田顾问及他到正会长办公室,问以乙合同第十条,银行为公司清理债务起见,所云债务是否专指从前旧债而言,抑包括将来新债在内?池田答以已往、现在、未来之债均包括在内。又,孙公将会计顾问职务章程第八条与池田共同研究云云。是则当时正会长已明知,如另筹新债,必不能不先令正金与闻等语。弟承尊电及展翁转令弟姑先签字。弟本欲辞职,何惧之有?但该银行九百万借款必致停付,已办之机件汇票络绎,通惠未必肯付,更难了局。万一决裂,何以抑副朝廷维持之诚意及诸公筹画之美德?弟虽遗臭万年,亦不足偿其罪孽也。

盛宣怀致孙宝琦函

民国四年十月二十六日(1915.10.26)

近日公司及敝处接股东来函询借款事,当即面商联合会会长,彼此以此项借款即无如此严厉条款,亦应由股东全体通过。董事会熟商,若开大会,恐须耽延半月,不如抄送联合会,请其担任,较为简捷,初尚不知日债有此抵触也。本日接联合会附函,经评事员会议,仍请特开股东临时大会,方能决议。论商律及公司章程确不能少此手续。惟人众口杂,于股东权利上必多反对。弟将告退,且病不能赴会,公与赵剑翁似须到场领导,以昭郑重。

盛宣怀致儿玉函

民国四年十月二十七日(1915.10.27)

昨接台函,转达贵总裁之通告,否认通惠公司借款一事,诵读之下,不胜诧异。查此次拟向通惠公司借款,敝公司并无与贵行借款合同抵触之意,且贵行驻北京代表小田切君前向通惠公司总裁孙荫亭君详询借款合同,经与解释并无异辞。想小田切君亦已将详情函达尊处,当晓然于此借款与前贵行借款合同并无抵触也。

日正金总行致儿玉函

大正四年十月二十九日(1915.10.29)

应请阁下直接向盛宣怀氏当面言明左开日本资本团之意见:

日本资本团不论如何方法及如何程度,不愿使通惠公司干预汉冶萍公司,故应将通惠公司借款,断断乎谢绝。

日正金银行致儿玉电

大正四年十月三十日(1915.10.30)

希台端直接面会盛宣怀,说明日本方面下述打算:

日本方面不论其方法及程度如何,不欲通惠公司与汉冶萍公司发生关系。故通惠公司借款,应断然谢绝。日本方面相信,改变汉冶萍公司组织,进行日中合办,对双方均最为安全有利。即希从速协定合办案,其所需资金,不论若干,日本决心以现金支付。

盛宣怀致孙宝琦函

民国四年十一月五日(1915.11.5)

近日上海正金有无接到横滨正金之信件,尚无消息,大约亦如汉冶萍公司未接北京之信,同一用意也。此间不能搁起之原因,实为款项起见。九月份将日本生铁货价收回十余万,勉强过去,十月份非通惠公司接济不可。咋令阁臣实告正金,通惠借款,正金既无阻挠之理,不如早日定议,免伤感情。彼云:所需经费,如通惠不付,正金必当接济等语。敝见断不宜如此办法。高木密谈:东京近日议论欧战之后,钢铁价必昂贵,如有机会,仍有要求合办之意。其言固不足凭,然夜长梦多,亦不可不虑。鄙见通惠之举，原为维持大局，预防外患，我公所定宗旨，不宜变易。彼函所言精神上反对，系属空话，其反对者，实不过第三条及第六条、第九条三款而已。则此次借款"缘起"，须将前后理由，详细叙出，彼此醒目，则事可立解，此即小田切及儿玉所言开诚布公之办法。鄙人病榻思维，检查各案，拟具一稿，庶可使两造皆无疑虑。此件未告他人，特先缮呈台览，如以为然，应请阁下先与通惠面商，即行来沪，面与正金开导，以便定议。倘台驾暂时不能离京，即请剑秋兄来沪，与弟会同商办，随时电京请求，亦可望其了解也。

［附件］ 盛宣怀拟合同缘起

汉冶萍煤铁厂矿有限公司（下文简称汉冶萍公司），现因股份尚未招足，大冶新厂未成，四年之内，汉冶萍三处，皆需接济。除营业收进现款扣抵外，尚需接济华银六百二十万元，并须扩充象鼻山铁矿、高坑煤矿、汉阳炼焦炉等处，开办经费华银五百八十万元，特向通惠实业股份有限公司（下文简称通惠公司）。商借本国银元一千二百万元，为维持营业之用。查汉冶萍公司前与日本所订借款合同第九款载明：公司如欲由中国以外之银行资本家等商借款项及其他通融资金之时，必须先尽向银行商借；如银行不能商借，公司可以另行筹借。又，附件载明：汉冶萍公司由中国政府将确实在本国内所得中国自有之资金、即中国政府并非向他国不论直接或间接借用所得之资金，借与公司；又，其利息较本借款所定利息为轻，并无担保，公司即将此项轻利之资金偿还本合同借款之全部或未经偿还之全部时，银行可承诺等语。现在通惠公司既无中国以外银行资本在内，此项合同借款，为维持本国实业之用，并不发售外国债票，只就中国自有之款，借与本国公司；并以汉冶萍公司前曾预借日本兴业银行、正金银行与制铁所铣铁、生矿价值，所有本公司实收华商股本以及中外各借款购买之动产不动产，均已作为日债第一次第二次抵押，此次通惠公司借款，只能作为第二次第三次抵押，未便提出股票另作第一次抵押。至以后所出之货物，均已列表分年抵还日债本利，不能开单再抵他债。惟有指定此次通惠公司借款开办之象鼻山铁矿、高坑煤矿、汉阳肥料炉等专款所得之余利，在第四年后抵还，另立预算表,按照履行,决不丝毫贻累前债,亦不短缺后债,则与日本合同之抵押,并无妨碍。唯汉冶萍公司前与日本订立之顾问合同第八款载明:公司关于其新起之借款、偿还债务或更改现有债务之条件,不论巨细,应先与会计顾问协议等语。此次王代表将通惠公司交来合同稿带回董事会,尚未通过,先告顾问,即本此义。顾问言:中国政府名为维持,实则利率八厘,并要现扣九五,未免太多。不知政府为维持本国实业起见,十四年限期之内,特准由部酌量补助年息,以示格外体恤。如通惠公司无庸发行九五扣之债票,则政府贴补年息三厘,汉冶萍公司实付年息五厘,利息实已较轻于日债,是与附件所载各节,均无违碍。而况借款尚非为偿还日债之用,全属扩充营业,藉速进行,于日债亦有裨益,将来或汉冶萍公司再有扩充,或通惠公司停付借款,或四年后还本不敷,均须续借,倘悉照前案,通惠公司仍可照办。以上各节,汉冶萍公司已先协商日本顾问、正金银行,均为同意。特与通惠公司订立合同,所有条款,开列于左。①

王勋致公司董事会函

民国四年十一月六日(1915.11.6)

董事会台鉴:

敬启者,伏读盛会长十月二十一日致贵会函:接赵总经理来函并说帖两件,条分缕晰,加以说明,甚为精详,送请公阅。其开源节流及政府补助方法各条,赵总经理结论,亦言有能即办者,亦有能言而未亦能行者,亦有所言未必十分中肯者,除先行函复外,应请董会抄留一份,以备公同讨论,并发交代经理、会计所阅看,究竟何项能办,何项不能办,何项即需举办,何项可以缓办,嘱由秘书逐项签注,再将原本掷还备核等因。又读赵总理说帖二件,谨遵盛会长钧谕,悉心研究,就愚虑一得之所及为贵会陈之:

节流项下

一、裁减经费　应俟赵总经理逐项详核后,再行列论,大抵所虚定每年

———————————

① 开列内容与借款合同相同,未录。

二十万之数,若公司整顿办法或当,不难办到也。

一、停止扩充工程之可缓者 谨按各扩充工程,均经各该厂矿工程师、工程顾问及总公司统筹全局,详为支配,迭奉董事会、盛会长详核施行。其大冶修改铁路一层,乍视之似可从缓,统观各方面连带情形,则又有不能或缓者。举其理由如左:

甲、修改铁路非专为大冶新厂之用,现在汉厂第四炉业已成立,需矿较多,若不修改铁路,则不免有赶运不及之虑。此对于汉厂不能从缓者也。

乙、大冶顷已增加出额,若出矿尽自增加,而转运不能迅速,则矿场之扩充亦归于无效。此对于本矿之扩充工程不能从缓者也。

丙、大冶新定之车头、车辆,皆较前加重加大,以为多运之准备。如铁路不修改,弯曲太多,轨轻车重,不能行走。此对于新定之车头、车辆不能从缓者也。

丁、原有之铁路曲线太多,车行迂缓,且常有损坏,辄须修理。今改直,车行较速,则所运较多,而修路修轮之费,亦可大减。此对于本铁路行车养路不能从缓者也。

戊、且现在修改之工程已经着手,若及今停止,亦殊可惜;且修改铁路经费,以钢轨为大宗,此次不过用汉厂剔退之次轨,为消纳次货之一道。此对于修改工程进行上,亦不便停止者也。

一、停付股息 谨按停付股息之说,前已数付提议,惟股东不肯赞成,董会自不能强为执行,嗣改为发给息股,亦不得已而思其次之办法也。诚如赵总经理养成公司实力之说,若能劝令各股东一律首肯,则诚至善矣。

一、要求日本减息 查日款息率,诚如赵总经理所说,于各该借款若干年之后,可酌量减至六厘为率,原不妨早日向日本要求酌减息率,以资节省。顷者日本兴业银行总裁志立君到沪,勋曾向询问日本现在之银市,据言商务不凋,积银甚多,故短期利息颇觉廉贱。惟长期者,仍在七八厘之间云云。是则求减息率,在我诚可提议,第现在恐非其时耳。

开源项下

一、日本新合同之铁石生铁加价

甲、铁石　查日本制铁所所定购铁手续，凡赤铁有百分之六十分者，每吨价额六元一层，此乃日政府奖进本国铁业之办法，其所定之价乃按大冶矿石之价加上水脚费用而虚定之者也。其算法闻系如后按大冶交货之价，每吨三元，加由冶运日水脚每吨二元八角，加扛力每吨一角五分，共计五元九角五分，整言之为六元。制铁所此举乃欲日本人能自觅铁矿以代冶铁耳，然悬格已久，迄无应者，是则其虚定之价，不足为凭矣。即使可凭，然在我亦不能骤执之以为加价之标本，诚以冶矿石交到日本，其实价已在六元之谱矣。再大冶矿石系磁铁非赤铁，而磁铁不若赤铁之佳也。

乙、生铁　日本销生铁计两种，一系马丁生铁，专售制铁所，每吨合价二十六元；一系翻砂生铁，由三井代销，按市定价。从前运日本翻砂生铁，每年三万吨之谱，汉阳交货只售日金三十元左右，随后逐渐加增，至上年尚售三十二元。嗣因印铁竞争，跌价争揽，致我铁滞销，三井原定之额已较前减少，只得一万五千吨，尚须情商展缓五千吨，订明年补装，至今年又仍不能装，再向我情商，每吨赔我日金一元，作为了结。至今年之额只定一万吨，仍欲将其一部分展缓至明年补装，我不肯照展，勉强装去。兹如果向其增价，恐不免更有滞销之虞，而徒为印度铁之利耳。制铁所已订有定价，即不滞销，似亦不能向之要求加价，况现下市价并不好，头号铁只售二十八元，与制铁所之价相差无几。更有进者，将来大冶厂所出之铁，亟须预筹销路，曾函商制铁所，请其添购。据复言不能预定，察其意有自制生铁之为上算，因每吨成本只二十四元，而汉铁运至若松，成本三十元也。故愚虑现在加价尚属于第二问题，速谋销路尤为紧要也。

一、多出钢铁　查明年四炉齐开，出铁较从前可多七万吨。此项所多之铁，如能尽数销脱，岂不大佳！但虑无如许销路，诚如赵总经理所云，即添炼钢轨，亦无不可。然添炼钢轨，亦须筹钢轨销路也。勋曾上董事会函，请与交通部预订分年交轨吨数，俾得随炼随交，此乃疏通销路之办法，务祈注意。至于赵总经理所拟添建烘钢炉一座、锅炉二座，自是扩充制钢之善法，然现在我之所短者，不但在于烘钢炉与及锅炉，且炼钢炉亦是不足。目前连新添之第七炼钢炉，通扯常开五炉计，每日只得炼钢三百吨，以八折算,只得钢货二百四十吨而已。至于钢料一层,汉厂现有之钢条厂,规模太小,形式太旧,所出钢货成本太重,虽欲扩充,殊不易易。其最能流畅者,为方圆扁钢,条类皆轻小之件。前数年李经理曾拟扩充钢条厂,嗣后细经研究,欲此厂获利,必须每日制造钢条百吨以外,少则不济。然每日所出百余吨,合计一年达三四万吨之谱,统计中国全境之所销,亦不及此数,故不敢冒昧扩充。且钢条花色太多,其辊轴之成本太重,买客零星,数十吨之生意,分为数十种花色,每种多者数吨,小者数百磅。其种种辊轴全备则力所不逮,不全备则无以应市,苟冒昧扩充,届时或不免欲前不能,欲罢不可之虑也。虽现在欧战期内,钢货涨价,洋钢少到,故迩来我厂之钢货生意颇可自雄,然此仅操胜一时,未可视以为常也。尝闻美国钢铁家言,美国坎纳奇钢厂规模极大,然幸能发达者,皆赖全国铁路钢轨之生意也。故钢厂以钢轨为主,钢货为辅,如注重钢货,似非所宜。在今日之中国制造厂未有兴旺,则尤不宜也。如日后发达,则只可在冶厂添设此项钢条厂,惟须连炼钢厂一气呵成,需款颇巨。现时只可研究,而不能举行也。

一、添炼酸性钢 谨按李经理前数年亦曾发起添炼酸性钢之说。但制造此项酸性钢,必须用为原料之矿石含磷低少,方为合用。冶矿石含磷颇多,只能炼成碱性钢,不堪枪炮之用也。惟马婆山、银山头之铁含磷甚低,似可制造。此两山业由我公司承领,已请有开矿执照,并掘得矿石约九千吨,现在堆存山上。惟运道不通,须筑六十里之轻便铁路,方能便于运输,估筑路需二万余两。现正拟将所存之九千吨售之日本,约可售每吨日金四元,计可得三万六千元,合银三万两之谱,可敷筑路之需,即以之赶筑铁路。俟铁路筑妥,运输既易,则添制酸性钢一层,即可着手,不须另兴炉灶也。

一、多出矿石 查多出矿石为开源项下至要而又至易之法。前条所论修改铁路,即为多出之准备,此外并已布置打炮眼之风钻,以代人力,矿场建筑矿仓,以匀运输,雨天加价,以励矿工,皆所以为增加出额之筹画也。至于开窿采矿之法,外洋铁矿确有行之者,前矿师黄绍三亦曾议有及此法。卒以苟能在平面掘取,则不宜由开窿挖取,盖平掘之费廉,而深挖之费巨故也。

一、另开新煤矿　沿江各处合炼焦之煤矿尚未有发见,惟高坑尚属合用,又因在大冶新厂将来须多用焦炭,故亟请筹款开办也。

一、汉阳添设炼焦提副料炉　此一层为开源中万不可缓之要着,原议由三井借款,今因有通惠之议,遂停止向三井借款之进行。将来如通惠借款成立,自属大佳,否则亦只得降格向三井借用,赶即筹设也。

一、取消包办合同　查宝丰包办合同本不上算,明年年底满期,即宜取消之。其未经取消之前,照合同如价涨五钱以外,一年一议,兹将届年终,应商议明年之价,俟详查各种煤焦全年市价及近今市价后,即向该承销人提议,务期实行可也。至宁镇承销,因该两处生意不大,且价钱不高,若自行设局批发,开销太巨,殊不合算。但我公司对于该两处销场本非注重,所以承销者因其不需经费,以之为煤焦偶一滞销时之销货尾闾耳。如汉口一带能设法多销煤焦(汉价优于宁镇之价),则宁镇承销自以取消之为上算也。

政府补助法

一、官款改作股本　此项问题久经我公司向政府邀求,未蒙批准,此后如能办到,则大佳矣。

一、钢轨加价　查钢轨定价,川粤汉最廉,因已预支轨价一百万两,故订立合同时,按当日市价略为减让者。迨去年钢价大涨,即函商詹君春成,请其酌为加价,以免亏负,奈未允肯。至划一轨式一节,查曾于前清之季,呈明邮传部奏准颁行划一轨制,通饬各铁路遵行。无如时局变易,未能实行,而诸路局各自为政,对于上开之通饬亦具文视之。赵总经理所拟划一轨式及钢轨加价二事,倘能办到则甚善矣。以上加价乃指已定合同者而言,其新近订售者,均经酌量加价,如烟台荷兰筑堤公司现购一百吨之谱,轨每吨八十两,配件则鱼尾板一百两,钩钉一百三十两,螺丝一百六十两,而京张新定之配件,价亦相同。又长吉拟添购轨件,敝处所开价亦照上一律也。

一、减轻铁路运费　查援引中兴成例及沪宁价格二事,早经呈部请减,未荷部允。如赵总经理能向部要求得以减轻,则所省运费不少也。

一、提倡销路　谨按提倡国产一事,政府对于实业,义不容辞之责,而政府诸公现正积极进行者也。然法立于上,而力行于下,虽在古亦已难能,惟有请政府切饬各路局、各局厂所需钢铁料,凡系汉厂所造者,尽先采购;各新旧铁路购轨换轨,均取诸汉厂;又采用钢枕以代木枕,以期路厂之俱利。在政府既尽其提倡之道,在公司亦实受提倡之益,其在商民一方面,只须我公司之品价廉物美,即易招徕。此则商务所之专责,不敢不勉,亦不敢以之上渎者也。

以上所陈无非一得之陋,敬祈董事会进而教之。专此。敬请
台安

王勋

盛宣怀致孙宝琦函

民国四年十一月七日(1915.11.7)

昨奉歌电,催取理由,先已附寄。其中所拟恳请政府补助五厘年息,尚未明晰,兹特将释义一件、清单一件附上,应请并入一起,再交公阅。日昨儿玉来见,面交东京总行来电,弟询其资本团何故坚持? 答云:实不愿通惠公司从中干预。询其何故? 答曰:原因驳杂,指不胜屈,故不欲明言,莫如谢绝。弟告以条件此等措词,病在词不达意。本当磋磨,无待尊处著急,遂将所著理由,略与申说,归结只有两语:一曰通惠公司中国款项不能不借,二曰条件有窒碍处不能不修正。阁下须候我先与政府商妥,再请转知贵总行,彼此开诚布公,以达目的,免伤感情。彼即答应而去。谨候台端回信,再当酌议。至应如何修正条件,即请阁下与剑翁迅速拟妥寄下,再定方针。

孙宝琦致盛宣怀电

民国四年十一月七日(1915.11.7)

愚密。总统面谕:仍应力予维持借款合同,无理取闹者可删改,倘股东有意反对,只好置之不理等语,特此密达。尊处有何意见,不妨直言,总冀仍可签定,免伤感情。小田切处,须候讨论办法,再与谈判。

小田切致孙宝琦函

大正四年十一月十六日(1915.11.16)

孙汉冶萍公司董事会长台鉴:

径启者,关于贵公司拟借通惠公司款项一节,现接敝总行来电,嘱即行通知我公,所有此次通惠公司与贵公司拟订借款,非独其条款既与贵公司同敝行所订合同及函件有所冲突,且其借款之结果,必致敝行与贵公司之关系局面,势受牵动,多生枝节,则亦与宗旨大局有碍,敝行断不得不反对该借款等语。除当面奉告外,特此修函布达,即请查照可也。

小田切万寿之助

盛宣怀致儿玉照会

民国四年十一月十六日(1915.11.16)

通惠公司借款一事,贵行一再声明,绝端反对。尊意所在,领悉一切。惟敝公司自有委曲内情,今为披沥如左,即希鉴及。查本借款系救济维持公司财政之支绌起见,而生此事,贵行业经洞悉。如借款不能成立,则敝公司立时逼于财政上艰难之地位,不待言矣;且此次国内借款,又系出于北京政府维持实业之美意,岂可辜负。现接北京孙会长电称:大总统既允本借款条件如有不合者,可以删改,似此则已无反对之理由。敝公司亦只能限于日本已定合同条件不相抵触之范围以为行止,即祈转达贵行总裁为荷。

小田切致孙宝琦函

大正四年十一月十六日(1915.11.16)

慕韩院长钧鉴:

昨谒崇阶,藉聆尘教为快。查通惠公司借款,敝行并非无理取闹,亦非故意反对。敝行与贵公司关系密切,利益相通,所有一切涉及局面事宜,必须慎重处理,倘或意见扞格,感情龃龉,则影响所及,非可言罄。在实业即失联络之通,在邦交恐开反目之端,是岂两国之利哉。敝总行此次举动,恐为贵国方面所不欢迎,而犹且出于此者,权衡两害,去重就轻之意也。敝行万不得已之苦衷,想必我公亦有所谅也。兹将敝总行电意另行修函送呈台阅,即请检收。至于函内字句,比昨日面达之语,稍加婉曲,公函之体,不得不然,仍乞鉴谅是荷。密此奉达。

小田切万寿之助谨启

孙宝琦致盛宣怀函

民国四年十一月十八日(1915.11.18)

愚翁老哥亲家执事:

日前迭接惠函并正金函各件均诵悉。当即与泗州、剑秋阅看,曾发元电,计邀台览。是日即接执事文电云,儿玉已允照尊意电东京,冀可转圜。不意十五日小田切来访,面称:奉总行来电,嘱告之弟处,通惠借款不止条款上有所冲突,于大局实有关碍,不得不反对,请再勿令通惠干涉汉冶萍公司之事等语。弟诘以前次执事见杨左丞,只询有关条款,并无别话;见赵剑秋说,沪上如有来电,误会可为解释;对鄙人言,并非全体反对,不过条文上有冲突,不得不辩正,请勿误会。今何以忽如此之极端反对？伊答称:前此系伊个人意见,不知总行何以有此来电,伊亦不得其详,俟得来函,再行奉告。弟答以中国公司借中国之款,与贵行合同,毫无违背。伊谓:执事曾有函为证(在大借款之前),若借款,先尽正金商办;且中日新约许日后合办,不收归国有。今通惠借款实系政府间接借款,用收归国有办法,冀抵制合办之举,日本人视为排斥日人与南浔借款一律,此两事最伤中日之感情,恐将生出两国交涉。又言:汉冶萍公司办理不善,年年亏空,既借日本巨款,当然合办,以期整顿。日本要求合办不过添派几个董事加入办事,并非欲占夺公司之产。若开平煤矿公司全然是英国公司,日本若援例要求,明知中国政府断然不能应允。日本国内与各国合办事业甚多,有何妨碍等语。弟答以汉冶萍公司合办之后,恐他国援例要求合办铁厂,成本轻而运路便,必大获利,将公司挤倒,中日肯受其害？伊谓:执事操此论实不的确,日本人调查八九年,长江上下实无佳矿,决不能与汉冶萍争利,是以日本方肯投巨资于公司，决不虑他国之竞争。弟答以中日新约合办须公司股东情愿，不能勉强。伊谓：今政府于订约之后，间接借款于公司，岂非政府杜绝合办？弟答以通惠将来售债票与政府何涉？伊谓：债票何以出售？将来必是中、交两行垫款，多发钞票而已。旋谓：俟接总行详函，再行奉达。濒行云：翌日当再将总行来电摘录送来。次日送来二函，与面述各节略为委婉。昨早面呈大总统阅看，并将伊面述各节详陈。奉谕：汉冶萍系中国公司，而通惠借款，当然不能不借，合办虽载条约，必须众股东同意，政府不能强迫，等因。奉此，昨已电达左右。执事文电所称与儿玉辩论各节，伊允电东京，不知十五日小田切所接总行来电是否接儿玉电报之后？殊难悬揣。看来日人于此事颇为注意。且听儿玉回信，是否可赓继商议，尚希台端主持。如公司有把握，仍可借用通惠之款，通惠方面当可通融商办，但不可使合办之议愈逼愈紧，必须内外维持，不可再勾心斗角，致使渔人得利。兹将正金两函及弟所发元、巧二电一并抄寄，即请察阅，并与董事诸君同阅，是所至荷。

小田切致井上函

大正四年十一月十九日（1915.11.19）

关于本件，以十五日贵电旨意，已向孙宝琦传达。次日又将该项旨意作成信件送其查照，并曾于十六日以第二八〇号函报告在案。今更将当时会谈情况，作成备忘录奉陈，以供参考，敬请查阅。

本人持十五日贵电通知孙时，开始最顾虑者，为依据贵电本人将采取之行动是否会影响满蒙铁道借款交涉；但另一方面能使日中合办汉冶萍具有成效之端绪，得失相偿。此者是否确有希望，总行方面一定是对所掌握京沪局势之一切材料，经相当审慎估计所有利害和影响后，方判断出前记行动之必要，而发出上项电报，乃毫无怀疑之余地。因此，本人当日即往访孙氏，遵照贵电指示办理。但以本人因对前此所云尚报杞忧，故在与孙会谈时所取之手段系尽量避免对其它问题发生不必要之影响，态度言语均甚慎重，不仅不露丝毫挑拨恶感之辞色，且在送交孙之公函内，省掉上海电报所称之望将直接间接通惠之干预等字句。而在给孙之私信内，则言语辞句稍有不同之说明。此种细心注意,能收如何效果,今天尚无法预料。但本行此次行动,幸迄今尚未发现本人所虑可能影响其他问题之迹象。

如上所述,本人关于通惠借款所采取之行动,至今对铁路借款合同交涉,尚未发生任何影响;但上海合办协议内容,立即传至北京,不能不估计到该项交涉将受多少牵动。一方面盛宣怀之狡猾手段,系利用日本以减轻通惠借款之条件,并中止合办协议;另一方面,就今日盛宣怀及汉冶萍之地位言,要其具有违抗中央旨意,拒绝任何通惠借款条件,决定中日合办之勇气,无论如何不可想象。征之最近上海来电,亦可知其一二。若不幸此等想象之事实果真出现,则我方于合办问题上未收成效,在借款交涉事件中,将会带来意外之挫折,而且将招致两国之间感情不融洽,本人至今犹怀不少杞忧者,其故在此。在此等关系影响下,对此事之应付办法,虽已在尊虑之中,然此时将所想到之事,毫无忌惮开陈,确信系本人之义务。遂于昨日将上项情况电达,若上项估计未中,本人甘受不智之名而不辞。然为本邦前途,则无任庆幸之至。

根据关于通惠公司十一月十五日贵电,我方执行结果,本人估计对目前正交涉中之铁道借款,可能发生影响。但本人依据贵电所采取之行动,能促成上海合办协议。虽可谓得失相偿,然而经深思熟虑之后,即疑盛宣怀之狡猾,其本愿岂非在利用我方来缓和通惠公司之借款条件乎?同时又想到盛不能彻底反对袁世凯,拒绝通惠任何条件而能完成日中合办计划。若不幸此种推测成为事实,将使铁道交涉发生障碍,则本行将处于不利境地。此为本人所最为忧虑之事。重申上述情况,以供参考。

另附别纸如下。专此敬具。

(本函已抄一份发给上海)

[附件]　关于汉冶萍向通惠借款问题与孙宝琦会谈纪要备忘录①

小田切云:关于通惠借款事,前曾在大和俱乐部略为谈及,后因病少有

---

①　此次会谈时间在11月15日。

出门,同时关于此事亦未接奉总行指示,因而加以搁置,未再续谈。本日总行来电,以该项借款在条件上与公司银行间之合同及书面所规定之处,不仅有所差异,且其结果,会扰乱全局。因而在原则上不合,故不得不予以绝对反对。总之,通惠与公司有关之事,不问其间接直接,均为本行所不愿。特将此项电报旨意转达。至于对阁下如此通知中国方面,恐亦不会以好感对待之,当为日本各方所了解。但如关心事情之结果,不如现在即将此事通知,方为注重友谊之表现。

孙宝琦(首先注意听了总行来电之意)云:据余所知,阁下前曾言及通惠借款之条件,违反公司与银行间之合同,但关于其原则,并无异议。现在贵行领导干部拍来如此电报,甚感意外。

小田切云:本问题于会晤杨士琦、孙多森两君时曾听取彼等有关借款条件等事。特别对孙多森,曾列举通惠条件对我方合同抵触之点。至言我对该项借款原则上确认一节,则毫无记忆。此或作专一条件等之谈话时,中国方面发生之此种误会。在同诸君谈话时,不仅通常并未提到本行领导干部之意向如何,而且本人还对以上两君明白说过,并未接到本行领导干部命令。情况如上,而阁下竟认为我在原则上无异议或竟说成我曾如此明白说过,此亦无妨。重要者为此事现接总行命令,且此命令正系刚才所谈情况。

孙云:通惠借款,意在维持公司之事业。如在条件上与合同有所抵触,即可将该项抵触之处加以修正,日本方面实无任何干涉之必要。又该项借款成立结果,公司事业得以整理,同时又能促进营业之发展,公司债权者之日本对该项借款宁不欢迎乎?

小田切云:不然,不然。对本问题不能不从大局观察,如阁下所知,公司与银行之关系向来亲密而且重大,自不愿有第三者参与其间。其故无他,即在于第三者参与时,易引起局面复杂,结果使两国实业之联系受到不良影响,甚至国交上发生障碍,亦难逆料。过去在日中交涉中提出合办问题时,我曾访问过外交次长,认为公司问题,除日中合办外,无圆满解决办法,此系以实业家之眼光以说明此问题者。当时次长之答复为:在政府内部,目前亦有人考虑中日合办,因此,本问题亦可能向此一方面进行。其后,次长所言,非惟未实现,反而有通惠借款之事发生,甚为遗憾! 如上所述,公司与银行之间,如欲搅入复杂之关系,即如拟对公司采取重要办法,中国方面应于事先披沥真情,与日本方面疏通意见,充分研究两国间有无妨碍后始能着手。从任何方面言,均有必要如此办理。然而自此次中国之措施观之,在中日交涉刚终结后不久,即设立通惠公司,首先对汉冶萍公司提议此次借款,继而又对日本投有巨额资金之江西铁道亦在进行贷款等。此等意外之事甚多,日本方面认为中国欲竭力对于日本之事业加以妨害,亦不无理由。我总行发出如上电报意思如何,现虽尚无法了解,但其中恐有上述之理由与感想。至于所谓条件云云,尚属琐碎问题。

在汉冶萍问题上,两国关系密切。而公司现状,从任何方面观之,却处于甚为可虑之地位。依本人所见,解决此问题之方法,除日中合办外,实无其它良策。贵国官民动辄认为合办即意味着日本对汉冶萍之占领,实为极大之谬见。现可举出有关内外合办之实例:如日本北海道之室兰制钢所即系日英合办,英国方面且派有代表人协理事务。又,在大阪方面,亦有不少合办事业,组织与前相同,事业进行良好。任何国家,如与某外国合办事业而投入巨资,则派遣代表人前往保护利益,事属寻常。对于公司拥有巨大债权之日本,希望汉冶萍合办,亦系此种理由,决非含有政治上之意味,而系单从实业上之见地出发者。以如此旨趣实行合办,我确信结果可以扫除一切积弊,而使事业日趋发展,两国关系臻于圆满。

孙云:早在中日交涉时,盛宣怀提出反对合办之理由为:如公司允中日合办,他国亦将要求同样事业之合办,政府便不能予以拒绝,结果同种事业必定勃兴,从而便妨害公司的利益云云。此种理由,当时日本方面亦曾承认。

小田切云:盛之说法,根本错误。日本对于汉冶萍曾投入巨额资金之事,各国均有了解。若言现在日中两方面决定合办,各国即将援例,逼使中国承认新成立合办公司,实无此理。又与公司同样事业会在扬子江附近一带勃兴,更属不可思议。何况即使有此种创办事业出现,东洋方面需用巨额钢铁,销路广阔,对于汉冶萍利益,亦不会发生何等妨碍。若真有此等顾虑,银行即不可能给予公司最近之一千五百万元之通融。关于此点,银行是在充分研究后始作出者。更举一例:如开平煤矿公司纯系英国投资,它国纵欲以此为例,拟在贵国获得同样之权利,恐贵国亦必断然予以拒绝。总之,盛之反对理由,实无半文价值。其所以持此理由以反对合办者,其中恐另有难言之隐。

孙云:日本反对通惠借款原因之一,恐其借款中含有外资,但事实上决无其事。因通惠之资金全部均属中国自身之资金。若资金不足时,则发行债券以补足之。在汉冶萍与贵银行间之合同上,虽有借外债时须先与银行相商之规定,然而利用内资,自无受何等拘束之理由。

小田切云:早年订立之合同,有关借入外债须先商诸银行之规定,诚如阁下所言;但不久前,由上海分行通融二三百万元与公司时,双方来往信件,又有将来公司如需借款时,须先同银行相商之规定。由此可见,不论外债或内债,均不能不先与银行协商。此次借款,公司并未同日本先行协商,即予缔约,系属违约行为。

其次,通惠资金之来源,为日本方面所最怀疑者。过去通惠对江西铁路通融之五十万元,事实上系由财政部出资。如对汉冶萍之借款资金亦恐其大部分将来直接出于政府之手,或间接通过中国、交通等银行进行贷款。因为如债券之发行,根据今日实情,绝难办到,自不待言。所以不仰赖政府之资金,而欲债券募集成功,实毫无希望。由此观之,政府此举系以通惠之名义将公司收归国有,因而可以说是违反日中交涉之规定精神。对于此点,贵国虽有种种辩解,但此种怀疑,实难使之冰释。

孙云:政府对于民间事业之保护,此为各国之通例,假如中国政府此次出资助通惠,亦并不足怪。

小田切云:对于民间事业之保护,各国有类此实例,如对航海事业及其他各种事业用给补助金或补给利息等方法,予以保护及奖励者均是。但凡此均需履行议会及其他相当之手续,依照颁布之法令施行,决无秘密进行者。至如通惠问题,即不能与之相提并论。

孙云:贵总行电之意向,承详告,敬已了解;但尚未接得此类书面公函,今后总行关于此事,如有书面说明,务请见教。

小田切云:诺。

儿玉致盛宣怀说帖

大正四年十一月二十四日(1915.11.24)

所有关于通惠公司借款,敝行意见已详于十月二十五日芜函。惟顷续接贵公司照会,敝行应再修说帖表示,敝行存意如左:

查通惠借款原案,其精神在于占夺贵公司营业权,细察该合同条件,敝行确知通惠公司所怀居心,不特无一不出于此种目的作成条件,且系无视向来与日本已定之合同者。假令以合同条件窥测通惠公司之用意精神,不外乎搅乱贵公司与日本之关系。然则贵公司为此借款究用何种方式,通惠公司用意,既系上陈根底,日本绝对不能承认贵公司与通惠公司结成关系。况通惠借款,虽云国内资金,敝行未便以此一言为证明而表满意也。此复。

高木向外务省、正金银行提出意见书

大正四年十一月二十六日(1915.11.26)

敬启者:

通惠公司借款及合办汉冶萍公司事,密报如下。

关于本借款交涉经过,每次均由本地正金银行分行先行电知在案,想已完全明了。目前情况系遵照上月二十四日正金总行指示,将日本方面更加鲜明之绝对反对旨意公文,自本地正金银行送交公司。盛宣怀云,即以此转达北京。而在北京之小田切万寿之助,又对孙宝琦发出绝对拒绝之公文,如此交相呼应后,大借款可谓已表面解决。但在事实上,如欲获得根本解决,恐尚需一段相当时间。同时,此事如能彻底解决,则在合办问题处理上,有可供参考之处,当不在少。如下所谈,虽不免多少属于旧事,而且尚有重复之嫌,但将此借款由来之起因及公司现状,详为叙述,再加一得之愚见,以供参考,想亦或有必要。

本借款之起因。自表面观之，如公司于十一月十六日致正金银行照会所云，系由于公司财政困难，希望北京政府予以救济，单由通惠公司出面，以代替北京政府进行。其详情已于十月十八日呈报中有所说明。其后真象渐明，实际上，真正起因孕育于本年五月所签订之中日交涉条约。根据该项条约，北京政府受以下约束，即对日本政府，承认公司与日本资本家有密切关系，且公司股东如希望合办，北京政府必须予以承认；因而想到，如果让自来与日本有深切关系之盛宣怀、李维格等一派所形成之公司当局以及以盛氏为主之现在股东仍旧盘踞公司，则不知何时又可复活过去日中合办问题。对中国言，甚为不利。幸公司呈请北京政府救济，有此机会，对之不可不加预防处理（献此策于袁世凯之倡议人为梁士诒和孙多森，而杨士琦、周学熙对此表示同意，最后，孙宝琦亦予同意），使通惠公司草拟本借款合同草案，向公司开展交涉，先予以威胁使之签字。一方面指名要具有公司代表身份而且与彼等有相当关系之公司董事王子展晋京；另一方面将该草案交袁世凯阅后得到承认，在公司代表王子展晋京之际，以已经袁确认为口实，不准窜改一字一句，立即交王持归，迫盛宣怀签字。王子展乃秉承此意，以公司代表身份，未作任何发言，即行返沪，迫盛签字。幸在此时日本出而反对，此种横暴之合同，始获免于签字。而在北京方面，如孙宝琦、杨士琦、周学熙等，认为日本之反对意外强硬，事已至此，深感该案之通过实有困难。此时又考虑不可伤及盛之感情，因而对袁加以劝解。袁亦认为通惠公司之无理，表示同意删除其条件，并对孙发出命令，使盛提出对案，公司至此始获对此作出对案之地步。而本借款之动机及其精神为之顿挫，几须又从头作起。

但盛透露之意见为：公司在从事一切经营方面，如不借政府之力，几任何事均无从下手，而迄今与袁世凯间之意见尚乏疏通。幸有此事，恰如日本俗话所说雨降土固之情况，渐露融和曙光。因此，在不违反与日本已定合同条件之范围内，以通惠借款之名，在精神上全然成为另一种借款，而其条件亦希望与日本协同作成。且在日本方面，最终目的为公司合办。但如目前公司所属之权利尚薄弱时，一切可暂缓进行，俟公司将高坑煤矿、象鼻

山、上硃岭铁矿等权利确定其所属,并从中国政府获得国内全部铁道所用
钢轨之优先供应权时,亦即俟通惠借款签字完毕、在领取到第一期交款三
百万元之明年下半季时,再伺机进行合办之议,岂非更为得策? 其实例为,
如高坑煤矿不能开掘,不仅不能增加萍乡之采煤额,且目前大冶炼铁炉之
燃料亦不能满足。通惠方面知此情况,乃以本借款之成立为一种手段,用
走内线方法,在数日前使江西巡按使作出一些使该矿坑对公司不利之情
况。因之此时即应利用通惠,即利用北京政府,尽量使公司之权利确实,而
公司之利益亦即日本之利益。再,公司现更看到近来钢铁市价上涨,故意
利用政府维持实业之虚名,对于已接受川粤汉铁路全线钢轨(合计七万九
百三十五吨)每吨五十两之成议上,仍在请求加价;又欲接受交通部管辖下
之各铁路所用枕木,完全代以钢铁枕木之制作等。总之,拟借政府之力,解
决多种问题,使政府对于通惠问题,大感头痛。故此时若在日本方面不使
公司遵照日本之条件承认由通惠借入资金,则公司事实上欲维持现状,实
不可能。若日本不顾一切,不问是非,而其根本精神仍用所谓不可调和之
意固执绝对反对,则起初北京政府固然有过失,但现在一定说成谁的不是,
也很难说。因公司所处地位,如顺从日本,则违抗北京;如顺从北京,则又
违背日本。在此种情况下维护现状,诚进退维谷。在北京方面必误解盛宣
怀对日本不费任何口舌之劳,宛如与日本合谋威胁北京。并且最近又有所
谓帝制问题之重大事件,横亘其间。现在公司方面成了既不能希望得到资
金,又不能要求发展的样子。而在已经作到那样之通惠问题上,看来北京
方面如不能积极地将公司掌握在手,则千方百计采取使公司遭受困窘之策
略,尽量削减公司之权利,亦即间接削减日本之权利,用此种消极报复手段
暂时监视公司行动,也是其一种策略。而盛亦可能以新近日本发出绝对反
对之声明(已由小田切转达孙宝琦),而有原封不动,置之不理之势。公司
目前经费不足,此虽使其难以摆脱仰赖日本方面之补救,但既得利源将渐
次减少乃至消灭。如此,由其不利而引起之苦痛,无论如何亦为当局者所
难以忍受。对此,投入巨额资金之日本方面,恐亦不能坐视。因之又遇到
应该如何着手解决之问题。据本人愚见,日本所应采取之方法,除在以下

三方案中任择其一外,别无他法。

一、日本当初对于通惠借款曾表示拒绝、反对,其主要旨意是以该借款扰乱日本与公司之亲密关系,而认为不可。如此次盛之提案,在表面上虽亦如以前所说通惠借款那样,但在事实上则完全为新规定者,即由日本作成条件交与公司,而公司又以之转达北京。如该项条件通惠不满足,而加以拒绝,则通惠此种拒绝,公司即可以之避免所谓无视袁总统好意之责难,其中对盛实表示多少同情,而对梁士诒等之猖狂有所不满之杨士琦、孙宝琦、周学熙等,亦可资为内应,以疏通与袁总统间之意见,有便于确保公司权利之扩张。

二、若以所谓通惠公司名义之实质精神尚不足以称之全新,那么,公司中止由通惠公司借款,而直接仰赖北京政府之救济。如以此为第二方案,则无再作成合同之必要,仅由公司作一请愿书即可。

三、第一方案表面上变更合同条款,事实上则为全新规定之事,即在精神上完全为另一事。但如前所述,通惠公司创立之动机,乃出于妨碍有关日本利权之旨意。通惠创立以来所着手者,第一为江西铁路,其次则为汉冶萍公司,此足见其目的之所在,全然与日本利益相反。因而日本对通惠公司与汉冶萍公司无论如何形式结成之关系,均为日本所不愿。所以第一方案为下策,当然不在讨论之列。第二为仰赖北京政府救济方案,意义亦同,即名义上虽为通惠公司,然实在公司处于傀儡地位,而北京政府才是主体。公司若采取此种方式,亦非所愿。但如北京政府对此第二方案不附以任何条件,则日本失掉反对口实;同时,在公司接受此项密谈时,其对公司采取恩威并施之手段,使公司只有谋求采用此种方法之措施。加之在单纯谋求此种措施中,使公司全然对北京政府成为对抗之形势,结果使公司自受其苦,而日本自身亦将有所不利。所以,用此方法一方面公司之行动固然受到束缚;但另一方面,则正需要立即采取积极手段重新与北京政府进行合办交涉,即利用此机会对汉冶萍问题作根本之解决。此不仅为公司之利益,而且亦为日本所应采取之最好策略。

再,对于本案,李维格亦有相同之意见,何以不向公司而乃向北京政府进行合办交涉?

汉冶萍公司日中合办系时间问题,迟早必定实现,此亦为中国朝野任何人所不置疑之事,北京政府以及公司股东均有此感。但对签字者,要受到舆论攻击而被称为卖国贼,并会遭到社会上非常之迫害,此亦为人所深知。不久前中日交涉时,北京政府即将此责任完全归之于公司股东盛宣怀,以避日本交涉之锐锋。故日本对盛进行合办交涉,对盛强行要求,乃日本恰坠北京政府权术中,而使盛独受其苦。现盛在公司之力量,因其他股东恐受牵累,对盛无表同情者,公司事业今后借助于中央政府之权力者正多。如从公司将来之经营看,便不能使北京政府单纯采取事后承认之形式,必须自始即使其成为利害与共之伙伴从事合办。如此方对在公司投有巨额资本之日本有利。

由于北京政府威力大,对于舆论攻击及地方反抗等,均可得而压服之。是则北京政府将公司民间股票全部收买到手,即一旦收为国有,便以北京政府为伙伴,达成合办。以前成为悬案之中国铁道钢轨全部优先供应权及高坑煤矿、湘东锰矿、象鼻山铁矿、上硃岭铁矿、萍株铁路运费等问题以及中国国有铁路枕木供给权等均可同时获得解决。因而实行合办后,在经营方面,可有极大便宜。然而在以前中日交涉时,北京政府曾声明公司为商业股份有限公司,政府不能对之施以强制,令其合办;如公司自愿合办,政府可立即承认,以之巧避交涉之锋芒。当时日本由于对此事未与公司方面进行任何交涉,不知公司方面之打算,不得已,因有该项声明,即行作罢。此次通惠问题,梁、杨等态度非常横暴,不期然而然地使公司当局及大部分股东产生依赖日本之感情,认为在此种横暴政府下,公司经营前途实感不安,毋宁由日本强迫北京政府,收买公司股票成为合办。随日本之意,若能照额面价格付给,当会发生乐于接受之倾向。盛亦看出一般股东之此种倾向,假如日本能更进一步强迫北京政府,使之对公司发出如此通知:"日本现提议公司成为中日合办,北京政府认为,只要公司股东无异议,可予同意,公司意见如何,盼复"。则公司立即召开股东大会,对政府作出如下决议呈复:"如对民间股票照额面价格收购,股东即可放弃权利。至于中日合办，一切悉凭政府自由处理。"

尽管盛宣怀对召开如此结束性之股东大会，曾声明须有如上述条件作为保证，但日本已了解公司方面之打算，对于合办并无异议。惟手续上应研究使北京政府作出通知之办法。但此合办新提议，何时提交北京政府，公司方面意见，应俟通惠问题解决后，再徐徐伺机提出。而我方意见，以通惠问题既为日本绝对反对，且经一再反复声明，也是须告一段落始能向北京政府提议。

由于如上之考虑，鄙人认为关于合办，须在本地尽力采取适当方法。尽管六日电未取得同意，而十四日贵方电，则有如下之指示：如上所说，不过详述实行之办法。关于该项办法，固应采取机密行动，唯当前最紧要之事为秘密协定有关合办条件内容，希迅速提出草案为要。但盛宣怀之意见，在本地进行合办交涉，因有前述情况，决非良策，如条件内容之商定，以同北京政府进行为宜云云。实际上欲将公司股东权利，以一千二百万元卖与政府，而股东权利一经转移至政府手中，则与新权利者之政府进行内容协商，想来是自然之手续。因盛有此意见，二十三日遂致总行电称：

一、股东领得现金后，即放弃股东权利。

二、现在公司当局不负直接合办之责。

三、股东在领得现金后，不问资金来源如何，自可认为公司已成为国有，从而合办条件，完全应由日本与北京政府之间协定。

四、对于以上之事，盛宣怀保证股东无任何异议。

如上所述缘由，谅已先得了解。

再，盛宣怀关于合办问题曾预先同日本进行上述协商之事，深恐为北京政府所探悉。贵方对北京政府提出合办问题时，希事前预为通报。其时鄙人在本地恐招北京政府之疑，是以在贵方决定后，本人即首途回国。需与盛宣怀间往复事项，如用电报，则无日本人出入盛宅，即叮避免北京政府之疑虑，有利于合办问题之进行。二十四日在与儿玉正金分行经理面晤时，亦曾谈及在最后场合，鄙人以到日本为宜。本地现状及愚见所述之情况如上，对此有何高见以及我方今后应采之方针，希予指示！

再附陈者,盛之病状,近虽稍见减轻,终究已属半死病体,是否能无事度过本季严寒期,实为可虑。如盛有万一,则在结束股东之事上,恐又将引起一大挫折。因此对此问题,实有迅予解决之必要。

上函经与本地有吉总领事和儿玉分行经理商议,谨报请察核。

(十三) 与湖北官绅交涉债捐

丁立中①、时象晋②致公司董事会函
民国二年四月三日(1913.4.3)

汉冶萍公司董事、经理台鉴:

敬启者,日前汉冶萍公司开股东大会,取消国有,决定商办,票举盛宣怀为总理,立中、象晋承湖北军民两政府委任,代表来申,全体股东简邀到会。因未居股东地位,不便径直发言,特请主席王君子展、章君佩乙代为宣布,时间甚短,恐不克毕我辈所欲言之来意,容俟总理承认就职后,当与面商妥协,再转达各股东云云。当时因即散会,迄今事逾多日,总理盛杏荪先生承认担当与否,未见公司宣告。日昨立中又趋公司面谒李一琴经理,请将湖北官本问题及对待办法,即日解决,以便返鄂报告军民两政府。当承李经理云,盛先生已辞总理,公举为董事会长,嘱立中等将来意函达贵董事,以便星期六开会提议解决。奉闻之下,当将来意缕晰草陈,以冀经理与各董事及盛会长商定后,正式切实答复,俾得一致进行,免致迟疑观望。

查汉冶萍厂矿,自武昌起义后,保护维持,屡与公司函电往来,卒不得其要领。今所不能已于言者,其要有三:曰事权,曰财权,曰地权。

事权者何? 汉冶萍商办公司何自防乎? 由前汉冶萍督办盛宣怀承办

---

① 丁立中(1876—1958):字笏堂,江西新建(今南昌)人。时任武汉军政府军务部秘书、湖北行政公署委员。
② 时象晋(1854—1928):字越皆,湖北枝江人。时任湖北省教育司司长,兼代民政长。

后召集各商合资而成者也。盛督办何所禀承而履行兹事乎？由前鄂督张之洞奏派而来者也。推溯权源固起于鄂之行政长官，今继续办理，股东一切有效，而独于事权一节，赵凤昌辈始则盘踞沪公司，既而耸动工商部，希图收归国有，抹煞吾鄂，置军政府及民政长于局外。吾鄂地方人民所不能已于言者，此其一。

财权者何？开办经费，汉阳一厂、冶萍两矿，置屋购基，先后去款一千数百余万，折成五百六十万〈两〉，此皆鄂督于鄂省固有款中筹拨而来者。当鄂督奏办时，以为指日大利可成，不必锱铢计较，既未计息，亦不限期。在鄂督之意，只以一省关系，他无分利之处，即厚与公司利益，亦未始非体恤商艰，提倡实业之苦心。今则情形大异，湘之借款及公司平余拨归工商部之款，俱经在事董事及经理收作成本，发给股票，独于十八年以来未取息金之成本置之不理。吾鄂地人民所不能已于言者，又其一。

地权者何？厂矿三处，鄂得其二，矧地之利有大小，其权即应判轻重。以三地比合而论，冶为至重，汉与萍较轻。冶矿产铁甚富，煤为炼铁之物，厂为炼铁之地，有冶而后须汉，有汉而后须萍，此其连类而及者。今据前日开会，主席报告，在事董事及经理，举吾鄂与湘赣并论，独不思湘无地权，断乎不能比并。赣有地权，视鄂只占三分之一。湘之债权变为股权，赣无财权，前闻工商部员王治昌云，部欲拨款予之，鄂之成本数多岁久，反令向隅。吾不知在事董事及经理何厚于湘赣而薄于吾鄂，固为此上下其手之事，是诚何心也。吾鄂地方人民所不能已于言者，又其一。

今以三事直陈，请为逐一商订。股东大会业已取消国有，决定仍归商办，前多数股东呈鄂军民两政府，请以旧总理盛宣怀复任，清理公司，筹画进行，批示准如所请，饬即来鄂接洽。孙上将武在京时，即以兹意面呈，大总统深表同情，南朔一致。根据奏案，公司无直接工商部之必要，自有鄂政府就近主持，何必倒行逆施，以致事权紊乱也。公司财权所集合之一千二百余万，股东固有之财权也。民国成立，在事董事及经理办理一年有余，代表等不能知其确情。就所闻言，公债票五百万近已所存无几，新旧股款损失甚巨。将来厂矿发展，自应仍照原数计息，决不得除去损失之数计息。

鄂之成本五百六十万,以此例推,即使改为股本,十余年来官息不保,损失已属不赀。地权名义在鄂督原奏虽未提出,然云生铁一吨抽银一两,即将官本数百万抽足还清以后,仍行永远按吨照抽,以为该商局报效之款,此即确认鄂省地权之证。此公司之商办,乃鄂督奏请盛宣怀招集商股,督商妥办,与寻常合资显有区别。商办继续进行,则报效一条自应有效,此鄂之地权望根据鄂督奏案永远履行者也。赣省萍矿当本此意斟酌办理,若拨部款以作股本,立中决不敢轻易赞成。

总之,此公司创办之时,人为鄂人,地为鄂地,款为鄂款,产为鄂产。鄂政府设局办事,所以委孙上将武督办之意,以及孙上将武不避嫌怨,毅然决然一再委立中就商于贵公司之意,决非为一身计,为一督办计,乃因公司之外债负重如山,厂矿之危亡若发,加以赵凤昌辈利令智昏,徒与鄂为意气书面之争,欲坐享渔人之利。公司既不能整顿维持,吾鄂何忍坐视其沉沦败坏?种种苦衷,当亦为在事董事及经理所共谅。吾鄂苟不失其固有之利权,无不极端赞成。至于有关系之部与省,亦须求其折衷至当,断不存抑彼伸此之心。此则可以代表鄂政府及孙上将武而下决辞者也。

立中等承鄂军民两政府及孙上将委任莅会,而后又经数日,盛会长将次任事,特布区区渎陈聪听。伏祈商定后,从速正式示复,不胜待命之至。

丁立中　时象晋谨启

丁立中致公司董事会函

民国二年四月十六日(1913.4.16)

杏荪会长暨各位董事钧鉴:

昨蒙约会与金簏、仲礼、一琴、绥卿、慎钦诸公聚首言欢,讨论汉冶萍公司关系鄂省事权、财权、地权三问题,仰承按照立中前呈公司意见书,分别示复,伟谋硕画,无任钦佩。第事实之囿于一偏,条件之尚需酌改者,当时即经面陈梗概,兹再特申前议,另条录呈,即希裁复。

一、事权　公司要求鄂政府令饬兴国知事,开导地方人民,出示保护锰石矿,发还汉阳直方造砖厂、伯牙台军队占驻之厂屋。鄂省本负有护持之责任,又有股本之关系,当可照请施行。

二、财权 准复议鄂省实用官本五百五十八万六千四百十五两,已还过官本洋例银一百七万五千四百十七两一钱二分五厘,现改为股本,已缴之数固应剔除等情,循名核实,理亦当然。至云无成之矿,已废之矿,拆去之机器炉座,开办时縻费多款,统算入官本内,公平折算扣除,然后实余若干,改为股份,方昭平允等语,似属作难翻议。在立中代表鄂政府来议,已逾兼旬,事事主张和平,不出片言责难,当为在事诸公所共谅。今如复议,一则曰开办时縻费多款,再则曰开办时费款甚巨,试问为厂矿而縻款乎?抑为湖北而费款乎?不待智者而知也。在事诸公既主张联络地方感情,似不可吹求,引起恶感。所云折算扣除一层,应请勿再提出。如果欲坚执,鄂省亦必有辞,即昨夕接鄂电云五六数(即指五百六十万两),自开办以来,并未计息;铁捐自出铁以来,亦未收取今十七年余,二者为数甚巨,但从此后认股计捐,即为让步等语。倘果两两争执,终无结局,可惧孰甚。至复议谓填制股票起支股息之年月次序,仍以每年出铁之数,应抽铁捐之数为标准,庶赓续前案权利两得其平。立中揆诸意义,殆因公司力薄,骤难负担,此亦事理之当研究者。但股票支起股息,必有一定之规章,岂可为鄂而两歧,若以每年出铁之数为标准,月日尚须计议,手续极为繁难,股章亦须变更,殊非划一事权之办法。若以公司负担太重计,已与在事诸公面面商就,拟将鄂省官本应改股本之数,以一半照公司普通股票支息,以一半照议复履行。所谓权利两得其平者,实无逾于此也。

三、地权 一两铁捐,永远报效,盛会长等以保全公司之久远,应赖地方之护持,已承变更复议,照常履行。至大冶尚有官购矿山,如鄂政府拨给公司开采,拟照前次补助大冶自治经费成数,每年加倍呈缴,以表公司报效之忱等语,此亦官商互相维系之计画也。矧鄂有股本甚巨,利害攸关,当然可以酌量拨给开采。惟照补助自治经费成数,每年加倍呈缴一节,似属事有限制,官山本有大小之分,经费当有多寡之别,不如改为酌量加缴。

总之,立中对于汉冶萍公司奔走数月,往返磋商,不惮舌敝唇焦,惟求官商两得其平。尚望会长暨董事诸公力主和平,详悉酌夺,即赐正式函复,切实力行。俾立中膺鄂政府之命而来,获汉冶萍之股而返,一则可表示公司对于地方推诚相与,一则可主使地方对于厂矿极力保全。区区之忱,即希亮察。并颂

公安

丁立中谨启

公司董事会致丁立中函

民国二年四月十九日(1913.4.19)

笏堂先生大鉴:

接奉手函,以鄂省对于汉冶萍公司具有三权,代表鄂政府来沪协商,祗承一是。叠经敝会讨论,根据奏案,参合事实,而以商力之所能胜者,勉答盛意,谨条列如左:

一、事权 公司应认鄂政府保护维持,从前汉冶厂矿归商办后,省城尚有矿政局,系司道会衔管理,所有公司地方交涉事件,一面咨总督,一面照会矿政局,后因裁并局所,即归并善后局。近闻各省均设矿务局,管理各省矿务,测勘各处地产,招徕华商试办,以防外人觊觎,诚属要举。鄂省除铁矿之外,尚多他矿,似可特设一局,即由鄂省军民两府公举孙上将督办。以后汉冶萍公司如有地方公事应请保护维持,即可径商鄂省矿务局办理,并请该局专派一员往来其间,以通气脉。此员薪费按月由公司支领。

一、财权 鄂省筹商拟以张前督用款给发股票,而工商部复国务院公函声明,公司自前清光绪十七年创办,至光绪二十二年改归商办,计费官款五百六十余万两,并无减半折算之事。此五百六十余万之官本大半系由张之洞奏拨应解中央之款项,及部款二百万两,并非纯粹鄂款。可指为鄂款者,仅有盐库之六十余万,成案具在,非可臆揣。商办之始,议订出铁一吨提银一两,陆续偿还,并无作股之说,结至前清宣统三年为止,已共缴银一百三十余万两,是鄂款久已加倍收回,无复财权之可言等语。又查光绪二十二年官商交接奏定章程第四条内开,拟自路局购办钢轨之日为始,所出生铁售出一吨,每吨提银一两,按年核计共出生铁若干,共应提银若干,汇

数呈缴，以还官局用本。其煤与熟铁钢件应免再提，俟官用清还之后，每吨仍提捐银一两，以伸报效，地税均纳在内，并无另外捐款等语。今依来议将官款改作股本，此议若出于公司呈请，恐财政部尚有驳论，如鄂省决议如此办法，应请黎副总统径商袁总统当可照允。至于股东一面，应由公司开会议决，俟中央政府及股东会两方面通过后，再将敝公司已经缴还官本及枪炮、钢药两厂取用料价结算抵捐除去外，所余官本若干，应照每年出铁之数核计应缴之捐，分年填给股票。如公司营业盈余，与商股一律分派，不能支取官利，以照公允。至一两铁捐，既经按年填股，即不能再行缴捐，必俟将官本陆续填给股票全数填清后，再行按吨计捐，或仍填股，或缴现银，届时酌议办理。惟须援照原案，请鄂省呈请中央政府特发命令，声明此后公司对于政府地方别无另外捐款，以符原案而纾商办。再，鄂省铁矿全赖萍乡煤矿方能配合而成，赣省现闻鄂省有此问题，其来电亦有财权、地权之说，现在萍矿为赣省派人四在矿路近处开挖土矿，势必大害机矿，一旦灌水坏窿，祸且不测。然欲请其停撤，亦或援照要求，而萍矿并无丝毫公款在内，惟张督拨用公款五百数十万两之内，实有两淮盐务五十万两，江西在两淮区域之内，可否商请财政部，即以此五十万两按照鄂章填给赣省公股票，以平其心。在鄂省休戚相关，若允照此通融办法，保全萍矿，即所以济益汉厂也。

一、地权　去年公司议在下游苏省界内浦口等处建设新厂，就近取铁，或用峄县煤、泾县煤开炼，外人乐其便于转运，甚赞成之。今议鄂赣地方疏通，仍照从前原奏，在大冶设炉四座，毋庸移改下游，惟公议必须预算大冶能否永久敷用，方能定此方针。查公司购有矿山，以供汉厂四炉及日本预定之矿石，恐难再供大冶四炉之用。原议张前督圈购之有铁矿山均可供给公司开采，应请湖北民政府备文正式移交，则公司预算始可议决大冶开造四炉，而驳止下游另行建厂之议。在公司固可驾轻就熟，在鄂省境内出铁愈多，则填股亦愈多，且开办四炉，每年费用散于鄂境者，何止数百万两。无形之利，更多于有形之利，此鄂省不费力而操券可得者也。否则，去年公司新计画决在下游开办，则有形之利无形之利悉让他省矣。应请贵省早赐

公断，以便股东常会解决为荷。专此。复请

台安

汉冶萍煤铁厂矿有限公司董事会谨启

丁立中致公司董事会函

民国二年四月二十日（1913.4.20）

汉冶萍各位董事先生大鉴：

　　昨奉公函，以汉冶萍公司对于鄂省三权问题，迭承贵董事讨论，根据奏案，参合事实，准答复之盛意，至为可佩。而条列之难词未便赞同。谨复如左：

　　一、事权　来函引据前案，请特设局，由鄂政府公举督办办理汉冶萍地方保护维持公事，并请专派一员，往来其间，薪水按月由公司支领等语。查矿政乃实业司之一端，对于汉冶萍公司本负有护持之责任。现在可否设局督办之必要，俟立中返鄂准来函之情意，呈请军民两府，交省议会提议施行。

　　二、财权　来函大更前议，故意刁难，取工商部复国务院公函二节，支支吾吾，变更事实，殆希图抹煞鄂省五百六十余万之官本耶，抑抵塞出铁一吨抽银一两，永远报效之铁捐耶？公司非国院，何得执工商部之复函而复鄂省，量沙塞水，行诈欺人，乃黠者之惯技，想达如董事诸公必不效桀犬之吠尧也。惟云将官本改作股本，此议若出于公司呈请财政部，尚有驳论等语，官本作股是鄂之议也，公司无呈财政部之必要，又何恐财政部之有驳论。又云鄂省决议如此办法，应请黎副总统径商袁大总统，当可照允等语。鄂之议黎督之主张也，径商袁与否，鄂自有主权也，允不允与公司无预也。鄂向公司取官本改股本，实属有意维持公司，公司何必代鄂省而生枝节。又云股东一面，应由公司开会议决，俟中央政府及股东两方面通过后，再将公司已经缴还官本及取用料价结除外，所余官本若干，应照每年出铁之数，核计应缴之捐，分年填给股票。如公司营业盈余，与商股一律分派，不能支利等语，是董事诸公不明事理，以意为出入也。商办公司只由董事决议，何须中央政府通过？已缴之洋例一百零七万余两，因维持公司，不得不除，若以五百六十万子母计息，子复为母，以十七年计之，超过于本甚巨，本息合相公司算取，虽取料价算亦不多，每年照铁缴捐，股票分年填给，此乃谎谬之言也。缴捐现款也。股票赊帐也。鄂省不求现款而求赊帐，已具维持公司之苦衷。公司中人恩怨不分，事理不明，曰分派盈余，曰不能支利，汉冶萍厂矿是鄂督创办，开办经费是鄂省垫付，今反主体而为客体，竟不能享一股东平等之权利，可慨孰甚。又云一两铁捐既经按年填股，即不能再行缴捐，必俟官本陆续填给股票，全数填清后，再行按吨计捐，或仍填股，或缴现银，届时酌议办理等语，鄂政府主议以官本改股本，不啻三令五申，公司岂犹昏瞆不知耶。按吨计捐，当继续有效，或仍填股，或缴现银，届时鄂省自有权办理，现在之问题未决，将来之问题难言。又云请鄂省呈请中央政府特发命令，声明此后公司对于中央政府地方别无另外捐款等语，尤为无理已极。鄂以官本改股本，是分内应得之事权，非包中央政府地方另外之捐款，由鄂请政府命令声明，具何理由，来函未叙，鄂省未便与之盲从。又云赣省萍矿各节，公司当速设法对待，鄂省本分之问题尚未解决，何能过问赣事。如何进行，公司毋自侮而致人侮也。

三、地权　来函云公司在下游建设新厂，是公司自有之主权，扩充之力量，鄂本提倡实业，乐于赞成。若以在冶设炉，矿不供用，请将鄂省官购矿山移给公司开采，驳止下游建厂之议，表面则未分界限，实际则近于要挟。至于鄂获无形之利云云，使鄂无土地以供开采，无人民与之工作，公司又有何利于鄂省？岂公司在大冶则鄂利，在下游则鄂不能自利其利耶？办事人当居心正大，就事行事，不能偏执意见，节外生枝。诚如在下游开办之言，抛弃已成之局，收效有无，未可限量，若以此挟制鄂省，是有意与鄂省为难，鄂亦未便容忍坐视也。

以上所言，实因公司大反前议，陡变真相，负鄂政府保护维持之苦衷，拂立中代表调停之本旨，违盛杏荪会长往返讨论之情词，背董事周、沈、杨诸公日前面议之条件，是何存心，殊不可解。此次在沪待商两旬，开始赞成盛公主理公司，希望其老谋胜算，大事扩张，发展政策，利于公司，利于全国。鄂本具此绝大之硕念,故事事磋商让步,公司竟成捣乱之诡谋,而处处无厌进取,前函条件置不答复,题外议论,累牍连篇,窃不取焉。立中现为最后之厉言,鄂省官本五百六十万之股票,如照填给,速付交来;不允填给,限函到二十四钟内正式答复。若财权问题一解决,其他事权、地权,极易商榷也。今特出此戆直之言,不愿再闻游移之语。望董事诸公开诚心布公道,勉副前议,毋生后言,则幸甚矣。立中迭得鄂电催促,决定明日束装乘江新轮返汉。肃此辞行。立盼复示。敬请

公安

丁立中谨启

盛宣怀致李维格函
民国二年四月二十一日(1913.4.21)

专启者:

昨夜接湖北代表丁立中公函一件,今午又接函一件,均呈公览。此事笔墨愈多,恐误会愈甚。弟当即函复请丁君二十一日下午三钟到敝处会晤,一面另拟简明节略及预算分期帐单面交,与之坚明约束,俟鄂省转商中央政府核准停捐,五月二十一日以前知会,公司届时股东常会亦可开议,如若不然,即属罢论。丁君踌躇良久,谓非有切实手续,回鄂徒托空言。弟因其即须起程,即在议单之内两面签名,兹特将该代表签定议单两件附上,即祈查核。弟又告知公司生活全在大冶四炉,而大冶四炉,全在官山供我取用。至地方捐款,如果多用,不妨随时酌加,但必须予一实在凭据。丁君满口应允,并欲公司再给催函,以便彼回鄂可凭催定。即祈尊处迅速赶办一函,专言此事,送下签名,以便明日送往为幸。祗颂

均安

盛宣怀谨启

公司关于铁捐改填股票之条议
民国二年四月二十一日(1913.4.21)

迭承手牍及面议多次,谆谆以张前督奏销官项原定出铁每吨提银一两

归补者，改由公司填发湖北公股之股票，敢不遵照。惟汉冶萍公司董事会屡经会议，为难之处，实不能不据实奉告，以期折中至当，可以实行。

甲、张前督奏明预缴铁捐一百万两，余由按吨抽捐归还，还清之后，公司情愿永远照办，以伸报效。原以国家缔造铁厂，关系国脉，甚为远大，历举福建、上海、天津机器各厂所用官款，均无归宿，而汉厂有此捐款，分年缴还，已属增胜，故商人拼命允从接办。今欲顷翻前案，此一难也。

乙、张前督自光绪十七年开办起至二十二年交付商办止，共计奏销官本五百五十八万六千四百十五两。当时商股接办，因其糜费甚多，可以作价者，约计不过一半，故股东第一次帐略载明，官局移交产业列作成本洋例银二百七十八万七千九百九十四两三钱。今欲全数承认，此又一难也。

丙、汉冶萍该款，据经理报告，壬子年已用洋例银三千六百万两有奇，停工一日，须赔银利费用约五千两。今忽欲加负数百万之虚股，则公司便须该银四千万两以外。此又一难也。

丁、公司若全属股份能有五六千万元，今欲令加虚股五六百万元，则九实一虚，不难成议。无如资本之中，仅有股本一千三百余万元，今欲出虚股票五六百万元之多，是何异变相国有之策，恐公司负担不起，则股东未必允服。此又一难也。

戊、公司至今日非从大冶添炉，多出铁货，断无成效。今欲添炉非筹巨款不可，国家补助既难，华商招股绝望，即借款亦不易。今闻借款洋行要挟颇多，而尤以消除股东官利为要事，其欲绝我招股之路，已可概见。今若骤添虚本实利之股份三分之一，恐于借款亦有阻碍。此又一难也。

己、有此数难，而鄂省要索股份又牢不可破，计无复之，只有截至民国二年年底止，将预缴银一百零七万二千余两抵销之外，先行改给股票银四百万两，合洋五百四十七万九千四百五十二元，计自民国三年起至民国十四年止，按汉冶两处每年出铁之数，即以填发股票。其余五十余万两，或再援发股票，或于民国十四年之后，仍按一两缴捐，悉听再议。

庚、股票填发四百万两，则以出铁四百万吨抵销完竣，此外出铁如不须再填股票，仍照前案每吨纳捐银一两，永远不改。

辛、此项预填股票,以是年出铁抽捐之数为准。鄂省所执之公股票到期之下一年,即与一千三百余万之股票同得股东应有之股息,及应有之股权。

壬、工商部复国务院文内载明,张之洞计费官款奏拨应解中央之款项及交通部(实系户部)二百万两并非纯粹鄂款,可指为鄂款者,仅有盐课之六十余万。商办之始,议订出铁一吨提银一两,陆续偿还,已并无作股之说,结至前清宣统三年为止,共缴银一百三十余万两,是鄂款久已加倍收回等语。故此次改掣股票之议,应请鄂省议决,径商中央政府,与公司无预。

癸、一俟中央政府允准,即请鄂省正式知会公司,五月二十日前即当开股东常会,通过后,便可一气按期预填股票。因公司本已重印新式股票,俟开常会,所有一千三百余万之股份亦须填发新票,以归一律。

民国二年四月二十一日

鄂政府代表　丁立中(印)

官本改填股票预算帐单

民国二年四月二十一日(1913.4.21)

张督官本银五百五十八万六千四百十五两

缴过一两铁捐洋例银一百零七万五千四百十七两一钱三分五厘。

应存官本银四百五十一万一千零九十九两七钱八分六厘,七三合洋六百十七万九千五百八十八元七角四分八厘。

按四百万两,七三合洋五百四十七万九千四百五十元。

又五十万两,七三合洋六十八万四千九百三十一元四角九分三厘。

又一万一千九十九两七钱八分六厘,七三合洋一万五千二百零五元一角八分六厘。

民国元年、二年出铁之数,大约不过十万吨左右,而汉阳铁捐项下,尚存洋例银三十四万八千一百七十四两零七分九厘。现议将民国元年、二年出铁约计十万两左右抵扣之后,自民国三年起,即照新章办理。所有新章列表于后:

民国三年十二月三十日期股票

是年汉阳三炉出铁十三万二千吨,即填股票银十三万二千两,合洋十八万零八百二十元九角一分八厘。

民国四年十二月三十日期股票

是年汉阳三炉出铁十三万二千吨,又第四炉约计秋冬间可以出铁,作一百二十日计,出铁二万四千吨,合共出铁十五万六千吨,即填股票银十五万六千两,合洋二十一万三千六百九十八元六角三分。

民国五年十二月三十日期股票

是年汉阳四炉出铁十九万八千吨,即填股票银十九万八千两,合洋二十七万一千三百三十二元八角七分六厘。

民国六年十二月三十日期股票

是年汉阳四炉出铁十九万八千吨,即填股票银十九万八千两,合洋二十七万一千三百三十二元八角七分六厘。

民国七年十二月三十日期股票

是年大冶另添一炉,约可出铁八万二千五百吨,汉厂四炉出铁十九万八千吨,共出铁二十八万五百吨,即填股票银二十八万五百两,合洋三十八万四千三百四十六元五角七分五厘。

民国八年十二月三十日期股票

是年大冶可成两炉,出铁十六万五千吨,汉厂四炉,出铁十九万八千吨,共出铁三十六万三千吨,即填股票银三十六万三千两,合洋四十九万七千三百六十元零二角七分四厘。

民国九年十二月三十日期股票

是年大冶两炉出铁十六万五千吨,汉厂四炉出铁十九万八千吨,共出铁三十六万三千吨,即填股票银三十六万三千两,合洋四十九万七千三百六十元零二角七分四厘。

民国十年十二月三十日期股票

是年大冶两炉出铁十六万五千吨,汉厂四炉出铁十九万八千吨,共出铁三十六万三千吨,即填股票银三十六万三千两,合洋四十九万七千三百六十元零二角七分四厘。

民国十一年十二月三十日期股票

是年大冶可成三炉,出铁二十四万七千五百吨,汉厂四炉出铁十九万八千吨,共出铁四十四万五千五百吨,即填股票银四十四万五千五百两,合洋六十一万零三百七十三元九角七分二厘。

民国十二年十二月三十日期股票

是年大冶三炉出铁二十四万七千五百吨,汉厂四炉出铁十九万八千吨,共出四十四万五千五百吨,即填股票银四十四万五千五百两,合洋六十一万零三百七十三元九角七分二厘。

民国十三年十二月三十日期股票

是年大冶可成四炉,出铁三十三万吨,汉厂四炉出铁十九万八千吨,共出铁五十二万八千吨,即填股票银五十二万八千两,合洋七十二万三千三百八十七元六角五分八厘。

民国十四年十二月三十日期股票

是年大冶四炉出铁三十三万吨,汉厂四炉出铁十九万八千吨,共出铁五十二万八千吨,即填股〈票〉银五十二万七千五百两,合洋七十二万二千六百零二元七角五分四厘。其余银五百两,仍照原案交付一两捐款。

以上约数系照现在公司预算核定,但恐时局靡常,或有意外不测之事,以致造炉年限不能如期,出铁程度不能如数,届时应由公司与鄂政府秉公商展股票起息年限。所有开炉日期、出铁综数,公司本当按年呈报也。

民国二年四月二十一日

鄂政府代表　丁立中(印)

公司关于请拨官山归商开采之条议

民国二年四月二十一日(1913.4.21)

再,大冶现用铁山,均系商购,尚有官购铁山,前督张之洞原文,如商购不敷采炼,必须开及官山,届时另再咨商,可以酌拨等语。此次与贵代表面议,鄂省以官本抵换股票为要义,公司以官山准予商采为要义,实则填发股票年限,获利迟早全在大冶添炉,仍是鄂省与公司利害相同也。此事屡经商议,承贵代表体恤,鄂政府维持铁政之宗旨,极表同情。四月十六日接奉函开:此亦官商互相维系之计画,矧鄂有股本甚巨,利害攸关,当然可以酌量拨给开采。惟照补助自治经费成数,每年加倍缴呈一节,似属事有限制。官山本有大小之分,经费当有多寡之别,不如改为酌量加缴等语。查大冶官山,请允拨济新炉之用,实为公司生活之希望,全在大冶四炉,而现在矿山除供汉厂四炉及抵还日本预支矿价外,必难再敷添炉之用。务恳贵代表商请鄂政府核准移交,为添炉之预备。一俟此事定议,敝公司即当赶紧筹款,相度炉基,认真开办,以期仰副鄂政府之期望。至地方捐款,如果多用,自应随时酌量加缴,以伸酬报。特再奉恳,伏希查照办理。实为公便。

民国二年四月二十一日

鄂政府代表 丁立中(印)

盛宣怀致李维格函

民国二年四月二十二日(1913.4.22)

一琴先生鉴:

顷奉复函,所拟大冶官铁山一信,甚为妥贴,惟念公司去信,彼未必复,且恐一再烦言,听者藐藐。现已照原稿酌加数语,并将丁代表四月十六来函摘叙在内,即以此件附入昨订股票条议之后,由弟签名,合订一本,交其带去一并呈送军民两府阅看,庶有份量。公司应执之条议亦照如此办法,已由丁代表签名盖章送来,即请阁下阅后,转交董会诸公同核存案可也。

此请

台安

愚弟盛宣怀启

董事会诸公均览

湖北省政府致孙武函

民国二年六月十四日(1913.6.14)

径启者,案准省议会咨开:案准咨交汉冶萍厂矿官代表与公司在沪会议办法,请提前议决一案,计附送报告书一册过会。准此,当即交法律实业股员会审查,本月三十日第十九次正式会,据该股报告并准贵府委派原充代表时委员象晋、丁委员立中莅会出席,详述在沪与公司往复筹议一切情形。本会公同讨论,金称该公司所拟先期虚填股票,按年扣捐作股等办法,碍难承认。查鄂省对于该项厂矿,系属于首倡创办之人,原投官本为数甚巨,此时既改官本为股本,自应按照优先股份,与以特别利益。即使让步,亦应按照原有官本一律作为实股,换给股票,与公司新旧股东同享平等之权利,方足以昭平允。至原案每铁一吨,捐银一两,纯系缘地权而起,与此次改填股票缘官本而起者,截然两事。倘现填之股必俟扣回十二年之捐,始能作实,则是原五百余万之官本,不啻无形取消,实属无此办法。吾鄂始终以维持该厂矿为主义,该公司所有困难情形,自不能不予体恤。但此次该公司所拟条件,阳予以给股之虚名,而阴没其官本之实利,一经允照所拟,将举鄂省所有该厂矿之事权、财权、地权澌灭殆尽,恐非全鄂人民所能忍受,亦非鄂中政厅所敢允许。再该条件壬癸两款内称,原案官本并非纯粹鄂款各节,该项厂矿收归商办之始,公司收入鄂省官本五百余万,原案具在。既经收入鄂省官本,自应按照官本予鄂省以相当之权利。至此项官本从何而来,是否纯粹鄂款,以及如何奏拨,已否解还,该公司毋庸过问。且此改本为股本,系由鄂省依照官本原案,与公司双方磋议,亦与中央无涉。壬款内称,俟中央允准之后,再行填给股票等语,应予否认。其余各款,吾鄂既不认先填虚股,续扣实捐办法,均可毋庸置议。应即咨请民政府迅派代表再行赴沪,与该公司股东联合会及董事会各员照案磋商,妥订换股办法,务期吾鄂之权利与该公司之进行,两得其平,始为允协。再,前准咨行热河都统熊希龄来电,筹商将该厂矿改为三省合办一案,已并案审议,应俟此次与公司交涉之后,有无结果,分别核议,另文咨办等语,业经全体表决,相应咨复查照,迅派委员前往磋商办理,并先行电知该股东联合会、董事会查照,实为公便等因。准此,除由敝府照请顾问官李钟蔚并委任丁立中,再行赴沪磋商办法外,相应函达贵督办查照,并希加派干员前往,会同磋商办理,深纫公谊。此致
督办汉冶萍厂矿陆军上将孙

孙武致公司董事会函

民国二年六月二十八日（1913.6.28）

董事先生钧鉴：

敬启者，前月十七日奉湖北民政长函开：案准省议会咨称，汉冶萍公司所拟先期虚填股票，按年扣捐作股等办法，碍难承认，咨请迅派代表再行赴沪磋商，妥订换股办法等因。除照请顾问官李钟蔚、委任丁立中赴沪外，并希敝局加派干员前往，会同磋商办理等因。准此。查汉冶萍官商筹议已越半年，往返磋商至再，公司条议始具，准将一切前情报告军民两府，咨交议会议决施行，嗣经委员出席，议员讨论，佥称所拟办法碍难承认。按议会所拟理由本极充足，而公司所筹办法，本极维艰，双方之条件稍不持平，则双方之进行殊多妨碍，此中困苦情形，早已知之甚熟。幸民政府已特照李顾问官钟蔚并委任丁立中君前来，敝局应加派原代表丁君立中，会同磋商办理。相应函达贵董事会查照接洽筹商，按照议会事由，会同股东联合会正式切实决复，深纫公谊，无任感盼。此颂

公安

孙武谨启

公司董事会致湖北代表说帖

民国二年七月九日（1913.7.9）

昨承面述鄂议会所议情形，一是具悉。鄂省官本改填股票，即与汉冶萍有痛痒相关，存亡与共之谊。此股票是否确有价值，胥视汉冶炉座能否永久存在为断。鄂议会以一起并填为重，本公司则以通盘筹画为尤重，设仅就事论事，不为久计，则汉冶萍终必破产，不第商股一千三百万尽掷虚牝，即鄂省所争并填股票数百万亦仅换一废纸，非彼此推诚相与之道也。理由如下：

一、铁山　新炉四座设在大冶，为就铁便利计，为鄂民生活计，两面有益。设炉全恃借款，出铁全恃原料，照汉四炉冶四炉齐开计算，常年须采铁

砂八九十万吨,又日商合同搭购每年至少十万吨,专恃商产之得道湾一处断不敷用。当张南皮在鄂圈购官山之时,本有商矿不敷,准向官矿采用之案,现拟以现款向鄂政府照原价置买,永为商产,惟声明此购还之山,专供四炉在冶炼铁之用。

二、锰矿 锰石为化铁物料之重要品,无锰不能炼铁。因冶锰苗薄泥深,改在兴国购地采用,军兴以后,被占未还,应请军民两府即日指令该县官绅完全交还,以资急用。

三、铁捐 张南皮原议已销浪用之官本以一两捐抵还,还清官本后,照前抽提,作为报效,照原案当在三十年之后。今将官本改填商股,并须一起填实,如欲再令缴捐,商力断不能支,鄂股亦同受其厄,应照前案对半作算,填给股票后,第十五年起每铁一吨捐银一两。此项铁捐是否属于国税,抑属地方,请军民两府径商中央核定,与公司无涉,只请先给印文声明,填股后十五年抽捐,俾资信守。所有厂矿自运自用之煤焦、钢铁、矿石等料,仍照前案概免税厘。其出售者,照章纳税,不在此例。

四、股息 前议以按年出铁缴捐归本之数分填股票,现改提前一起填给,此项公股应请免利十年,于股票上加盖第十一年起息戳记。

五、股权 权与利相辅而行,未届起息之前,有议事之权,已届起息之后,并有选举之权。

以上五端,对于厂矿为根本解决,对于鄂股为休戚相关,事相联属,无一可以偏废。如承贵省议会一一通过,当设法勉副尊意也。

　　谨略

李钟蔚[①]、丁立中致公司董事会函
民国二年七月十四日(1913.7.14)

敬复者:

昨奉大函并附说帖,敬悉。兹谨拟复节略一件,附呈公鉴,尚祈贵会克

① 李钟蔚(生卒年不详):字云衢,湖北鹤峰人。时任湖北行政公署顾问官。

日正式答复,以期早日解决,实深殷盼。敬请

汉冶萍公司董事会全体董事先生台安

李钟蔚　丁立中同启

［附件］　湖北代表致公司董事会节略

　　接奉七月十日贵董事会说帖一通,至理真情,言之慨切。惟推论股票价值胥视汉冶炉座能否永久存在为断一语,尤为精当不刊。所陈理由五端,或狃近功,或图远效,仰见董事诸公擘画周详,无任钦佩。准此,通筹办法,证以前日贵董事会诸公之陈言,参以昨日股东联合会诸公之意见,按诸鄂省议会之咨文,揆诸蔚、中向商之来意,公司如此推诚相与,鄂省岂可执意坚持。第事贵审慎,语贵详明,一涉含朦,必多扞格,始虽和平了结,终至破裂难堪,胥由于此,所以蔚、中对于现交之说帖,照案磋商,妥订换股办法,自当知无不言,言无不尽。理由如下:

　　一、铁山　大冶官购矿山,公司既扩充冶炉,鄂省本有切近之关系,政府本有酌拨之允言,今拟以现款向鄂照原价置买,永为商产,声明专供冶炉之用,俟归查明原案,即可决议。

　　二、锰矿　兴国锰矿既是公司购采,可照指令交还。

　　三、铁捐　铁捐是一问题,官本又一问题,今官本改填商股,双方已经决议,惟鄂省主张一起填实,而公司虑力难支,拟请免缴铁捐十五年,揆厥事势,鄂政府自当曲予体全。但为期太久,而失捐过多,或请少免数年,尚属易于磋就。至若报效之铁捐,运料之厘税,或照前清奏案,或遵前次条议,均无不可。

　　四、股息　拟于填给鄂省股票之上,加盖第十一年起息戳起。以公司困难现状,本无股息可言,则请免股息十年,斯亦当体恤而遵照也。

　　五、股权　未届起息前有议事之权,已届起息后,并有选举之权,按此二语,是鄂省所得股票,公司既承认为股东,而又否认为股东也。在公司以息之已届未届而定权限,在鄂省对于第四条之股息酌免十年,实于体恤之中,已寓维持之意,断不能因维持免息十年而竟丧失十年之选举权。考诸

法定股票公司定例,从未有此一种免权之股东。如虑鄂省股权太大,试问十年以后,又将何如?知二五而不知一十,图远大者不为也。

以上五端,对于公司委曲求全,对于鄂省可执行定议,务望本鄂议会之咨文,孙上将之公牍,速即正式答复,俾得蔚、中早归。如再坚持免捐免息而又免权之议,着着进步,公司未免令鄂难堪,鄂又何贵需此空空十年无利无权之股票。在公司以为意外虚款竟填大宗股票,在鄂省以为本份铁捐积聚而为股东,虽年限提前一起填实,而大冶官矿独允开采,诚如尊议,所谓事相联属,无一可偏废者也。蔚、中职任代表,自当照案磋商,非敢专持偏见,即请贵会克日通过,双方根据前次条议,参以此次办法,立约履行,实为公便。

谨略

李钟蔚　丁立中

公司董事会致李钟蔚、丁立中函
民国二年七月二十二日(1913.7.22)

云衢、笏堂先生大鉴:

前奉大函,即于上星期五常会集议,佥以双方草约,应根据于前送之说帖,至尊函所商铁捐一节,现又减让三年;股权一节,现又请举监查员,与董会同负监查之责任。凡此一再退让,实因鄂省军民两府自起义以后,维持到今,情谊可感。条件至此,已无另再续商之地,特抄奉两份,送请鉴阅,请签字后送回,俟敝会加签后,再将一份送请存执可也。至二十日函,亦祗悉矣。此请

台安

汉冶萍公司董事会　盛　王　聂　沈　施　朱　李　周　张谨启

[附件]　草合同

本年四月军民两府派委代表丁立中、时象晋二君莅沪,磋商解决汉冶萍事权、财权、地权三事,曾双方签议条件,因鄂议会未能同意,重又派委代

表李钟蔚君会同丁立中再行莅沪，复经彼此一再磋商，继续前议，另订附件如左：

理由　鄂省铁捐，今议改填股票，即与汉冶萍有痛痒相关、存亡与共之谊。此项股票是否确有价值，胥视汉冶炉座之能否永久存在为断，故鄂议会以一起并填为重，本公司则以通盘筹画为尤重。设仅就事论事，不为久计，则汉冶萍终必破产，不第股商一千三百万尽掷虚牝，即鄂省所争并填股票数百万亦仅换一废纸，非彼此推诚相与之道也。议定办法列后：

一、铁山　新炉四座设在大冶，为就铁便利计，为鄂民生活计，两面有益。设炉全恃借款，出铁全恃原料，照汉四炉、冶四炉齐开计算，常年须采铁砂八、九十万吨，又日商合同搭购之矿石，专恃商产之得道湾及铁山两处，断不敷用。当张南皮在鄂圈购官山之时，本有商矿不敷准向官矿采用之案。现经议定，代表回鄂后，即调查官矿案据、山名段落、原购价目以及一切契据，缮具印文，交由汉冶萍公司照备现款承购，永为商产。印文中声明此购还之山，专供四炉在冶炼铁之用。

二、锰矿　矿石为化铁物料之重要品，无锰不能炼铁。因冶锰苗薄泥深，并在兴国，官局移交之山及公司自购之山采用，军兴以后被占未还。现经议定由鄂省军民两府即日指令兴国官绅将该锰矿完全交还，听由汉厂派人采掘，并责令地方官绅担任保护采运之责。

三、铁捐　张南皮原议已销浪用之款，以一两捐抵还，还清后照前抽提，作为报效，照原案当在三十年之后。今将铁捐改填商股，并须一起填实，如欲再令缴捐，商力断不能支，鄂股亦同受其厄。现经议定，填给股票后第十三年起每铁一吨捐银一两，此项铁捐是否属于国税，抑属地方，请军民两府径商中央核定，与公司无涉。鄂省军民两府允先给印文，声明填股后十三年抽捐，俾资信守；所有厂矿自运自用之煤焦、钢铁、矿石等料仍照前案概免税厘。此为保全本国实业、力杜漏卮起见，不论新章旧例，国税民捐，十三年内悉行蠲免。

四、股息　前议以按年出铁缴捐归本之数分填股票，现改提前一起填给。现经议定此项公股准其免利十年，即于股票上加盖第十一年起息戳记。

五、股权　权与利相辅而行,未届起息之前有议事权无选举权。现经议定,鄂省既填有巨股,厂矿利害与众股东同之,应由鄂省于每届常会之时公举监查员一位,在鄂可以稽查厂矿所办之事,随时报告,在沪可以会同查帐员一并查帐,以重实在。

以上各条,双方均已允协,回鄂报告后一面由军民两府备齐印文、检齐契据,封送至沪;一面由汉冶萍公司备齐现银并填股票,即就上海双方交换,以示鄂政府切实保护之意,并表本公司服从营业之心。此后公司发达,全体股东实嘉赖焉。

李钟蔚、丁立中致公司董事会函
民国二年七月二十三日(1913.7.23)

董事诸公大鉴:

昨奉公函一通、草约两份,展阅之余,钦佩不置。查前说帖较今合同,铁捐则减让三年,股权则请举监察员与董会同负监察之责任。条件至此,已无另再续商之地,并须双方签字等情。蔚、中审度事势,细察合同,公司已无磋商之地位,鄂省尚有斟酌之条文,代表现在难尽厥职,又何能强制执行,惟有将交来草合同两份一份奉还,存执一份带回呈报。俟鄂政府、省议会暨孙上将武议决条文,再行正式奉呈双方签字,一致进行,无任感盼。
敬请
台安

再者,此次来沪已越兼旬,仰承招待,至为感愧。昨既奉复,今急旋归,特此谢辞,后再聆教。

李钟蔚　丁立中谨启

北洋政府工商部指令
民国二年八月二十二日(1913.8.22)

令汉冶萍公司。

接准湖北都督、民政长咨开:鄂省议会否认汉冶萍厂矿官代表与公司在炉会议办法,并缕述汉冶萍公司将应缴各款,巧为延宕,请准情酌理,秉公核夺,等因前来。查汉冶萍厂矿于前清光绪二十二年由鄂督张之洞奏交盛宣怀招商承办,折价五百余万两作为官本,自路局购办钢轨日为始,每出生铁一吨抽银一两,作为缴还官本,俟官本还清永远照抽,以为商局报效。此项应缴之款,或照数缴还,或填给股票,自应再与鄂代表妥议,呈部核办。至大冶矿界,迄今尚未呈报,应从速划清,绘具图说,呈部备案。除原咨所称拟酌提大冶余利一节,已将碍难施行情形咨复湖北都督、民政长外,所有出井税、年租两项,自应照章缴呈湖北实业司,以重国税而符定章。合行抄录原咨,令饬该公司遵照办理可也。

此令

工商总长　向瑞琨(代)

中华民国二年八月二十二日

公司董事会呈工商部文

民国二年八月三十日(1913.8.30)

为呈复事。

奉八月二十二日贵部指令内开云云至遵照办理等因。一是具悉。查汉冶萍公司自辛亥军兴后,损失不赀,亏负丛集,破产之危,形如累卵。附股之商,方深悔前此不应纠集血本,承官之乏。谓官力何等雄厚,尚败坏决裂,无可收拾,虚糜官本无可稽考,岂千百商人所能支此危局?因是一年以来,迭有发还商本收归国有之议,盖解纷息争,非此无以示结束也。会议久不决,而鄂省军民两府因孙上将之请,公派代表丁立中、时象晋二君于本年四月抵沪,执事权、财权、地权三大问题,要求公司将张之洞前用官本,原案以按年铁捐拨还者,现须一律改填股票。股商闻之掩耳却走,谓惟恐其不速破产,而又以巨石击卵也。董会公议,以实业不容中辍,地点均在鄂北〔省〕,军民两府既派全权来议,理无恝置。前案具在,百世不更,委曲磋商,责在董事。驳论五六次,易稿三四通,始于四月二十一日双方签订条件,共十节,因鄂员担任议会通过后,径商中央政府,公司一面并须报告股东会通过，是以未先呈部。至六月间，鄂政府又派代表李钟蔚会同丁立中来沪，谓因前订条件议会未能同意，再须磋商。其时敝会倾诚相告，前议极为勉强，本非股商所乐从，如墨迹未干，辄又更张，议会诚不惮烦，公司何从信守。查阅孙上将致副总统、鄂省长书，谓此事必须早日解决，填实股票后，应予豁免股息十年；大冶官有矿山一节，地既属鄂，自应由鄂极力维持，准由该公司备价承领，以溥公益各等语。保护殷拳，溢于言表。李代表当场亦请照此函意，逐节开议。于是重有七月二十二日续订之条件，并加函声明。凡此一再退让，实因鄂省起义以后，维持到今，情谊可感，条议至此，已无再续商之地。鉴往知来，苦衷若揭。兹奉抄件，知所议全翻，并谓公司有意取巧，敝会何敢再以文字驳论？只因趋响愈远，景行愈艰，目前惟以张之洞奏定成案为准绳，日后仍求大部速定一是，或收国有，或归省有，想拨还商本，担负债项，以后无论如何办法，股商无不乐于脱离关系也。为此，抄具两次代表议案呈复大部，请烦查照。此呈

工商部

湖北行政公署委任令

民国二年十二月十一日(1913.12.11)

令委员丁立中。

实业司案呈：查汉冶萍厂矿公司鄂款换股办法，前准省议会议决，铁捐、股息均准暂免十年，股权应照章完全享有；至租开官山一节，仍照矿章办理，各等因，迭经电令该委员等查照办理在案。接据该委员电称，该公司租开官山，要求每采铁[砂]一吨，抽费二分五厘，请即日解决，各等因。又经咨请省议会重行提议见复施行去后，旋准省议会以原议在前，未便更易，咨复前来。旋又准孙督办说明合股抽费办法，咨请转送省议会议决，尚未咨复过署。惟查现在省会议员不足法定人数，此案一时不能提议。惟事关紧要，亦未便久悬，本公署为体恤公司，顾全官本起见，不得不权拟办法，订立条件，以示限制。除照会顾问官李钟蔚查照外，合行令委该员即便遵照。此外，如有未尽事宜或略予变通之处，仰即与李顾问斟酌妥善，权变办理，

迅向该公司商定后,双方全权签字,换填股票,送署备案。切切。此令。

计开拟订条件如左:

一、官山。政府为提倡发达实业起见,如公司在大冶矿山附近设炉,所有官家铁山允许公司开采,但每出砂一吨抽费二分五厘。

附条:

一、应俟公司自购之山开毕,再行开采鄂政府允租之官山。

一、公司如有借款,不得以政府允租官山作抵押品。

一、公司如有破产情事,官山不负连带责任。

一、政府允租官山只准供本厂炼铁之用,不得售卖铁砂与外人。

一、十年后每吨生铁照旧章捐银一两外,仍永远照抽二分五厘。

公司董事会代表与湖北代表会议记略

民国三年正月三日(1914.1.3)

一、议省议会现虽消灭,此次条约议定,如议会发生否认,本会议件是否有效?鄂代表丁先生答以议会如果否认,应由鄂政府负其责任。

二、公司原议改股一事,本有由鄂政府呈请中央政府通过发有允准文凭,方能照办之议。今丁先生言,只有由鄂政府报明中央,本无通过之说。李伯行、施子英二先生则谓,宜先向中央通过,较为妥协。周金篯先生则谓,或先订草约,俟中央报可,再订正约,填给股票。丁先生云,如照此办法,代表不能承认。务请贵会放心,条款议就,即订正合同并填给股票,将来中央政府否认,即请将合同注销,股票缴还;如鄂省不能缴还,即由公司登报作废。以上两条并请列入合同条内。先将以上两条,一面报告会长,一面函知股东联合会,俟得复后,再行议办。

公司董事会致股东联合会函

民国三年元月八日(1914.1.8)

汉冶萍股东联合会公鉴:

鄂委代表丁笏堂、李云衢二君商议改股一案,屡议未决。此次两代表又奉鄂政府委任来沪,其文内有商定后双方全权签字之语,本月三日常会邀请两代表到会与议,兹将会议事件两条并鄂代表委任令,一并另纸照录送请公阅。查此案以应否由鄂政府先行呈请中央政府通过允准为会议要义。是日双方会议,敝董事(经方、则敬)谓,宜先向中央通过,晋镳亦云俟中央报可。丁代表则云条款议就,即订正合同,并填给股票,将来中央政府否认,即请将合同注销,股票缴还等语,各执一词,殊难定议。查此案虽经鄂省派代表来沪面商,而上次股东常会,鄂代表未到,以致未及列入议案,全体股东均未知悉。现在鄂代表急待议决,而公司骤增股票数百万之多,董事会断无擅主之理。

筹商再四,亟应函知贵会邀集评议员,即将此次会议情形及鄂代表委任令内所开条件,一并公同研究。究应如何办理之处,即祈公议示复,是所盼祷。此致。敬颂

台绥

汉冶萍公司董事会公启

魏景熊[①]致湖北都督、省长函

民国三年三月十一日(1914.3.11)

都督、省长钧鉴:

景熊等初九日得晤盛杏荪,业将大概情形电陈钧座。盛系公司主体,非与接洽,此案无从解决。此次在卧室中病床上与景熊等接谈,虽未十分畅达,要已揭出大纲。官商合办一节,盛所言与初七日报告书及王主席演说词无异。景熊答云:报告书是中央补助,演说是借款,两说颇相矛盾,究竟归宿若何?盛接言:此事正当办法,非厂矿收归国有,终无以善其后。此明系盛之遁词。景熊答云:此事关系重大,似应取决中央,非鄂政府所能主持。景熊等专为与会而来,他非所及。今已事毕,当返鄂。因鄂政府电文中有一切事宜随时报告两语,特来请教。盛乃提及大冶矿山在汉厂开办以

---

① 魏景熊(生卒年不详):字芝农,湖北武昌人。时任湖北省议会议员,清查汉冶萍公司代表。

前,即由伊探勘而得者,后乃献之张文襄。景熊答云:矿山有官产,有民产,鄂政府有案,大冶县署有案,其山名段落自当分明,应否归公司采用,当以张文襄光绪三十三年咨案为凭。此案归结,当依据奏咨各案,不必舞文弄墨,横生枝节,致伤感情。即如国税与地方税,不能并为一谈。去年公司提议之条件,有不论新章旧例,国税民捐,悉行蠲免等语。此岂鄂政府所能承认者。盛言:免捐十年,原系奏案。景熊答云:原奏期限光绪三十二年已满,嗣后应否免捐,当由公司请命于中央,鄂政府不复与闻。盛言:每铁一吨,抽银一两,归还官本,此地方捐之所由来。既云以捐抵本,即是别无官本之证。去年往复辩论,迄无成议,今当若何?景熊等云:去年之辩论,在事诸公各挟意见。若平情论事,官本五百五十余万两,此见张文襄原奏,业经前清户部议覆核准,无论何人何时,皆当认为确定不移之数,而去年条议忽而减作半数,此岂鄂政府所能承认者。总之,此案归结惟在开诚布公,依据奏咨各案,万不可舞文弄墨,致生障碍。盛言:填票须呈部核办,此是部文,公司中诸股东坚持此主义,愚不敢违众议。景熊等于前此各条尚可援案应付,至此则穷于应付之方,惟以据实报告鄂政府一语作答而已,私心默念股本尚未争回,股息、股权两事姑从缓议,遂告辞而出。此初九日午后与盛杏荪接谈之详细情形也。嗣后王子展、李伯循、周金箴诸董事接谈,均与盛略同不赘及。谨此陈述。敬颂

勋安

景熊　瑞中谨启

王存善致魏景熊等函

民国三年三月十七日(1914.3.17)

芝翁、竹翁先生大人阁下:

　　昨承人教,快慰之至。铁捐业已查明,当时奏案提议系一百另七万有余,历年出铁只八十二万吨有余,每吨扣银一两,计公司尚存在政府未扣回银二十四万余两。至铁砂一项,共出过一百十七万余吨,但此系公司商产所出,并非湖北官山、官矿所出也。所长原函及清单、历年帐略、商议〔办〕

历史并呈。敬颂

大祺

存善谨上

附:清单列左

生铁清单数

商办起至光绪三十三年止,共出铁数三十七万三千六百九十六吨。

三十四年　六万六千四百零九吨

宣统元年　七万四千四百零四吨

二年　十一万九千三百九十五吨

三年　九万三千三百三十六吨

民国元年　七千九百八十九吨

二年　九万三千零三十三吨

共八十万八千二百六十二吨

矿石清单数

光绪三十年　六百吨

三十一年　七万二千吨

三十二年　十万五千八百吨

三十三年　十万吨

三十四年　十二万七千吨

宣统元年　九万五千吨

二年　九万六千二百十吨

三年　九万二千八百八吨

民国元年　十六万一千八百八十吨

二年一号　十九万六千吨

次号　六万九千三百吨

共一百十七万六千五百九十吨

魏景熊对于公司申明旧案五条

民国三年四月一日(1914.4.1)

一、铁山

查光绪三十三年张前督咨复商局文开:大冶铁山有官拨归商之山,有厂商自购之山,有官家另购之山,此层极应分别清楚。官拨归商之山,厂商自购之山,应归商,官不过问。官家另购之山应归官,商亦不得觊觎等语。兹据大冶县署历年报告表开列官购归商之矿,如尖儿山、蘬草林、白杨林、铁山寺、纱帽翅、陈家湾、大冶庙、铁门坎八处锰[铁]矿;康中、马头、王三石、凤皇山、藕塘、五庙窿、李士墩(一名飞鹅头)、飞鹅尾、华兴窿、中山脑、株树下、道士狱、白峰尖、明家湾十四处煤矿;油花脸、老虎垱二处无苗之矿;余刘村(又名金银坂)、陈家山二处铅质之矿,或因矿苗不旺,或因含有杂质,旋采旋停。今所开采者,惟得道湾、狮子山二处铁矿而已。此外若象鼻山、老鼠尾、鳡鲅地、方家山、尖山儿(属北乡东山堡)、尖山脚、山窿头、王家山、松树坪、铜录山、石臼山、余家山、猪头山、四顾山共计一十四处,皆系官购未交之山;若李家冲、陈木石桥、四耳海、童子脑、仙鸡山、高椅山(又名金家山)、朱角山、株树坊、杉树岩、走马山、石灰洞、宝岩冲、天凤、阴山沟(即阴家沟,土名宝山)、螃虾壳、白峰尖、纱帽山(土名帽儿山)、李家湾山(又名滕墩)、土地庙山、猫子肚滥子窿(土名中窑湾山)、徐滨窿垱、枫树湾、圣洋港、水竹包、堵城矶、猫儿矶、竹木头、太平庵、桂基坪、陈家湾、大王山共计三十一处,皆系官封未开之山。用特详载山名,各清界限。嗣后若需开采,仍查照三十三年咨复所开办理。至商购之山,亦应由商局遵照新章呈验契约,以资印证,并声明商局借款,不得以官山作抵押。

一、锰矿

兴国银山锰矿,该地绅士赵梦慈等于宣统二年以银山属民,控经前督瑞札交鄂谘议局议复,旋由局议决,银山属民。瑞督以民有之说不确,拟咨部核夺,会鄂军起义,案遂悬置。民国元年,该地士绅马钟赤等仍执前议,不准铁厂转运已采之锰砂。经鄂政府派员开导并给钱一千串文,方始起运。而锰矿仍不准开采并控,经公署交省议会议复,旋议决银山当然属民,铁厂采锰,须向地方人承租。嗣因议会开会,改填股票又未解决,是以公署未及转行铁厂。今且勿论银山是民产是官产,商局果已自购,应有契约。若由官局移交,应有合同,公司应即检出契约或合同呈验确实以为证据。鄂省政府自当担任保护之责。

一、铁捐

光绪二十二年,张前督移交商局以汉阳铁厂,大冶铁矿、锰矿,兴国锰矿,李士墩、马鞍山煤矿以及厂内厂外凡关涉铁矿之铁山、煤矿、炼钢、炼铁、制造、修理、烧焦各炉座、各机器、轮车路、挂线路、运道、马路、轮驳各船,房屋地基以及存积在厂之钢铁、煤炭、材料、什物各项,奏销官本五百五十八万六千四百十五两。查照章程第四条,出铁一吨,提银一两,按年核计,共出生铁若干,共应提银若干,汇数呈缴,以还官局用本;其煤与熟铁、钢件应免再提;俟官本提清后,每吨仍提捐银一两,以伸报效,地税、均税在内等语。此商局指称官本与地方捐合而为一之理由,非无据也。惟查阅清单所开矿数,与宣统元年大冶铁矿王总办之报告不符。王云:张相国创办汉阳铁厂,就大冶铺轨置机,开采供应,其时运出铁数,每年三万吨而已。自接办后,逐年扩充,汉厂已用二十余万吨,兼售日本,每年采运至三十余万吨。今年汉厂三号新化炉成,须增至四十余万吨。今就此报告推求之,光绪二十三、四年每年矿数二十余万吨,合计应得四十余万吨;二十五年至三十四年,每年矿数三十万吨,合计应得三百万吨;宣统元年至民国二年,每年矿数四十万吨,合计应得二百万吨。大共应得五百四十余万吨。今清单所开光绪二十二年起至三十三年止,共出生铁三十七万三千六百九吨,以砂含铁质百分之六十五分计,计算砂一吨六炼生铁一吨,仅用砂五十九万九千九百一十三吨六;自三十四年至民国二年止,共出生铁四十五万四千五百六十六吨,仅用砂七十二万七千三百五吨六二。共用砂仅一百三十二万五千二百一十九吨二,再加三十年至民国二年所列清单之砂数一百一十七万六千五百九十吨,大共合砂数仅二百五十万一千三百九吨有奇。两相比较,实短矿数二百九十余万吨有奇。当商局接办时,张前督原有矿不外售之议，是以抽捐一项计铁不计砂。今有外售之砂一百十七万六千五百九十吨，又加以短报之砂二百九十万有奇，二共应出铁二百五十四万七千八百六十八吨有奇，漏捐之数过巨，应如何照数补捐，以符奏案。至商局有商产不认地捐之说，似亦失实。现时开采之山，惟得道湾、狮子山二处矿苗最旺，此二处系官拨归商之山。试问商局，运售之砂果非出自此山否？即或不出此二山，而商产免捐之明文曾见诸奏案否？商局售砂于日本自二十五年为始，有张前督咨文可据，若云商产不认捐，岂得谓之平允！亟应筹拟抽捐之法，以昭核实。至出井税、年租两项，曾经部饬公司，照章缴呈实业司，今如何分别抽缴，亦应照章办理。

一、事权

查章程第十条，铁厂奏委商办之后，用人理财、筹画布置、机炉应否添设、款项如何筹措，委员司事、华洋工匠人等如何撤留及应办一切事宜，悉照轮船、电报各公司章程，遵照湖广总督礼饬，均由督办经理酌量妥办，但随时择要禀报湖广总督查考。又第十二条铁厂收支银钱、采炼钢铁、出售货物，查照轮船商局章程，按月由驻局总办将清账送与督办查核，按年由督办覆核，转送湖广总督查核各等语。今应遵照旧章，将应行查核各事宜仍归鄂政府查核，以符奏案。至鄂省于每届常会之时，公举一监查员，在鄂可以稽查厂矿所办之事，随时报告，在沪可以会同查账员一并查账。此议原出自商局，今拟实行，当无异议。

一、官本

官本从预付轨价内分作两次，先行提银一百万两，归还急需。此一百万两即在造轨之后应提每吨银一两内扣抵。俟预付一百万两扣清之后，每吨一两再行按年汇缴，此见奏定章程第五条。究竟此银提自何年，分作几次，在何款内提拨，有无细数，商局应有案可考，务须考核精确，开单具报，听候核准，以凭扣抵。至各条理清之后，再议汇还官本之法，以昭核实。

魏景熊致盛宣怀函
民国三年四月三日(1914.4.3)

初到沪时，曾蒙赐食，日前趋侍左右，又复饱饮郇厨，齿颊留芬，曷胜感谢。各呈面件,计已核定,顷接鄂政府来函,以光绪三十年咨案为据,商购之山只有得道湾、金家店二处,与会长前日所开示者不符。前承面谕,商山皆有契据,景熊谨候教。调查矿数,或需时日,划分矿山界限,数言可决。景熊意欲先将矿山理清,再查铁捐之确数,未卜会长以为如何? 终日闲坐,无所事事,闷极! 闷极! 亟欲返鄂,鄂政府屡次函阻。欲归不得,奈何! 奈何! 据《申报》所载,会长有北上之说,确否? 公司事全仗会长主持,其余诸公,恐未易解决此事。会长以为如何? 景熊谨候教。此上。敬颂

痊安

统希亮鉴。

盛宣怀致魏景熊函

民国三年四月五日(1914.4.5)

昨奉数赐教,猥以东道多疏,尚蒙齿及,益加惭惶。前承面交条议,因杨绶卿君回苏扫墓,致答复稍稽,殊深抱歉。刻已饬公司秘书赶即拟办,尚祈暂驻行旌,不日当可报命也。弟衰病侵寻,并无北上之事。并以奏复。

祗颂

大安

愚弟盛杏荪启

汉冶萍公司致湖北代表函

民国三年四月十日(1914.4.10)

前承面交鄂政府指查各件,谨稽之案牍,征之簿记,逐条答复如左。

一、铁山

前清光绪二年,铁政尚未萌芽,宣怀即同矿师在扬子江流域一带探勘,见大冶铁质丰富,遂价购铁门坎、铁山铺、纱帽翅、龙洞、老虎垱、油花脸等处。未及开采,适光绪十七年张文襄移督湖北,建厂汉阳,设炉炼铁,为自造轨械之计,遂将所购铁山送与张前督开采,所以张前督原奏有大冶铁矿从前本系直隶津海关道盛宣怀督率英国矿师所勘得之语也。光绪二十二

年，奏准招商承办，官局拨归商矿，即系所送之山。其时官局只有添置纱帽翅、龙洞两处矿地一并移交，并无另外铁山交割。商办以后，铁门坎等处出矿不多，矿亦多含杂质，陆续添购得道湾、狮子山、野鸡坪、大石门、尖儿山、金家店、株树下、中山脑、纱帽翅、铁山、柯家山、蕌草林、小园林、周家脑、桐子园、金银坂、白杨林等处，均有契约可查，列表附请查核。至官家圈购官山，时在商购以后，亦在商界以外。是商办后采掘之矿，均系官局交还及商厂续购之山，并未侵及官购未交之山，及借款以矿担保，亦系指定商产，并未包括官山在内。案查光绪三十年六月咨呈外务部、商部、湖广总督因借款扩充新厂，业经订约，照录合同咨呈立案文内载，二十九年十月准张前督元电内开：添设炉座、扩充铁厂，即是预借矿价，亦筹款不得已之计，甚愿赞成。至以得道湾作保，商借商款，自宜先采商山之矿；商山不足，再采从前承办时官拨归商之山；设仍不足，必须采及以后官家另购之山，则须与官商明办法，或以价买，或拨借款若干归官，方昭平允。十一月初六日复电商以厂商承办时，有官拨归商之山，有厂商自购之山，如纱帽翅、得道湾、金山店等处，并为商山，现售矿石，已议定悉取于此，设有不足，或须采及以后官家另购之山，届时商代官挖，亦应与官先定办法，并由官派员稽查，目前合同不便写明官山字样，虑其借端指索等语。准张前督庚电：先取商山，如有不足，采及官山，商代官挖，办法亦甚平允，自可照办。乃自家商办之事，不宜载入合同。至作保一节，凡借款必须有保，况得道湾山厂运道系商购开，虽指山作保，亦与大局无妨，更无窒碍。此次借款，关系铁政成败，逐年以矿石抽还，较别项借款尚少流弊，应请大部迅速核准。旋准外务部文电：大冶合同，希即查照襄帅庚电，与小田切妥商签定各等因在案。查当时铁厂督办与张前督往来文电议采官山，原虞商山有不足之时，现在商山浮面矿砂尚厚，尚可无需及此。应俟日后需用时，再援案呈请鄂政府办理。

一、兴国锰矿

案查光绪二十二年鄂督奏准招商承办章程第二条，汉阳铁厂，大冶铁矿、锰矿，兴国锰矿，李士墩、马鞍山煤矿，以及厂内、厂外凡关涉铁厂之铁山、煤矿、炼钢、炼铁、制造、修理、炼焦各炉座，轮车路、挂线路、运道、码头，轮驳各船,房屋地基,以及积存在厂之钢铁、煤炭、材料、什物各项,皆官局成本,均于承接之日,由官局交付商局,逐款接收,造册呈报。即以交付实在各项为接收官局成本根据,俾各商咸知官局成本数目,有所考核等语。是兴国锰矿实系官本中之一项,与铁厂、铁矿同一交付商收。根据奏案,至历年来所开之山,名曰银山,查光绪十八年七月三十日,张前督札饬铁政局文开:照得湖北兴国州地方产有锰铁,为炼钢所必需。据称,陆路以通双港为最便,由银山脚紧对双港取一直线,当经批饬铁政局,转饬濮牧,速将应购民田、菜园按照时值定价购买,以凭委员前往铲修道路,设立公局,逐段铺以小轨,以资利运,等因。是即银山之明文,而文内所开预备铺轨之道路,亦于二十二年一并移交,岁纳钱粮粮米,具有印领串票为证,此银山即系移交兴国锰矿之案据,亦即商收官本中之一项也。且查光绪二十二年七月十四日张前督批汉厂请禁大冶、武昌、兴国等处开采私矿一案,原批所有大冶、兴国所产铁矿一律归铁厂购买开采,不准民间私相授受。如有私将矿地私买、私卖者,一经查出,定将该地封禁充公,并将买主、卖主严行惩办,以维矿务而杜流弊。光绪三十三年十月十七日复准赵前督咨,查锰石为炼铁必需之物,汉阳铁厂现值添开新炉,扩充炼钢,需锰更多,兴国州等处所产锰矿,自应专归铁厂采运,不准商民私相买卖,分行司局、该州遵办各等因在案。敝公司既承官办之后,复按出铁捐银拨还官本,惟有遵照奏案,开采官局移交之山。虽无契约合同,而奏案俱在,自应继续有效。辛亥军兴时,该处土人拆毁运矿铁道,停止采运将及三年。应请鄂政府维持,令行该县知事,出示晓谕,实力保护,仍予设局采运,以裨厂需。

一、铁捐

来单据前冶矿王总办锡绶报告书,即自光绪二十三年至民国二年推算,谓须出矿五百四十余万吨,今以出铁数目合算出砂数目,疑为短报矿砂二百九十万吨,又以售日之砂一百七十万六千余吨,亦应科算生铁认捐,共应出生铁二百五十四万余吨,指为漏捐,等因。是凭夸张之言而生推测,自不能符事实也。王君报告书系宣统元年第一届股东会所刻布者,公司自成立以来,至此始开股东大会,所谓自接办后逐年扩充汉厂,已出到二十余万吨,此后尚须加多等语,是办事人铺张成绩,或为招股起见,不免涉于矜夸,以耸一时之观听。查自光绪二十二年至二十八年,每年出铁仅二万数千吨,甚有只出一万数千吨者。二十九年至三十一年,每年亦只出三万数千吨,至三十二年以后,汉厂扩充新厂,大加改良,遂每年出铁至五六万余吨。宣统二年三月,第三号化铁新炉开炼,始出十一万九千余吨,为自设汉厂以来所未有。辛亥事起,一落千丈,民国元年仅出七千余吨。盖铁砂能出若干,总以炉能出铁若干为断,第三炉未成以前,只有两炉,官办时,日出生铁不及百吨,商办亦然。迨加大风力,逐件改良,时在三十三年以后,每日始能出二百余吨,虽视前已加倍,不知几经困难,始能臻此。然歇火修炉,时有停辍,每年[日]炼铁不及三百。果如来单推算,必铁厂两旧炉日出五百余吨,而后始有此数,此事理之必无者也。且大冶矿砂优劣不一,经矿师化验,平均牵算,每百分只含有五十六分净铁质。今查大冶历年运厂矿砂,自商办起,民国二年止,共计一百四十二万一千余吨,合之汉厂出铁八十二万八千余吨,合五八折而强。盖炼铁尚须加锰,加白石,则与百分出铁五六之数适相符合,无可遁饰。愈见王君报告之词涉矜夸,为不足据矣。售日矿砂,即是光绪二十九年预借矿价之案,原系订明以矿石抵还,经商明张前督及外商两部核准有案,自不能科以生铁数目,指为漏捐,应请勿庸置议。兹将光绪二十二年起民国二年止,冶矿出砂数目,除售日矿数有海关册收纳出口税数目可凭不计外,逐年运厂炼铁细数及汉厂出铁数目,分别两表,附请查核。

至所谓纳捐一节,查奏案第四条,自路局购办钢轨之日为始,所出生铁售出,每吨提银一两,按年核计,共出生铁若干,共应提银若干,汇数呈缴,以还官局用本。其煤与熟铁、钢件应免再提,俟官本还清之后,每吨仍提捐一两,以伸报效;地税,均税在内,并无另外捐款等语。敝公司系由鄂督奏交承办,负有清还官本数百万之责,与普通矿商有别,自应遵照每吨捐银一两,地税、均税在内,并无另外捐款奏案办理,不能承认别项捐税。来单屡以求符原奏为言,敝公司亦知遵照原案为主,其他则不敢承命矣。

一、事权

来单查照奏案第十条、第十二条两条所载应行转报鄂督查核各事宜,请仍归鄂政府查核,以符奏案,并鄂省于每届常会之时,公举一人为监察员,在鄂可以随时稽查厂矿所办之事,随时报告;在沪可以会同查账员一并查账等语。一为查照奏案,一系辅助公司,均可酌办。

一、官本

原案奏明,出铁一吨,捐银一两,按年核计,共出生铁若干,共应提银若干,汇数呈缴,以还官本。自光绪二十二年四月商办之日起,至民国二年六月止,历年拨解纺纱、织布、枪炮、善后各局款项,代还官局物件、欠款,及枪炮、钢药两厂取用钢铁物料价值,岁修襄河堤工经费,均奉准鄂督批咨准抵铁捐有案。共已缴过银一百一十余万两,核计出铁八十二万八千余吨,尚余预缴铁捐将及三十万两。兹查照簿记,另缮详细清单,附请查核。

[附件一]　商办后大冶矿局购买矿山坐落户名表

坐落	户口
东方堡内大石门大园内	曹日深　曹庚申
野鸡坪、尖儿山等处向西山一座	张志贞　张金鳌等
狮子山一座	刘清源等
大石门(土名绣球山)	刘徽列　刘代得
又白石山一段　又黄叶林山一段	邵先诚等
水港左右山地十五号	张思明等
大石门田地一连田丘	曹茂常等
大石门外田三块	曹茂常　曹廷琮等
大石门内田三块	曹廷华　曹廷发等
野鸡坪山地一隅	张思明公嗣孙等
野鸡坪堑左私山一障	张思明公嗣孙等
野鸡坪地三十二块	张士名公嗣孙等　曹、陆、邵三姓
大石门内田五丘	曹廷汉　曹廷华　曹廷发等
关内山一段	刘代钊
得道湾山一段	刘代德　刘代洪等
又山一段	刘家明　刘家成兄弟等

续表

坐落	户口
又山一障	刘万仕公裔孙海门
又地五块	刘瑞清
又山地三十二块	刘加坤　刘加珍等
野鸡坪左山脚田二丘	张挥璋　张金鳌
又山地五块	张公应等
狮子山一障	曹茂熹　张挥发
得道湾山一段	刘家遂　刘本元　刘本贞　刘本节等
又山一段	刘代钊
得道湾山一段	刘家明　刘家成
又山地九块	刘代洪　刘家贞　刘家训等
大石门山地一段	邵徽柱　曹茂常　陆垂福
狮子山地十七块	刘本元等
又山二段	刘加遂
又山一段	刘怀鲁裔孙等
得道湾山地四十一块	姜家运　刘家和等
又山一段	刘知我公裔孙等
又地九十四块	曹廷汉等
又山一角	曹树信
又山一段	曹廷守
又山一隅	张士名
得道湾山一隅	曹廷首
宣化乡乔店堡金山店山一座	陈朱门　陈作霖等
金山堡株树下田一丘	柯于全
中家园地一块	柯伯辉　冯康阳
纱帽翅山一段	潘安菶
又地一连五块	潘际宾
铁山(土名石鼓山)一障	方朝榆公裔孙
又一障	方满一公绪初、相开等

续表

坐落	户口
又铁山脑山一障	方绪瑞　方绪焌　陶茂利等
铁山堡山地两块	育婴局　潘涵虚　柯逢扬
又地二十九块	方节山公等
柯家山蔡平山下黄株林山一障	柯月友后裔
柯家山(土名黄株林)山一障	胡家政等
又山一障	柯耀坤　柯耀来等
又山一障	胡德锦　胡德功等
又山一障	胡加玠
蕰草林山一块	姜文楷
又铁墩下一块	姜文楷
又铁墩下山顶地一块	姜文玉
又铁墩下山顶地一块	姜文玉
小园林山地一块	姜文义等
小园林山一块	姜肇喜等
小园林山一块	姜如山公嗣孙
小园林地一块	姜肇汉
周家脑地十四块	姜承灯　姜承煜
周家脑地一连六块	胡少甫
上塘脑地五块	姜文玉等
蕰草林地一块	姜文阶
桐子园地一块	姜学有
铁山堡(土名金银坂)山一障	佘达意　佘达永等
铁山堡(土名棠梨脑)山一段	刘立都
白杨林乌龟洞口港南、北地并山一所	潘仁贵　潘际仁
白杨林乌龟团菜园田地二十块	姜新甫嗣孙等
白杨林乌龟团菜园田地一块	姜学杞
白杨林乌龟团菜园田山一所	姜承铅
白杨林(土名陈家垱)山一障	姜东海公嗣孙

坐落	户口
儿尖山一段	陆登富　陆登年等
白杨林地二百九块	姜肇位等
桐子园下铁墩一所	姜学高　姜学词等

以上各处均系商办后陆续购买

［附件二］　商办之日起至民国二年止冶矿运厂数目表

年份	矿砂数目
光绪二十二年	一万六千一百吨
二十三年	三万二千八百吨
二十四年	三万零五百二十吨
二十五年	三万零二百十八吨
二十六年	三万九千三百八十九吨
二十七年	三万六千三百五十四吨
二十八年	二万五千八百四十三吨
二十九年	五万五千九百三十五吨
三十年	五万五千零三十三吨
三十一年	五万□千一百九十四吨
三十二年	六万九千八百六十八吨
三十三年	八万五千一百九十五吨
三十四年	十万零一千五百九十九吨
宣统元年	十四万零二千一百四十二吨
二年	二十四万四千三百五十九吨
二年	十八万九千四百六十五吨
民国元年	二万八千三百吨
二年	十八万五千八百八十一吨

总计共运汉矿一百四十二万一千一百九十五吨

[附件三] 商办之日起至民国二年止汉厂所出生铁数目表

年份	出铁数目
光绪二十二年	一万零五百三十二吨八百五十五启罗
二十三年	二万三千四百二十三吨九百五十五启罗
二十四年	二万二千四百八十六吨四百五十启罗
二十五年	二万四千零二十八吨三百六十启罗
二十六年	二万五千八百九十吨五十启罗
二十七年	二万八千八百零五吨三百三十启罗
二十八年	一万五千八百吨五百启罗
二十九年	三万八千八百七十三吨一百八十启罗
三十年	三万八千七百七十吨五百七十启罗
三十一年(正月起至三月二十日止)	五千六百八十六吨八百五十启罗
三十一年(三月二十一日起至十二月底止)	二万六千六百二十七吨五百启罗
三十二年	五万零六百二十二吨一百七十五启罗
三十三年	六万二千一百四十八吨二百五十启罗
三十四年	六万六千四百零九吨七百七十五启罗
宣统元年	七万四千四百零四吨八百八十六启罗
二年	十一万九千三百九十五吨五百六十启罗
三年	九万三千三百三十六吨八百一十启罗
民国元年	七千九百八十九吨五十启罗
二年	九万三千零三十三吨八百启罗

统计共出生铁八十二万八千二百六十五吨九百零六启罗

[附件四] 商办之日起至民国二年六月底止
解缴铁捐详细数目清单

计开：

付解第一批官本拨纺纱局用规银五万两,作为预缴铁捐,合长平四万七千五百两,扯合洋例银四万八千五百两。

付解第二批官本拨织布局十万两,第三批官本拨枪炮局二万五千两、织布局二万五千两,作为预缴铁捐,合长平十五万两,九八合洋例银十五万三千六十一两二钱二分四厘。

付代官局还原欠各款除官局拨交现银及料款两抵外不敷之款,作为预缴铁捐,合长平六万七千八百二十九两四钱一分八厘五,扯合洋例银六万九千三百三十三两一钱八分一厘。

付两次拨还纱布局款作为预缴铁捐,合长平七万两,九八合洋例银七万一千四百二十八两五钱七分。

付湖北善后局扣存甘饷拨解铁路公司库平四万八千两,作为预缴铁捐,合长平五万零一百一十二两,扯合洋例银五万一千二十九两七钱六分。

付汉阳赫山培修官堤、取用钢轨各件欠付价值作为预缴铁捐,合长平二万六千八百零五两八钱零一厘,九八合洋例银二万七千三百五十二两八钱五分八厘。

付鄂省武胜门外塘角堤工取用钢轨各件欠付价值作为预缴铁捐,合长平四千七百六十八两五钱八分八厘,同上[①]:四千八百六十五两九钱六厘。

付枪炮、钢药两厂光绪二十二年四月至三十四年十二月取用钢铁物料欠付价值,作为预缴铁捐,合长平五十万零二千零四十八两四钱五分八厘,同上:五十一万二千二百九十四两三钱三分八厘。

付代官局还织布局票借刘学询抵押德商毕利南款规银五万两作为预缴铁捐,合长平四万七千五百三十两,同上:四万八千五百两。

付修筑襄河白鳝庙至玉皇阁堤岸下段工程用款,作为预缴铁捐,合长平四万一千四百四十四两七钱六分八厘,同上:四万二千二百九十两五钱八分。

付修筑襄河堤岸中段工程用款作为预缴铁捐,合长平一万五千一百五十两,同上:一万五千四百五十九两一钱八分。

---

① "同上"即同"九八合洋例银",以下均如此。

付修筑襄河新矶头至崇德里堤岸上段工程用款作为预缴铁捐,合长平一万八千四百八十九两二钱七分,同上:一万八千八百六十六两六钱二厘。

付兵工、钢药两厂宣统元年及二年份取用钢铁物料欠付价值作为预缴铁捐,合长平一万二千一百八十六两二钱三分七厘,同上:一万二千四百三十四两九钱三分六厘。

付兵工、钢药两厂辛亥阴春季起至民国二年阳六月底止欠付钢铁价值作为预缴铁捐,合长平四万九千三百二十八两二钱八厘,同上:五万零三百三十四两九钱六厘。

共付长平银一百一十万零三千一百九十二两七钱四分八厘五,扯合洋例银一百一十二万五千七百五十二两四分一厘。

魏景熊致盛宣怀函
民国三年四月十二日(1914.4.12)

初十日畅领教言,甚快。公司提议各件,景熊尚有献疑之处,别纸录呈,另望公司早覆。另呈表一纸单一纸,倘赐查核,实与公司有绝大关系。铁为厂中之命脉,己酉以后与戊申以前相比较,短铁至十余万吨之多,以售价计之,合银三四百万两。其出铁之数,既有丙申至戊申十三年之比例,经手人当无可置词。整顿厂务,此为第一要议。至单开铁价,系从帐略中推算而出,复证之以传闻之词,小数或有伪误,而大致不差。若能彻底清查,亦是一宗大款。景熊是一局外人,不敢干涉。查否,仍仗钧裁。表及单如蒙采择,务乞饬纪录下,仍将原件发还。肃此。敬颂
福安

魏景熊致汉冶萍公司函
民国三年四月十二日(1914.4.12)

昨承交出公司答覆各件,归寓审查,其中仍多疑窦,请一一缕陈如左。

一、矿山如纱帽翅、蒉草林、白杨林、金银坂、中山脑、株树下,均系官购拨商之山,又尖山儿有二,一系官购拨商之山,一系官购未交之山。兹据覆

称，以上各山皆属商购，均有契约可查，应请公司速向鄂政府呈契候核，以清山界而资保守。

一、鄂政府开列山名，凡官购归商者二十六处；官购未交者一十四处；官封未开者三十一处。其中未列龙洞之名。今据覆称：铁门坎、铁山铺、纱帽翅、龙洞、老虎垱、油花脸等处，均系会长用价购得，送与张文襄，光绪二十二年拨归商矿，即系所送之山，其时官局只有添置之纱帽翅、龙洞两处矿地，一并移交，并无另外铁山交割，是则龙洞亦为官家添置矣。究竟添置之龙洞与原购之龙洞，是一是二，有无界限？又公司叙述续购之山，亦有纱帽翅一名，是纱帽翅有三：一系会长原购，一系官家添购，一系商厂续购，若不考核清楚界址，必致混淆。又官拨归商之山二十六名，公司复称移交之山只有原购之铁门坎等处及添置之纱帽、龙洞两处，岂举其大而遗其小者欤？抑彼此所开列者，山同而名或异欤？何数目之不符也？应请一并详明示复，以归实在。

一、复称商办采掘之矿，均系官局交还及商厂续购之山，并未侵及官购未交之山及借款以矿担保，亦系指定商产，并未包括官山在内一节，语语扼要，自当恪守。此后商山矿尽，或系采及官山，应仍援照张文襄光绪三十三年咨文，彼此妥商办法，不复引三十年以前之咨案为据。

一、兴国锰矿。查阅公司草合同中，原有在兴国官局移交之山及公司自购之山采用数语，今应双方解释，求归一是。若云无契约合同而奏案具在，自可继续有效，似此理由尚未十分充足。答复中所引案据，民国二年九月曾经公司抄呈附卷，鄂政府岂未之见耶？公司既云自购，便不应抹杀契约，为该处士绅等所借口。此非鄂政府与公司为难，乃公司"自购"二字启之也。

一、矿石漏捐。鄂中坚持报告为证据，不肯放松，谓报告与预算不同，预算推测将来，报告则追述已往也。已往之数若虚加全数倍之多，局中人岂有不加考核而刻入帐略者耶？如谓报告人夸张失实，容或有之，但失实之词不应如此之甚，且与报告互相印证者，亦别有在。逐年底帐未及全查，姑就戊申年帐略证之，是年售生铁四万三千八百二十九吨，出钢二万二千六百二十六吨,申合生铁二万八千二百八十一吨,共计生铁七万二千一百十吨有奇,而清单仅列六万六千四百零九吨,实短报五千六百零一吨。再以辛亥帐略证之,是年售生铁八万零五百九十四吨,售钢二万六千零零一吨,申合生铁三万二千七百五十一吨有奇,共计生铁十一万三千三百四十五吨有奇,而清单仅列九万三千三百三十六吨,实短报二万零零九吨(另单备核)。又戊己庚辛四年,单开矿石数目,共计四十一万一千零十吨,以三元合洋一百二十三万三千零三十元,以七五合银九十二万四千七百七十二两五钱。查帐略所收矿石价银,四年共收一百零六万六千八百零二两零三分六厘,两抵实余银一十四万二千零二十九两五钱二分六厘,以七五合洋十八万九千三百七十三元有奇,以三元合价,短报矿石六万三千一百二十四吨有奇。此区区者何补大计,但以此为单开不实之确证,毫无疑义,亟应将全单考求实数,以清捐款。

一、公司复称:矿含铁质只有五十六分。查戊申帐略中,有矿石含百分之六十五分之一语,据称出自汉工程师,今以此推算铁数,不得谓非铁案(另表备核)。

一、售砂于日本。查光绪三十三年张文襄咨文内开:盛大臣于二十五年、二十六年两次订立日本合同,售矿于外人,于二十九年与日本再续合同,每年售矿十万之多,取价既廉,为期又须三十年之久,曾经外务部诘问,本阁督部堂顾全大局,竭力维持,付诸成事不说之列。惟既将该处铁矿彰明售与外人,则与本阁督部堂前咨全然相反矣,是以盛大臣三十年六月来咨,因亦将官山商购一层作罢等语。此即前议中售砂日本自二十五年为始之根据,售砂非文襄原议,既经外部诘问,文襄维持,其咨文中绝无砂不抽捐之明文,其结束处全以自用自炼为断,今何得援咨案以免砂捐?砂为铁之母,售砂一吨六,即减铁一吨,亟应筹补,以重公款。

一、另外捐款如出井税、年租之类,鄂政府系申明部令,姑俟铁捐查清后,彼此妥商,酌量办理。

一、提用各款除修筑襄河堤岸中段工程用款,兵工、钢药两厂宣统元年及二年份取用钢铁物料欠付价值,兵工、钢药两厂辛亥阴历春季起至民国二年阳历六月底止欠付钢铁料价，共计长平银七万六千六百六十四两四钱四分五厘，鄂政府未经开列，俟续查再复外，余数悉符。

计开清单：

戊申铁数钢数

销生铁四万三千八百二十九吨（见李一琴先生报告），收价银八十九万二千七百六十八两九钱（见帐略），以银数折合价目，每吨合银二十两零三钱六分九厘（余十五两九钱九分一厘）。出钢二万二千六百二十五吨九百六十启罗（见李一琴先生报告），收价银八十五万三千四百四十五两一钱二分六厘（见帐略，合铁路钢轨、枪炮厂钢铁、各户钢铁三三项得此数），以银数折合价目，每吨合价银三十七两七钱一分九厘（余银六两五钱四分四厘），钢数加二五申合铁数共二万八千百八十一吨（钢视铁数八折，系根据新计划，其申合之数应加二五），再加入生铁本数，是年共计生铁七万二千一百十吨。清单仅列生铁六万六千四百零九吨，计短报生铁五千七百零一吨。

辛亥铁数钢数

截至八月底止，售生铁七万七千七百五十六吨，价银一百九十万零九千八百五十一两六钱三分（见王子展先生报告），以银数折合价目，每吨合银二十四两五钱六分二厘（余银七两七钱五分八厘）。

截至年底止，收生铁价银一百九十七万九千五百六十六两六钱五分二厘（见帐略），以银二四五六二折合吨数，合得生铁八万零五百九十四吨（余银十六两八钱二分四厘）。

截至八月底止，售轨件二万三千四百九十一吨九百三十三启罗，价银一百二十四万六千一百八十三两六钱九分（见王子展先生报告），以银数折合价目，每吨合银五十三两零四分七厘（余银七两）。

截至年终止，收钢轨价银一百三十二万八千四百零五两八钱九分（见帐略），以银五三〇四七折合吨数，合得钢轨二万五千零四十二吨（余银二两九钱一分六厘）。

截至八月底止，售钢板一千三百七十四吨九百三十八启罗五，价银八万九千六百八十八两二钱二分（见王子展先生报告），以银数折合价目，每吨合银六十五两二钱三分二厘(余银一两二钱六分五厘)。

截至年终止,收钢铁价银七万五千六百零九两七钱二分二厘(见帐略),以银六五二三二折合吨数,合得钢铁一千一百五十九吨(余银五两八钱三分四厘)。钢数加二五申合铁数共三万二千七百五十一吨二十二启罗五,再加入生铁本数,全年共计生铁一十一万三千三百四十五吨二百一十二启罗五,清单开列生铁九万三千三百三十六吨,计短生铁二万〇〇〇九吨。

计算单位:启罗

年别	运汉砂数	六十五分铁数	清单铁数
丙申	16 100 000	10 465 000	10 532 855
丁酉	22 800 000	21 320 000	23 422 955
戊戌	30 520 000	19 838 000	22 486 450
己亥	30 218 000	19 641 700	24 028 360
庚子	39 389 000	25 602 850	25 890 050
辛丑	36 354 000	23 630 500	28 805 330
壬寅	25 843 000	16 797 950	15 800 500
癸卯	55 935 000	36 357 750	38 873 180
甲辰	55 033 000	35 771 450	38 770 570
乙巳	52 194 000	33 926 100	32 314 448
丙午	69 868 000	45 414 200	50 622 175
丁未	85 195 000	55 876 750	62 148 250
戊申	10 159 900	66 039 350	66 409 775

以上共计运汉之砂六十三万一千零四十八吨,应合六十五分之铁数,系四十一万四千八百六十六吨六百启罗,而清单开列出铁之实数竟有四十四万零零九十四吨八百九十六启罗,两品实较六五之数加多二万五千二百二十八吨二百九十八启罗,以证六五之铁数,有多而无少,毫无疑义。

年别	运汉砂数	六五铁数	清单铁数
己酉	142 142 000	92 392 300	74 404 886
庚戌	244 359 000	158 833 350	119 395 560
辛亥	189 465 000	123 152 250	93 336 810
壬子	28 300 000	18 395 000	7 989 050
癸丑	185 881 000	120 822 650	93 033 800

以上共计运汉之砂七十九万零一百四十七吨,应合六十五分之铁数,系五十一万三千零五十五吨五百五十启罗,而清单开列出铁之数仅止三十八万八千一百六十吨一百零六启罗,两品实较六五之数减少一十二万四千八百九十五吨三百四十四启罗。然此仅就六五扣算,若加入锰石每百分之二分而强,再照丙申至戊申所出之铁数详细算其短少之数犹不止此。

盛宣怀致魏景熊函

民国三年四月十三日(1914.4.13)

芝农先生鉴:

顷奉惠函,敬悉。公司议复各节,阁下尚有疑义须查,自应照办。已将尊件送交总稽核杨君,嘱即迅速按条查复。至另送表单各一纸,尤征精核,超迈群伦。弟生平不知掩饰,但能自信反躬勿欺,余则不敢偏袒,容即交派所司,按款查察。原件俟录后再缴。手复。敬请

台安

愚弟盛宣怀谨启

魏景熊致盛宣怀函

民国三年四月十八日(1914.4.18)

奉到十三日惠书,过承奖饰,惶愧奚似。铁捐一项,须将帐略与报告参观方知。推算之数,皆有根据。兹补呈一单,以便寻检,事关重要,不厌求详,此心无他,尚希原谅。再戊申钢价,前单漏计一项,故与此单不符合,更正;又磅亏一项,合先查实后,发此一逐年一大款,为公司计,更不可疏漏。

此致。就颂

福安

　　附单一纸。

戊己庚辛四年售日矿石数

　　前闻日金一元有合银七钱者,有合银八钱者,故以五七折合洋。兹查帐略中,有磅亏一项,自戊至辛,共银三十五万四千三百一十七两四钱二分一厘,似收洋之时,已照市价折合,则售砂之洋仍应以市价计数。考四年中洋元市价,低者七钱零四厘有奇,高者七钱一分二厘有奇,今折中以〈七〉钱一分为准,核数如左:

　　戊己庚辛四年单开矿石数共计四十一万一千零一十吨,以三元合洋一百二十三万三千零三十元,以七一合银八十六万六千四百五十一两三钱。查帐略收四年矿石价银共一百零六万六千八百零二两零二分六厘,两品实余银二十万零零三百五十两零七钱二分六厘,以七一合洋二十八万二千一百八十五元一角有奇,以三元合价,计短报矿石九万四千零六十一吨七百启罗。

汉冶萍公司致魏景熊函

民国三年四月二十一日(1914.4.21)

　　前承交下数条并表单各件,详译尊情,对于前次答复,于矿山界址、铁数不符、矿砂无捐三项,仍有怀疑质问之处,谨再缕陈,幸垂察焉。

　　一、前次开送大冶铁山表,均系商办后自购之山,根据契约及历年冶矿购山清册,其间田地山场,表面虽非铁山,而地腹亦容有矿质,且同为商产,故亦并列。至于同名一山,有为官购,又为商购者,盖山之面积甚大,官购若干,拨归商办后,不敷采掘,复由商展购若干,即如纱帽翅、龙洞两处,本系宣怀先年购得送与官开者,官局续又展购,拨归商厂,是地名虽同而官购、商购,要各有别。凡立契年月在光绪二十二年四月以后者,均商购,尤为简明之证。总之，官商分界，自应遵照三十三年张前督咨案，以官拨归商及商办自购之山为商产，以官家后购未交之山为官产。官拨归商者，以案据为凭，商办自购者，以契约为据，界限分则解决自易。至兴国锰矿，官办时在银山开采，招商承办，亦即以银山奏交，自光绪二十二年四月起，至辛亥八月止，十有余年，历经采运无异，此有奏案可凭者。光绪三十二年十一月，由商价购沈家山一座，土名松山岭，坐落黄姑山下。宣统二年二月，又价购董家山一座，土名鸡草坂，坐落银山头。民国三年二月，又价购白云山、庐家山一障，坐落石玉湾，此有契据可凭者。所以草合同有官局移交之山，公司自购之山，请一律保护开采，系根据事实而言，毫无虚饰。自辛亥事起，毁路封山，遂致停歇，实鄂人与公司为难，谓公司有以启之，似非持平之论。应请鄂政府实办保护，仍予采运，以济要需。

一、来单引证矿师报告矿石含铁六十五分之语，此系西人化炼，指最优矿质而言。冶铁优劣不一，平均扯算，实不及此。且出铁减少亦有数因，如矿砂泥石太多，减其成色，及修炉停火或风力欠缺，有一于此，皆足以短其出数，人所知也。如块质太小，不惟出铁少，并足以损炉，人所罕知也。有一确证为述明：日商售砂合同订明，须系七十五密利米达之大块，其最大者又不得过于一百五十密利米达之数，过大不收，过小不收。而此等过大过小之铁砂，均系按吨采掘而来，势必搭运汉厂，汉不能用，势必剔弃。近来汉厂因冶运矿砂大小有碍冶炼，与矿交涉，屡见报告，是其明证。今欲以大冶运矿之毛数，断制汉厂出铁之净数，必不能符。不特此也，汉厂冶铁原料，宁可余存，不可缺乏，以防停炉待料之危险，岁运砂数，必浮于所炼之数，陈陈相因，每年存厂者不下数万吨。在矿已按年计吨，在厂实未能按吨计铁者，又一原因也。来单又以帐略售铁之数求合出铁之数，是又不尽然。出铁多少，关工作之良窳；售铁多少，视市场之销滞。铁吨之存汉厂、沪栈者，新陈递嬗，岁有积储，断无有一年出额即定为一年销额者。钢件亦然。炼钢固须用铁，然亦有用矿石熔汁即送入钢炉者，亦有收买废钢鼓铸者，成料后固制件以供销售，而厂中自用，岁亦不少。售钢按照外国市情为伸缩售价，至廉之时，亦在五十两左右，从未售过三十七两者。另单以戊年出钢之数,而以是年售钢之价强为牵合,宜其有此凿枘矣。总之,公司经残破之余,犹汲汲皇皇,力谋扩充者,其期望出铁之多,尤甚于鄂政府也。盖鄂政府多一吨即有一吨之捐,而公司多一吨即有一吨之价。如谓办理未善,少此一两之捐,即少其二十余两之价,提撕之意,至为可感。如谓意在隐饰,欲漏此一两之捐,并短报其二十余两之价,公司纵无状,亦何至如此耶!

一、售砂之举,起于煤铁互换。当商办之初,萍煤甫经勘得,马煤劣不适用,以重价远求开平,且时有缺乏,不得已购用日煤,遂与订煤铁互换之约,起于光绪二十六年,以矿砂代价抵其煤值,及萍煤济用,此条即废。光绪二十九年,因改造新厂需款,预借矿石价三百万元,商经张前督核准,并报明外、商两部有案。然铁砂出口已征关税,因系出自日商,故公司并不援照汉厂钢铁出口准予免税之案,为他人要求。在公家无论税之出于何方,实已享有权利。若再于关税之外责令抽捐,则将来萍乡售煤,江西亦将援例,因焦煤常售诸外人也。张前督固无砂不抽捐明文,然亦无砂必抽捐之明文,若谓砂必抽捐,则光绪二十九年售砂定案之时,即应议及。前清专制,尚知恤商,现在政府维持实业有加无已,况汉冶萍公司自经挫折,负债之重,损失之巨,实有岌岌不支之势,鄂政府尤应力予扶持,以免倾覆,似不宜为此苛细以速危亡也。

魏景熊致盛宣怀函

民国三年四月二十三日(1914.4.23)

二十一日奉到复件,今日已附江裕回鄂报告一切矣。中有待商之处,均俟鄂政府裁夺后再布闻。临别匆匆,未及走辞,伏希原谅。顺颂
痊安

魏景熊致湖北省政府函

民国三年四月二十九日(1914.4.29)

景熊奉委赴沪,瞬及两月,寒热不时,眠食失慎,抱病思归。未候钧命,遽尔首途,惶悚奚似。昨已抵汉,暂在华景街范保和药室就医。今日身体

略舒畅，明日定趋钧府，面陈一切。所有盛杏荪两次答复之原文及景熊再与辩难之稿件，先由邮局呈请钧鉴。再，公司第二次答复尚有应加查核及驳诘之处，景熊私拟一稿分条摘出，一并录呈，用备采择。肃此布达。顺颂勋安

再，携往沪上旧卷共计一十九号，如数缴还，请饬司查收。

［附件］ 拟复汉冶萍公司条议

谨将拟复汉冶萍公司条议呈候采择。

一、铁山应复查者六条

铁门坎、铁山铺、纱帽翅、龙洞、老虎岽、油花脸等处，均系官购拨商之山。兹据公司复称：此数处均系盛宣怀于光绪二年自购，十七年送与张前督开采，二十二年拨归商局。此案有无证据，应否调查原契，拟请钧府详加查核。

尖山儿、株树下、中山脑、纱帽翅、蕲草林、金银坂、白杨林等处，均系官购拨商之山，兹公司表列商产有此数处在内，据称皆有契约可凭。拟请钧府迅赐调查并查验商表所列一切契据，以求实在。

纱帽翅有三：一系盛宣怀原购，一系官家添购，一系商厂续购。据公司答复，地名虽同，而官购、商购，要自有别，凡立契年月在光绪二十二年四月以后者均属商购，尤为简明之证等语。究竟语意所包含有无别项纠葛，拟请钧府饬查旧案，以定官商界限。

尖山儿亦有三：一系商购之山，一系官拨归商之山，一系官购未交之山。其未交之山属北乡东山堡，自与商购及官拨者有别，究竟山名错杂日久，易至混淆。拟请钧府饬县详查此山及纱帽翅各地段，以咨保守。

象鼻山系官购未交之山，公司所列商产表原无此山名目，惟查第一届帐略中载有铁山、纱帽翅、龙洞、象鼻山、狮子山、得道湾铁矿，至少长三丁七百五十米达，厚有六十至七十米达，高有一百至二百米达，矿石含铁约有百分之六十五，全山皆铁，并无夹杂，浮面约有铁一百兆吨，地面以下深约五百米达，即有五百兆吨之铁。约计每年采取一百万吨，每吨余银一两，每

年即可余银一百万两,以周息一分核计,共估价洋例银一千万两等语。似足为公司后日侵占该山之张本。拟请钧府于此次定议时,饬公司取消帐略中原文"象鼻山"三字,以资信守。

兴国锰矿,据公司复称,官办时在银山开采,招商承办亦即以银山奏交,此有奏案可凭者。旋由商价购松山岭、鸡草坊、白云山、卢家山一障,此有契据可凭者。究竟此山应否根据奏案调验契约,拟请钧府裁夺。

一、铁捐应请示者两条

铁捐漏报之数,由前帐略与报告参观而得。旋因公司复称,报告夸张不足据,乃详查戊辛两年报告与帐略,辗转求得售铁之吨数,以证明清单之不实,报告之非虚。此盖无全单可核,不得已而出于抽查,犹非完全证据也。及接到公司砂数、铁数表,以帐略中矿含铁质六十五分之数逐年比较,而公司短报铁捐之真相乃出。爰列一表以明其数,自丙申至戊申十三年中,以六十五分计算,多出二万五千二百二十八吨二百九十八启罗,自己酉至癸丑五年中,以六十五分计算,减少十二万四千八百九十五吨三百四十四启罗,是则出铁不足六十五分者,全在己酉以后。若谓日人挑矿过甚,致汉厂出铁减少,查售砂已历十余年,何己酉以前之数独不减少乎?若谓汉厂冶铁原料宁可余存,不可缺乏,试问癸丑年终汉厂积存之砂有二十万吨否乎?旧炉两座,日可出铁二百吨,新炉一座,日可出铁二百五十吨,停炉待料诚非策,有砂不炼又岂计之得者乎?拟请钧府综核两次辩难之文,酌定条件,务令该公司报明铁捐之确数,以昭核实。

售砂于日本,概未认捐。据公司复称,张前督固无砂不抽捐之明文,然亦无砂必抽捐之明文,究竟售砂非张文襄本意,故奏定捐案,计铁不计砂,即至光绪三十三年咨复盛宣怀,其归束处犹以自炼自用为断,其不明言砂捐者理应如此。时势至今,不得任其外售。然外售即不抽捐,假令如壬子年之成例,出铁仅七千九百八十九吨,售砂至十六万一千八百八十吨,铁捐收数如此之微,数百万官本何时提清?拟请钧府酌定办法,以重捐款而收实利。

（十四）拟议总事务所迁汉

公司股东联合会致董事会函

民国四年八月十一日（1915.8.11）

汉冶萍总公司董事会诸公均鉴：

　　敬启者，查汉冶萍公司在辛亥以前，事权集于总、协理，其时总理盛杏荪先生身任邮尚，事务繁多，办事实权皆在汉阳，北京、上海遥为节制，无实在执行之权。故凡厂矿应办事件但凭报告，皆属已成之局，即有准驳，已在事后，每难挽救其间；不肖之徒因而任意诪张，竟饱欲壑，以致有林虎侯、毕仙俦、钦钰如等吞挪亏欠之事，虽经控追，迄无结束。上次部派委员亲到厂矿调查，报告亦云百弊丛生，非大加改革难收成效，此于事实上确有证据者也。辛亥以后，经董事会议定，在沪设立总事务所，总经理即驻上海，居中调度，分设商务、矿务、会计等所，各派所长各司其事。规模虽稍觉恢张，而权限实得其要领。故自此以来，尚无一人一事营私舞弊，仍蹈前辙者。盖由于事事先报总公司而取决于董事会，方能见诸实行，一切皆有限制，不能如从前之随意自由也。且贵会诸公与敝股东等居沪者多，总事务所在沪，则贵会之亲临考核，与敝会之随时监察，皆得以耳目切近，不致稍有隔阂，迁地弗良，尤为显著。

　　近闻公司又有将总事务所移设汉口之议，并闻贵董事会中亦有随声附和之人，敝股东等殊不识是何宗旨。从前积弊至今未尽扫除，正当竭力整理，期望发达之时，无端又生异议，不因复辙取鉴前车，乃欲改弦，仍归旧轸，敝股东等窃有所不解，而且深为之惧矣。公同协议专函布达，倘贵董会决议将总事务所改设汉口，日后倘于公司有损无益，既靡迁移之费，复贻丛弊之忧，全体股东责望难宽，不得不请贵董会诸公担其责任。事关重大，务希谅照。如因总事务所设在上海，经费较巨，理应力求撙节，未便因噎废

食,或移汉口而更加开支,尤以仍旧贯为正当办法。统希会议示复,以慰众望,无任盼祷。专泐。即颂

公安

鹄候回示。

汉冶萍股东联合会十八万九千八百二十一股股东公启

公司董事会致孙宝琦、盛宣怀函

民国四年八月十四日(1915.8.14)

会长钧鉴:

本月十一日接股东联合会来函,陈请本公司上海总事务所,以驻沪为宜,不可远移汉口等因。当于十三日特开临时会议,提出公议:总事务所移汉问题,据股东联合会函谓,从前集权于汉,百弊丛生。自沪有机关后,厂矿诸事,一切皆有限制,不似从前之随意自由,因此竟无一人一事之营私舞弊,两相比较,得失可见。且公司以股东为主体,董事会为股东所举之立法机关,照公司章程,股份在十成之六以上,有议决各事之全权。现已有十八万九千八百余股之股东,已占全股十成之六以上,照章可以开会议决各事,董事自未便违反大多数股东之同意等语。除列议案,并函致孙、盛会长外,兹将股东联合会原函另纸照录,并会议情形,备函奉达,即祈查核为荷。

肃请

钧安

林 沈 李 王 周 张 杨谨启

公司董事会致股东联合会函

民国四年八月十四日(1915.8.14)

汉冶萍股东联合会公鉴:

本月十一日接奉台函,以本公司上海总事务所不宜远移汉口等因。当于十三日特开临时会议提出,公议:总事务所移汉问题,贵联合会函谓,董

事自未便违反大多数股东之同意,应将原函抄陈两会长查核等语。除列议案,并函达两会长外,相应复请查照为荷。祗颂

公安

        汉冶萍公司董事会　林　沈　李　王　周　张　杨启

二、机构人事

（一）股东联合会、经理处

公司聘请高木为驻日商务代表合同

宣统二年十月初十日（1910.11.11）

一、汉冶萍煤铁厂矿有限公司延请高木陆郎为驻扎日本商务代表，自本合同签字日起，以五年为期。

二、往来中日两国办理商务，一切须请示而行。

三、因公出门，除轮船、火车费照给外，在日本因公旅行，每日开支旅费日币十元。

四、因公请客及马车电报等公费照收条开支，惟一切费用必须酌量节省。

五、每年薪水日币七千元。

六、将来如为公司于商务上节省巨款，或因高木之力公司得特别大利，于薪水外另行酌送酬劳。

七、准用日本人在日本办事，每月薪水一百五十元，一切在内。

八、本合同一式两份，公司执一份，高木执一份。

汉冶萍煤铁厂矿有限公司总理　盛宣怀

协理　李维格

宣统二年十月初十日

公司董事会致张謇函

民国元年四月二十日(1912.4.20)

季直先生大人阁下：

汉冶萍煤铁厂矿有限公司董事会成立,公议厂矿不独关乎实业,且于中国军事前途大有关系,群谓非有名望卓绝商界伟人如先生者,不足以主持总理,众论赞成,非公莫属。用特专具公函恭请先生为公司总经理,务祈惠允俯就,咸深企祷。专此函恳。敬颂

筹祺

不备。

汉冶萍煤铁厂矿有限公司董事

赵 盛 杨 聂 王 沈 何 朱 袁公启

公司董事会致叶景葵函

民国元年四月二十日(1912.4.20)

揆初先生阁下：

今日汉冶萍公司董事会议,公推先生为汉冶萍公司办事经理。厂矿急应进行,董事会既经成立,全体公意,必须借重大才,尤盼先赐贲临公司,办事合同俟再面订。专此函订。敬请

筹祺

鹄候玉趾不尽。

汉冶萍煤铁厂矿有限公司董事

赵 盛 杨 聂 王 沈 何 朱 袁公启

公司董事会致杨学沂函

民国元年四月二十日(1912.4.20)

绶卿先生阁下：

顷奉惠函,祗悉一切。今天董事公议,仍须借重大才为总公司秘书长,

纡筹运策，熟路轻车，咸谓非先生莫属。务祈关怀公益，不我遐弃，鹄盼贲临，藉聆教益。专此函订。敬请

筹祺

不尽。

汉冶萍煤铁厂矿有限公司董事

赵　盛　杨　聂　王　沈　何　朱　袁公启

叶景葵致公司董事会函
民国元年四月二十一日（1912.4.21）

汉冶萍公司董事会诸先生台鉴：

昨奉公函，辱承委充公司经理，并嘱先到公司力事等因。展诵再三，莫名惭悚。景葵于煤铁实业，素鲜学问，又乏经验，骤闻雅命，不敢矫情以负厚期，尤不宜躁进而误全局。现与李峄琴先生商酌，拟先至公司调查学习，俟峄翁东渡回航以后，再行定期协同接办；或者数旬以后，愚瞀渐开，且俟相有人，冥行得烛，冀可稍免愆戾。至峄翁东渡后，公司重大事件未便延阁，景葵当以调查所得随时报告贵会，请求裁示。愚陋之见是否有当，尚祈教正为幸。肃复。敬颂

公安

叶景葵谨启

张謇致公司董事会函
民国元年四月二十六日（1912.4.26）

汉冶萍公司董事诸君均鉴：

顷奉公函，猥以公司总经理见属，自念材轻役众，牵率已多，敢再兼顾及此。惟以诸君谆属之殷，又盛言兹事关系之重，未容固却，请暂行勉任，此后会议仍希诸君另举替人。先此声明。敬请

均安

不尽。

张謇顿首

公司董事会致李维格函

民国元年四月二十六日（1912.4.26）

一琴先生阁下：

汉冶萍改良办法，董事会组织成立，叠经会议，以先生制造炼冶，使汉阳钢铁，名誉及于美西日东，实业有光，厥功甚伟。现经议定，以上海为立法监督之总机关，分科办事，一意进行，董事会全体同意，推举执事为驻沪办事经理兼任厂务所长，对于董会同负完全责任。务望体念缔造之艰，允任担负于后，公司发达倚赖同深。除办事合同另再面订外，专此函订。敬请

筹祺

汉冶萍煤铁厂矿有限公司董事

赵　盛　杨　聂　王　沈　何　朱　袁公启

李维格、叶景葵致公司董事会函

民国元年五月十六日（1912.5.16）

董事会诸先生大鉴：

格等辱承委充汉冶萍公司经理，并奉即日任事之命，格因公赴日，葵请假回沪，均不免稍稽时日。兹已先后来沪，于五月十六日同至公司实行任事，暂以汉厂驻沪批发处为经理及所长办事机关，应如何筹画进行改良组织，容再悉心拟议，陈请贵会核示施行。合将任事日期先行报告。敬请

筹安

李维格　叶景葵谨启

张謇致李维格、叶景葵函

民国二年四月四日（1913.4.4）

一琴、揆初先生暨董事诸君公鉴：

走承众议，承乏总理，倏忽经年，初意以为公司值兵革之后，内患外交，

危变莫测,苟可挽救百一,虽集怨丛谤,亦不敢惜,是以勉允暂任,而远不能亲临各厂有所视察,近不能常驻公司有所规画,徒拥虚名,内疚久矣。今幸公司得诸君子理结解纷,渐可由险而夷矣。忝窃奚为,且走于通海实业,终岁奔走,渐益衰老,精力日力,亦实苦不给。特具书辞职,幸赐鉴许,无任翘企。即请

公安

张謇

盛宣怀致李维格函
民国二年四月七日(1913.4.7)

一琴先生阁下:

张季直先生来函辞职,其时因已散会,未及会议。鄙见本拟俟下期常会公议答复,以重其事。顷承来示,亟宜酌复,特命秘书赶拟一稿,奉呈察阅,祈即转交诸位董事妥细斟酌,付缮后掷下签名。季老于关系时局大事难事,无不实心肯尽义务,刻查去年四月二十六日季老复函,只允暂任,似尚非因此次赞成举总理者,欲严重其责成,反对举总理者,欲取消其名义,而有此一函也。汉冶萍章程内本有名誉一门,然亦不易措词耳。复颂

台安

愚弟盛宣怀谨启

公司董事会致张謇函
民国二年四月十日(1913.4.10)

季直先生大鉴:

昨奉教言,敬承一是。汉冶萍国有之议,政府以借款未成,无暇及此,股东会议仍主商办。鄂赣两省,以厂矿在其区域,财权地权之争,一时不易解释;第三炉尚未开炼,第四炉筹备建设,粗具基础,综计附属各件,工料尚非巨款不能集事,公债票抵押之款,支付殆尽,而道胜等押款到期催偿,日有数起,对内对外,情形均极危险。董会赓续前规,协力筹进,宣更以病躯勉力逐队其间,深虞颠覆不支,有负股东之重托。执事实业专家,海内景

仰,去年组织事务所时,群推公为公司总经理,藉重名誉,一年以来,纯尽义务,公司受益良多。比者导淮定议,关系数省民命,其不能专注一隅,发踪指示,同人自应仰体。惟煤铁为凡百实业之母,军国前途尤关紧要,遇有重大事件,尚赖提纲挈领,时赐方针,俾知趋向。想先生关怀大局,断不以事属危难,走等庸懦无能,不屑教诲也。肃复。敬请

台安

汉冶萍公司董事①

经理谨启

张謇致李维格、叶景葵函

民国二年四月十四日(1913.4.14)

一琴、揆初先生暨董事诸君公鉴:

承惠教以公司事属仍勉任,踟蹰不安者累日。鄙人前之承乏总理,岂谓能胜斯任,特棉铁为年来主张之政见,不忍使汉厂堕于旋涡,故妄随诸君子掇拾百一,等于伐木之邪许,当时即认短期。而一年以来,毫无进行之成绩,鄙人之无益于公司明矣。有所利而忝窃之,仁者不为,无所利而忝窃之,智者不为。况盛君经营此事有年,此次复被股东大会之公推,为尊重公司公例计,犹当责之盛君。何况鄙人亦股东之一,尤应服从多数者乎。鄙人近更衰老,通海实业奔走不暇,又益以导淮之命,万不敢再以他事自贼。谨再奉辞,无论董事诸君能谅与否,鄙人则必践暂任短期之约也。敬请

台安

张謇

公司董事会致张謇函

民国二年四月二十二日(1913.4.22)

季直先生阁下:

接奉十四日手教,悉前复寸缄,已尘大鉴。先生为实业界之山斗,去年

---

① 原件未署姓名。下同。

以来,敝公司仰荷提挈维持,受惠匪浅。兹以有约在先,一再坚辞,窃念先生诸大业事业丛集一身,同人亦何敢重违意旨。挽留无计,祗益怅然。惟是铁政关系至巨,缔造至艰,经兹挫折之余,益觉规复不易,此后对于敝公司,凡有可以扶掖进行之处,尚望出其绪余,随时诏示,当为先生所许也。临颖布臆,不尽依依。敬颂

台安

汉冶萍公司董事

经理谨启

公司董事会致陈廷绪函

民国二年四月二十八日(1913.4.28)

理卿先生阁下:

径启者,汉冶萍公司厂矿区域,分隶鄂赣,煤焦运输,复取道湖南,地跨三省,局势散漫,董事会远在上海,对于厂矿大小事务,仅凭文字报告,不能躬亲巡视,殊多隔膜。今欲消息灵通,事事征实,开门见山,毫无隐漏,方能收鞭辟入里之效,自非由会举人周历稽查,随时详告,无以资整理而策进行。以先生曾任董事,于厂矿曾加研究,此次调查林帐,又肯实力实心,不避劳怨,公推先生为厂矿总稽查。用特备函委任,即希台端刻日就道,周历厂矿,凡关于支销之孰虚孰实,任事之谁勤谁惰,务祈破除瞻徇,切实考查,逐条详细见示,俾董事得以公同筹画,力图进行。以此重任,托诸先生,企望固深,嘉赖尤切,专函委任。祗颂

台安

汉冶萍公司董事

盛　王　聂　沈　朱　李　施　周　张谨启

公司股东联合会致董事会函

民国二年六月十日(1913.6.10)

径启者:

本届常会股东提议发起联合会,以补助营业,考核工费,沟通股东情愫

为宗旨,全场一致赞成。兹择定四马路东首五号为事务所,于阳历六月七号柬邀各省各帮在沪股东开职员会,公举二十一人为评议员,并公推傅筱庵君为主任。除电达工商部及鄂湘赣都督外,谨此布达,即希察照。专请台安

汉冶萍公司股东联合会具

公司股东联合会简章

民国二年六月(1913.6)①

一、宗旨 本会以补助营业进行,抵制非法干涉,考求工费简实,沟通股东情愫为宗旨。

二、会员 就发起本会股东中公推二十一人为评议员,从单数,概尽义务,不支夫马。

三、主任 即在评议员二十一人中,公举一人主任会务,执行评议员议定之事。

四、职员 规定主稿、书记、会计、庶务,酌给薪费。

五、权限 凡有股东质问公司函件,条陈厂矿办法,由主任邀请全体评议,公同审查,以达于董事会。得复后,即时公布。倘事关重大,评议不一,得依法票决,从多数决定;两数相同,主任得加一票。

六、交通 凡公司有报告股东事件,或征取全体意见,可将说明书交由本会,就已经入会注册之各股东住址,排印分送,仍一面登报广告。冀无遗漏。

七、注册 各股东保守股东权利,考察公司内容,请凭股票亲临本会注册,并登记姓名、住址,以便通讯。其外埠股东或因路远,不便寄带股票,即凭正式来函注明号码、户名注册,以昭慎重。

八、会期 本会除特别会外,每月常会二次,逢一号、十六号下午四时开会。

---

① 原件未署日期,此系根据内容判定。

九、议事　凡提议事件,规定评议员过半开议,如得多数赞成,即可议决。其因事不到者,对于过半议决之案,亦须同负责任。

十、经费　印刷、邮电、房租、燃料、职员薪伙等费,概由主任及全体评议员、入会股东公同担任。

十一、地址　上海四马路东首第五号。

十二、附则　本简章如有未周,随时修改。

（二）运输所、商务所、会计所

公司董事会致项藻馨[①]函

民国元年四月二十五日(1912.4.25)

兰生先生台鉴:

汉冶萍厂矿实业,远在鄂湘赣三省,营业所至,并推及于东西各国,工筑之繁,贸易之巨,无一非发生于财政,迩者组织新董事会,分科办事,以上海为立法监督之总枢机。素仰先生综核周详,条理缜密,在会公议:拟屈为收支所长。务望慨然命驾,酌盈剂虚,相与有成,实多倚赖。谨此函订。

顺颂

筹祺

汉冶萍煤铁厂矿有限公司董事

赵　盛　杨　聂　王　沈　何　朱　袁公启

公司董事会致王勋函

民国元年四月二十六日(1912.4.26)

阁臣先生台鉴:

汉冶萍完全商办,每年销售钢铁煤焦,内地各省,南洋各岛,东西各国,

---

　①　项藻馨(1873—1957):字兰生,浙江杭县(今杭州)人。时任公司收支所长。

经营所至,声誉渐充,实为中国一绝大之商务公司。比者新董事会成立,公同议定,以上海为立法监督之总机关,分科办事,公任执事为商务所长。务望扩张销路,体察商情,闳此规模,益巩基础,凡属本公司经商一门,悉归擘画。除办事合同另行面订外,先此函订。敬颂

筹祺

汉冶萍煤铁厂矿有限公司董事

赵　盛　杨　聂　王　沈　何　朱　袁公启

盛宣怀致王存善函

民国二年四月二日(1913.4.2)

子展会长暨董事会诸公台鉴:

昨日李经理面称,项兰生因病辞职,已离公司,收支重任商请迅速派人接管前来。弟本拟俟会议再定,惟此席关系重大,弟意非请经验老手,熟谙会计之人,不能胜任。适有于仲赓函来愿从实业,李经理甚以为然,嘱即赶紧延定,贵会长亦甚赞成。除已函致于仲赓外,特此函致贵会,即于明日特别会通过示复为要。专布。敬请

公安

盛宣怀谨启

公司董事会致卢洪昶函

民国二年四月十四日(1913.4.14)

鸿沧先生鉴:

径启者,萍煤运输一席,上接长株,分输武汉,而尤以接济汉厂为主要,其事至繁,其任至重,非有人提挈其间,无以收统一之效。兹据经理荐任先生为坐办,感庆得人,亟应查照会章,具函委托。即祈台端刻日就任,将武汉运销收支帐册文件及轮驳等,一并接收管理。惟念公司自经挫折,正资群力共济艰难,素谂先生才裕资深,办事结实,萍矿又为创始之人,情形尤熟,务祈力任劳怨,认真整理;务将积弊一扫而空,是董事等代表股东所殷

殷托付者也。办理情形,并望随时报告经理转会备查为盼。专此函托。祗颂

台安

汉冶萍公司董事会谨启

公司董事会致杨静祺①函

民国二年四月二十三日(1913.4.23)

介眉先生阁下:

径启者,本公司收支所,现经敝会议决,改名曰会计所,内设稽核一员,属于会计所长,凡关于支款之事,先由稽核员审查,将支票存根一联签字,再送由所长核签,其不应支者,得由稽核声明理由,会商所长核夺,以明权限而昭慎重。除函请于仲赓先生为会计所长外,用特备函委任执事为该所稽核员,即希查照妥慎办理,是所祷盼。顺颂

台安

汉冶萍公司董事谨启

公司董事会致于焌年②函

民国二年四月二十三日(1913.4.23)

仲庚仁兄先生阁下:

径启者,本公司事务所收支所长项兰生君辞职,业经函约台端接管。兹经敝会公议,收支一所,主管事项甚繁,以收支狭义命名,殊与事实未能完备,现改名为会计所,内添设稽核一员,属于会计所长,凡关于支款之事,先由稽核审查,将支票存根一联签字,再送由所长核签,其不应支者,得由稽核声明理由,商请所长核夺,以明权限而昭慎重。即请执事为会计所所长,杨介眉君为附属之稽核员,用特查照会章,备函委托,即祈执事刻日就任,将前收支所长移交簿记款目等项,逐一接收,切实整理,是所祷盼。专

---

① 杨静祺(生卒年不详):字介眉,江苏江宁(今南京)人。时任上海商业储蓄银行董事。
② 于焌年(生卒年不详):字仲赓,安徽石埭(今石台)人。时任公司会计所长。

渤。祗颂

台安

汉冶萍公司董事谨启

杨静祺致公司董事会函

民国二年四月二十四日（1913.4.24）

董会诸公先生均鉴：

敬复者，昨奉大示，猥蒙不弃，委任本公司会计所稽核一席，领命之下，惶愧莫名，敢不竭尽愚忱，勤勉将事，以副诸公之委任。惟查本公司改组以来，倏已经年，机关散布四处，屡谋统一而未能收良效，以帐籍不全，手续不备，实行稽核动多掣肘。今者稽核之权限，对于本事务所事前事后尚可负责，对于厂矿则帐册寄来已在事后，手续未备，一时恐难名副其实，须俟手续完备，方能担负完全责任。为特布陈困难情形，伏希垂察。至对于本事务所稽核各事，自当遵委办理。肃此谨复。祗颂

台安

杨静祺谨启

于焌年致李维格函

民国二年四月二十九日（1913.4.29）

一琴先生台鉴：

敬启者，奉董事会公函内开：本公司事务所收支所长项兰生君辞职，业经函约台端接管。兹经敞会公议，收支一所，主管事项甚繁，以收支狭义命名，殊与事实未能完备，现改名为会计所，内添设稽核一员，属于会计所长，凡关于支款之事，先由稽核审查，将支票存根一联签字，再送由所长核签；其不应支者，得由稽核声明理由，商请所长核令，以明权限而昭慎重。即请执事为会计所所长，杨介眉君为附属之稽核员，用特查照会章备函委托，即祈执事刻日就任，将前收支所长移交簿记款目等项，逐一接收，切实整顿等因。焌年遵已于四月二十一日到所视事，自顾轻材，膺兹重任，深惧勿胜。

但既蒙董事会公函委托,自亦未敢固辞。惟当此改换名义之始,自应将本所宗旨责任权限各大纲先行分别订明,以资办理。兹就焌年一得之愚,拟就会计所办事规则大纲十二条,另纸录呈,先请赐教。但事关立法,拟请转送董事会公同核议。如蒙议决施行,其各股处办事细则,容再悉心筹画,分别详拟。至本所簿记表册单据等程式,须按照本公司厂矿现行事实,妥细议订,方能适用。已分函各处酌派熟悉情形之人来沪面为研究后,再行续达可耳。专此。祇颂

台绥

于焌年谨启

公司会计所暂行试办规则

民国二年四月(1913.4)①

办事规则大纲十二条

第一章　定名

一、本公司收支所主管事项甚繁,以收支狭义命名,殊与事实未能完备,现改名为会计所。

二、本公司会计所设立稽核、款项、统计、文书等四股,并于厂矿及运销局内酌设稽核、款项、统计等处。

第二章　宗旨

三、本公司所有出入款项,均由会计所款项股经收经付。

四、本公司所有出入款项及各种华洋簿记、表册、单据,均须会计所稽核股审查稽核。

五、本公司所有各种华洋簿记、表单、报册,均归会计所统计股分别登记编制,每届一年造报资本、产品、营业、存欠、盈亏等帐略。

六、本公司华洋簿记、表册、单据、合同,均交会计所文书股分别编号归档,妥慎保存,并管理本所华洋函牍文件。

---

①　本规则业经公司董事会通过。原件未署时间,此系根据内容判定。

第三章　责任

七、会计所长应担负第一章第二条所载分设各股处应办事件完全责任。

八、所有经收款项，均须随时存放本公司指定之各银行，不得闲置挪移。

九、所有经付款项均须根据文卷单票，不得预支悬宕。

十、各种华洋簿记、表册、单据，均须依照本公司颁发程式办理，不得舛错牵混、笼统登记。

第四章　权限

十一、本公司经常支发款项，由会计所长核明签发，其临时特别支用款项随时由会计所长商明经理核准，签字照付。

十二、本公司会计所附属各股处应用人员，概由会计所长支配，报明经理备案。

分股掌理事务规则三十二条

稽核股掌理事务如左：

一、关于审查稽核收支各款事项。

二、关于稽核登帐凭单事项。

三、关于稽核各种簿记事项。

四、关于稽核华洋结单发票事项。

五、关于审查预算事项。

六、关于稽核决算事项。

七、关于审查核对各种表单、票据、股票、合同事项。

八、关于稽核月报年报事项。

款项股掌理事务如左：

一、关于调拨出纳款目事项。

二、关于股票息单暨发给股息事项。

三、关于接洽债款事项。

四、关于筹画债款利息及还本事项。

五、关于柜存现款事项。

六、关于银行往来款目事项。

七、关于登记柜存实存流水记事簿记暨各项往来簿记事项。

八、关于储蓄款目事项。

统计股掌理事务如左：

一、关于划一华洋簿记事项。

二、关于拟订华洋表单、报册程式事项。

三、关于登记各种簿记事项。

四、关于汇结收支各款总帐事项。

五、关于汇造统计月报、年报事项。

六、关于编制预算决算事项。

七、关于编制各种表单事项。

八、关于填写华洋结单发票及股票息单事项。

文书股掌理事务如左：

一、关于保存华洋簿记、表册、单据、合同、股票存根、股票息单及文卷事项。

二、关于收发华洋函电册件事项。

三、关于处理华洋文牍事项。

四、关于翻译华洋文牍事项。

五、关于纪录往来文件要略事项。

六、关于编订华洋文件成案事项。

七、关于编纂华洋各种报告事项。

八、关于纪录各股处办事员职名履历事项。

办事规则九十条

一、每日收到华洋函电册件，应由文书股分别重要、次要，挂号摘由，登入华洋收文簿内。重要各件随到随送所长核阅，次要各件每日午前十点钟汇送所长核阅。

二、每日华洋到文，如须咨询或有关于董事会、经理处及各所之件，由所长指令文书股分别送阅办理。

三、每日华洋到文经所长核阅后,应由文书股传送各股阅签。

四、每日收到华洋册件经所长核阅后,由文书股送交稽核股分别审查稽核。

五、各处寄来汇票票根,由文书股录底,送所长核准签押,交稽核、统计两股分别查照,交款项股收存备查。

六、每日华洋到文经各股阅签后,其应复者,由文书股与各股接洽起草,送请所长核定缮发。

七、每日华洋发文缮正后,应送请所长签字印底,由文书股挂号摘由,登入华洋发文簿内,分别寄送。

八、每日华洋发文印底应多备一份,于次日上午传送各股阅签。

九、每日发寄各处号信时,应将上日印底多备之一份附寄,俾前函倘有遗失,仍得藉以查考。

十、凡往来华文文牍,如须翻译洋文者,应由文书股办理。

十一、凡有关董事会洋文文牍及须编纂报告各洋文文牍,应由文书股翻译华文。

十二、凡董事会、经理处及各所函件送至本所阅看者,应由文书股纪录要略,传送各股阅签。

十三、各股编就各种报告,均交由文书股修正,送请所长核定办理。

十四、各股处办事员职名、履历,应随时由文书股详细记录,以备查考。

十五、凡华洋文牍、簿记册件、股票存根、息单存根、合同,均由文书股编号归卷,分别保存。

十六、文书股保存各件,董事会、经理处、各所及本所各股如须调阅时,应由取件人填写检阅文书凭单(附检阅文书凭单程式),交由文书股检齐,连同凭单送取件人签收,仍将凭单交文书股保存。

十七、各处检阅之件用毕交还时,应由文书股将原填检阅文书凭单缴销。

十八、各种刊定单据(如交款单、领款单、转帐单、付款单、收款收据、发款收据、登帐凭单等)均由文书股分别送交各处备用。

十九、交款单、领款单、转帐单均须分别编号填写,先交稽核股审查稽核签押(附华洋文交款单、领款单、转帐单程式)。

二十、交款单、领款单经稽核股稽核后,送所长核签,交款项股凭单收付。

二十一、凡关于收款各单据收讫后,由款项股盖用红字华洋文收讫图记,关于付款各单据付讫后,由款项股盖用蓝字华洋文付讫图记(附华洋文收讫付讫图记程式)。

二十二、交款单内载各款,经款项股点收无误,即在该交款单及存根上签押,加盖收讫图记,将存根发还,毋庸另给收据。

二十三、款项股收入款项如系现款,即照数登入现金簿记内,详注事由(附现金簿记程式)。

二十四、款项股收入款项,如系即期或远期票款,应即先行登记银行钱庄期票留底簿记内,加盖骑缝图记,每日送请所长签押,俟将该票付存银行后,再请所长签销(附银行钱庄期票留底簿记程式)。

二十五、款项股将款收讫后,应将该交款单连同附件,交统计股编制登帐凭单(附华洋文登帐凭单程式)。

二十六、凡交款不具交款单者,应由款项股照填收款正副收据,交稽核股核明,在副收据及存根上签押,再送所长核签,由款项股将正收据发给交款人(其须由邮递者交文书股备文发寄),副收据连同文件交统计股编制登帐凭单(附华洋文收款收据程式)。

二十七、款项股经收各款或存柜内或存银行,应随时商准所长办理。

二十八、款项股遵照收股章程收到股款后,即照开收股单及填股凭单(附收股单、填股凭单程式),交稽核股核对签押,送由所长核签,交统计股照收股单编制登帐凭单,并照填股凭单填写股票及息单。

二十九、统计股将股票及息单照填后,即连同填股凭单交稽核股复核,在存根上签押,送所长核签。

三十、股票及息单经所长核签后,即送会长、经理签字、并送董事会盖印,交由款项股发给存根,交文书股保存。

三十一、款项股应另立收股簿记,详细登记,每日交稽核股签押,送所长核签。

三十二、统计股应另立股票记事簿记,将填写发出股票息单详细登记,每日交稽核股签押,送所长核签。

三十三、收入银行现金应由款项股点清后,在该银行送银簿内加盖收讫图记,并填写收入银行现金单,经稽核股查核签押,所长核签后,交统计股编制登帐凭单。

三十四、领款单内载各款,如可付现款,即由款项股照付,如应付票款,即由款项股照开银行支票付给,付讫后应即在该领款单及存根上签押并加盖付讫图记,将存根发还。

三十五、款项股付出款项如系现款,即照数登入现金簿记内,详注事由。

三十六、款项股将款付讫后,应将该领款单连同附件交统计股编制登帐凭单。

三十七、凡领款不具领款单者,应由款项股填写发款收据(附发款收据程式),交稽核股核明,在存根上签押,送所长在存根上签押,交由领款人在收据上签字,由款项股照付后,即将收据连同文件交统计股编制登帐凭单。

三十八、凡持汇票(附汇票程式)前来查验者,应由款项股检取票根,对明无误,在汇票及票根上标明兑付日期,签押盖用骑缝图记,送所长并稽核股签押,将汇票交还来人,票根仍存款项股备查,并由款项股知照稽核、统计两股查照。

三十九、凡凭汇票领款者,由款项股检对汇票根,交稽核股审查签押,送所长签销照付,汇票连同票根即交统计股编制登帐凭单。

四十、凡以折据领款者,由款项股填写付款单,交稽核股审查签押,送所长核签照付,其付款单即交统计股编制登帐凭单(附付款单程式)。

四十一、凡持股份息单来领股息者,由款项股查明股份底簿,核对盖戳后照填付息单(附付息单程式),连同原来息单交稽核股审查,在付息单上

签押,并将股份息单盖戳送所长核签,由款项股登记股息簿记内照付,将付
息单交统计股编制登帐凭单。

四十二、凡以函电领款者,由文书股填写付款单,连同原文交稽核股审
查签押,送所长核签,由文书股备文连付款单,交款项股照付,此单即由款
项股交统计股编制登帐凭单。

四十三、凡以结单领款者,由文书股交稽核股审查签押,送所长核签,
再由文书股备文,连同结单,交款项股照付,此结单应由款项股交统计股编
制登帐凭单,并由统计股填写收件单,交文书股存案(附收件单程式)。

四十四、转帐单由文书股交稽核股核明签押,送所长核签,交统计股编
制登帐凭单。

四十五、存放银行款项,须由款项股将所存银数,开具存款单,送所长
签准,交稽核〈股〉签押后,填写存款或送款簿,送交银行签收。此存款单即
由款项股交统计股编制登帐凭单(附存款单程式)。

四十六、支取银行款项,应由款项股填写支票,在存根上签押,交稽核
股审查,在存根上签押,送所长核签。

四十七、登帐凭单概由统计股编列号次,依照门类,填写华洋文字,交
稽核股核明签押,送所长核签,交款项股登入柜存流水记事簿记签押,交还
统计股,分别登载华洋簿记,签押存储,按月汇交文书股保存。

四十八、柜存现款暨银行往来存欠各款,逐日由款项股结清后,填写日
计报单,送所长查核,另印两份,交稽核、统计两股备查(附华洋文日计报单
程式)。

四十九、柜存现款,应由稽核股随时点查,每月至少两次,如查有不符
之处,应即详细报明所长核夺。

五十、款项股应逐日由柜存流水记事簿记照过实存流水记事簿记与银
行往来簿记,再由实存流水记事簿记分别过入各项往来簿记(附流水暨各
项往来簿记程式)。

五十一、柜存实存流水记事簿记暨银行往来簿记,应逐日清结,送所长
查核签字,其各项往来簿记每月一结,造具简明逐月递加清表,送所长查

核,并另印两份,交稽核、统计两股备查(附递加表程式)。

五十二、逐日银洋及金镑市价应由款项股详注流水簿记内,并照填行情涨落表,以备查考(附行情涨落表程式)。

五十三、各种华洋簿记应由统计股、款项股分别编列目录,分送所长、稽核股备查,如有增添,应随时声明办理。

五十四、各种华洋正式簿记及登帐凭单,均须书写工整,不得潦草舛错,如有笔误,应用红笔更正,旁加签押,不得挖补擦洗。

五十五、各种帐册均须预先编列页数,不得临时涂改,任意撕毁。

五十六、各项华洋簿记应逐款分类,明晰登记,不得舛错牵混,如有笼统之款,应按成数分摊,详注理由(譬如有一人兼管轮驳、货栈两事,其薪水用费即按事务之繁简分成,摊入轮驳、货栈帐内登记)。

五十七、收支款项以甲类误入乙类者,应详述理由,请所长核准转回,不得任意改帐。

五十八、收支款项均以规银为本位,所有钱洋均按照当日市价合作规银记帐(洋例按九七合作规银计算)。

五十九、银钱暂记须详细分别登记,以便查对,收销付销时应盖用某月某日收销付销戳记。

六十、凡购进材料支用款项,先归购料暂记,另立完全材料簿记,分别登载。

六十一、已用材料应归何项支报悉凭材料簿记转帐。

六十二、现存材料应作实存款项计算。

六十三、各种洋文簿记暨华文总结、分总、分清簿记,均应由统计股按登帐凭单及各厂、矿、运销局报册详细分别登记。

六十四、各厂、矿、运销局款项处流水月报及凭单附件,应由稽核股详细审查核对无误后,在日结总数上盖用红色"核"字图记签押,请所长核签,交统计股分别登记,并知照各该款项处接洽。

六十五、各厂、矿、运销局流水报册,稽核股查有门类舛错及笔误之处,应即标条说明,请所长核准,由统计股照转并知照各该款项处更正,原册概不退还,以免稽延。

六十六、各厂、矿、运销局流水报册,稽核股查有数目不符及事由不详,不能转帐之处,应即标条说明,请所长函令该款项处迅速声复,详述理由,再交稽核股复核加条,送所长核准,交统计股照转。如错误过多,应请所长专函责令该款项处迅速重造,原册亦不退还。

六十七、各厂、矿、运销局流水报册经稽核股查核,所长核签后,由统计股翻译洋文登帐凭单,交稽核股复核签押,所长核签后,分别登记洋文簿记。

六十八、各厂、矿、运销局材料处及各处材料月报,均应连同领料凭单寄会计所,由稽核股审查核对签押,送所长核签,交统计股转帐。

六十九、各种总结、分总、分清簿记应由统计股按月核结,逐月递结,每年清结。

七十、各种簿记按月结总后,应由稽核股在月结及逐月滚结总数上盖用红色"核"字图记签押,如查有舛错涂改,应即送请所长核夺。

七十一、各种簿记经稽核股签押后,应由统计股汇造月报,交稽核股核对签押,所长核签,送经理处、董事会查核备案(附月报册程式)。

七十二、各种分总、分清每年清结后,由统计股造具年报,经稽核股核对签押,所长核签,送经理处、董事会查核备案。

七十三、统计股每年应造简明年报,经稽核股核对签押,所长核签,送经理处、董事会查核。

七十四、所有应收款项,由统计股查明,开单送稽核股核对签押,所长核签,再由统计股填写结单发票,送稽核股复核,所长核发(附结单程式)。

七十五、各种华洋表单应由统计股分别编制,经稽核股核对签押,所长核定。

七十六、每月应用款项,由统计股编制预算表单,交稽核股审查签押,所长核夺。

七十七、每月实支款项,由统计股编制决算表单,交稽核股稽核签押,所长核签。

七十八、预算、决算、月报、年报、结单、发票及各种表单,统计股应多备两份,送所长、稽核股存查。

七十九、各种报单应由统计股摘要纪录,交稽核股存查。

八十、凡关于成本之各种报单,应由各所及厂、矿、运销局等处报送两份,一存稽核股,一存统计股,以备查考。

八十一、本公司各种合同或合同印底以及董事会、经理处函条等件,均应由稽核、统计两股查照,摘要记录。

八十二、凡各种收支款项、进出材料,应归稽核股审查稽核。

八十三、各种收款应由稽核股按照单据审查核对,如有不合,即详具理由送所长核夺。

八十四、凡额支各款,稽核股应查照额定数目,两相比较,如有不合,注明理由,送请所长批驳。

八十五、凡经常活支各款,稽核股应查照旧支数目,两相比较,如有不应开支者,详具理由,送请所长核夺。

八十六、凡特别支款,稽核股应根据董事会、经理核准文件单据,审查稽核,分别签准签驳,详具理由,送请所长核夺。

八十七、凡添置添造产业各项支款,稽核股应根据董事会通过、经理核准预算估单文件,审查稽核,分别签准签驳,详具理由,送请所长核夺。

八十八、各厂、矿、运销局每年盘查存货存料,应由稽核股逐一点查,开具实存细单,与帐存数目两相比较,详具说帖,送请所长核夺。

八十九、各厂、矿、运销局酌设稽核、款项、统计等处,另有细则规定之。

九十、本规则如有未尽事宜,应准随时察核情形,声明增改。

公司会计所职员名单(节录)

民国二年七月(1913.7)

职司	姓名	号别	到差日期	月支薪数
所长	于焌年	仲庚	民国二年四月	元四百两
稽核股长	赵兴昌	炳生	民国二年六月	元一百五十两
统计股长	(缺)			
文书股长	(缺)			

续表

职司	姓名	号别	到差日期	月支薪数
款项股长	金忠瓒	匊蕃	民国二年五月	元一百五十两

......

以上十九人,共月支薪水元一千一百七十八两。

公司商务所职员名单(节录)①

民国二年七月(1913.7)

职司	姓名	号别	到差日期	月支薪数
所长	王勋	阁臣	光绪三十四年四月	元五百两
副所长	陈荫明	止澜	光绪三十四年四月	元三百两
稽核员	陈焕文	斗垣	光绪三十四年四月	元一百五十两
批发员	荣永铭	若湖	光绪二十二年八月	元一百两
				洋十元

......

以上九人,共月支薪水元一千一百十两,洋二百十二元。

于焌年致公司董事会函

民国二年十二月十六日(1913.12.16)

董事会诸位先生钧鉴:

敬肃者,窃查预收生铁价矿石价合同内载有应请行聘请会计顾问一职,所有本公司簿记急宜为改革之商榷,壬子癸丑之帐仍照旧式办理,前已陈明在案。盖一因当时无半途改革之办法,一因帐册之积压已久,棼如乱丝,不得不从简易者入手,先以清结旧帐为前提,现在事势所趋,必须为改良之计,以及职务之支配、薪水之等级,亦应组织完全,庶责有专归,事无废

---

① 本件系于焌年 1913 年 11 月 22 日致董事会函之附件。原函未录。

弛,对内对外悉泯异言。厂、矿、运销局之收支、稽核,为本所附属机关,其办事人数亦已为之规定,倘因事务实繁,或再酌量增添,总期因事制宜,不敢稍涉浮滥。本所稽核股统计股各股设助长一职,除办理本股事务外,拟兼常任调查之事,如此则公司与厂矿可无情形隔阂之虑。至薪水办法,系按照邮政、海关之例,循资递加,以示鼓励而策进行。兹拟就会计所组织法八十条,职务表、薪水等级表各一纸,呈请迅赐核议,如蒙允准,当于民国三年一月起更始实行。再各股长、助长,另单开具职名,其余各股股员,当再量加支配,并拟定此次改革后,本所实支薪水数目,另行呈报察核,合并陈明。专肃。敬颂

公绥

于焌年谨启

附呈会计所组织法、职名单、职务表、薪水等级表各一件

[附件一] 会计所组织法

第一条　本公司因处理会计上一切事务,特设一机关,命名会计所。

第二条　会计所设立稽核、款项、统计、文书等四股,并于厂矿及运销局内分设会计股。

第三条　会计所设所长一职,统率会计所内一切事务。

第四条　会计所各股各设股长一职,办理各股内一切事务。

第五条　会计所稽核、统计两股,各设助长一职,佐理股长办理股内一切事务。

第六条　会计所各股各设股员,分理股内事务。

第七条　会计所各股股长监理股内所属股内助长股员等,办理股内分任之事务。

第八条　会计所职务支配及薪水等级另表规定之。

会计所长之资格

第一条　会计所长须由董事会选派。

第二条　会计所长须品行端正、操守廉洁、素无嗜好者为合格。

第三条　会计所长年龄在四十岁以上,须学有专门或办事经验积有十

五年者为合格。

第四条　会计所长须于金钱上之信用未经受过司法署之处分者。

第五条　会计所长须在外不经营钱业者。

第六条　会计所长须在外不经营与本公司同样性质之事业者。

会计所长之权限

第一条　会计所长对其所属各股办事人员有督率之权。

第二条　会计所长对于各会计事务之进行除弊更新等事项,有要求董事会议决实行之权。

第三条　会计所长在董事会委任权限内之金钱收支得自行收付及催促之。但在委任权限外者,得请董事会明示办法。

第四条　会计所长在董事会委任权限内有自行支配各股股长、股员之权。

会计所长之权利

第一条　会计所长有收定额月俸及按资递加薪水之权利。

第二条　会计所长因本公司之公事所垫付之用费,有要求本公司偿还之权利。

第三条　会计所长在任内无故黜免时,有要求本公司赔偿损失之权利,但金额不得超过月俸三个月之数。

第四条　会计所长对于社会公众有称汉冶萍煤铁厂矿有限公司会计所长之权利。

会计所长之义务

第一条　会计所长须受董事会之指挥监督,且有绝对服从之义务。

第二条　会计所长对于经理亦应有听从之义务。

第三条　会计所长遇有本公司之秘密事项,宜秘守,不宜在外泄漏。

第四条　会计所长对于各股股长、股员,有使协力一致进行之义务。

会计所长之责任

第一条　会计股[所]长对于各股登帐事项,如有误记脱漏及造伪帐等事,应负完全责任。

第二条　会计所长对于银钱收支往来等帐务,亦应负完全责任。

第三条　会计所内各股办事人员如有不正行为,因之本公司受损失时,会计所长当负追究及赔偿之责任。

第四条　会计所长自身对于公司有负金钱信用上之责任。

各股股长之资格

第一条　股长须由会计所长选派、经董事会之许可者。

第二条　股长须品行端正性质诚实者,方为合格。

第三条　股长须资望较深,于商业上素有经验,且未失过金钱上之信用者,方为合格。

第四条　股长可由股员升擢。

第五条　除上条规定外,凡在高等理财学堂或大学堂毕业成绩优良者,亦得为各股股长,惟须呈验毕业文凭。

第六条　各股股长除上规定外,稽核股长须知本公司之会计组织及帐情大概,并通晓英文之交易凭单类者。

第七条　款项股长须熟悉钱业情形及能调度金利者。

第八条　统计股长须熟悉会计及簿记学者。

第九条　文书股长须精通汉文及兼能通晓英文者。

各股股长之权限

第一条　各股股长有监理股员办事之权。

第二条　各股股长有查阅股员所登帐簿之权。

第三条　各股股长有改正本股帐目及数目之权,惟须旁加签押,并先经所长之许可。

第四条　各股股长有将所属不正行为之股员诉知所长之权。

各股股长之权利

第一条　各股股长有收定额月俸及按资递加薪水之权利。

第二条　各股股长因本公司之公事所垫付之用费,有要求本公司偿还之权利。

第三条　各股股长在职内无故黜免时,有要求本公司赔偿失业损失之权利,但金额不得超过月俸三个月之数。

各股股长之义务

第一条　各股股长有受会计所长督率之义务。

第二条　各股股长对于本公司会计事务有忠实勤力之义务。

第三条　各股股长于其所属股内应守秘密之事项,有严守之义务。若遇所属股员冲突时,股长有持平秉公劝戒之义务。

第四条　各股股长有办自己项下会计事务之义务。

各股股长之责任

第一条　各股股长对于所长关于属下股内所办一切会计事务负完全责任。

第二条　各股股长对于诸帐簿之误记及事务之未完全告成者,须负改正完成之责任。

第三条　各股内如有没失凭单及漏记帐项等情,本公司且因之而受损害者,则股长对于所长须负赔偿之责任。

第四条　股长对于股员有互相勉励勤务之责任。

第五条　各股所办会计事务遇有查帐董事质问时,股长须助所长辩明及说明理由之责任。

各股股员之资格

第一条　股员须由会计所长选派,可由股长及其他上级办事人员介绍经会计所长之许可者。

第二条　除上条规定外,各股股员亦可由中等理财学堂介绍,经会计所长许可者。惟须呈验文凭,调查成绩之优劣。

第三条　股员须品行端正、性格醇谨,且未失过金钱上之信用者。

第四条　股员须具有普通理财智识及谙熟帐情者。

各股股员之权限

第一条　各股股员有互相较对帐簿之权。

第二条　各股股员为改正帐目款项等事有借阅他股凭单表册及帐簿之权。

第三条　各股股员有改正自己项下帐簿上之误记及添补脱漏之权,惟必须旁加签押及经本股股长之核准,并得所长之许可者。

各股股员之权利

第一条　各股股员有收定额月俸及按资递加薪水之权利。

第二条　各股股员因本公司之公事所垫付之用费有要求本公司偿还之权利。

第三条　各股股员在职内无故黜免时,有要求本公司赔偿失业损失之权利,但金额不得超过月俸三个月之数。

第四条　各股股员代他股员办事时,有代其领薪水之权,惟必经本人之委托。

各股股员之义务

第一条　各股股员有受会计所长监督之义务。

第二条　各股股员有受股长指导之义务。

第三条　各股股员对于自己所管之帐簿有详细登载之义务。

第四条　各股股员于其所属股内应守秘密之事项,有严守之义务。

第五条　股长遇有疾病或要事时,股员有代股长之义务,惟必经股长之委托及所长之认可者。

第六条　股员遇有疾病或要事时,同等职务之股员有代理之义务,惟必经本股股长认可者。

各股股员之责任

第一条　各股股员对于股长关于自己项下所办之会计事务须负完全责任。

第二条　各股股员所登之帐簿上如有误记脱漏等事,因之本公司受损害者,各股股员对于各股股长须负赔偿之责任。

第三条　各股股员之间有互相励勉精勤之责任。

［附件二］　会计所特别规定

第一条　各股股长遇所长缺席时,可代理所长办理所内一切事务,惟须由所长自行指委,但委任期满后非由所长续委,则代理权仍归消灭。

第二条　各股股长在代理所长期限内可执行所长同等之会计事务,惟遇有紧要事务,仍须请所长指示办法。

第三条　代理人所办之事务与所长自办者同应发生同等之效力。

第四条　代理所长所办一切事务,仍由所长负完全责任。

第五条　代理权与委任期同时消灭之。

［附件三］　会计所各股股长助长名单

谨将会计所各股股长助长职名开呈鉴核。

计开:

稽核股股长赵兴昌,江苏丹徒人

助长朱载德,江苏吴县人

助长孙震方,安徽寿县人

款项股股长金忠讚,安徽休宁人

统计股股长杨静祺,江苏江宁人

助长李震东,浙江鄞县人

助长段树纶,直隶天津人

文书股股长赵兴昌兼

于焌年致公司董事会函

民国三年七月九日(1914.7.9)

董事会诸位先生钧鉴:

敬启者,前因公司财政困难,应实行减政主义,本所统计、文书两股拟即裁并,曾具函陈明贵会,业奉会长批准在案。遵于七月一日起切实照行。当将各股股员酌量事务之繁简,逐加支配,所有裁并事宜业经次第就绪。谨将七月份暂定本所办事各员人数、薪数开单呈阅,仰祈察核备案,实为公便。专肃。敬颂

钧绥

于焌年谨启

谨将本所七月份新定用人减政计划开单呈请鉴核。

计开：

会计所长于焌年　月支薪水规元四百两

　　　秘书朱载德　月支薪水规元一百两

计月支规元五百两

所长常川往来沪汉冶萍四处办事，秘书随同往来，俟厂矿会计事务组织完全，以上两员应遵守减政主义呈请贵会裁去。

稽核兼统计股长赵兴昌　月支薪水规元一百八十两

股员一人　月支薪水规元三十六两

款项兼文书股长金忠瓚　月支薪水规元一百八十两

股员四人　共月支薪水规元一百另四两

计月支规元五百两

股票处

调换股票二人　共月支薪水规元六十两

核对票根一人　月支薪水规元三十两

编造底册兼缮写股票二人　共月支薪水规元四十四两。

计月规元一百三十四两

股票处系活支机关，俟事务稍简，随时可以裁减。

（三）汉阳铁厂

公司董事会致吴健函

民国元年四月二十五日（1912.4.25）

慎之先生台鉴：

汉冶萍新董事会成立，以汉厂为熔钢冶铁之命脉，大局既定，亟宜进行，营业未充，诸求搏实。据经理兼厂务所长李一琴先生之保荐，以执事学裕专门，富有经验，由会公议任为驻厂坐办。务望精心擘画，并日兼营，将

修复整理各端,随时函报所长转会周知。仍俟订定合同,双方遵守。先此函订。敬颂

筹祺

汉冶萍煤铁厂矿有限公司董事

赵 盛 杨 聂 王 沈 何 朱 袁公启

吴健致公司经理函

民国二年十二月六日(1913.12.6)

经理钧鉴:

接奉十一月二十四日函示:以公司董事会准股东联合会函开:现经济困难,各厂矿似未便人浮于事,请列为议案核议,分别裁汰。经公议:应由经理责成各厂矿坐办及运销各处,切实裁汰,格外撙节,报告核办。查本公司自光复后营业顿挫,亏损不赀,际此窘迫,凡属不急之需,冗滥之员,不有股东责言亦应大加裁减,共济艰难。除分函外,饬查照将所辖范围内冗员糜费切实裁汰,格外撙节,列册报告,幸勿徇延等因。奉此,查汉厂自去年三月间,健奉委任前来改组后,业经归并各机关,酌减员司,以期节省,除华洋员司暨工匠长、小工薪水工食项下,计月实省银一万五千七百二十两,此为额支之数列表呈览外,其余各厂包工及承揽修理工程等项,亦悉经随在饬令核实,力杜虚浮。煤焦矿石起力转力,生铁下力,火车运费,无不一一与该夫头更订则例。以上比视从前均有减无加。至用料一层,查以电灯厂及土木处节省为最可观。又同人家眷不住厂,各工匠人等不准于厂内零星起伙食,是为无形之裁节,据稽核股比较现在活支之款,平均计算月约节用银二万两上下,此中有为各包工工价工程实销及各处夫力省节者,而实以节用电料暨土木材料为占多数,营造工程停少,土木材料即从而少购,是可为不事不急之需之凭证。凡此皆以仰蒙委托承乏厂务,目睹时难,不得不锐意改革,以期共济艰难,正有如钧函所谓不待股东之责言也。

健综观汉厂情形,其关键实在工料两端,工作不勤,浪费料件,此乃工人性质之习惯。欲求工归实际,料不虚糜,似不能不多用二、三司友,从而

监察一切,是自表面观之,诚若稍费,而所省实多矣。兹奉前因,自应遵照再行加意考核,遇有可以删汰者,即予裁减,以副责望之至意。健任重才疏,终虞丛脞,惟有仰求经理监督进行,随时指示减政方法,以资整顿而便遵循,是为感祷。专此奉复。祗请

公安

　诸希亮察。

吴健谨上

　附比较表一件

［附件］　汉阳铁厂额支薪工前后比较表

名目	辛亥七月支数	民国二年七月支数	比较减省数
华员薪水	银 9,170 两	银 6,420 两	银 2,750 两
洋员薪水	银 13,380 两	银 4,210 两	银 9,170 两
化铁股工匠	银 3,200 两	银 2,660 两	银 540 两
化铁股长、小工	银 3,980 两	银 3,230 两	银 750 两
炼钢厂工匠	银 2,230 两	银 1,510 两	银 720 两
炼钢厂长、小工	银 710 两	银 210 两	银 500 两
轧钢厂工匠	银 3,490 两	银 2,280 两	银 1,210 两
轧钢厂长、小工	银 950 两	银 890 两	银 60 两
铁货厂长、小工	银 630 两	银 610 两	银 20 两
共计	银 37,740 两	银 22,020 两	银 15,720 两

　□[①]断自七月为前较,民国二年八月至十月钢厂及新化铁炉停工停修,故断自七月为后较。因此,两月均系完全开支,可作经常之标准。两相比较,前华员共二百六十八人,洋员共三十八人,后华员只二百零七人,洋员只十三人,所省薪水,此其显见者也。至于出货各处工匠及长、小工所省工食,小因人数减少之故耳。此外,各项开支前后比较微有出入,而通盘合算,有减无增。合并注明。

---

① 　此处残缺约 10 字。

王勋、于焌年致公司董事会函

民国三年六月十三日(1914.6.13)

董事会大鉴:

汉厂轧钢厂洋匠目马尔登告退,拟雇用从前在厂当过副手之勒善德,每月薪水五十镑,上月二十六日函达贵会,当蒙核准在案。一面电致吕柏照雇,顷接吕柏来电,谓勒现在意大利钢厂,该厂亦愿出五十镑留用,不能来华云云,一时殊乏相当之材,只得缓议。特此奉闻。敬请
公安

兼代经理　王勋

于焌年

王勋、于焌年致公司董事会函

民国三年七月二十四日(1914.7.24)

董事会台鉴:

敬启者,前奉会长钧函:介绍化学工程毕业生李君鸣龢,兹李君已经往见汉厂坐办吴任之。□①系化学工程专门,厂中炼钢股可以合用,拟雇为炼钢股副工程师,仿照厂内现有各副工程师一律办理,先行试用三个月,每月薪水银一百两,试用期满后九个月每月薪水银一百五十两,第二年起每月薪水银二百两等语。查李君既系化学工程专门,汉厂炼钢股可以合用,拟请按照吴坐办所拟,核准雇用。敬祈贵会公议衹遵。并请
台安

王制勋　于焌年

王勋、于焌年致公司董事会函

民国三年七月二十八日(1914.7.28)

董事会台鉴:

敬启者,前由北洋大学斯巴尔教习举荐毕业生黄金涛一名,当经汉厂

---

① 此处残缺 10 余字。

吴坐办与之接洽。兹接吴君来函，以该生在北洋及美洲哥伦比亚均已毕业，又系熔冶科专科学生，汉厂极为合用，拟雇充化铁炉学习工程师，俾得实地练习，预为储材，以备将来扩充时之用，除练习工程之外，并派之兼任教授本厂学生，暂给月薪一百两，俟其得力，可肩负责任时，再行量材增加等语。查黄生既系于厂现时合用，且可以养成异日扩充时所需之人材，吴坐办所请雇作学习工程师一节，拟请照准。敬祈公议核夺为荷。

此请

台安

王制勋　于焌年

王勋致公司董事会函

民国三年十一月三日（1914.11.3）

董事会台鉴：

敬启者，前由吴任之雇用先后在北洋大学堂及美国哥伦布大学堂毕业之黄君金涛，在汉厂充当化铁炉学习工程师，曾于本年八月二十五号来函谓，黄君虽系北洋毕业，但随后复在美毕业，须按照出洋毕业之各副工程师一律看待，现虽作为学习工程师，不久即须升为副工程师，因该员实地练习速于本国大学毕业者也等语。兹据卢志学来函又谓，两月前副工程师严冶之因病告假，即由该学习工程师代理其职，现据陈请按照吴君原议，按照副工程师一律加给薪水，应否照准，敬祈酌夺等语。

查黄君金涛前雇为学习工程师之时，每月薪水银一百两，早经吴君任之声明，不久即须升为副工程师，兹据卢君来函，该员实行副工程师职务两月有余，自应升为副工程师，给以规定副工程师相当之薪水，查副工程师薪水规定每月二百两，一年后，酌量再加。此次黄金涛可否即加薪五十两，计一百五十两，第二年起二百两。

特此呈明贵会，敬祈核准，俾得转嘱汉厂遵行可也。此请

台安

王制勋

王勋致公司董事会函

民国三年十一月六日(1914.11.6)

董事会台鉴：

敬启者，昨奉台嘱汉厂各副工程师薪水初到时若干，每年如何递加，有无限止；吴任之、卢志学、黄绍三初到时各薪水若干，开列清单呈览。查公司各副工程师分别三类，谨遵嘱列表呈览。专此。敬请

台安

王制勋

［附件］ 本公司厂矿副工程师薪水章程简明表

章程 ＼ 分类		第一类	第二类	第三类
出洋留学		由公司派出洋	自费出洋	未经出洋
薪水	薪水加增之率	第一年一律二百两	第一年一百两	初到由每月数十两至一百两不等，量材。
		第二年每月加念五两或五十两	第二年一百五十两	
		第三年以后按第二年照加		
	限止	至四百两止	无定	无定

王勋致公司董事会函

民国三年十一月十四日(1914.11.14)

董事会台鉴：

敬启者，昨日李一琴调查各厂矿回沪，言汉厂机器股尚未得妥人办理其事，该股股长王正甫仅系函授学堂毕业，未经出洋，汉厂机器股关系甚重，非得有精谙机器且深于阅历之机器师主持其间，恐难胜任，故必须另雇妥人以承斯之。但现在中国机器师兼有学术阅历者殊不多觏，恐难雇到，

拟目前暂用洋员，值此吴任之在美国之时，可嘱其留心物色。谨此陈明，如荷核准，谨当电嘱吴任之在外洋觅雇，以重厂务。是否可行，敬祈卓夺为荷。专此，敬请

台安

王制勋

王勋、于焌年致公司董事会函

民国三年十一月二十七日（1914.11.27）

董事会大鉴：

顷接卢志学君来函，有程义藻君字荷生，苏州人，在美国康乃尔大学机械科毕业，又在牛伯造船厂实习，兹已回国，由卢鸿沧君介绍，拟派在钢厂为副工程师，请报告董会核准等语。查程君现已在厂，惟尚未派有职司，今据卢君所述各节，其材必然可用，即祈核夺，至薪水当按照规定副工师章程发给。如蒙批准，即当函致卢君查照办理。此请

公绥

兼代经理　王制勋　于焌年

王勋、于焌年致公司董事会函

民国四年一月九日（1915.1.9）

董事会大鉴：

汉厂来信谓，有清华学校校长周贻春先生介绍王松海君来厂就事；接见其人，品学兼优，自是可用之材，兹将履历寄奉，即请批准等语。查汉厂机器股工程师目前虽无须添人，大冶新厂需用必多，临时难以物色，应请将王君暂为留用，以为将来分派之计。履历附呈，即乞核示。肃颂

公绥

兼代经理　王制勋　于焌年

王勋致公司董事会函

民国四年三月十六日(1915.3.16)

董事会台鉴:

敬启者,前因萍矿德员往青岛作战,萍矿缺少电机师,因向汉厂借用洋员威格纳一名,迄今多月,该员在萍尚属称职,惟汉厂电机师不能长此缺员。兹据代理坐办卢志学函称,有在法国留学电科毕业生仝咸澍,号支生,业已试用三个月,品学均优,拟请按照定章雇充副工程师,以补威格纳之缺,与订三年合同,其薪水按定章支给。至洋员威格纳,既系萍矿需用,即可由该矿留用云云。查威格纳在萍乡多月,现已熟悉情形,且既称职,自当由该矿留用;至汉厂缺少电机师自不便悬缺过久,今既有华工师仝咸澍可以充补,应请贵会核准雇定为荷。专此。敬请

台安

王勋

王勋致公司董事会函

民国四年三月三十一日(1915.3.31)

董事会台鉴:

敬启者,公司派赴美国留学机器及冶金科之陈宏经,去年毕业,当嘱其在美国最出名之嘉利厂实地练习数个月,至前月由美动身,于今日到沪,俟在沪逗留数天,略为料理家务后,即当派往汉阳钢轨厂照章任职。除函嘱汉厂查照办理外,敬以奉闻。肃此。敬请

台安

王勋

公司董事会致吴健函

民国四年六月二十二日(1915.6.22)

任之仁兄先生台览:

径启者,汉厂自执事出洋后,即闻卢前代坐办有添用人员之事,当以进

一人必退一人，员额与开支不增。初亦不甚在意，上月有人报告，陆续添用有三十名之多，月薪增出亦在千数之外，即嘱会计所查询，函据卢君声复，自上年十月吴坐办出洋后共添进三十八人，而辞退者亦有十八人，比较多二十人，薪水月增六百六十八元等语。近据王代经理函送汉厂办事人员表，以三年八月人数薪数为标准，将三年十一月起四月五月止，按照该厂每月员薪一览表，挨月列比查核，每月递有加增，以五月份为最多，人数增出四十二名，月薪银数增出八百八十六两有零，洋数增出四百二十四元五角，银洋合计约合多支一千六百余元。内惟金镑一项，四月份起少用洋员一名，月减英金三十镑，约可抵销三百余元，仍多支一千三百余元。当此经济困难之时，卢前代坐办添人至四十余名之多，增薪至一千余元之巨，事前既未报告，迨至查询，仍不据实登复，本会不能承认，已嘱会计所仍照旧额核销，其多支之数，即请转致卢前代坐办自行设法弥补，并望将添用人员，实行大加裁汰，必须仍照上年八月支额，幸勿徇情见好，是为至要。此致。

即颂

台祺

董事会启

汉阳铁厂办事员人数薪水表

民国四年六月(1915.6)

年月	人数	款数			
		银（两）	洋（元）	钱	英金（镑）
1914.8	247	3 813.333	6 450	12 千	480
11	250	3 730	6 289	12 千	480
12	253	3 780	6 546.827	12 千	480
1915.1	264	3 980	6 755.162	12 千	480
2	266	3 980	7 005	12 千	480
3	274	4 300	6 800	12 千	477.68
4	280	4 450	6 789.666	12 千	450
5	289	4 700	6 874.5	12 千	450

公司董事会致吴健函

民国四年六月二十八日(1915.6.28)

再启者：

　　前以卢君志学在前代坐办任内，未经报告，擅自添用多人，其每月多支之数本会不能承认，函嘱卢君自行设法，并函请转致在案。兹查会计所函据汉厂开送自上年十月至四年五月添用人员单内，如程义藻、吕文涛、陈宏经、仝支生四人，系由代经理报告本会核准，派充到厂，自与卢君无与，应将以上四人剔除，所有薪水准其核销，下余多支之数，仍由卢君自行设法弥补。又三年底汉厂大宴宾客，所费七百余元，据会计所转据汉厂声复，谓系年会，既系年会，是每岁应有一次，从前有无举行，亦应查明；并此次宴客时，报载卢前代坐办演说，谓系本会代表云云，查本会并无委托代表宴客之事，请转询卢君，如有此项委托凭证，则宴客所费，自应由公司担任，准其核销，否则本会亦不能承认矣。以上各节，务请执事转致卢君，并嘱其刻日连同前函一并具复，以凭核夺。至盼。载颂

台绥

董事会再启

卢成章①致公司董事会函

民国四年七月一日(1915.7.1)

董事会诸公先生钧鉴：

　　谨肃者，接奉本月二十二日钧函内开：汉厂自吴坐办上年出洋后，等因。敬悉之余，曷胜惶骇。窃成章夙荷本厂教养，擢代斯职，承乏以来，亟思有所建树，以图报称，乃整顿愈急，受怨愈深，忌之者遂妄造蜚语，日图中伤，以致蒙蔽钧听。前者公司会计所曾以此事函询汉厂收支股，成章既未奉直接之函示，则各有职权，即不便越俎以代陈，今者径奉函诘，因考诸事实多有不符，既不敢迹涉逞辨，亦不敢缄默无言，且钧函一经布告，虽千古

――――――――――――
　① 卢成章(1886—1948)：字志学，浙江鄞县(今宁波)人。时任汉阳铁厂代理坐办。

而不灭,公司之关系固属至巨,个人之行为亦应检点。成章权其轻重,宁认少不更事之议,而不忍公司有听信谗言之误,应请钧会选派公正之员,来厂详查,参酌欧美工厂查办之法,如果有滥用私人,糜费公款情事,本厂之学生行为如此,允宜加以法律上最严处分,为儆一戒百之计,俾后进者知所畏惧,亦造就青年之一端也。如所查言不符实,则公司自有权衡。惟成章素性愚钝,值此时俗,怨仇难免,然亦决不至因之自甘暴弃,有负夙志。兹将应陈应查原委,分别如下,惟祈鉴察。

一、汉厂办事人员进退之办法　股长、工程师之任职,向由经理呈请钧会批准,此外,员司、学生、艺徒皆由坐办进退增减。盖工程既未完备,员司亦难定额,应视工程之繁简,以定人数之多寡,均系因事求人,向不因人求事。查自元年七月份,办事人员及学生共一百零二人,自二年一月起已有一百七十四人,至二年七月二百二十一人;三年一月二百二十八人,三年九月二百五十一人,即吴坐办出洋之期。稽核、收支两股均有报册可查。

二、吴坐办未出洋时及成章代理时期员司人数之比较　查吴坐办任内,工程师十二人,员司二百零五人,实习技士三人,学生二十人,洋工师、领工十一人,计共二百五十一人。成章自代理时期至本年五月止,工程师十四人,员司二百二十五人,技士七人,实习生三十三人,加聘艺徒学校教习一人,洋工师、领工九人,计共二百八十九人。前后相较,计加工程师二人,员司二十二人,实习生十三人,教习一人。其所加缘由详列于后。

三、扩充工程　前为筹画时期,后为实行时代,自去年十一月起,始行逐渐开工。查扩充计划共有二十余项,工程用款至一百余万之巨,建造监工、绘图验料,在在需人;兼之吾国人材于工程一途,欲求完全适用,亦属甚难,凡出一事,在欧美以一人恰能适用,在中国则又不然,此程度尚未及,亦加人原因之一也。其管理扩充人员如下:

甲、监工、绘图司事共七人(舒汉生、李潮岑、程俊斯、詹锦堂、陈栋偕、周宝笙、王慎之),计薪伙洋一百六十元。

乙、实习技士六人(丁振邦、丁崌、邓裕越、熊祝严、顾路、张光国),计薪伙洋一百八十元。

丙、特别事务。

丁、盛滋颐 计薪伙洋三十元,专管化铁炉渣,及各厂之炉灰出路,此事关系之吃紧,迭经报告在案。

戊、李明池 计薪伙洋五十元,专管稽查工匠出入事,因段将军曾派朱团长屡次警告汉厂,应对于工匠严加稽查,以防匪徒混入。

己、罗国柱 计薪伙洋二十元,专管艺徒寄宿舍事务兼教中文。

以上共计洋四百四十元。

四、华工程师较前多用二人之由 工程推广,洋员离厂,公司特派陈福习、陈宏经二人,又有报效呈请核准之程义藻、全支生二人,其因病请假者计杨云岩、严冶之两人,前后相抵,计多两人,其所来之四人,幸均有案可稽。并另录会长来函,兹将四人职务列下:

十一月经理来函,已蒙董事核准程义藻充坐办处核对工程图表(等抵唐叔坪工师缺)。

十二月会长来函到厂,试用陈福习充机器修理厂。

四月经理来函,已蒙董会核准全支生充电机修理处(抵洋监工魏格内缺)。

四月经理来函,本厂留美学生陈宏经充轧钢厂专管机器工作(抵洋领工梅乐缺)。

五、同事薪水增加之由 时局固艰,而全厂工程之用人,勤惰不能不分。其年已久,欲加薪者一如索债,坐办竟处于被欠之列。惟查公司用人章程向未规定,致经其事者无所适从,甚至同等之事,其薪水相差数倍,即以打字生而言,萍矿有钟姓之打字者,月薪一百二十五元,汉厂打字之初等月薪只有二十五元,其最高程度者月薪止多不过六十元,悬殊太甚。诸如此类,不一而足。同事每以此榜样相诘责,各股长无言以对,不得已择其事务较重而勤劳卓著者酌加之,以示鼓励,实亦为公起见。查各股办事人员共有二百三十余人,所加之数共计洋二百六十四元。兹将元月九日致经理一函录呈鉴察。

六、实习学生艺徒增加之由 查元年恢复汉厂,识者多以为储养人材、教习工匠，为将来改良制造之根本。李前经理倡议于前，吴坐办行之于后，至去年九月收有实习生二十名，艺徒十八名，添设校所半读半司，以备将来汉冶两厂之用。至去年十一月间李公一琴到厂，又以新厂需人为嘱，故自去年十一月起至本年五月止，加收实习技士七人，其中辞退二人，补缺一人，实加四人。又各厂考取实习生十三人，艺徒七名。人数渐多，管束亦为当务之急，是以延聘校所管理一人。每月增多开支三百余元。此专为汉冶两厂造就新人材而设，乃不意竟因此而受责备也。

七、华工程师之合同　吴坐办与华工程师订立合同，其第一年月薪一百五十两，第二、三年月薪二百两，此项合同均经吴坐办随时寄送公司，均承核准在案。至成章代理时期，应照前项合同加薪者共计七人，月计加银三百五十两；又有上项第四条内除抵请假外，尚有工程师二人，计每月增支薪银二百五十两。二共计六百两，合洋八百四十余元。此项合同，有由吴坐办所订，有由公司核准派来，公司均有案可稽。成章届时加薪，不过履行合同而已，乃亦以此而为成章责，碍难默认。况厂中银钱出入，先一月有预算，后一月有报册，如期寄呈公司，当亦随时呈览，此类表册果有滥列之数，自应当时驳诘，今则事过境迁，而竟以此为罪，成章果有罪亦不足惜，其如将来公司之用人何。

八、钧示出额之数一千三百余元，命成章自行设法弥补　查吴坐办经订之工程师七人，合同订明应于第二年期月加银各五十两，共计三百五十两，合洋四百九十余元，皆由钧会核准；又有公司新派之工师四人，除抵销病假二人外，计每月应增薪水银二百五十两，合洋三百五十余元。两共计洋八百四十余元。又有扩充工程及特别事务添用员司之薪水，计洋四百四十元。共计洋一千二百八十余元，尚有同事加薪洋二百六十四元及实习生膏伙增洋一百三十元。统共计洋一千六百七十余元，除抵销外而其尚有余者，因其中有退去重薪之同事而进轻薪之同事也。总之，加添同事及员司加薪，均由各首领商请成章察核事实及其所请之理由充足与否而为之标准。惟工程事重，其万不能免者只得照准，应请钧会详加复核，即可明其添加之底蕴矣。兹附录汉厂收支股长查复进退同事月薪表一通，敬祈鉴核。

　　九、减用洋员　钢厂洋监工及洋领工七人,自去年三月起,陆续离厂者已有四人,即以华人代之,照合同薪水、杂费每月计省二千元之谱,然无人为之提及,反以倾陷之词朦渎钧听。吾国社会之心理如此,安望其昌乎!

　　十、九个月之经历　成章奉委之日,欧战正酣之时,所用外来原料皆不能应手,即以镁石而言,则采用本国之哆啰石以代之,其他本厂应用洋砖不敷,火砖、矽砖、镁砖皆已设法加炉自装,且较之去年已增出三倍之多,成本既轻,漏卮亦杜,所省之款亦属不赀。再如第三号化铁炉,成章初接之际犹如垂危之病人,时刻防变,此种重大之责任,朝夕恐惧,未敢疏忽,幸经九阅月未出变故,而出铁之数则反较多,此固公司之幸也。至该炉险状于去冬曾详细报告会长,想能忆及之也。成章经事无多,才识又浅,隔越之处,势所难免,此后更当忧勤惕励,以副培植之意,惟求钧会时加训诲,俾有遵循,至为叩祷。专肃禀复。恭请

钧安

卢成章谨肃

王勋致公司董事会函
民国四年七月三日(1915.7.3)

董事会大鉴:

　　汉厂吴坐办来信:化铁股工师严冶之君去年因劳致疾,请假养疴,兹病愈销假,适大冶新炉急须绘图,拟派严工师督率布置,俟现在洋工师雷斯脱合同期满,即令严工师接手。又本公司资遣出洋之杨卓君亦以病来沪就医,现亦病愈销假,自应饬即前来听候派事,并祈转陈董会备案为荷等语。前日接雷工师函,亦不愿再续,要求按照合同每年三礼拜之假,一次并算,又回国在途三个礼拜,均给全薪。查雷工师合同,于本年十二月十五日三年期满,内有每年准假三个礼拜,如不请假,三年后可以并计之条则,此九礼拜之薪水当然全给;其在途三礼拜薪水,合同未载,本可不给,惟念其在厂多年,拟请照给,作为特别酬劳。共计十二个礼拜,应除八十四天,扣至九月二十二日即可离厂动身。严工师等既可胜任,自无须再雇洋员矣。

所有严、杨二工师病愈销假，仍饬回厂供职及雷工师合同期满，不再续订，理合具函奉闻。即祈察核为祷。顺颂

台祉

兼代经理　王勋

敬再启者，正封函间，又接吴坐办函，化铁股除雷工师不愿赓续外，二洋工头亦以合同届满不再做为请，拟俟该工师及工头离厂日即以华人接手担任。惟此后坐办职务责任加重倍蓰耳等语。用再附闻，并请鉴核。顺颂

公绥

兼代经理　王勋

卢成章致吴健函

民国四年七月三日（1915.7.3）

坐办钧鉴：

昨日午后接奉钧示内开：六月二十八日董事会来函，所添工程师四人业已复查核销，其年宴之资，饬令具复等因。成章敬悉之余，无任感叹。增加员司薪水理由已于前函详复，不再赘述。至其年底宴会，当时亦有寓意，并非无意识之举动，闻民国以前，年终本有宴会，其办法略有区别，首领会宴于总公事房，司友每人拆席二千文；癸丑二月，虽曾举行宴会，费由同人公摊。成章代理任内，屡蒙武汉各机关邀宴，未克一一答礼，遂藉年宴之名应酬一次，意在联络中外官商与本厂素有往来关系者，其中外人有：美领事，税关，邮政，陇海、粤汉各铁路，三菱、三井各洋行，道胜、正金各银行之首领；华人中有：武汉各商会总协理，及钢药、兵工、扬子等厂之总办以及财政、政务、水警等厅之官员，共计外宾六十余人。此外，厂中各同事，终年辛劳，仅此岁杪一次得以交欢一室，设有因公意见不洽，亦可藉此融化，所费无多，裨益实大。此亦宴会之一因也。成章当年留学英国，在歇裴尔及密特而斯堡工厂实习时，此种年宴曾经列席数次，推其寓意亦无非联络感情，交欢同人，其融洽之功甚大也。现董事会既以无例可援，不能承认，成章自应遵饬如数照缴，以为后诫。至于代表名义，成章不敢擅用。报载之误，乞

勿听信。专此禀复,并祈转达董事会,不胜感幸。敬请

钧安

卢成章谨上

再禀者,成章应缴洋七百余元,当于本月十五号送呈尊处也。

成章上

公司董事会致孙德全函

民国四年七月八日(1915.7.8)

慎钦先生台鉴:

密启者,汉厂钢厂股长卢志学君,前在代理坐办任内,添用多人,月糜巨款,未经报告,本会不能承认,当即函嘱自行设法弥补。兹据复函,略谓汉厂用人,股长、工程师之任职,向报由经理转陈董会核准,此外员司、学生、艺徒,皆由坐办进退,人数之多寡,视工程之繁简为断,即吴坐办任内用人多少,亦无一定标准,此次代办期内,多用人员,除华工司四员,系由董会核准经理函派外,实因扩充工程,添用技士、洋工司、领工,并招收实习生、艺徒,因之多费;并有查看同事勤劳,酌加薪水及履行合同年限加薪之事,用费增出,不尽关于添人。又云代办九个月,第三号炉未出变故,出铁较多,各项洋料不能应手,悉设法自制,较上年增出三倍,所省之数当亦不少各等语。查卢君本为钢厂股长,制钢是其专责,所造钢板等件,厚薄尺寸均不合式,质复粗劣,行销瑞熔洋厂、江南船坞,多被剔退;又访闻铸造螺钉之工匠,技艺粗疏,糜费工料,不加惩罚,反将该匠调派别厂,并加薪水,以致众情不服,工作草率,徇私病公,不得辞咎。此次复称,多用人员虽费用加增,而出货较多等语,是否确实,殊难凭信。兹将来函另纸摘抄附寄,即祈执事前往汉厂,按照以上各节,据实详晰查明见复,万勿循情,以凭核夺,是为至祷。此致。即颂

台安

董事会谨启

孙德全致公司董事会函

民国四年七月二十日（1915.7.20）

会长、董事先生钧鉴：

于冶局接奉八日发来密函并附件，敬谨领悉。适吴君任之偕大岛顾问莅冶查视新厂基地，全陪同履勘，于炎天赤日之中，感受暑热，致目疾骤发，动作维艰。爰邀余君晓楼同赴汉皋，想余君在厂多年，不乏相契之友，易于访查，藉资臂助。全辱承器使，自当竭尽愚诚，破除情面，凡有闻见，据实直陈。谨将委查卢君志学各节并探访所及，密详于后：

一、汉厂用人。查光复后，吴君莅厂，恢复旧制，煞费经营，于修理时代，用人原无可标准，嗣厂局大定，布置亦随之完备，吴君出洋考察新机，卢君代理厂务，苟能萧规曹随，必有进步可观。讵料任性妄为，虚糜巨款，擅更定制，援引多人，致有今日为人指摘之地。如斥退在厂多年，向无误公之朱荣，盖朱深悉彼之学识经验不能称职而见恶；如遏抑请调化铁股之杨姓，盖以其学优于彼，工匠钦服而见嫉；如稽工处之蒋可赞，乃前同林友梅合办玻璃厂失败之人，声名狼藉，而彼父子引以为知己，信任非常，现拔为株洲局长，凡彼不应为而为之事，据闻均蒋为之擘画；如钩钉厂之虞性鹤，于所出钩钉，尺寸不合，糜费工料，不加惩罚，转调入化铁股，每月加薪十洋，致众情不服。诸如此类，难以悉举，略陈一二，已可概见。由代理以来，计添同事二十余人，虽非尽属私亲，大都碍于情面，添实习三十余生，据闻亦无可实习，有纷纷告退之说。

一、钢厂乃彼之专责，诚如来函所述，瑞熔洋厂、江南船坞之钢板剔退。查瑞熔因夹层凹疤，计被退者百中之三十五，江南船坞因同一层厚薄同一大小，而重量相差至百分之二十，多方商说，卒被退百分之十。查钩钉厂虞之经手，其造成螺丝钉二十二万四千二百五十副，计八白九十七箱，每箱扯一百四十六基罗，共一百三十吨九百六十二基罗，系备交粤汉铁路，乃该路工师验视，因尺寸相关，质复粗劣，全数剔退，嗣由本厂搭用，并搭交别路，尚存六百二十九箱。至交各路之钢轨，亦复剔退十分之一、二；其剔退钢板复炼之工料以及钢轨螺钉之搁置,其中暗亏甚巨。他如建筑三码头之冲塌,工事房之钟楼及年节宴会武汉三镇官商各界之耗费,均属显而易见,犹其小焉者也。

一、彼函述代办九阅月,各项洋料不能应手,悉设法自制,较上年出货增加三倍等因。查同年九个月,各厂所出之货,较之上年同时之增减:查化铁股所出之铁,计九万四千六百余吨,较之上年溢出二万二千余吨,约增百分之三十,盖以二年十月份至三年二月三号化铁炉出险停修,如较之三炉齐开,并未增加;轧钢厂计出三千九百余吨,较之上年计出四千九百余吨,约短百分之脱;炼钢厂计出三万五千八百余吨,较之上年计出三万七千四百余吨,约短百分之四;钢条厂计出四千四百余吨,较之上年计出三千九百余吨,约溢百分之十,其溢出原因,前系两机一炉,现添为两机两炉,相较尚短百分之二十。查采用中国之哆啰石,代洋料之镁石,乃灰砖厂考验员吴葆元研究所得,尚未自制,略人之美为己之长,殊觉可笑。

一、查卢之学业,尽属浮夸,毫无实际,出洋游学并未毕业,专喜撍拾浮言,舞文弄墨。其最不服工匠之处,在去岁五月间,彼曾亲试炼钢,炉漏火灭,致毁镁砖一万余块,损钢二十余吨。至如吨费新章,亦无非为激励工匠而设,孰知是非倒置,炉前放铁之人,得赏转优于炉后配料之人,致众情不服。以资本千万之钢厂授于毫无学识且未毕业之人,毋怪难以获效,且为洋工师轻视,不整顿汉厂则已,如整顿,必须严厉从事,以儆其余,则董会之威信,不致为人藐玩,况专门毕业,汉厂并非无人,要在诸公物色拔擢。即吴君虽深知有胜于十倍之人,不敢派入钢厂者,因恐为彼嫉忌,徒伤感情,于公司毫无实际,且知彼父驻京两月,专为其子地步。虽欲整顿,其如投鼠忌器何?全意董会诸公见重于政府,魄力必胜彼父子,可无顾忌。

一、其父于厂矿亦非无可指摘之人,凡其子一举一动,莫不与其父商酌进行,非但不加训迪,且心悦诚服,视为奇才。如彼之所刊参考日记,其父为之序首,在事同人,颇愤愤不平。爰其中于甲寅年会志,盛有受总公司代表一言,于股东意见书有盛氏之积弊一言,金谓在他人,尚可形诸笔墨,在彼父子受盛之厚恩,应不知若何感激,转将他人莫须有之言,载之于日记中,其心诚不可测。即其父子于宝丰公司、公兴堆栈、轮驳处及清理辛亥以来积欠,人言啧啧,确有可凭。兹将参考日记及余君上年致盛会长条陈堆栈一函,附呈钧览。他如宝丰公司之营业,公兴栈之朱寅生,轮驳处之喻友笙,积欠中之毕先筹、陈晋卿等,均与其父有密切之关系。彼父子诚如来函所谓,徇私病公,不得辞咎,洵千古不灭之至论。

一、蒙畀全密查之重任,全亦鄞人,彼父子素与全情谊尚洽,苟直言无隐,未免有伤友情,倘知而不言,则有负诸公之寄托,思维至再,何敢以私废公,爰不得不据实密陈,以报知己之感遇,以冀厂矿之日新。惟祈秘而不宣,是所叩祷。近日全之目疾,仍未就痊,据汉厂舒医士诊视云,缘征逐辛劳,兼之天时剧热,宜于静养,勿希速效为是。伏乞赏假两星期,俾回申调摄,则不胜铭感之至。专此肃复。即请钧安,并颂
台祺

诸希亮察不宣。

孙德全谨上

盛宣怀致公司董事会函
民国四年八月三日(1915.8.3)

董事会诸公台鉴:

汉厂炼钢股股长卢成章将有调动,接任颇难其人,昨据该厂长吴健面称:毕业生有一钟君,粤人,系专门钢学,毕业后已在外洋钢厂经验有年,愿到汉厂,健已与约定再将化铁工夫研究,即行赴厂;其后汉口扬子厂机器制造公司经理王光向健商请,将钟生让与扬子厂用,健未知卢事,勉强应允。今汉厂急需替人,钟生外竟无其选,应请董事会酌裁等语。弟想汉厂钢事比较扬子厂为重,而两厂系属一家,自应权量轻重,先其所急,已面商一琴并函致王代经理速商王光,务须将钟生让还汉厂,并嘱令钟生毋庸再习化铁,速即回国补充卢席等语。除函致王代经理外,即祈查照通过,并将议案分寄。敬颂
公祉

盛宣怀启

王勋致公司董事会函

民国四年十月十一日(1915.10.11)

董事会台鉴:

敬启者,顷接汉广来函,以所用副工程师内,有原系试用三个月,试用期满改实任者,讵实任之后,即顿形疲玩,不甚得力,拟俟合同期满即予开除。但届时开除之后,一时无接手之人,翻恐误事,故现拟预先再雇试用工程师数名,其试用期改为较长(从前均系试用三个月),庶届时不得力之员开除后,此等试用员即可以坐补其缺,不至误公。兹查有王正黼一员,工程学颇佳,人亦勤敏,拟请雇为试用副工程师,以备将来甄别各不职人员时接替之用。又车务处董干臣副工程师业已辞职,查美国毕业工程师周楚声,堪称此职,拟雇用承接董君之职,并请核准云云。查所拟周楚声接任车务处副工程师,乃充补悬缺,自当照准;其王正黼一名,既称系预备将来甄别时接替之用,并非增员,亦应准其雇用,并将试用期略为延长。敬祈卓裁核准(盛宣怀批:应准)。为荷。此请

台安

王勋

王勋致公司董事会函

民国四年十一月九日(1915.11.9)

董事会台鉴:

敬启者,前者吴任之未出洋之前,业向敝处言及轧钢厂必须再添用副工程司一员,因当时轧钢厂只拉钢轨,其余各钢料所拉无多,尚可将就,故未请添;嗣后于本年四月,由吴任之物色美国工程司德格来司一名,自愿来华承乏此职,且需薪亦颇不多,大约与之订三年合同,第一年每月美金二百元,第二、三量材加增(大约递年按月加二十五元),即可就雇,当即嘱任之试与函商。兹再接任之函,以现在轧钢厂只有副工程师陈宏经一人,专司日班,致夜班无人接替,而现在轧钢厂日夜赶工,不可无专员管理夜班,欲

觅华工程司,一时难得合式,有阅历之员,所有上开德格来司一名,似尚合宜,可否照前谕试与函商,以便雇用等语。查现在钢货生意源源而来,轧钢厂除拉钢轨外,日夜加工赶制工字钢、角钢、槽钢等件,以应汉、沪、粤、港、日本、小吕宋等处之销路,如只陈副工司一员,实日夜不能兼顾,既一时难得合式之华员,拟请贵会核准雇用该美员,与订三年合同,第一年每月薪水美金二百元,第二、三年量材酌加,大约递年按月加二十五元之谱。如荷核准,当函嘱吴任之与之订定可也。此请

台安

王勋

盛宣怀致公司董事会函

民国四年十一月二十五日(1915.11.25)

董事会诸公鉴:

汉阳钢厂雇用洋工程司一层,据王代经理函称:前日已呈请董会核准照雇,惟上次常会公议,所有添用人员须候赵总经理来再定,是以不能进行等语。查钢炉关系至重,现在钢价大涨,汉厂出货反形短少,足见用人不能得力,此项洋工程司急须雇用,赵总经理到任无期,势难坐待,应请诸公即日会议,迅速电知王代经理、吴厂长赶紧雇用,以促进行。是为至要。敬颂

公祉

盛宣怀启

公司董事会致吴健函

民国四年十二月五日(1915.12.5)

任之仁兄坐办鉴:

据王代经理函称:汉厂轧钢厂只有副工司陈宏经一人,现因日夜赶工,难以兼顾,吴任之君物色美人德格来司一名,拟雇充该厂工程司,需薪不多,约订三年合同,第一年每月美金二百元,第二、三年每月递加二十五元,即可就雇,报请核夺等语。查现时钢货腾踊,该厂因赶工出货,添用洋工司

一名,应即照准。即请查照王代经理函报月薪数目,订约雇用,即日示复,慰念为盼。此致。即颂

台祺

董事会启

王勋致公司董事会函

民国四年十二月十三日(1915.12.13)

董事会大鉴:

顷接吴任之洋文函云:机器股洋工师黎式耳,明年四月十七日合同期满,该工师不甚得力,拟不再续用,所有该股事宜,即由坐办兼辖。惟查合同所载,期满后除付给回国川资外,另给薪水一个月,以为中途之用,今该工师既不赓续,拟提早于正月辞退,其薪水付至四月底为止等语。查黎式耳每月薪水英金七十镑,吴任之意提早辞退,可省给半月薪水,于理甚当。除函复任之照允外,用以转陈。专此,敬颂

公绥

兼代经理　王勋

(四) 大冶铁矿

公司董事会致刘维庆①函

民国元年四月二十五日(1912.4.25)

宝余先生台鉴:

汉冶萍新董事会组织成立,以冶矿为化铁原料所自出,并有他国销路,内外固宜兼筹,工作尤关紧要。据经理兼厂务所长李一琴先生之保荐,以执事在冶数月,条理秩然,由会公议:任为驻冶坐办。务望博收广采,分投

---

① 刘维庆(1876—1941):字宝余,浙江定海(今舟山)人。时任大冶铁矿总办。

并交,撙节漏卮,剔除宿病,随时将出矿支款各端,函报所长转会周知,仍俟订定合同,双方遵守。先此函订。敬颂

筹祺

汉冶萍煤铁厂矿有限公司董事

赵 盛 杨 聂 王 沈 何 朱 袁

王勋、于焌年致公司董事会函

民国三年六月二十日(1914.6.20)

董事会大鉴:

前因冶矿黄坐办来函,以扩充应即须添用副手,当即函达贵会,已蒙会长批:应准,或由黄自延,或由经理推举,顷已电询绍三等因。

现有李建德君,山西人,留学英国四年,毕业矿学科后,实地练习一年,前年冬回国,现任山西实业科科长,极愿仍入矿界,附来文凭抄稿及履历等件,核与冶矿所需甚相符合,且薪水多少不计。可否,即祈核准,早日聘用,实有裨益。专此。敬颂

公绥

兼代经理 王勋 于焌年

于焌年致公司董事会函

民国三年七月九日(1914.7.9)

董事会公鉴:

顷接杨杏城先生来函,闻大冶局长尚未派人,荐徐厚卿接任等因。查冶矿坐办自上年刘宝余辞职后,即经贵会委任徐君介甫、黄君绍三代办,来函所云当系传闻之误。惟徐厚卿本在冶矿有年,现办造册事务,月薪三十六两,兹承杏城先生为之道地,自应酌予量移。查转运股长兼庶务季君厚堃,现经会计所长改派稽核股长兼统计事务,所遗转运股长兼庶务一事,拟请以徐厚卿接办,照季君现定薪数,改为月支六十两。是否有当,理合函请贵会核议示遵,杨函附请台阅。再,王代经理现在假期内,未及签名,合并

声明。专泐。祗颂
均安

兼代经理　于焌年

王勋致公司董事会函

民国三年八月二十日(1914.8.20)

董事会台鉴:

敬启者,顷接大冶工程师黄绍三来函略谓:冶矿员司约百名,矿工约二千名,起卸小工五百名,工匠二、三百名,向未设有医员。查开矿工程常有意外之损伤,往往有虽系重伤原不致至命者,因本矿无常驻医生,须远道延医,因待医不及,以致身死,诚属可悼;且须由公司给以恤费,年中所耗积少成多;偶因火车伤人,更须停车以待,暗耗犹觉不鲜。如本矿自有医员,则每遇此等不幸之事,立可抬往就医,既可保全受伤者之生身,并可免无谓之延滞;且员司有病就近可医,早一日痊愈,即可早一日办事。现在每月津贴西泽之医员银四十两,使兼任矿医,然该医居于石灰窑,究嫌不便,且向之取药,其价奇贵。拟请另雇本矿医员,常驻矿中,较为方便,假定矿医月薪一百两,比较现在津贴西泽之医生费及各项费,亦所差不多,敬祈核准,并恳物色妥人等语。

查汉萍两处均有医员,冶矿事同一律,且现值扩充,工程较巨,用人较多,所请专雇常驻医员一层,自不可少。然管见矿医以伤科为重,每日除治伤之外,不无暇晷,每值偶闲,自可帮助矿师料理洋文书札。兹查有区君斯湛,曾在香港医学堂学医十年,除深通医学外,汉英文字亦甚通晓,拟即雇充矿医,月薪一百两,并与订明如值医暇,帮理公事洋文文牍,比较前时津贴外医,既可自有专医,又可助理文件,不致令绍三一人过于劳顿,于矿事亦不无裨益。谨陈管见,敬祈公议核准为荷。专肃。敬颂
台绥

王制勋

王勋、于焌年致公司董事会函

民国三年十月九日（1914.10.9）

会长钧鉴：

　　顷接冶矿来信，以区斯森君为冶矿西文书记兼充医员，月给薪水一百两。惟西泽处日医津贴应即停止一节，查日医小野虎雄，系西泽内兄，于光绪三十年宗前总办联络感情起见，订有合同，每月津贴三十元，在车票项下开支，后由刘任内重订合同，加贴十元，每日遂为四十元，相沿至今，迄未更改。但所医治者亦仅石堡码头夫役之受伤人，至得铁两处工役受伤，得有恤金，每就中医疗治，以此日医所事甚简，津贴之金为数有限，似应照旧致送，免伤感情等语。

　　查日医仅治石堡夫役，得铁两处则无西医，不如以区君治得铁两处受伤之人，至码头夫役仍归日医疗治，以归简便，而免道远迟误之患。且区君业已函约到矿，专司洋文笔札，医道系属兼理，所贴日医为数非巨，况有合同，骤然停送，有碍感情。可否批准照旧致送，以全交谊，是所盼祷。日医合同前未报，总公司未知内容，一面当函致冶矿抄寄来沪，以便研究，预为期满后之对付方法。是否有当，即祈示遵。敬叩

福安

王_制勋　于焌年

王勋致公司董事会函

民国三年十一月二十四日（1914.11.24）

董事会台鉴：

　　敬启者，据大冶工程师王佐臣来函略谓：大冶向例凡员司、监工、机匠人等，所用煤炭均取诸于公司，不计价值，且漫无限制，故流弊颇多，虚耗亦甚，公司以金钱易来之煤炭，如此消耗，殊觉可惜。然历年如此，苟一旦遽为停止，恐有怨望，兹拟变通办法，停止供给煤炭之例，改为折给煤钱。兹

仅开列比较表敬呈台鉴。计此后每月可省洋一百六十八元,至表中所估之煤数,乃系按照上月各处所开来之数目计算,将来冬令尚不止此也。故现拟凡现在支领饭食钱四千二百文者,每人每月加给洋一元,作为煤银,共折给煤钱饭钱洋四元,加于薪水之内;其向来不给饭钱者,则改给煤钱每人每月洋五角,亦加于薪水之内;其薪水在每月六十元以上者(共计只十一人),向来每人每月支饭钱六元或钱四千二百文则一律停发。自此以后,可永无特别饭食钱,一如汉阳之例也。至于各处所公事房所用之煤,则各处所均有公费,即由公费内付给可也等语。

又据开比例表如左:

现在支用之数:

薪水六十元以上每月每人饭钱六元者,七名,共计洋四十二元;薪水六十元以上每月每人饭钱四千二百文者,四名,共洋十二元;每月各员司等所用免费煤炭三十吨,每吨银五两三钱,共合洋二百二十元。三共洋二百七十四元。

将来之数:

薪水不及六十元现领饭钱四千二百文者,八十一名,每人加给煤钱一元,共计洋八十一元。监工、机匠等约五十名,每人每月加给煤钱五角,计洋念五元。二共洋一百零六元。

比较每月可省洋一百六十八元。

查员司用煤不收煤价一节,外洋本有此例,然亦非尽人皆然,在中国则惟洋员中有合同规定者,始有此例,其余员司概不能免收煤价,汉厂同人所用煤炭均须缴价,冶矿事同一律,若任情免计,未免过优,折给煤银,则已于搏节之中仍寓体恤之意,所拟似尚可行,应请贵会公议核准为荷。专此。

并请

台安

王制勋

王勋、于焌年致公司董事会函

民国三年十二月二十六日(1914.12.26)

董事会大鉴：

上月二十四日据王矿师函，以大冶铁矿办事同人用煤，不计价值，流弊甚多，一旦革除，恐生怨望，拟折给煤钱，连同伙食，目前约计一百零六元，一并加入薪水之内，以后用煤按吨计价，俾与汉萍一律，则每月可省洋一百六十八元一节，函达贵会，业奉公议，以用意虽善，所虑钱既加给，用煤依然，更形耗费，应将煤斤明定限制，按人分派，仍不得越逾，拟定每月一百零六元之数为率等因。当即函冶查照办理去后，兹又接王矿师来信略谓，奉函敬悉，以一百零六元价值之煤，按人分派，恐有厚薄不匀，颇难照办等语。查王矿师前函，同人每月用煤约三十吨，今以一百零六元为限，作算每吨七元，只有十五吨可购，似难普及；且煤非尽人可用，必须带有家眷者始用得着耳。设系孑身在矿，则所领得之煤必将转而求售于用煤之人，否则将每月应得之饭钱牺牲于煤值之中，岂得其平？且用煤之数有多有少，如定额之煤不足于用，是否虽出钱亦不准购，如其准购亦未免参差不齐。惟有恳请贵会仍照王矿师前月来函俯核照准，将冶局折给煤饭两项加入薪水之内，所有饭钱名目，永远革除，用煤按吨计算，与汉萍各机关一律。其管煤人负有责任，月册可稽，更形耗费一层，似可无虑。即祈批示，以便函复冶矿是盼。此请

公绥

兼代经理　王制勋　于焌年

王勋、于焌年致公司董事会函

民国四年一月六日(1915.1.6)

董事会大鉴：

顷接大冶总矿师王佐臣来信，上月二十九夜十句钟，铁山徐介翁寓所

忽来盗匪多人,枪伤徐夫人及男仆二人,抢去首饰、衣服,值洋数百元。巡丁闻风驰救,奈众寡不敌,又乏枪械,难以抵御,听其呼啸而去。越日,徐夫人因伤毙命,一仆伤势尚轻,一仆恐不能无性命之忧。县知事亲莅踏勘,允为详省通缉。各同事因盗势猖狂,咸觉皇皇不安。局中原有巡丁五十名,不敷分派,现拟续募五十名,委任沈成章君为巡务长,沈前在广东办理巡警有年,堪以胜任,惟开办费约须银五千两,一面由厂详省请领毛瑟枪八十枝,子弹五千颗,以资保护等语。

查大冶地本荒僻,铁山至石灰窑,路长六十华里,中间得道湾、下陆等处,散居办事员司不少,寥寥五十巡丁,殊不足恃,而况手无寸铁,岂肯与持械盗匪性命相搏,所请添募巡丁及请领枪枝,即祈批准是祷。大冶原信印底呈阅。即颂

公绥

兼代经理　王制勋　于焌年

大冶铁矿全体同人公电

民国四年一月十八日(1915.1.18)

盛会长、汉冶萍总公司股东联合东诸公钧鉴:王宠佑在冶措置乖张,致干众怒,今日自行离职。出矿紧要,不能无主,公举吕文涛君暂代矿长,各机关照常办公,余即详禀。矿部全体同人公电。

公司董事会致吕逢镳函

民国四年二月四日(1915.2.4)

专启者:

据代经理函转冶矿王矿长宠佑函称,去岁奉会长委任时,曾肃函声明云云,暂时代理,可以胜职等语,转请核示前来。查王矿长现请假赴粤,既有成约,应即照准,除由代经理转知,一俟假满,即行回矿外,所有该矿长事务,准以执事暂代。务须妥慎将事,勿得以暂时代理,稍涉懈忽为要。此致

吕君逢镳

董事会启

孙德全致公司董事会函

民国四年三月一日(1915.3.1)

会长、董事先生台鉴:

前奉公函,遵即驰赴冶矿详细调查,兹将肇衅情形据实报告,并拟处分及善后办法,陈请钧核。

甲、报告情形

一、工匠用煤扣价,车务与材料两机关各持意见,为起衅之最初原因。查车务处旧系独立,处长为邹樛;机厂、材料合而为一,处长为顾廷槐。嗣因一人而兼掌工料,性质不合,于去年六月将机厂并入车务,由顾廷槐主任,材料改为独立,派沈成章管理。顾、沈由此交恶。从前工匠之有家眷者,取用煤斤为数无多,向未正式开报,顾任材料处,定为每人二百四十磅,当时或用以示限制,不意人援为例,用煤愈多,公家损耗甚大。王矿长诸事认真,定为缴价,车务处司机刘阿顺等遂纠众与材料处长沈成章为难。所有车务处上煤夫工食三十六千问题,亦相继发生,查前年邹樛长车务时,匠役求加辛工,邹请于黄绍三添支,上煤夫六名,计工资三十六千,归八班分摊,王矿长以煤归材料处掌管,则上煤夫亦应归该处雇用,车务处与材料处又起纠葛。此二处挟嫌之情形也。

一、王矿长上年八月至冶,热心整顿,不避劳怨,征之舆论,咸所钦佩。惟因到矿未久,尚无相当人手,资以辅助。今书记林承绪措词欠妥,开罪同人,往复函件,又多延搁。管工工程报告吴树德,年少气盛,不理众口。此总工程处与其他机关隔阂之情形也。

一、冶矿向章,用人行政由坐办与矿长会商办理,此次划分局务,事前既未接洽,办事权限又不分晰明白,以致旧局长各萌退志,适又添派工程人员到山,无识之辈已误谓矿长信重新人,轻视旧友,车务处乘机思逞,造言煽惑。此新旧相猜之情形也。

一、车务处员司闻顾撤退,暗中运动工匠聚众暴动,经徐坐办事前预防,责令机厂管工丁祥麟、管车乌克勤严加约束,幸未滋事。上月十八日,王矿长因公赴沪,行抵盛鸿卿地方,车务处得信,一面托言修理机车,半途停行,一面藉口分配余矿之款,号召同志,且闻有派车迫邀之举。王矿长所揭之管磅李儒珍,监工徐兆霖确均在场,而尤以李为凶横,顾廷槐一更于此时要求半年薪水。所有冶矿全体同人之电,两处三局名义之函,悉系车务处主动,应独任其责。此十八日肇衅之情形也。

乙、拟请处分

一、员司聚众事起仓猝,坐办、矿长无从防范,应请原谅免议。

一、查平日坐办驻窑,矿长驻山,公事往回均用函件,二君不常晤面,书记又未得其人,或有误会之处,然亦不难一言冰释。此次矿长归里,工程停顿,曾经坐办函催,足见相得,即请转致矿长迅速回冶,合力进行。

一、解决工匠用煤缴价问题。据徐坐办之见,冶矿所用二号萍煤每吨须银五两有奇,价既昂贵,且不合家居之需,所有工匠月薪大者不过三十余元,小者在五六千文,照扣煤价,生计不裕,恐有求加薪工之举。拟改购本地所产柴煤,以应其用。此项煤斤,每吨只在五千余文,合银二两有零,值可减半,又宜炊爨,按此缴价,人必乐从。

一、解决上煤夫工食问题。就事实论,此项工食系车上匠役之津贴,按性质论,煤属材料,则应归于材料处另雇,此事应由坐办、矿长办结。

一、车务处屡次滋事,顾廷槐不知约束,且乘众要求薪水,咎有应得,拟请另案追究;沈成章本山厂监工,材料非所谙习,办事粗忽,应即撤换。

一、车务、材料均属重要,所用员司一不顾大局,诚堪痛恨,应即饬令交代。拟请速调汉厂熟悉人员,分别接办,重新改组,切实整理。

一、车务处管磅李儒珍,任性妄为,大石门监工徐兆霖,随声附和,均应撤退。

一、总工程处书记林承绪,才不胜任,管工程报告吴树德不孚众论,应令离矿。

一、此次肇事各局长均不在场,匠工并未加入,自应毋庸置议。惟闻各机关员司亦有轻离职守之事,应由各局长严加察看,择尤开除。

一、两山划分权限,若何规定,另于善后办法内陈述管见,局长魏、张、殷三君在矿年久,声望素著,应由坐办、矿长加意慰留。

以上各节,如蒙俯准,即请转饬施行,善后办法容再条陈。专此。敬颂

升安

孙德全谨上

孙德全致公司董事会函

民国四年三月一日(1915.3.1)

会长、董事先生台鉴:

前上一函,谅蒙察阅。兹将冶矿善后办法分陈于后,乞为采择。

一、划分坐办、矿长办事权限。

隶于坐办者,如银钱之收支,帐册之统计,物料之收发,工程之稽核,矿产之交运,地方之交际,全矿之治安,各局之庶务。

隶于矿长者,如工程之扩充,矿夫之监查,采矿之工料,出数之比较,机厂之修理、制造,车务之运输、养路,各专责成,各尽所长。

一、大旨分局务与工务为两部,所有办事细则应征集各方面意见,折衷订定。

一、局务之公函由总事务处主稿,送交矿长署名;工务之公函,由总工程处主稿,送交坐办署名;遇有重大事件,悉由坐办、矿长会商妥洽,再行布告。

一、各机关权限虽分,仍宜联络坐办、矿长,每星期至少会商日行公事一次,以下陆为适中之地,定为会场,各局长、工程师亦应按时到会,报告情形,沟通意见,以免隔膜。

一、推原新旧水火之故,薪俸相差过甚,为一大原因,此后应按责成之大小,学识之高下,以定职司之等级,尤宜按到差之久暂,办事之勤惰,以定薪水之升阶,庶真才不致缺望,而滥竽亦无从幸获。

一、局厂同事不法行为,若有得力警察,不难先事禁制,拟请鄂省将军,

巡按使酌拨警备队,分驻各局,以示镇慑。

一、冶矿同事有荐无保,殊于商规不合,应一律补具保单,并责成各局长随时甄别,以定去留。

一、改章之后,宜悉泯意见,彼此相待以诚,交接以礼,相维相系,和衷共济,如再有此情事,惟坐办与矿长是问。

以上八节,即祈钧裁施行。专此。敬请

升安

孙德全谨上

公司董事会致徐增祚①函

民国四年三月二十日(1915.3.20)

介甫仁兄先生台鉴:

冶矿肇事情形,经本会委托孙慎钦先生查明具复,并拟具处分办法到会。查此次肇事,由于坐办驻窑,矿长驻山,商办公事,均用函件,所用书记又不得人,因隔阂而生误会。现值扩充工程之际,事关紧要,自应惩前毖后,以利进行。兹将孙君所拟处分办法照抄寄上,即希查照解决工匠用煤扣价、上煤夫工食各问题,及撤退各员司、慰留三局长各条,切实执行,报告备案。经此次整顿后,所有在事各员司,务须各勤职务,和衷共济,并由执事随时察看,如再蹈聚众要挟恶习,其办法恐不能如此次之宽矣。除划分权限,俟核定另函知照外,此致。即颂

台安

董事会启

王勋致公司董事会函

民国四年四月八日(1915.4.8)

董事会台鉴:

敬启者,大冶试用工程师李建德,原订系试用半年,前于去年十二月

①　徐增祚(？—1916):字介甫,时任大冶铁矿坐办(矿长)。

间,据矿长王佐臣来函,以该员办事不甚得力,拟请于试用期满之时,即予停止,曾于十二月二十八日由勋函陈董事会在案。迨至前月,又据代矿长吕文涛来函略谓,前因铁山学习工程师李君请假,由得道湾学习工程师黄玉田前往暂代,迨李君销假,仍将黄君调回铁山去后,忽接函称,遵谕复回铁山,谒见该管副工师李君建德,讵竟不问情由,声色俱厉,谓此处不需汝来,且不许容留云云,应如何行止,敬请谕遵等语。

查李建德一员,向来办事不甚得力,前已函详,又因才短位高,久为各项学习工程师之所侧目,而脾气甚大,屡次以气凌人,尤觉龃龉,时闻与一切工程人员实不能和衷共济。此次黄玉田之事,可见一斑。兹该员长在冶矿,则工程人员均为之不安。黄玉田一事,业由勋函请孙君慎钦就近调和,料可宁息。惟李建德终不宜久于冶矿,以免工程上有精神上不妥协之虑,拟调之前往萍矿,以免争端,当即函商萍矿长黄绍三,兹接回信,亦以该员脾气不佳,不欲接受,亦恐其不久于萍。查该员在冶办事既系素非得力,而又龃龉,时闻殊非人地相宜,应否将其撤差之处,敬祈公议示遵为荷。此请台安

王勋

公司董事会致大冶矿局函
民国四年四月八日(1915.4.8)

介甫、佐臣仁兄先生同鉴:

前以冶矿肇事,委托孙慎钦先生查复报告,拟具处分办法,当经抄函寄介翁,请其切实执行在案。续准孙慎翁拟送善后事宜八条,除第六条请拨警队,由本会另行核办外,其余各条,划分坐办、矿长之办事权限,为局务、工务两部,局务公函由坐办主稿,工务公函由矿长主稿,仍互送核稿署名,并以下陆为会场,各机关按期到会晤商,藉除隔阂,实丁分权办事之中寓通力合作之意。至员司薪水,宜按照学识资劳,以平争竞;补具保单,以专责成,均属切中肯綮,亟应进行。兹特照抄附寄,即希二君查照,会商妥办,务各以公司为前提,开诚布公,和衷共济,前途利赖,跂予望之。此致。即颂

均安

董事会启

公司董事会致孙德全函
民国四年四月八日(1915.4.8)

慎钦先生台鉴：

　　前以冶矿肇事委托台端查办，嗣准报告，并拟具处分办法及善后办法，经本会核议，洵属标本兼治，可利推行，业将处分各条抄录函嘱徐坐办切实履行在案。兹查王矿长现已销假赴冶，自应将善后事宜及时举办。尊拟八条，内除请拨警队一条，由本会另行核办外，其余各条，已照抄函寄徐、王两君查照办理。尚祈执事到冶购地时，再向双方疏通意见，并将分权办事细则，会同商订妥协，期于权限分明，感情融洽，互相维系，以利进行。是所厚望。此致。顺颂

台安

董事会启

徐增祚、孙德全、王宠佑①致公司董事会函
民国四年四月十四日(1915.4.14)

会长、董事先生钧鉴：

　　日前奉到公函，指令会订办事细则，以利进行等因。敬悉。查冶矿绵亘数十里，各机关地点分为四处，出矿愈多，用人愈众，庶务工程日愈繁，非设有相当规程不足以资管理。兹奉前因，爰仿欧西公司成例、若松制铁所章程，参以此间情形，悉心研求，公同拟订冶矿组织规程二十五条，并定通守规则十条，薪水章程七条，奖励章程四条，惩诫章程八条，抚恤章程六条，辑成草案，呈请钧裁，伏祈俯准于五月一日实行，俾有遵循。至各部处办事细则，容再续订。此后权既明，各负责成，自应仰体诸先生负托之重与整饬

----

①　王宠佑(1878—1958)：字佐臣，广东东莞人。时任大冶铁矿坐办(矿长)。

之意,和衷共济,协力同心,以释廑念。所有各部处职员悉守规则,凡一举一动,皆有范围,自无所容其逾佚,可期进步。是否有当,敬求训示祗遵。专肃。恭请

钧安

徐增祚　孙德全　王宠佑谨启

［附件］　大冶铁矿试办章程

冶矿组织规程

第一条　冶矿分事务与工务为两部,各设部长一人,由坐办、矿长分任之。

第二条　部长承总公司之命管理部务,负其责任。

第三条　部长于所主管部务或特别委任,得向各机关往来信札。

第四条　部长统辖所属职员,乙等职员之进退呈明总公司行之,丙等职员之进退由部长专行之。

第五条　事务部设各处、股、局如左:

总务处、统计股、稽核股、收支股、材料处、转运处、分局、矿巡处。

第六条　总务处分文牍、庶务、翻译三科。

文牍科掌事务如左:

(一)关于机密事项。

(二)关于职员之进退记录。

(三)典守公司图章。

(四)各项公文函件之撰辑保存。

庶务科掌事务如左:

(一)收发各项公文契纸函件。

(二)管理各处房屋及器具。

(三)雇用各处仆役小工。

(四)管理各处房租、地租及卫生事宜。

(五)其他不属于各处事项。

翻译科掌事务如左:

(一)翻译中西公文函件。

(二)采译外国适用矿章。

(三)传译外宾言语。

第七条　统计股掌事务如左:

(一)整理簿记。

(二)按月编造表册。

(三)调制预算。

(四)核定成本。

第八条　稽核股掌事务于左:

(一)检察各处单簿是否合格,用费是否合宜。

(二)核对每月决算。

(三)比较各处月费及人数之增减。

(四)调查收支处与银行往来各单折、材料处定货合同以及机厂之工料,运务之报告,有指驳之权。

(五)核复各项领单。

第九条　收支处掌事务如左:

(一)综核现款出纳。

(二)酌派分局收支员。

(三)监守库藏。

第十条　材料处设采办及收发两科,掌事务如左:

(一)采办各种材料。

(二)收发保管各种材料。

第十一条　转运处掌事务如左:

(一)分别运汉、运日核算矿石吨数。

(二)装卸矿石及本厂材料。

(三)管理各码头小工及堆存矿石。

(四)保存各码头趸船及附属品。

第十二条　得道湾、铁山各分局，置局长一人，辅助部长管理一局事务。

第十三条　本矿巡务承部长指令，维持治安，保卫各处。

第十四条　工务部设各处如左：

计划处、采矿处、扩充工程处、车务处、制造修理处（兼翻砂厂）、机磅处。

第十五条　计划处掌测量绘图、估计工料并支配一切工程等事。

第十六条　采矿处掌开采狮子山、野鸡坪、铁山等铁矿、白石及李家坊哆啰石以及装卸等事。

第十七条　扩充工程处掌添筑铁道挂线以及汽钻、水池、卸矿栈桥等事。

第十八条　车务处分站务、机车、保线三科，掌矿石之运送、列车之运转及用煤并油絮品之配给及比较。

第十九条　制造修理处掌各种制造修理及翻砂等事。

第二十条　机磅处掌经过矿石材料之分量。

第二十一条　每处设主任一员，以办事员或技术员充之，所有助理员额按事务之繁简酌定派用。

第二十二条　所有对于总公司信件，凡关于事务由总务处书记拟稿，送请矿长副署；关于工务由计划处书记拟稿，送请坐办副署，以期彼此浃洽。惟材料处事由两部长共同担任。

第二十三条　总务处主任由坐办自领，计划处主任由矿长自领，均派职务，考察勤惰。

第二十四条　每至年终举行甄别一次，考核成绩，分别优劣，开报部长汇总呈董事会。

第二十五条　各处小事章程出主任拟定，陈经部长核准立案施行。

通守规则

一、凡本公司职员应勤慎将事，谦和接物，尤须服从所属部、股、处各长指令，并遵守本公司一切章程，以行职务。

二、属员对于各长所发指令,如有意见,得随时陈述,其遇有各长所发指令或违背章程,或形式不具,或非该员职所应为者,得以拒绝。

三、每星期在下陆开职员常会一次,各员对于本职或他职如有意见,尽可发表;或因事关紧要,可随时陈述意见书于总公司及所属部股处各长。

四、职员办事时刻,夏秋上午以七时起下午以四时为止,春冬上午以八时起下午以五时为止,倘有要公,不在此例。

五、各股、处职员均应轮流值宿,以备一切公事有人接洽。

六、各员于所管文卷、器物,均有典守之责,不得遗失弃毁,每日休息时须将单据妥为庋藏,遇有意外便于携带。

七、各员对于本公司重要事务及紧要文件,不得泄漏,退职后亦同。

八、本公司职员,未经总公司特许,不能兼办本公司以外职务。

九、无论大小职员,照下开各等,未经总公司或所属部股处各长许可,不得私受关于职务上之宴饮馈遗。

(一)包办工程者;

(二)往来钱庄;

(三)交易号铺;

(四)与本公司有契约者。

十、本公司职员须具有股东保证书,其品行职务及银钱一切关涉,由保证人担其责成。

薪水章程

一、办事员、技术员薪水,除由总公司特定外,悉照等级表开支。

二、按学识之短长、事务之繁简、责任之轻重、执务之勤惰,以定等级并以次进之。

三、因病不能执务,重者二十日,极重者续假二十日,给半薪,过此概停。但因公致疾及婚丧大事,不在此限。

四、到公如违通守规则迟旷至两点钟之久,扣薪半日。

五、退职者仍给本月之薪。

六、退职者仍在续办公事、清理余务时,照常给薪。

七、每月十五日发给本月薪水，不得先期逾支。

办事员月薪等级表

职等 薪级	甲等职	乙等职	丙等职
第一级	200元	130元	65元
第二级	180元	120元	60元
第三级	150元	110元	55元
第四级		100元	50元
第五级		90元	45元
第六级		80元	40元
第七级		70元	35元
第八级			30元
第九级			25元
第十级			20元
第十一级			15元
第十二级			10元

技术员月薪等级表

职等 薪级	甲等级	乙等级	丙等级
第一级	400元	300元	135元
第二级	380元	280元	125元
第三级	340元	240元	115元
第四级		220元	105元
第五级		200元	95元
第六级		180元	85元
第七级		160元	75元
第八级			65元
第九级			55元

续表

薪级 \ 职等	甲等级	乙等级	丙等级
第十级			45 元
第十一级			35 元
第十二级			25 元

奖励章程

一、凡有下列各款之功能者,本公司当特别奖励之。

(一)专精业务有能设法为本公司节省经费、扩大利益而实有效果者;

(二)熟谙公艺能使出产增加、成本减轻、机器稳固者;

(三)研究工程发明新器为本公司利用者;

(四)能设法为本公司祛弊者;

(五)有特别勤劳;

(六)忠实任事不分畛域者;

(七)不避艰险为本公司除危险者。

二、照上列一、二、三、四各款,得由本人备意见书直接函达总公司及各部长,经许可试办后,确有成效,由部长提议于总公司给奖。

其五、六、七等款,由所属处局各长,报由部长提议于总公司升等进级。

三、凡职员勤慎供职满二年者,自第三年起薪水升级,以后每满二年照数递进。

四、凡事务员供职在十五年以上,力衰家居不能供职者,本公司应给与休养费分等如左:供职满二十五年、年龄满六十者,倍给;技术员休养费由董事会另定之。

甲等职　月给费三十元。

乙等职　月给费二十元。

丙等职　月给费十元。

惩诫章程

一、本公司职员有下开各项情事,即处以应得之惩诫。

甲、违反本公司章程及总公司与所属总部处股各长之指令者；

乙、毁坏本公司名誉者；

丙、怠于职务，或以不和平之词色待人，或任性致生争执者；

丁、关于职务上有不端之行者。

二、分惩诫为五等：甲、解职；乙、降职；丙、减薪；丁、罚薪；戊、谴责。

三、解职者，除已得月薪外，凡职员应享之利益无论属解职以前及解职以后一概不得沾润，并不得至本公司所属各机关供职；其职内未了事件仍须责成理楚，否则〈属〉保证人之责。

四、降职者，或一级或二级不等。

五、减薪者，按月薪成数或两个月、三个月、四个月不等，所减成数以二成起至四成为度。

六、罚薪者，按减月薪一成或二成，以一月为度。

七、谴责者，由部长予谴责书一通，加以申斥，使知悔改。

八、照上开各等依所犯情事查察得实后，由部长科定，呈报总公司备案。

抚恤章程

一、凡职员因公罹灾，本公司量其受伤轻重区为四等如左：

一等伤：受伤致死者；

二等伤：身体残废不能营业者；

三等伤：仅伤一部虽能营业而不能复供旧职者；

四等伤：虽伤一部尚能疗治复旧者。

二、照上开受伤等差，本公司均有抚恤之义务，别为医药费、扶助费、丧葬费三种，表列于后。

三、照一等伤，其扶助费以故员之子满二十岁时停给；伤故时其子已满二十岁，给以五个年[①]；无子有父母及妻，给以终身。

四、照二等伤，其扶助费以伤员死时停给，设伤愈一年内重溃致死，给

---

① 原文如此。

如一等伤,逾一年不给。

五、照三等伤,其扶助费以伤员死时停给。

六、凡职员供职满一年后因病身故者,赙薪水一月,甲等职员由总公司特定。

附:等级表

单位:元

费别 职位 伤等	医药费			扶助费									丧葬费		
	甲等	乙等	丙等	甲等职			乙等职			丙等职			甲等	乙等	丙等
				一级	二级	三级	一级	二级	三级	一级	二级	三级			
一等伤				30	26	24	20	18	16	8	7	4	200	100	50
二等伤	100	50	25	30	26	24	20	18	16	8	7	4			
三等伤	酌给	酌给	酌给	15	13	12	10	10	8	4	3.5	2			
四等伤	酌给	酌给	酌给												

王勋致公司董事会函

民国四年四月十七日(1915.4.17)

董事会大鉴:

前以冶矿受伤工役大都就本地医生詹玉华处诊治,函请贵会俯准延詹医为驻矿医员,业邀核准。惟本有区斯深君即应裁去,以节糜费,当即函知冶矿照办。兹接该矿来信略谓:詹医固为工役所信服,而区君所办洋文书记一席,亦为总工程处不可少之员,且工程司偶抱微恙,悉赖区君诊治,今奉明示裁去区君,则洋文书记事务即无人料理,各工程司患病无人医治,则殊为困难等语。查所称各节,自是实情,若将区君裁去,必须另延洋文书记,值此扩充之际,何堪遽易生手,鄙意拟将受伤工役,均归詹医疗治,区君专管洋文书记事务,如遇工程司愿就区君诊治者,仍可兼理。似此则区君职务稍简,将月薪一百金改为八十五两,减下之数以之付詹医月薪二十元,统而计之,冶矿并未增加出款,而可两者其美。如邀核准①,即当函致该矿照此办理也。敬颂

公绥

兼代经理　王勋

王勋致公司董事会函

民国四年四月二十日(1915.4.20)

董事会大鉴:

昨接孙慎翁寄来所拟冶矿规程草案,内列总纲二十五条,后附通守规则、薪水章程及奖励惩戒各条并殿以抚恤一门,甚为周密,惟分工务与事务为两部,厂矿或有异点,不能强同外,其通守以下,似宜公司一律照行,以示公允。汉厂尚有请假章程,兹特另录呈览。应否附订在内(此关系各机关大局,未便轻率定议,应请董事会逐条详察,再交总稽核处增减,抄送汉萍议复,刊入修改条规之内——盛宣怀批注)作为本公司定本,颁发厂矿一致遵守。即请酌核为荷。至工匠赏罚,事太烦琐,只能由厂矿分订各守,毋庸代拟。合并声明。专肃。敬颂

公绥

兼代经理　王勋

[附件]　汉厂同人请假章程

一、规定除年节、国庆纪念及寻常大礼拜放假休息不计外,另有事请事假者,通年积算每一年以三十日为限,所有婚丧疾病诸大故,一并在内。

一、请假数小时者,可由各股长允准;如须竟日者,虽可由股长准假,当即日呈报总公事房;二日以上者,须由坐办核准方为有效。

一、积年计算请假如过三十日,即按每日薪水若干,计日罚扣。

---

① 此处盛宣怀批:照办。

一、如积一年三十日假期于一次请假离公,其所司职务,务必觅有同人兼代,并经该公事房认可,如是者每机关亦只准一人(至销假时应随将假单缴总公事房)。

一、各股应各置请假簿一本,逐日登记,于月终造册送经坐办核阅后,发交稽核处存查。

一、此项罚扣之薪水,即由各该股年终汇总,径由股长酌核,分别津贴各该股同人一年请假未到三十日者,以示奖励勤劳之意。

一、此章程自宣布日起即实行。

公司董事会致徐增祥、王宠佑电

民国四年五月十日(1915.5.10)

大冶矿局徐介甫、王佐臣均鉴:前所公拟矿章准先试办,俟汉萍汇齐再行公布。董事会。

王勋致公司董事会函

民国四年六月一日(1915.6.1)

董事会大鉴:

先接徐介甫来信,得道湾矿夫暴动,毁屋伤人,又蜂涌至铁山推翻矿车,相率罢工。旋接介甫、佐臣电,现已照常办工,候信详明云云。正拟函陈,又接孙慎翁来信略谓,矿夫夺充夫头,屡滋事端,四月间,曾有潘本余等偏告各小工加增矿价,摇动人心,弟责令各夫头具结了事。此次风潮,因得道湾采矿主任王观英扣矿罚钱,过于操切,即有素不安分之辈希图贻害,夫头乘虚而入,遂致暴动。现将肇事小工函县究治,毁伤各物拟令夫头赔偿。窃以矿块之大小,质之净杂,矿师监工均负责成,应时常登山,于开采地方或弃或取预先关照,剔选甚易,若已装至码头方为指出,实已落后。既扣矿矣,而又罚钱,终日辛苦,非徒无所得价,且须告贷缴款。王观英少不更事,措置失当,已不容讳。更有屡次来沪滋闹,要求派充夫头之陆垂富,先期煽诱,妄称矿长已命伊接办夫头,夺矿翻车,酿成此祸,实属可恶已极,当电县

知事出差拿办,得矿主任已请佐翁物色妥人等语。又介甫来信大旨略同,并云二十六日照常开工矣。用特缕陈,即祈鉴核。肃颂
公绥

兼代经理　王勋

徐绍勉:请愿书

民国四年七月(1915.7)

敬呈者:

横览东西诸国,矿业发达,日兴未艾。虽曰地藏丰富,得天独厚,而以吾国幅员之广相与比较,岂必多让?乃其所以不足争胜者,闲尝窃思其故而有得焉。近世文明国家,无事不学,无人不学,学术日昌,人才益盛,得人任事,罔弗成功,殆有如操左券者。返观吾国,学术不兴,人才不备。每购一地,矿脉之衰旺不能分;每开一山,工程之难易不能决。往往集赀巨万,动工数年,竟一无所获废然而止者,比比皆是。此实中国矿业界之现象,无可讳言者。由是以观,中国不欲振兴实业则已也,自非然者,舍兴学育才无二道也。

侧闻贵公司有借资游学成例,汉厂吴、卢两坐办已作先导。伟哉此举,上为国家培养人才,下为实业图谋发达。使各公司皆遵例而行,则吾四万万里之库藏随时启发,讵非利国福民之计哉!

绍勉不学,自前清光绪三十二年蒙今副总统黎公考取入汉阳兵工学校。校内教习半属日本技师,日国语文粗知梗概,他项学课究无把握。荏苒三年,深滋惭恨。民国成立,谬充湖北制革厂总理两年,略具成绩,迭膺奖许。然而抚躬自问,实业之学未窥其奥,每思负笈他邦,藉资造就。徒以事与愿违,机缘莫遇,力弗从心,资斧无措,乃蓄念之方殷,终有怀而难已。

伏忆贵公司在敝邑铁矿,前自鄂督张文襄公倡办,维时风气未开,谣言四起,官民之间,动多龃龉。文襄博采众论,扎委先父映丹劝购,唇焦舌敝,始底成功。嗣该矿改归贵公司接办,仍供原职,未敢告劳,计在事十余年,迭荷文襄公暨会长褒奖有加,去世之日,并蒙优恤。上年贵公司在鄂城属添置矿山,及在敝邑袁家湖新建炉厂,家兄龙光复承委充购地委员,近今亦

均大概就绪。自维两世受知，幸无陨命之愆，敢作逾分之想，惟冀念先人微劳之故，矜小子向学之私，援吴、卢两坐办先事之例，施贵公司格外之仁，准予资助留日，笃习矿学六年，抑或矿业三年、法政三年，以资宏造。则自此往后，长受栽培之恩，异日有知，讵忘犬马之报。不揣冒昧，缕布愚忧，希维鉴允

前湖北制革厂总理　徐绍勉谨呈

余观海①致公司董事会函（节录）

民国四年八月十日（1915.8.10）②

一、查矿产上年正月至六月，计出念六万吨有奇，今年只出念四万余吨，内上年底余矿二万余吨，除去余矿只念一万余吨。上年日出二千吨零，现日出只一千四五百吨，刻交日本矿石，虽至十五万吨，八、九、十三个月尚需交十三万吨，共合念八万吨之数，本月已有十日，码头只存万余吨，山内尽出尽运。向后如日日天晴，至月底约出三万吨，仅敷交日之数，则汉矿如何支配；倘遇阴雨，则日矿又如何应付。现日轮正涌进之时，水已渐跌，更须涌到，倘无所应付，必起交涉，况日人垂涎已久，于无可指摘之时，尚思染指，何况中日交涉，其心已不可测，正可藉此责言为侵权地步，到彼时虽寝食其皮肉，已无可挽回，并非故作危言以耸宪听，请将各矿出数目总调核，即知其详。

一、王君轻率妄动，浪费巨款。查用员司，二年全矿只九十二人，上年应增至一百零六人，现除辞退，已增至一百六十七人，有加无已；薪费由二千余陡加至每月五千余，他用自必随之而增。用费扩充如此，而出产减少又如彼，其溺职误公，无可遁饰。

一、王君溺职误公，由于年轻无阅历，无经验所致。其无阅历之处，在轻信谗言，引用群小，其最信任之人，如张氏之昆仲（廉泉二子），调材料处

---

① 余观海（1863—?）：字晓楼，江苏丹徒（今镇江）人。时任公司汉阳铁厂总务股地亩处管理。

② 原件未署作者及时间，系根据内容判定。

处长徐厚卿，车务处总管孙凤楼，均属贪婪之辈，以及省绅地痞皮海山、余小琴、方东生、潘藻香、陆登桂等，不可胜数。如现太子湾路线改直工程，闻归顾顺泰水木作包工，实则张、徐、孙从中合资；又如野鸡坪夫头，现换孙君慎钦前拟拿办之陆登桂所包；新开之青石山派方东生为夫头，张氏之昆仲从中沾润，表里为奸，殊属可恨。其无经验之处，在毫无实学，文过饰非，如纱帽翅之新工，其地距白杨林锰矿旧址不足三里，挂线可接至彼处。以火车运出，彼转用倒挂法，翻山至铁门坎出矿，路多倍蓰，且将矿多之处，压于挂线之下，又阻碍铁山矿道，致矿少出，已属耗费巨款，讵料工成而不能旋转自如，盖以路陡，方车难于吊上，致弃全工，空费二三千金；又如狮子山、野鸡坪中间过峡桥梁，以两山挂线衔接而设，讵料挂线筑至彼处，较已成之桥高近一尺，不设法加高桥梁，转借工头不以彼定规矩为言，令其挂线铲平改筑，而工头不服，云系遵从所定中桩而筑，现中桩尚在，争执多时，仍铲平改筑，照给工资；又如擅更定章，将孙君慎钦与夫头所定每年七十二万吨之结，一律取消，现改每吨减价二十及二十五不等，不计吨数。似此，夫头毫无责任，此计乃夫头所议，因缘定数交不如额，有议罚之结，亦由彼每欲更换夫头，莫若减至无利可图，且有亏耗，俟两三月后，各夫头即拟禀退，使接手无人，若加价与他人包办，则有辞可借。各山现提十文一吨公积，以备日后争端之用，似此狡计，彼竟为各夫头所愚，图一时减价虚名，贻后日无穷之害。

合之以上各情，均属少矿之由，其副工师王君观英，尤年轻无识，操切从事，指摘之处更难悉数。考彼二人之学问，据闻于书本工夫以及洋文程度，足为大学教习，若办矿务，惜阅历经验俱无，万难称职，亦犹当年富有诗文之少年科第，遽行临民，任性妄为，必至偾事而后已；况又依仗兄势，横生意见，希冀推翻前辈，畅所欲为。似此亟应设法补救，尚可挽回，若再因循，势必内外交困。

董事阅注

余君所言，王宠佑有书泽无经验，切中病根。其大谬处在招用地痞为夫头，致旧工头人人寒心，出数锐减。又成见太深，似非粤派不足以任事，旧时员司,均属废物,以致督催出矿之人,虚与委蛇,无有为王尽力者。二次肇事之王观英至今在矿,其余用人,诚如余言,不免有依仗兄势,出入自由之处。根本解决自以易人为宜,然急切中,难得其人,且王氏根蒂已深,又虑别生事故,应否据余密函作为风闻,严函王宠佑,本年工头已具结认挖七十二万吨,设不足额,致误售日运汉之用,定惟该矿长是问;一面仍请会长赶觅替人,以为后劲。祈诸君酌之。

——学沂注　旧七月六日
——镳　同意

余君密禀各节,若事事实在,矿长亟宜更换,固不待言。然换人不难,得人难,不得胜于王佐臣之人,似未可轻言更换也。中国各种实业,本属幼稚时代,昔年但假手外人,事事听其指挥,所请外人又非真有本领,华员则既非内行,又多习气,遂至一误再误,不可收拾。近来中国稍有进步,用好洋员自不如用中国之好出洋毕业生,但真好者,不多见,其普通之病,凡一经专门毕业,遂自视不凡,非丰礼厚聘不来。试问其所学未必真与好洋员〈相〉等,而名份、薪俸若不及洋员,不乐就也。试问其情性,年少气盛,过于洋员,稍一裁制则拂衣求去。试问其经验,则毕业后纵在外洋实验多年,非若洋员之老于其事者可比。试问其习气,则刚愎自用,文过饰非,援引私人,党同伐异,滥支款项,擅改章程,较之洋员习气更坏。余君所言各节,虽未敢遽信其事事皆实,然颇似中国毕业生通弊。大冶关系甚重,似宜用杨君之策,据余函作为风闻,先严饬该矿长不得稍误每年七十二万吨之出数;一面派一资望较重,办事有经验之员,前往大冶阳为照料购地事宜,督催矿额出数,阴则密查一切,随时函告董会;一面请会长速觅替人,以备更换。抑鄙人更有进者,办实业固须实学,尤须经验,此才已不易得,而办事则更在阅历,求一矿长兼此三长,似难寻觅。或不得已,将矿长分为正副,各专责成,妥立章程,划分权限,相助为理,似求才较易。鄙见如此,祈诸君酌之。

——经方注　旧七月六日

矿务积习已深,一时整顿颇难,亦非大冶一处也。王君佐臣自长冶矿即肇风潮，其人之年轻浮躁，阅历未深，想余君之言非谬，然一时易人恐难轻动，一函请会长赶觅贤能，一函暗中派员密访，究属内容若何，知其底细，即以后易人亦有方针。鄙见乃悬揣，乞采览。

——镛注 阳八月十六号

毕业生未加阅历，即授以矿长，外国从无此事。王佐臣近来行动，可称卢志学第二。第易人非易，治标之法，只好从伯行先生之议，将矿长暂分正副，妥立章程，划分权限，责成节省用途，加增出额，不然撤换。

总之，未有经验之留学生，此后万不可使其独挡一面。鄙见如是，仍乞诸公卓定办法。

——敦和谨注

征集诸公议论，皆以先行查办，一面预备替人为主办法，自当如此。已密属秘书拟稿，第应否就近属徐介甫查办，抑应派何人往查，请会长定夺。再，诸公之意，均以矿长必须有外洋学问经验之人，正理自当如此。惟大冶与汉萍迥不相同，汉萍诚如诸公之言，非有专门学问，极富经验不可，大冶则详询介甫诸人，矿砂系属原质，非同炼铁炼钢，亦不同炼焦洗煤，办法又全用土法，非同煤之开井，但肯任劳怨，督率工匠，无私心，不用私人，当可胜任，只求道德之不差，不必本领之过大。王佐臣大才小用，本非所宜也。仍请会长、诸公核定。

——存善谨注

大岛筹商拟改用洋法开拓，确可多采，而需款甚多，又须改良铁路，故不能不用矿务生。屡见阁臣报告佐臣改革诸事，节费甚多，慎卿报告亦附和之。查办委员似非个中人难辩其是非，姑先密嘱介甫就近查复，再作处理。①

王勋致公司董事会函

民国四年八月十九日（1915.8.19）

董事会大鉴：

顷接徐介甫君来函，五月间，矿夫打毁得道湾公事房，采矿处开来损失

---

① 此段未标注者。

单,共计洋九百四十七元,当经送县,请勒令各夫头赔偿,以为约束不严者戒。嗣各夫头因县差逻捉各滋事矿夫未获,不胜其扰,始县结暂认赔偿,七月起分三个月由矿工价内扣除,第一期赔偿洋三百十四元,现已缴齐,并据各绅来言,既认赔偿,毁坏各物应由夫头照单领回,似亦公允。除已函知王佐翁外,合将此案终结情形,报告备案。并祈转陈董会为荷等语。

矿工聚众滋事,愚蠢可悯,然不能不有以惩儆之,以为后来之戒。用特转陈,即祈察核是盼。专此。敬颂

公绥

兼代经理　王勋

公司董事会致徐增祚函

民国四年八月十九日(1915.8.19)

介甫仁兄坐办鉴:

密启者,前有人报告冶矿出额,已责成夫头出结,每年包出矿七十二万吨;兹又有人函称,王佐臣矿长少年气盛,经验毫无,自到矿后,横生枝节,迭起风潮,其最谬者,在招用劣绅地痞充当夫头,竟将每年七十二万吨之结取消,以致夫头毫无责任。现在出矿日少,不如上年,岁已过半仅出二十一万吨,似此情形,决不能如七十二万吨之额;并胪举引用私人,糜费款项,党同伐异,掩过饰非,种种乖谬等情前来。查本公司新旧合同应交日矿,视昔加增,汉厂四炉齐开,运厂之数,亦较前为巨,一以关债务之信用,一以供冶炼之要需。自分权办事后,工程一部,王矿长应负完全责任,果如来信所言,洵属措置乖方,势必贻误事机,引起交涉。兹将来函三条,另纸照抄寄上,即祈执事按照所陈各节,逐细查明,据实密函见复,切勿稍涉徇延,以凭核办,是为至要。此致。即颂

台祺

立候查复,不尽。

董事会启

徐增祚致公司董事会函

民国四年八月二十六日(1915.8.26)

会长、董事先生钧鉴:

敬密启者,奉十九日密函嘱查各节,本已遵谕密查,惟以冶矿迭起风潮,人心犹未全定,况自分部办事后,祚久不赴山,一举一动,辄起人疑。目下出矿非常吃紧,恐生他项枝节,为大局计,此举不得不为公司慎重。孙慎钦本驻冶筹画袁家湖购地,矿务近情亦全知底蕴,拟请即加派孙君会同查复,较为周妥,即有意外,亦可以钧会意旨曲为导解。是否有当,即乞鉴裁。再,嗣后密函务请于火漆印上加盖图章,以防泄漏。专此密启。敬请
钧安

徐增祚谨肃

公司董事会致余观海函

民国四年八月二十七日(1915.8.27)

晓楼仁兄先生鉴:

径启者,据大冶绅民夫工谢云路等,联名禀控冶矿徐坐办增祚及张云程、殷玉衡等,植党营私,殆害大局等情。又据萍矿汉局匿名来信,攻讦轮驳弊端。兹将原禀、原函,一并寄上,即祈执事按照禀函所陈各节,分别密查,据实见复,以凭核夺,禀函仍请随复缴还,至盼。此致。即颂
台安

董事会启

公司董事会致徐增祚函

民国四年八月三十一日(1915.8.31)

介甫仁兄坐办鉴:

顷接八月二十六日密函,具悉一一。嘱查之事,以执事情形熟悉,就近调查,可期确实,此时若再添派,辗转迟延,致滋泄漏。务请执事切勿以有

函在先,而存远嫌之见,仍祈查照前函密查,以迅速核实为主,密复本会,将来发表,查复之人必不披露,正无所用其顾虑也。此复。即颂

台安

董事会启

公司董事会致徐增祚函

民国四年九月一日(1915.9.1)

再,接八月八日来函,以代徐绅映丹之次子要求留日学费一事,具悉。查徐绅映丹,前在冶矿效力有年,凡有购地之事,排难解纷,深资其助,兹伊之次子绍勉有志向学,求为资送留学东瀛,追念先劳,自无不乐为成就,无如公司正值困难之时,实无余力及此,且俟有遣学机会再为设法,望转致为盼。载颂

台祺

董事会再启

徐增祚致公司董事会函

民国四年九月七日(1915.9.7)

会长、董事先生钧鉴:

敬密者,前奉八月十九日密函谓,有人报告王佐翁各节,饬祚按照密查详报,比以祚久不赴山,一举一动,辄起人疑,又目下出矿非常吃紧,恐生他项枝节,特为慎重起见,函请另派专员会同详复,兹又奉八月三十一日密示,未准另派他员,仍饬祚一人迅速查复,重承钧委,何敢有违。兹谨将查明者,一一胪陈于左:

一、该函第一条所称,今年正月至六月,出矿吨数不及去年上半届之多,日出矿数亦不及,至有种种危虑一节。查三年上半届出矿表除去二年份存矿及白石,共出一、二号铁矿二十一万五千六百七十二吨四百启罗,今年上半届亦除去三年份存矿及白石,共出一、二号铁矿二十一万四千八百四十五吨三百启罗,两相比较,仅少出八百二十七吨一百启罗,似尚所逊不

多。惟以今年用人多、用费多计之,未免相形见绌。至本年七月份得铁两山出矿共四万八千八百四十八吨四百启罗,比之三年七月份出矿共五万五百五吨三百启罗,少出一千六百五十六吨九百启罗;八月两山出矿共三万八千九百二十六吨八百启罗,比之三年八月份出矿共四万一千零七十九吨六百启罗,少出二千一百五十五吨八百启罗,是属实在。现在石堡码头约存万余吨,而应交日矿尚有九万吨之谱,若照现在日出一千五六百吨计之,则日船来拥,再遇阴雨,似恐不敷。惟幸所供汉厂之二号矿江干存二万余砘,佐翁已商西泽捡选搀搭,尚稍有余地,盖交制铁所之矿向皆以得道湾之矿供应,未有以铁山矿供应者,现因得矿出数不多,恐有船泊江干待矿之虞,故佐翁如此办法,但总须天气晴老,出矿增多,庶汉日两厂俱无差脱。

一、该函第二条所称,今年用人之多,至用费由二千余陡加至每月五千余,他用必随之而增一节。查冶矿用人,王总办去任时,仅七十余人,刘坐办去任时,仅九十余人,黄代办去任时,亦仅百十余人,薪水虽稍有增加,尚不过巨。自佐翁来冶,以扩充工程需人,延用杨华燕、王观英、区斯深三人,年增薪水九千余元。至本年一月,佐翁以下陆风潮去矿阅三月,由孙君慎钦复送来冶,开除为首滋事之人,并经会订章程,分部办事,王君以独管工务部一方面,增设机关,添用多人,于稍识洋文者皆优给薪水,故现以全矿员司每月薪水计之,有五千四百余元也。

一、该函第三条所称,太子湾路线改直,归顾顺泰水木作包工,实则张、徐、孙从中合资等语。查此事现在未见事实,是否有此,尚未可知。然人言由来,盖以顾顺泰于刘宝余任内在冶包建日署车棚、炸药库等巨工,至黄君绍三来即已屏绝不用,故去秋黄君拟建造得铁两处员司住房时,曾绘图样寄托汉厂代为招人投标。及王君来冶,由工务部已开除之林松涛复为顺泰介绍包造,而今年大半载续砌工人住房及建石堡材料栈房、公事房等,均不投标按续承揽,是以改路工作,致有此等传闻。至丁劣绅地痞,如所称余小琴、潘藻香、陆登贵、方东生等,向为地方不齿,陆尤孙慎钦君所拟拿办者,现在俱已任用,亦视其驾驭何如耳。

一、该条又谓,其所建纱帽翅新工,弃顺就逆,致工成而不适用,徒费巨金一节。查龙洞之矿在纱帽翅后身之下,距白杨林仅约三里,本可由此接路至纱帽翅山下,以火车直接运出,王君未用此法,而以倒挂法,翻纱帽翅山顶,过陈家湾,至存矿码头,固属绕道。惟思由下而上,不能多出,且所改挂路及挑土,均未合法,故由一月以来,已费去三千六百余串,并闻目下停止工作。复查由白杨林已成之路接展至龙洞,约一里余,砌造码头等工,需款较挂路费是多,然如出矿较易,似比之挂路逆上,出数甚多也。

一、该条又谓,其所建狮子山二层挂路,高于狮子山、野鸡坪中间过峡桥梁,致铲平改筑,照给工资一节。查新扩充狮山二层工程,先由李建德依狮山腰际盘曲筑路至狮山前面挂路,其工程用浮土斜堆成路,以致屡行坍塌,不适于用。至王观英接手,另行建路造桥,因中桩与建筑不符,工师工头小有争执,现已闻铲平重筑矣。又查据该山监工涂浥轩面称,此挂路与桥工,先本由开采二层矿夫头刘合兴面求限价承包,以期迅速,议以工价八百五十千,料不在内,乃王观英不允,主张自己点工开办,现在除料不计外,已用去一千余千,尚未完工等语。然实则此项工程,自开厂路及挂路,由三年十二月十六开工至今年八月二十二日止,除料价不计,已共用六千五百九十余千文。惟闻此工程如不坍塌,月内可期出矿。

一、该条又谓,其擅更定章,将孙君慎钦与夫头所定每年七十二万吨之结,一律取消,现改每吨减价二十及二十五不等,不计吨数,以致夫头用其狡计,乃为所愚一节。查孙君于四月间来冶与夫头所定每年出矿之结,本系限令各夫头每月共出六万吨,而按照厂位分别具结,由六月一号举行,嗣以各夫头请求加添挂路挑土诸工,孙君允以照办,并许于工竣之日为起限之期,各夫头遂遵照具结。讵料由四月具结后,阅时许久,所允工程并未开办,适其时有潘涵虚、潘大才、陆长清、陆垂富等,捏造谣言,王观英又有罚矿罚钱,双方并举之事,致五月间得山风潮突起,而王佐翁又于其时张贴布告,责令如数出矿,谓该结原有本月未能如额,即归下月补足,下月再不足即以二成罚办等语,致各夫头转借各工程未就为口实,近两月来王佐翁志在减少矿价,各夫头亦因所允工程仍未照办,虑担负责任,除张公凤一名已自请辞退外,其余各夫头遂生此狡计,允照减价,亦减矿数,致将原结取回，重定少数之结，是王君改结之所由来也。兹查检孙君手订结底及王君后订结底两纸抄呈。今又接王君函云，将各厂所减之价，如数拨归炸药亏价内，盖近购炸药之价，本昂贵于早年，兼之售与夫头之价是以钱计，近来钱价又松，两种亏折已增一倍，故王君为此挪移也。谨按王君以实业专家来长冶矿，负一时之瞻望，自必期于有为，惟造端宏大，收效稍迟，斯责备求全，贤者不免，然使宽以时日，当必有可观也。

祚故奉命详查，亦无所用其隐讳，据实以禀，祈详察焉。肃此密复。

敬请

钧安

徐增祚谨禀

［附件一］　孙慎钦手订结底

加具甘结野鸡坪上段工头潘长发，今于与甘结事实，结到工务部案下鸡坪上段，按照前定包价，每月出矿五千方车。自包定之后，不得短少，如本月雨雪较多，则少出之数归下月补足，如两月不能补足定额，愿罚矿价二成，至四个月不能补足，即行撤退；所有小厂包价，不得苛刻，对于各种小工，宜加优待，以期协力同心，多出矿石，并约束工人，遵守公司章程及工务部命令，安分工作。如有不合，归工头及甘结保人负责，须致结者。

凭绅　姜国栋　潘树森　张修

民国四年四月三十号加具甘结潘长发押

［附件二］　王佐臣复订结底

具承包工人□□□今在□□矿长台前包得纱帽翅、陈家湾、道人洞、龙洞、铁门坎上段各处矿厂，其有矿石包打破碎，送上大车，蒙恩赏给每方车价钱二百五十文，情愿承包每月至少以八千吨为度，如因天时阻滞，矿数短少，下月补足八千，果能做满一万二千吨，每方车除原领价外，加给每方车钱十文。自承包后，遵守公司章程，约束工人，倘有骚扰等情，愿负责任，所具甘结是实。

孙德全致公司董事会函

民国四年九月十一日(1915.9.11)

会长、董事先生钧鉴:

离冶月余,颇多变更,前经陈明尊处之各夫头承出矿甘结一并作罢。近日矿中相传试办章程业已取消,且讹为事务部所运动。意见日深,其余计画骤难收效,只可暂从缓议。理应陈明。专此。敬请

钧安

孙德全谨上

公司董事会致杨华燕①函

民国四年十一月二十七日(1915.11.27)

专启者:

冶矿王佐臣矿长函请辞职,业经照准。所遗矿长职务,现值扩充矿额,改修铁道,尤为紧要,自应委替,以重要工。查执事矿学专门,铁道亦夙有经验,且在冶矿充任副矿司将及一年,情形熟悉,用特备函委任为冶矿矿长,务须商同徐坐办,督率所部,悉心筹划,赓续进行,是为至要。每月薪水仍照原薪四百元,统由矿支送,以资办公。此致

杨君华燕

董事会启

公司董事会致季厚堃函

民国四年十二月十八日(1915.12.18)

冠山仁兄先生鉴:

接徐介甫坐办来函,以妻枢卜葬在即,请假两月,送枢回籍营葬,并谓购地一切办理情形及立契发价等事,执事皆经接洽,嘱会函委代理等语。

---

① 杨华燕(1875—?):广东中山人。时任大冶铁矿矿长。

查冶矿购置厂基,虽已大致就绪,而路线需用地段,迁屋移树等事,尚待筹办,兼以警队新到,裁汰矿巡,多属经手之事,原难照允,只以介翁悼亡情深,其子尚幼,归丧营葬,非己莫属,未便重违其意,已给假半月,函复知照。所有徐坐办职务,假期内即请执事暂行兼代,赓续进行,是所至托。此致。即颂

台安

董事会启

杨华燕致公司董事会函

民国四年十二月二十九日(1915.12.29)

董事会诸位先生钧鉴:

敬启者,奉十二月五日钧会函开:王佐臣辞职,业经照准,所遗矿长职务,现正扩充工程、修改铁道、尤属紧要,自应委替,以重要工,执事熟悉情形,委任为冶矿矿长,务须督率所属,悉心筹划,赓续进行,是为至要等因。奉此,经于十二月二十日接任受事,并准王前矿长移交冶矿工务处一切事件,接收清楚,知关廑系,谨此慰闻。

伏以华燕樗栎庸材,过蒙拔擢,宠命优渥,惭感弥深。然对于矿务,以费用廉出矿多为主旨,所应行扩充事宜,自当竭力进行,期收实效,以副公司付托之望,无伤钧会任用之明。此华燕所自许也。第查公司与东洋矿约,去年该二十五万□①。原因有三焉,谨为钧会陈之:

冶属矿工多属农民,初夏乃种麦与各瓜菜时期,至秋间则为收获时期,期内悉自理农事,其肯就工采矿者皆于农隙而来也,窒碍一。且该处向有一种恶习惯,一遇微雨与夫适好收成之矿,稍获工资辄行停工,窒碍二。人力少则出矿自少,欲招集外处工人以承乏之,恐此间民情妒忌,不难酿出争端,窒碍三。虽然时有不同,事或各异,实力营之,庶亦有济,如顷调查月间所出矿数,计上月出矿该三万八千二百三十二方车,十二月一号至二十六

---

① 此处残缺 20 余字。

号共出五万七千四百九十四方车,统至月杪计之,可共出六万方车,洵为向来未有如是之多,已觉日有起色之势,倘于明年安置各种机器,即虽人工极稀,其发达更必倍蓰矣。兹将接事日期奉闻外,并将出矿情形,谨呈台察。凡有应行改良扩充之处,定将随时布达,仍希是赐。敬请
台安

杨华燕谨启

(五)大冶厂矿巡警

公司董事会致段书云①函

民国四年八月七日(1915.8.7)

敬启者:

窃维敝公司大冶铁矿开山采铁,济益汉厂,以供造轨之需。开掘之区有二:一为得道湾,一为铁山,并由矿区建筑铁道,迤逦以达石灰窑江边,延长六十里,为输运矿砂出江之用,地方辽阔,工役众多,兼以铁道转输,需人照料。前清本驻有防营一营,专为巡缉弹压而设。改革后,防营取消,该矿即就营勇汰弱留强,改编矿巡六十名,派员管带,分驻巡防。近因扩充工程,事务愈繁,原有矿巡,不甚得力,非由官厅拨驻警备队不足以资镇慑。兹经敝会公议:拟请钧使饬拨警备队一队,配足服械,专派队长领驻冶矿,到矿后,饷由矿给,一切巡视事宜,应由矿员与队长协商调度,庶足以保护矿产,且藉以绥靖地方,实属裨益匪浅。如蒙核准,俟奉复示后,再函饬汉厂就近与派往队长接洽,并备船载冶。谨具公函陈请,即祈俯赐查核施行,无任感盼。谨致
湖北巡按使段

汉冶萍公司董事会谨启

---

① 段书云(1856—1924):字少沧,安徽萧县人。时任湖北巡按使(省长)。

公司董事会致段书云函

民国四年九月二十日（1915.9.20）

敬复者：

接奉九月三日四零七号公函内开：本署改编之警队，第一期教练瞬已及期，贵公司需拨之一哨，计于九月下旬日即可赴冶，惟驻扎地点应请预为部署，并希电知，以便拨队前往；所有饷项服装，本系咨部规定之数，既由贵公司筹备拨给，应即缮开全哨薪饷服装表，附送查照，俟警队至日，仍希将随带服装、子弹，原价拨还，以请垫款，计薪饷表一纸等因到会。查冶矿前因矿巡不甚得力，函恳钧使拨驻警队，藉资镇慑，兹阅薪饷表，官佐兵夫一百二名，全年薪饷服装，两共需钱一万一千一百余千，活支在外；原有矿巡六十名，一时又未便全裁，前据特派员孙君慎钦面言，如有六十名左右，便可敷用等语。敝公司经济困难，实属艰于担负，可否先拨半哨驻扎，俟原有矿巡陆续汰尽后，再请拨补，成一全哨，藉可稍资撙节。如蒙俯允，即祈赐复，以便函嘱汉厂派员照料赴冶，肃此商恳，伫候核示。谨致
湖北巡按使段

汉冶萍公司董事会谨启

公司董事会致段书云函

民国四年十月十三日（1915.10.13）

敬启者：

接奉九月二十七日七七三号公函，以请拨警队半哨驻扎冶矿，应即查照来函先拨半哨开往，计派哨官哨佐各一员，什兵护伙四十九名，共计官兵五十一员名，刻已教练期满，即希转嘱汉厂派员接洽，以便克期出发等因。足征廑怀公益，感荷良深。兹嘱由汉厂派员，先与派往领哨之哨官接洽，并照料一切。用特函达，即祈饬令出发。至纫公谊。此致
湖北巡按使段

汉冶萍公司董事会谨启

公司董事会致徐增祚函

民国四年十月十三日(1915.10.13)

介甫仁兄坐办鉴:

　　前以冶矿矿巡不甚得力,函请湖北巡按使拨派警备队驻矿,以资镇慑。旋接复函,准拨警备队全哨一哨,计官佐兵夫一百零二员名,现因政费支绌,照出防外县之例,薪饷、服装、子弹,均由公司筹备,列表附送。计薪饷全年八千五百四十四元,法价一二,合钱一万零二百五十二千八百文,服装全年七百八十四元,法价一二,合钱九百四十串零八百文,活支在外;并候警队至日,仍希将随带服装、子弹,原价拨还,以清垫款等因。当以冶矿矿巡一时未便全裁,骤添全哨一哨,矿力实难担负,复请拨派半哨,藉资撙节,接复照准,计派哨官哨佐各一员,什兵护伙四十九名,共计官兵五十一员名,业经函嘱汉厂派员先与派往领哨之哨官接洽,即由便船载运冶矿。用特函知,并将薪饷、服装表照抄附寄,即希查照,先将驻扎地点预为布置,一俟警队到冶,即与该哨哨官接洽,分配巡防。该队虽有领哨,而薪饷、服装,均由矿认,一切应由执事节制指挥,每月额支活支均照表列各数,分半支给,并到矿后,服装、子弹,亦请查照表列价目,备价由矿解缴巡署归垫。一面再将原有矿巡,择其不能得力者,量为裁汰。仍希随时妥筹办理见复。至盼。此致。即颂

台祺

董事会启

徐增祚致公司董事会函

民国四年十月二十四日(1915.10.24)

会长、董事先生钧鉴:

　　敬复者,接奉十月十三日钧函,暨薪饷、服装表一纸,示以前因矿巡不甚得力,函请湖北巡按使拨派警备队驻矿,以资镇慑。旋因矿巡未便全裁,骤添一全哨,矿力实难担负,复请拨派半哨,藉资撙节,业蒙照准,计派哨官

哨佐连同什兵护伙,共计官兵五十一员名,嘱先将驻扎地点预为布置,一经到冶,即与该哨官接洽,分配巡防,并承示以该队虽有领哨,费由矿认,一切应由敝处节制指挥,每月额支活支,均照表列各半支给,服装、子弹应照表列价目解缴巡署归垫,一面再将原有矿巡,择其不能得力者量为裁汰,随时妥筹办理等因。奉此,除遵照办理外,现拟俟该队到日分驻石堡、下陆、得道湾、铁山四处,以资镇慑。所谓该队应由敝处节制指挥者,是否已由巡署照准,并经巡署札知敝处。盖从前巡防营在矿,皆以客礼相待,每至不受节制者,有种种难以对付之处也。至于原有矿巡,综计区长、巡目、巡丁、伙夫,共六十三员名,若现在遽加裁汰,似甚不便。盖码头挑夫、山厂矿夫,纯属乡愚,一旦遇事,究非熟悉情形者相与接洽,不易为力,若但恃警备队,恐反易误会。但对于矿巡拟为出缺不补办法,而将四区长将来改为四巡查,原有巡丁每处减至十名为止外,各用伙夫一名,共为四十八员名,拨驻石堡总局,下陆车务处,得道湾、铁山两分局,以备弹压保护之用。是否有当,理合陈请钧裁,候示遵行。专此。敬请

崇安

徐增祚谨肃

公司董事会致段书云函

民国四年十一月八日(1915.11.8)

敬启者:

窃敝会前肃公函,陈请拨派警备队半哨,赴大冶铁矿,以资镇慑,业奉复准,当经函嘱汉厂派员照料,并函请饬发在案。查冶矿地方辽阔,工役众多,复有运输铁道,延长六十余里,弹压巡防,胥关紧要,前因原有矿巡不甚得力,始有拨警之请。惟从前防营驻矿,每以主客相形,不受节制,动多捍格,应付为难。董事等以此次警队,薪饷、服装,俱由矿备,自应服从矿局,以备指挥,庶事权不纷,得收指臂之功,而获驻防之益。为此备函陈请,敬祈钧使饬知该队队官,转饬警队各兵驻矿后,调遣一切,悉受该矿局坐办徐增祚节制指挥,不可稍有违抗,致误事机,并恳饬行该坐办徐增祚遵照,以

昭郑重,具纫公谊。盼切施行。此致
湖北巡按使段

汉冶萍公司董事会

孙 盛 王 李 周 沈 张 林 杨谨启

徐增祚致公司董事会函

民国四年十一月十一日(1915.11.11)

会长、董事先生钧鉴:

顷奉本月八日钧函,示以警备队到矿已请由鄂巡按饬知该队官转饬该队,调遣巡防均归敝处节制指挥,并承抄示函稿,仰见察纳刍荛,莫名钦感。至原有矿巡,嘱每区只准留额八名,四区共三十二名,巡务长名目撤销,即归祚管领等因,自应遵办。惟察勘情形,只宜陆续裁汰,以减至每处八名为止。仍饬由四区长改名巡查员分带,以资约束。盖四区长当日本由巡查改名区长,在公十余年,地方情形极为熟悉,凡遇山厂车路出事,均赖其督带巡丁临机应变,刚柔互用,以资调解;若警备队初到,于地方情形未熟,一旦遇事,尚恐乡愚有所捍格,不能因应咸宜也。管见所及,总以地方不出事及出事而能操纵得宜为要义。为此,特行具函禀明,是否有当,仍乞钧裁是幸。肃复。敬请
崇安

徐增祚谨启

段书云致公司董事会函

民国四年十一月十四日(1915.11.14)

敬复者:

顷准贵公司函开:前请拨派警备队半哨赴大冶铁矿,以资镇慑,业奉复准,当经函嘱汉厂派员照料,并函请饬发在案。查冶矿地方辽阔,工役众多,复有运输铁道延长六十余里,弹压巡防,胥关紧要,前因原有矿巡不甚得力,始有拨警之请。惟从前防营驻矿,每以主客相形,不受节制,动多捍

格,应付为难,董事等以此次警队薪饷、服装,俱由矿备,自应服从矿局,以备指挥,庶事权不纷,得收指臂之功,而获驻防之益。为此,备函陈请,敬祈钧使饬知该队队官转饬警队各兵,驻矿后,调遣一切悉受该矿局坐办徐增祚节制指挥,不可稍有违抗,致误事机,并仰恳饬行该坐办徐增祚遵照,以昭郑重等因。准此,除饬哨官张振英即日带队赴冶,听受矿局指挥,不得存主客之见,违误事机,并函知徐坐办增祚,附发出防规则一本,查照参酌办理外,相应函复贵公司察照为荷。此致

汉冶萍总公司

湖北巡按使　段书云

公司董事会致徐增祚函

民国四年十一月十九日(1915.11.19)

介甫仁兄坐办鉴:

接十一月十一日来函,具悉一一。警队到矿,应裁矿巡手续,自以陆续裁汰为是,然必须有一期限,以本年阴历年底为止。所请留用四区长,改为四巡查,亦可照准,仍在每区留额八名之内,即每区一巡查,七矿巡,统隶于执事管辖,即望查照办理。警队已否来矿,前已函催汉厂,嘱其禀请巡署饬发,到矿后,如何布置,尚希见示为盼。此复。即颂

台安

董事会启

徐增祚致公司董事会函

民国四年十一月十九日(1915.11.19)

会长、董事先生钧鉴:

前奉本月八日钧函,示以警队到后,丁原有矿巡每区只准留额八名,四区共三十二名,巡务长名目撤销,即归祚管领等因。业于十一日将筹画陆续裁减办法,及四区长改为四巡查缘由,陈请核夺在案。兹于十五日张哨官振英率领张哨佐永清及什兵护伙四十九名,共五棚,由汉抵冶,赍到巡帅

致钧处公函两封、花名册一本,又致祚公函一封、出防规则一本,嘱查照参酌办理等因。祚以矿厂轮埠,工役众多,铁道延长,运输稠叠,巡防弹压,非仅驻一隅所能周遍,当援照从前防营分扎旧制,请张哨官驻窑,张哨佐驻盛洪卿,将所带军队,分两棚驻扎石灰窑、下陆,分三棚驻扎盛洪卿、铁山,以期山厂、铁道、轮埠各地点,均有保护,并另定简章八条,与张哨官商榷施行,即已由该哨官照办。惟因该队分驻四处,所带三名伙夫,不能敷用,由该哨官函请添补两名,每名月饷银五元,当已照准,兹值议定。除禀复巡帅外,理合将警队到矿日期及拟具办法陈请鉴核,附上警署公函两道、警队花名册一本,抄奉简章八条,统祈察收。至该队带来服装、子弹及一切军需用品,虽已由张哨官开单报告,惟有原表未载不知价目者,兹已函请巡帅转饬警备队,详细开单见示,以便缴价,合并附陈。专肃。敬请
钧安

徐增祚谨肃

[附件] 警队驻矿保卫简章条例

兹拟贵队驻矿保卫简章条例,商请酌办:

一、贵队驻扎本矿,以保卫全矿财产,维持全矿治安为主义。

一、贵队除由本矿商明定章,即请查照外,其余一切仍遵省定向章办理。

一、贵队分驻之处,遇有本矿各机关请求弹压,务请立时整队前往。

一、贵队分驻之处,请择重要地点分派卫士,日夜轮班巡护。

一、本矿以弹压工人为要义,所有山厂、轮埠、车站,遇有口角殴斗,请以和平迫之解散。

一、本矿山厂、铁道遇有误伤人命,如事主聚众要挟,阻碍工事进行者,务请随时弹压,迫令解散。

一、本矿范围较广,局厂分布,时虞宵小潜踪,务请随时防缉。

一、本简章如有未及列入并加添更动之处,随时商酌增减。

（六）萍乡煤矿

公司董事会致林志熙函

民国元年四月二十六日（1912.4.26）

虎侯先生台鉴：

萍矿孕藏丰富，制炼精纯，不仅汉厂冶铁全恃供输，分道外销并挽溢利。新董事会组织成立后，议定以上海为立法监督之总机关，分科办事，矿为厂本，势等辅车，执事驻萍有年，情形熟悉，公任为矿务所长，另举驻矿坐办以归节制，凡属本公司矿务一门，悉赖擘画。办事合同另再面订。先此函订。敬颂

筹祺

汉冶萍煤铁厂矿有限公司董事

赵　盛　杨　聂　王　沈　何　朱　袁公启

公司董事会呈工商部文

民国元年十一月二十六日（1912.11.26）

为呈送事。

汉冶萍公司萍乡煤矿开办十有余年，费本一千余万，窿路弯远，工匠众多，加以员司工匠都携眷属，与就矿谋生食力小民聚居一隅，良莠既属难齐，窃盗时所不免。前清时代曾由矿局招雇巡警一百名，警备二百名，价购枪械，派员训练，分班站岗巡查，以资自卫，按月应给薪工历由商矿支给，编入公司帐略，分送股东考查有案。现在民国成立，万象更新，原有巡警一百名、警备二百名本系商团性质，拟即改编萍乡矿团，以保护矿区治安为宗旨，由矿延请教习，教以巡缉防守诸技术，冀工厂秩序仍前绥靖，先于十月三十一号电请立案，并请转咨江西都督一并查照备案。兹特查照各处商团章程，酌量变通，拟订章程共六节，计十三款，名曰《萍乡安源煤矿矿团章

程》,备文呈送贵部立案赐复,仍请分咨内务部、江西都督分别查照,实为公便。须至呈者。

计呈清折一扣

右呈

工商部

[附件] 萍乡安源煤矿矿团章程

第一节　总则

一、萍矿矿团,查照各处商团章程,酌量变通办理,以保护矿境为宗旨。

一、招团丁三百人,分编三队,以二队按日操练,以一队专司守望,每三个月互换一次,以均劳逸。

三、办事处定名曰萍矿矿团总分所。

四、矿团经费均由矿局筹备,按月核实开支。

第二节　编制

五、正团长一员,副团长一员,队长三员,排长六员,司书四名,什长三十名,团丁三百名,炊夫三十名。

第三节　职务

六、正长职务:关于矿团各员目丁,有进退赏罚之权;关于内部各课事务,有督率取决之权;核定总分所各项章程规则之权;监督清查矿境所住户口,保卫治安,维持秩序及一切交通卫生之事。

七、副长职务:与正长同负职权;关于团中纪律等事均得协同筹办;考验团丁及指挥全队守御巡缉之事;纠察员目执务之勤隋而研究各项进行之事。

八、队长职务:关于守望事项,日夜不限时刻巡行各处,留心一切情事;听正副长节制调度,约束目丁恪守规则,稽查本队有无不守纪律之事;宣布正副长命令,监视各长丁切实奉行。

九、排长职务:帮同队长监察本队目丁勤隋,有无违背团规之事;倡率目丁练习各操法有无临操规避之事;稽查各目丁在棚动作及按日轮值守望之事；目丁号假外出发给证书号签；察视服装是否整齐。

第四节　薪饷

十、正、副长薪水由萍矿总局随时酌定。

十一、各长丁薪饷列为三等，得以功过定增减，兹将薪数列表如后：

队长　每员月支二十八元

排长　二十元

司书生　十二元

什长　八元

团丁　五元五角

炊夫　四元

第五节　服装

十二、照各处商团服色制备，正副长以及司书生，均依式自制；目丁按季由总所发给，每名每年夹衣裤一套，单衣裤一套，操靴两双，操帽一顶。

第六节　枪械

十三、枪械为防卫之利器，操演之所必需，已于前清光绪三十四年警备开办时，咨请鄂省价拨五响毛瑟枪三百杆，马枪十八枝，及应用子弹，现在改编矿团，照旧以该项枪械教练。

公司董事会呈工商部文
民国二年二月二十日（1913.2.20）

为呈请事。

案查敝公司前充萍乡矿务局总办兼运销局事林志熙，即林虎侯，在公司任职有年，会值辛亥八月，国事多故，忽萌异志，捏造假帐，侵蚀公司款项至三十余万两之巨。民国元年十月，大部派员调查，经部员王君治昌查出萍局帐内，有付汉局垫款银四万八千五百四十三两九钱六分一款，显系浮冒，至上海后，即在总公司面诘林志熙理由，林招承认帐目不实，惟捏称款系运动湖南政府所用，由吴章经手过付，其时公司经理李维格、董事陈廷绪在座亲闻，敝会当经公举董事陈廷绪前赴长沙、萍乡确查。旋据各股东函列林志熙侵吞款目,要求董事会澈查追缴,复经敝会函知董事陈廷绪就近并案查办。嗣据陈廷绪查明报告到会,计林志熙侵吞各款已有据者:一、浮报汉局垫款银四万八千五百余两;一、侵吞兑换盈余款七万余两;一、浮报煤焦损失银十七万余两;一、侵蚀股票作价银二万六千余两;一、浮报运费银一万五千两。共计银三十余万两,均有帐簿表册可凭。此外,疑似之端甚多,因证据不备,尚未提出。似此侵吞巨款,造帐欺骗,实为商界蟊贼。若非彻底究惩,于实业前途障碍甚巨,当时事亟,恐林志熙闻信远飏,即在上海会审公堂起诉,将林志熙传案,取保候审,迭经开庭审判五次,其汉局款一项,业已供认确凿,无可遁饰。惟公堂疑犯罪地点不在上海,未便由上海公堂定狱,现经拟定暂将林志熙拘留一月,候移询江西都督愿否提案,再定办法等因。

查汉局垫款四万八千余两一项,系由上海总公司付出,汇兑汉口,由林志熙收取,诘问萍乡矿局收支员,答称此款并未到矿,是林志熙侵吞此款,或在汉口,或在长沙,均不可知。犯罪地点虽未明了,然起点实在上海,而终点决不在江西,事关江苏、湖北、湖南、江西四省,上海公堂既无权判决,则他省益不相宜,惟有提归中央法庭审判,庶合法理。合无仰恳大部设法维持,移会司法部迅速派员来沪,提案澈审追究,以保股本而维商业,除公举董事驰赴北京法庭提起诉讼外,谨此呈请,伏祈察夺施行。须至呈者。

右呈

工商部

李维格、叶景葵致公司董事会函
民国二年二月二十五日(1913.2.25)

董事会诸位先生均鉴:

林案调处人周、俞两君,已照昨日公司核定之函稿,正式具函,并将赔款四万八千两抵押品,一并送来,即拟交存中国通商银行,请列公明日公同验估,兹将开来抵押品原单送请查阅。并据俞君面称,明日验估时,如嫌未能足数,仍可补足。又保单稿一纸,附送候核。其保单尾具名人,据俞君云,系文明书局、大经丝厂、永泰丝厂、周舜卿,其书局、丝厂下各由代表人署名画押等语。如属可行,均祈于台篆下书阅交还。再,顷闻赣省已有电到廨提案,并派有叶姓守提,此案既商有和平了结办法,彼造已愿遵办,将抵押品如命筹足,似未可别生枝节。经理等拟俟此件公核书阅后,即将昨日核定电部请示电稿译发。并以奉闻。祗颂

公安

李维格　叶景葵

公司董事会致王治昌、王季点①函

民国二年三月十七日(1913.3.17)

槐清、琴希先生大鉴:

敬启者,敝公司控林虎侯一案,经其乡戚调处,将第一次四万八千两赔缴,保林出押,至商会清理其余帐项,业经电奉大部核准,并派二公监查,复经敝会议请刘君鹤庄为公司查帐员,函请商会酌定议董二人会同办理各在案。兹准商会函称,已议定该会帐务处清理员冯君荫三、议董丁君钦斋,具函知照等因。用特奉达,并嘱刘君鹤庄前来接洽,即祈订期监查为盼。专肃。祗颂

均安

汉冶萍公司董事会谨启

公司董事会致谭延闿、李烈钧电

民国二年四月四日(1913.4.4)

长沙谭都督、南昌李都督钧鉴:敝公司萍矿总矿师德国人赖伦等,前因军兴回国,现经公司赓续延订赖伦等六人来华,兹各携眷由汉取道长洣赴矿,恳饬保护,无任感祷。汉冶萍公司董事会。支。

---

① 王季点(1880—?):字琴希,江苏吴县(今苏州)人。时任工商部矿物司金事、汉冶萍公司监督。

赖伦①致公司经理函

民国二年十月十一日(1913.10.11)

经理先生鉴：

萍矿扩充工程请添用洋员情形，前已屡次函达，未承决示，现已耽搁日久，势难再事迁延。赖伦为此事焦急殊甚，故特来沪面陈一切，冀可于赖伦回萍之前，早日解决。日前晋谒盛会长，已将不得不添用洋员实在情形面达，承嘱开单叙由，以便董事会公议。兹将应须添用洋员及其理由开列如左，请即转达董事会决议为荷。

一、书记兼司帐一员　目前赖伦伏案时，多因无书记代办笔札也。然揆诸总矿师名义，其职分在筹画全矿工程之事：出货如何加多？工本如何节省？危险如何消防？倘仅仅办此笔札之事，殊失总矿师名义。至于窿内工料帐目，尤关考核工本之要，岂能无人司理？此书记兼司帐之员不能不用之理由也。

一、测绘矿师一人　赖伦自创开萍矿至今，已阅十六年半于兹矣！一生精力悉耗于此，势难将总矿师职分抛荒，而终日逐逐于测绘之事。且以年力论，赖伦至多再报效公司三年，而此三年以后接手之人不能不趁今教练。此测绘矿师即预备日后接手之人也。赖伦久欲物色一中国矿师以充此职，奈目前在德学矿之金君尚须数年方能回国，远不济急。前见大冶矿师黄君工程报告，已心识其人，此次顺往冶矿晤之，确为后起俊才。倘能得其为萍矿测绘矿师，三年后可接赖伦之手。但闻尊处言及冶矿工程亦甚紧要，恐难以让萍，是则别无相宜之华矿师可用，只有另用洋矿师一人以充此职矣。此测绘矿师不能不用之理由也。

一、机电工师一人　欲多出煤焦，则机电等工程不能不扩充；欲扩充工程，则不能不有专门工师以司理其事。此机电工师不能不用之理由也。

一、洋监工五人　公司限赖伦于明年底须出煤三千五百吨，则此五人

---

① 赖伦(G. Leinung，生卒年不详)：德国人。时任萍乡煤矿采煤矿师。

不能不添。即以目前工程而论,现有之洋监工二人,亦有顾此失彼之虞,实难保险。查开滦煤矿并无洗煤机、焦炭炉,而用洋矿师匠二十六人之多。赖伦手下只有洋监工二人,机器匠目一人,洗煤机匠洋匠一人,如何可以分布? 至于培植人材,查革命以前,本有矿务学堂,招矿中子弟童而习之,以便升堂入室,造诣精深。兹以公司经济竭蹶,不能规复。现急不能待,拟设晚学堂一所,挑选窿内华监工之能学者,由赖伦及洋监工二人分夜教授,指点门径,以应急用,并拟于每星期出一简明矿务报纸,以冀启悟。但此等华监工大多不识洋文,领悟极难,拟另招天津等处矿学毕业生一、二十人随同华监工练习听讲,或可互相琢磨,交换智识,数年以后,庶可达到少用洋人之目的。而目前则非借材不可。此不能不添用洋监工之理由也。

若照以上布置,并将扩充应需机器即行购定,不再迟延,则除意外之事故外,赖伦可担任明年底起,每年出煤三千五百吨。否则,心余力绌,实难报命。即目前工程,亦难保其稳固。尚祈明鉴,赐以方针。顺颂
筹祉

赖伦谨启

公司董事会呈工商部文

民国二年十二月二十七日(1913.12.27)

为呈请事。

窃查萍乡煤矿,窿路弯远,工作纷繁,员司工匠及依矿佣工者,多至一万余人,并各携妇稚,聚处一隅,人类既属难齐,防范即应周密,由矿招雇巡警一百名,警备二百名,派员管领,按月薪工亦系由矿筹给,曾于开办时报经前清赣抚咨部有案。历年以来,工厂秩序得以绥靖者,胥赖此也。上年民国成立,以商业范围,不宜有巡警警备名义,仍就原额改编,更名萍乡安源矿团,延请教习训练巡缉,力求完备,当经具电报明,复于元午十一月二十六日,拟具简章十三条,呈请大部立案,并恳分咨内务部、江西都督查照在案。讵其时赣督李烈钧干涉矿事,横被摧残,乘管领矿团员周渭南请假离矿之时,遽委驻萍营长高锡庚兼带,强权所逼,抵抗无从,嗣经王上将芝

祥调处,高营长兼带一百名,以出自公司所请,由敝会呈赣加委,以见主权在矿;其余二百名,仍归该矿坐办自带。委曲求全,已经一载,表面相安,事实终形捍格。伏念萍矿人众事繁,设团自卫,专为稽查工匠保护营业而设,与地方行政范围,绝不相涉。其每月工食,既系由矿支给,管领之员,亦历由矿举任,自应仍照旧章,就本矿熟悉工程、才具干练者选充。庶情事相联,以收指臂之效。上年由赣派员,事出权宜,情非得已,特虑作俑于前,难免援例于后,拟恳大部据情咨明江西民政长立案,能将高营长即时取消,由矿自派,感佩无似。如碍难立即照请,必不得已,请声明高营长如有更调,则兼带矿团一事,万勿续委,仍由该矿派员自带,将派员名籍呈报行政公署备查,以清权限而副名实,实为公便。为此呈祈核准施行。须至呈者。

右呈

工商部

北洋政府农商部批

民国三年一月十二日(1914.1.12)

原具呈人:汉冶萍董事盛宣怀等。

呈悉。据称各节尚系实情,业经据情咨请江西民政长立案,并将高营长兼带矿团差委撤销,归该矿自行管带,一俟本部会同内务部商订矿业警兵,划一章程,再行饬遵可也。

此批

公司董事会呈戚扬文

民国三年四月二十三日(1914.4.23)

为呈请事。

案查萍乡煤矿前以自办巡警、改编矿团,应由矿派员管带,以资联络而清权限等情,呈奉农商部批准,并经萍矿选派陆学海接带,开具该员履历清折,呈请钧署备查在案。

查矿团性质,原以矿界辽阔,工役麇集、良莠不齐,设团自卫,故工费出自矿商，稽查仅及矿界，本与行政范围，不相侵越，惟有关涉地方之事，如缉获赃贼，逃匿匪类，仍须送交地方有司究治，矿商自无讯办之权。该矿团管带陆学海履历，前经呈送，拟恳钧署核明加委，其权限仍只及于矿界，俾于地方有所交涉，可以直接因应。是否有当，为此呈请省长查核施行。谨呈江西民政长戚

李寿铨致公司董事会函

民国三年五月十二日(1914.5.12)

董事会诸公均鉴：

奉三月二十三日公函，敬悉一切。裁汰冗员，节省糜费，久经注意。在上半年时局不定，碍难著手。至今春即处处求紧，加意整顿。而此间实在情形，有不得不为贵会诸公详陈者。

矿非厂可比。矿以窿内工程为重，亦以窿内用人最多；就窿工程而论，原有司友一百六七十人，在从前窿内只分九段，近因推广工程加至十五段，约计地腹窿路已有三十余里，每段司友每一昼夜分三班更换，段之大小不同，小段每班或一二人，大段每班或三四人，扯计每段每班三人，则段须九人，合十五段，已需一百三十余人，加之管窿内运道电车机器以及管料、管帐诸友，则现在窿内司友尚不敷用，且此一百六七十人中非尽司友，有由工头充升工长、从前杂入司友名目者，约居两成，故本矿之弊不尽在人多，在未考求实在耳。其余各处可以类推。自今正即与赖伦切商裁减之法，赖伦以为现当推广工程之时，不加人而反裁人，万不敷用。筹商再三，将从前本系工长者，仍归工长，不必杂入司友名目。至司友必严加考核，凡可以裁汰者，仍应随时裁汰。查窿工程洗煤工程前后裁汰人虽不多，大半重薪，又将造砖处并入炼焦处，又矿警裁缺，合计每月裁去薪水已达一千余元，另单呈览。此外仍在筹计删减，所以未即具报者，拟俟各处核减定后，一并列册呈报，并非一味优容，置裁人于不问也。本矿光复以来，局面并未更动，司友多系旧人，又值推广工程进行，论及裁人，本是难事，然铨绝不畏难，仍在注意各处裁汰，但不可操之太蹙，致碍大局。去年曾上会长函云：裁人一节，

须实得裁并之益,不受纷更之扰。鄙意全注重在此。且本矿节省,不仅在裁人一端,须统筹全局;就煤本比较,今年二、三两月出煤成本,比之本年正月,每吨已减去银一钱五分有零,于此可见。前拟各首领择尤加薪,除收交屠君介颐、土炉炼焦俞君彤甫请贵会核加外,其余请加者共不过十余人,合计三百数拾元,连同稽勋一节,能否邀允,即乞核议示遵。

此间情形,非面商不能透切。铨拟赶将各事布置,定于月底初来沪面陈一切。肃复。敬颂

公绥

萍乡煤矿坐办　李寿铨谨启

公司董事会致刘康遐①函

民国三年六月二十日(1914.6.20)

鹤庄仁兄先生鉴:

前因林案,经本会调留执事在沪,帮同清理。现据萍矿李坐办来函,萍事繁重,请仍调执事回萍,以资助理。现在官钱局停办,而全矿用人理财,亟须派人稽查,总以破除情面、祛弊汰冗为最要。执事前曾派充提调,于该矿情形甚熟,应即派为该矿总稽查,务将矿内外情形随时据实函报,每月薪费仍准支洋二百元,沪上薪水即行停止。李坐办须来沪面商事件,所有坐办应管之事,即派执事暂行代理。专此给函委任,即希查照可也。

顺颂

台安

汉冶萍公司董事会　盛等公启

公司董事会致李寿铨函

民国三年七月二十九日(1914.7.29)

镜澄仁兄坐办台览:

接七月十五日来函,并矿员加薪单,具悉一一。查加薪一事,提议经

---

① 刘康遐(?—1926):字鹤庄,江苏扬州人。时任萍乡煤矿总稽核。

年,久未解决,非吝也,实以公司自改革以还,营业亏损,金融枯竭,日在艰难盘错之中。股东联合会索阅各执事表,于萍矿人浮于事,啧有烦言。敝会告以尊处必能照办。今若减政搁起,先办加薪,执事设身处地,董会何能启齿?至此次会计所长请为厂矿收支加薪,因其裁撤统计全股人员,将统计归并兼办,实非无故加增。兹既一再陈请,姑照来单拟加之数,各员准照五成加给,均从本年七月份起支。俟冗员实行裁汰后,再行量其劳绩酌加,望即查照办理。敝会但求一人得一人之用,照西法不徇情面,只求实事,何吝之有?

效电收悉。醴河又发大水,浮桥冲去,煤焦漂失;醴株间路线小桥又冲坏多处,运务已极困难,而湘省又截轮供差。天灾人事,相逼而来,似此如何支拄?刻已函电各当道维持。兹将函电抄稿附请查阅,铁路善后事,尚望随时见复。至盼。此复。即颂

台祺

董事会启

公司董事会详内务部文

民国四年元月三十日(1915.1.30)

详为萍乡矿团,现为该县知事朦详收归官厅办理,吁恳查照批准原案,仍由矿管带,咨行饬遵事。

窃查公司萍乡煤矿,区域辽阔,工役众多,以旧有矿警二百名改编更名安源矿团,拟具简章,于元年十二月呈请农商部立案,并恳分咨大部暨前江西都督查照。其时李烈钧督赣,干涉矿事,乘警员请假离矿时,强派驻萍营长高锡庚兼带,复于二年十二月呈请由矿遴员自带,以副名实。奉农商部批开:呈悉,据称各节,尚系实情,业经据情咨请江西民政长立案,并将高营长兼带矿团差委撤销,归该矿自行管带,一俟本部会同内务部商订矿业警兵划一章程,再行饬遵可也等因。遵派陆学海接带,并备具该员履历,分呈农商部暨江西民政长备案,各在案。

兹据萍矿矿员函称:上年四月间,安源商会在巡按公署具禀,请设安源

市警,饬萍乡县查复,县知事王大锟以安源地方既有矿团,又设市警,事实既多窒碍,经费亦复无出,就商矿员,拟援照前清时矿警兼地方警察办法,复设新老两街岗警二十名,附入矿团,详请巡按加委矿团管带兼摄,一切事权仍由矿管理,经费亦由矿担任。当经矿员辞以改编矿团立案,权限仅及矿界,同时经济困难,亦未便担任经费;添设市警仍请地方另办为宜。后经该县一再切商,并勖以地方公益为重,始勉为应允。声明经费难筹,只能添募十五名,即附入矿团办理,仍应请示总公司,再行定夺。讵近接该县来咨,忽以安源矿团收归官厅办理,改名为萍乡县安源警务分所等情,详请巡按使,分咨农商部、内务部核准立案,并有"与萍矿局商允"字样,立候移交接收。殊堪骇异。王知事上年迭次会商,只以规复市警附入矿团为请,从未有矿团收归官办之说,既未商及,从何允起。当面质问,伊亦无词等语,请示前来。

查萍矿编设矿团,费由矿筹,团由矿带,其权限仅及于矿界,与地方行政不相侵越,纯属商业性质。此次萍乡县奉饬筹设安源市警,则为地方行政之事,自应由该县筹款另办。乃计不出此,利有已成之矿团,以规复新老两街岗警附入矿团为由,一再商令矿员照办,遂即影射其词,谓为商允矿局,收归官办,朦详巡署,据以转咨,将商团攘为官有。似此行为,不惟违背农商部批准之案,亦殊损官厅信用;且矿团三百名,实系照料窿工,巡护材料,更替供差,尚苦不给,亦断不能供地方巡缉之用。惟有仰恳大部俯念矿团系属自卫商产,成立不易,迅赐查照批准原案,咨行转饬,仍由矿局自行管理。至应设市警,饬由该县筹款另办,以清界限而副名实,不胜祷切待命之至。除详农商部外,谨详。